U0916013

文津演讲录图文本
领导干部要爱读书读好书善读书

任继愈◎主编

领导干部
历史文化讲座

艺术卷

YI SHU JUAN

國家圖書館出版社

图书在版编目(CIP)数据

领导干部历史文化讲座:文津演讲录:图文本.艺术卷/任继愈主编.—北京:国家图书馆出版社,2009.9

ISBN 978-7-5013-4089-7

Ⅰ.领… Ⅱ.任… Ⅲ.①社会科学—干部教育—教材②艺术—干部教育—教材 Ⅳ.C J

中国版本图书馆 CIP 数据核字(2009)第 157655 号

领导干部历史文化讲座——文津演讲录图文本·艺术卷

任继愈 主编

责任编辑 郭又陵 耿素丽 王燕来 许海燕

出版发行 国家图书馆出版社(原北京图书馆出版社)

(北京市西城区文津街 7 号 100034)

电 话 010-66136745 66175620 66126153

E-mail btsfxb@nlc.gov.cn(邮购)

Website www.nlcpress.com→投稿中心

经 销 新华书店

印 刷 北京博图彩色印刷有限公司

开 本 787×1092 毫米 1/16

印 张 24

版 次 2009 年 9 月第 1 版

2009 年 9 月第 1 次印刷

字 数 340 千字

书 号 ISBN 978-7-5013-4089-7

定 价 48.00 元

目录

周汝昌

从中华文化看《红楼梦》

今天的课题应从哪里切入呢？这是一个大问题。我昨天就大家共同感兴趣的“切入点”列了十几个，但还是不知该从哪儿讲起？因为我不了解在座的同志、朋友们的文化层次、兴趣爱好以及需求的重点。我无法预料，也无法估计。咱们只是一个碰撞。我想，如果我们有运气、有缘分，碰撞得好，就会有一个好的效果。

先说严格的“红学”本体定义，与读小说中的情节故事不同，所以最初的清末人讨论“钗黛争婚”、“孰优孰劣”等问题，并非真正的学术性质，“只是人们茶余酒后闲谈的话题。后来发展了，以王国维为始，又引来了一位西方哲学家叔本华，在解释《红楼梦》时他说，人的一切痛苦、烦恼都是因为有欲望，如果首先把欲望消灭了，就什么问题都解决了。王国维的论文是一长篇的读后感，对《红楼梦》的作者、版本及其关键问题并没有进行深切的研究。他对《红楼梦》的这种评价，不符合曹雪芹的创作原意。我这样说并不是贬低王国维这个大学者，他在其他研究领域，诸如词、曲、史等方面都有重大的成就。但自王国维先生对《红楼梦》的评价开始，已经进入文化的大范围了。他们不是讲故事，也不是讲艺术。以后的蔡元培、胡适之，一直到这个世纪的文化巨人鲁迅、梁启超，以及严复、林纾、陈寅恪等诸位先生，几乎没有一个人不是用他们各自独特的方式来揭示《红楼梦》，解释《红楼梦》，处理《红楼梦》的。大家想一想，这是个什么问题，他们是要来讲

叔本华

小说吗?讲表哥、表妹,三角恋爱,是这样一回事吗?这些大学者他们为什么都如此看重《红楼梦》,各自对《红楼梦》进行各式各样的思索、探讨? 我认为这首先就是一个大文化问题。

拿当前的例子来说,王蒙、刘心武先生都是知名的作家,后来他们都对《红楼梦》感兴趣,开始研究《红楼梦》,成了红学家。要说他们这些作家研究《红楼梦》,肯定对人物形象、性格刻画、语言运用等问题感兴趣。而恰恰相反,他们根本不是如此。你说怪不怪,他们做了红学家,他们的兴趣集中点都不在那些文学理论常识,他们研究的路子完全在文化范畴。我草草地说这些,就是为了提醒大家,《红楼梦》这部表面上貌似小说的伟著, 它本身的属性不是一部寻常的所谓文学作品、小说作品。我们可以说,它是一部中华文化的集大成作品。这是一个真理。并不是因为现在谈文化时髦,我们为了提高《红楼梦》的价值、地位,硬把《红楼梦》套上中华文化的桂冠,不是的。

从文化的角度来重视《红楼梦》,据我个人所知,是1986年在黑龙江哈尔滨召开国际《红楼梦》研讨会时,光明日报的一位记者采访我,他说,你看今后《红楼梦》研究的方向、趋势(今天叫做“走向”)应该是怎样的呢? 我说要从《红楼梦》的文化含义来向前发展。今天看来,这种说法没有错。今天的《红楼梦》研究不是很兴旺吗?!

但是,有人要问:什么是文化? 你指的是什么? 今天文化的用词含义很宽,很泛;很乱,也很滥。你看看报刊上的文化版,什么文娱呀,休闲呀,包括一些无聊的东西都美其名曰文化。我们讲中华文化就是讲这个吗?不是的。我们所关怀的是我们中华的大文化,并不是什么食文化、酒文化、筷子文化、装饰文化,现在所谓的文化是太多了。从《红楼梦》里看,我们中华民族,我们中华文化的基本整体大精神是什么? 我想,我们应该思索、探索这个问题。这样才有意义。可是这个说起来就难了,而且非常困难。

现在一般的《红楼梦》的版本,普通的普及本,打开一看,仍然还是那一段。作者自云:“曾经过一番梦幻之后,故将真事隐去。借此通灵之说,撰此石头记一书也。”大概如此等。这本来不是正文,是批语,后来混入了正文。这是作者同时代的挚友记录曹雪芹自己作书时候的感想。这里面就包含了重要的文化内容。这话怎么说呢？他说借此通灵之说，把真事——就是不敢说的真事、大事故，即鲁迅先生所说的巨变这个不能明写，所以改其名曰梦幻。经历了梦幻之后，将真事隐去，这个梦幻还不就是那个真事。就这么小小的一个拐弯，有很多人弄不清楚，在那里争论不休。

曹雪芹经历了这个无法说明叫做梦幻的家世生平的巨大变故，然后借此通灵之说作这部书。这第一个总的大题目，我们要思索了。什么叫通灵？那个很好懂啊！通灵不是指的通灵宝玉吗？借这个宝玉做主人公写这部小说。对呀！你回答得一点不错。但是我们就要问了，什么叫通灵宝玉？通灵是什么呀？这就是一个文化“切入点”。曹雪芹思考的是宇宙、天地、人，时间、空间、历史，人的来源、人和物的关系、人和己的关系。也就是今天所说的社会、家庭、伦理、道德，待人、对己，无所不包。《红楼梦》的内容是讲这个，而这个还不就是我们中华文化真正的内容吗？请诸位想一想。我们今天讲这个，希望你们首先要把以往熟悉的那些看法都暂时抛开，那不是讲什么哥哥、妹妹、爱情、婚姻不自由悲剧，你们把这个暂时放下，如果老是被这个缠着，那永远也进不到文化的层次。至于高鹗后续四十回书，他把曹雪芹经历的巨大的梦幻，也就是隐去的真事都撇开，把具有巨大的文化内容的部分都淹没了，掩饰掉，把你们引向一个小小的悲剧：很庸俗地用红盖头盖住一个假装的新娘，骗这个傻瓜贾宝玉。这么一个庸俗的小悲剧，这是高鹗的“杰作”，而不是曹雪芹的作品本身。这个不是我们今天讲的内容。

如果我们尊重曹雪芹的话，他这个通灵有来源，石头有来源，太虚幻境也有来源。大家注意，凡是曹雪芹要用梦、幻、虚、无、假来描述的部分，恰恰是有意用来迷惑你。你可能认为：这是今天的虚构，小说嘛，“假语村言”无所谓。其实越是这些字眼的背后，隐藏的真正重大意义的内容越多。要掌握这一点关键，这是曹雪芹的秘密。

《红楼梦》的开头是从女娲炼石补天开始的。女娲是我们中华民族的老祖母、老祖宗。中华民族这一群人就是从那儿开始的。经过她的锻炼，就能够有灵性。本来这个石头是没有知识、感觉、感受、感情、思想、表现能力，什么都没有。现在经过娲皇一炼，都有了灵性。灵性已

通，这就叫通灵。通灵二字从何而来？来自晋朝一个大艺术家、大文学家顾恺之。他的小名叫顾虎头。《红楼梦》的第二回，借贾雨村之口，说出一个人名单子，罗列了中华文化很多重要的、出奇的人才，其中包括许由。许由听到让他去做官，他赶紧到水边去洗耳朵，他不爱听，意思是他不走做官这条路。曹雪芹把许由摆在第一位，今天我们姑且不去细说它。下面就是六朝的那些人：嵇康、阮籍、刘伶，下面一个就是顾虎头，然后是王、谢二族，再下一个可能就是六朝的陈后主、唐明皇唐玄宗、宋徽宗。然后是大词人柳耆卿柳永、秦少游秦观，下面又罗列了一些唐代著名的艺术戏剧家、音乐家李龟年、敬新磨，等等。另外还罗列了女子卓文君、红拂、薛涛（唐代的一个名妓）、崔莺莺、朝云（苏东坡的一个姬妾）。等一会儿，话题回到这些女子时再来讲她们的意义。

顾虎头第一次给嵇康作传的时候用了“通灵”这两个字。顾虎头顾恺之这是一个奇人，他的故事非常有趣。每一个主题要讲下去，都可以细说，可惜我们没有这么多时间，只好这样粗枝大叶地讲下去，但愿你们听起来不是很困难。顾虎头给嵇康作传，第一句话说的是：嵇康通灵士也。这个“士”是士、农、工、商，即知识分子、读书人、文化人，他是一个通灵的士人。这“通灵”二字跟一般的、有点知识的、读过几本书的人就不同，他的天分、性情，天生的禀赋高明，有独特的性情，大概就指的是这个。这个“通灵”，开始曹雪芹不是说人，说的是石头，这就很有趣了。他是说女娲氏所炼的石头，通了灵性。本来石头是没有灵性的，通了灵性以后，又经僧、道两人施以幻术，变成了一块晶莹鲜洁的美玉。这块美玉投胎下世，才变成了人。那么这就好像是说我们中国也有进化论，有点像达尔文。但达尔文讲的是科学，有种种的物种变化、进化、发展，正像大家常说的，最后由猴子变成了人。人家多有道理呀！你这个曹雪芹算什么呀？怎么石头变了玉，玉又变了人。我觉得咱们不能那么看，这里就包括了咱们中华先民对文化的认识。

首先我们的文化从什么时候开始？石器时代，人人都知道。我们中国人特别重视这个石头。直到今天，还有人到全国各处去采奇石，摆的是琳琅满目，欣赏起来是无穷无尽的趣味。这是什么道理？那石头是怎么回事？石头本身有什么可研究的呢？那是自然界的一个物体。如果这样看问题，那就什么内涵也没有了，文化、艺术都不存在了。文化、文学艺术正是由这里开始。先民为了生活也好，为了劳动也好，他使用石头，使来使去，石头都磨得由生变熟了，石头的美质也出来了。但是在众多的石头里忽然地发现一种特别的石头，特别美，石头内部的宝光简直是无法形容的那么可爱。由此又成为中华民族特别重视玉这么一个阶段。我们过去的认识是：石头是顽，顽就是冥顽不灵。什么无志，无学，那就是一块死物。而玉则不同，玉是活的，有生命，能变化，这是我们古代的认识。这里边有没有科学道理？不敢说，你不能拿今天的所谓西方科学的那种概念来生搬硬套。我们的体会，这个自然之物，它本身也有我们还没有完全认识的，它的本质，它的性，它会通灵。

好啦，物、人、石头、女娲——它们之间的关系十分微妙，要从女娲的故事说起。那时天倾西北、地陷东南，不住的大雨，整个大地都淹没了。人无法生活，女娲用石头把天补好，用炉灰把地铺好，重新用黄土和水捏小人。捏小人才是我们中华民族的开始。西方有创世纪嘛，我们也要创世纪。再想一想宇宙天地，我们中国的一个名词叫“造化”。“造”，是创造。这个“化”是什么？是变化，也可以这么说，但“化”本身是“生”的意思。这个涉及文字训诂学，无法细说。“化生万物”，“化”也包括了“生”，千万种物种都是那么变化、进化出来的。所谓“进化”还不就是一个“化”嘛。我们要咬文嚼字，凭借我们汉字真正的文化意义、内涵，你就觉得有滋有味了。

我说到这儿，提出一个命题，就是天地——大自然，我们管它叫“造化”，那是第一次的造化。我们中华人认为我们的文化是第二次的造化。而曹雪芹这部书所思考的正是包含了大自然的造化和人文的造化。我今天想说的就是用什么方式来告诉你们，我有这样一个看法，这个想法是否有道理？请大家思索一下。

我们中华文化是第二次造化。你看看我们中华民族的用词：“感化”、“教化”、“文化”、“潜移默化”，还有很多词语，今天报刊不大用了。以前我们年轻的时候，报纸讲到不好的事情，称作“有伤风化”。这个“化”和“变”有什么不同？我的体会，“变”，更多的是“骤变”，一下子变，变得很快。能感觉到，能眼看到。俗话说，一下子变脸。京剧有

"变脸"艺术,好比本来很美,一下子变成大花脸,很丑怪。这就叫做"变"。

这"化"是什么呢?"潜移默化"。"潜"者,偷偷地,让你不知不觉;"默"呢,不声不响,这样发生了变化。这个变化有一种"教化"、"感化"的意味。"教"往往是一种训人的感觉多一点。这个"感"更重要,什么叫"感"?交流为感,感而遂通。我们中国讲"交感",意为两人的思想感情一交流,然后才能通。没有"感",就谈不到"通"。好了,这才弄懂什么叫"通灵"的那个"通"。

真不好讲啊!这个"交感"就能"化",也能"通"。这是中华大文化的"天人合一"。重要极了。也就是中华文化最基本的一个观念,把它简化成四个字"天人合一"。"天人合一"有不同的解释:人本来就是大自然的一部分,也是"天";或者说,人是天的代表。比如《文心雕龙》的开头就说,人是天地之心,即是那个性,那个灵。人为万物之灵嘛,人占了"灵"字。

这个"灵"字是怎么回事?您看那个简化字什么也看不出来,莫名其妙。本来这个"靈"字,上面一个"雨",底下三个"口",然后是一个"巫",或者一个"玉"。简直妙极了。这表示什么呢?雨是从天上下来的景象,代表自上而降。下面的三个"口",不是"口"的意思,我们假设想象为三个大雨点,它不是四方的,底下是圆的,自上而下掉下来。雨字里面有小雨点,下面又有大雨点掉下来。这就是自上而下的一种表象。"巫"是古代天的代言人。人有愿望祈求天,通过巫祭天,这就是一种交流,这就是一种感通。这个"巫"是我们中华文化开始的人,也是文学艺术的人。他们往往伴随着音乐以唱的姿态出现,他(她)唱的是诗,还有表演、化妆。这就是戏剧的雏形,都由巫来实行。所以不能一看到"巫"就想到巫婆,在跳大神,在骗人、害人。

这个"灵"字代表了天人的交通。所谓通灵,不仅仅说它有了性情,也包含了中华民族对于天地宇宙、自然万物的巨大的感悟。人类在这种时空、环境、条件之下的地位,我应该怎么办?如何看天?如何看地?如何看人?如何对己?这是中心问题。

下面我们不妨转到曹雪芹作书为什么要以女子为代表?我刚刚开

始的时候就说，作者自云：……自己怎么不好……“愧则有余，悔又无益。”就将当日所有女子细细考较下去，她们的行止、见识都超过男人。说我要是不写自己的作为、罪状，不现身说法（我不值什么，可以埋没），就无法表现那些女子，使之传世，让人人都了解女子这样一个博大的心胸。他是为人，而不是为己，这是第一。为什么选择女子呢？这个问题就更复杂。他说这些女子的行止，“行止”是什么呢？就是行为、作为、一切言行；就是人品、为人、做事，都包括在内。有见识，有学问，有识力；什么是非、高下、优劣都看得清。这些女子比我们男人都要高得多。曹雪芹书中说，女人是水做的，男人是泥做的。这些话被红学家一千遍一万遍地引用，但就没有人真正深入探究过。其实这还是继承了女娲炼石，第二次大造化。女娲创造中华民族，是用土和水做人。按照曹雪芹这个大艺术家、大文学家、大哲学家、思想家的思路，是这样解释的：男人，我们这个须眉浊物，简直是不堪设想。他通过贾宝玉还是甄宝玉之口说，我见了女儿感觉特别清爽；一看见男子，还没走近，就浊臭之气逼人。简直有趣极了。这种意念来自何方？人是一个泥（泥代表一个质）和水（水分）合成的。我们如果按照西方的科学来想一想，人的起源——生命最早还不就是发生在水里面。现在探索火星，说火星上有水，有水就可能有生命，这就是最简单的一个道理了。

这反映了曹雪芹这个伟大的文学家，他探索人类起源，大自然的第一次造化，女娲娲皇的第二次大造化，我们中华文化的起源，为什么产生了人？人为什么有灵性？灵性从哪儿来？天人的交感。人又分几大类？男女一大类，一类是清爽、清洁，见了他我心里就明白清爽；另一类，他看不上——浊臭逼人。还有分类：有秉正气的，秉邪气的，正邪兼有的。还有一种人特别奇特，说他聪明灵秀，在万万人之上，说他乖张、乖僻，又在万万人之下。这又是一类人。你们觉得咱们平时交往的无数的朋友、同志、亲友，人真是万有不同。那些秉性、性格、爱好、气味、气质是如此之不同。这是怎么回事呀？这都是我们中华文化上的巨大的课题。曹雪芹都在书中加以阐述、揭示。

由于时间很紧，我们要转到下一个问题。

说尊重女子这个文化来源是从哪里来的呢？中国的历史，无论是

正史、野史、小说，都是男人占了主要的位置。争权夺势，是他们；做一些很坏的事，也是他们。当然也有写坏女人的，比如《金瓶梅》、《水浒传》里都有，但那是很个别的，也是应该受到批评的。曹雪芹有鉴于此。姑且以四大名著举例说明：《三国演义》是写帝王将相等级的人才。魏、蜀、吴三国各自占有文武出色的人才，否则他们怎么能以成功立业呢？写得不错。到了《水浒传》的时代，作者说，你们把帝王将相、文武才子写得太好了，不用再添加了。我要写另一类人，你们谁都不敢写，就是那些谁也不认识、不理解的强盗。真是石破天惊！整个可以震惊世界。今天是不足为奇了，人人都看《水浒传》。但在我们的历史上，你想一想，简直是了不起！强盗，该杀呀！那是最坏的人，你怎么敢写他们呢？然而作者说，不然，这些人才都是出众出色的，结果一个个地遭冤枉、遭诬陷、遭迫害，最后没有办法，逼上梁山。宋江那个堂还叫忠义堂嘛，讲忠、讲义。戏里上演的林教头林冲家破人亡，黑夜里自己一个人夜奔梁山。曲子里唱的是什么呀？“专心投水浒，回首望天朝”。那个忠心哪！这是一个层次。

到了曹雪芹时代又是一个翻天覆地的大变化。这个石破天惊比那个写强盗还要惊天骇世。写女子，这还不是我们中华文化上最值得思考的大课题嘛。女子在中国以往历史上所处的地位，所受的待遇，男人如何看待，这也是千变万化的。

中国历史上最先开始尊重女子的，是汉朝的刘向写过的一本书，叫《烈女传》。著录记述的都是有贤、有德，也就是贤妻良母类型的女子，而以后妃为主。虽然还没离开帝王将相的社会政治地位的这个圈子，但是这并不是说就毫无意义。《烈女传》产生了巨大的影响，著录了七十二位贤德的女士。后来还有后续的《烈女传》，不知道著录了多少女士。到了清代，好像是记述了梨园，就是唱戏的女伶，叫《金台残泪记》。这是最早记录女戏子的一部书，继承了《烈女传》的体例，还是记述了七十二位女子。你看，这多么有趣。七十二是什么呢？这是我们中国最喜爱的一个数字，包含着阴阳的组合。什么都是七十二，孙悟空七十二变，孔子三千弟子，七十二大贤人。然后顾恺之顾虎头大画家第一次创作烈女图，在故宫还保存着，不知是原本，还是摹本，还有烈女图原件。据说顾虎头画了两次，一次是大烈女图，一次是小烈女图。

看来通灵多情，情到极点就变成了情痴、情种。顾恺之也是情痴的老祖宗。这是对曹雪芹的文化源头影响最大、最多的一位奇人、奇才。六朝有烈女图之后，画家又兴起了画百美图的风气。他开始画烈女图，然后才发展为百美图。曹雪芹的祖父曹寅曹楝亭看见过明末清初的大画家石涛画的一幅大百美图，当时最有名。石涛是明代的宗室，是朱元璋多少代的子孙。他的山水画画得非常好，每一幅画都有大变化，无一雷同。但是谁都不知道他画百美图。曹寅记录他看到了石涛画的这一长卷百美图，简直是爱不释手。这些事情都给了曹雪芹文化艺术上很大的启示和影响。

顾恺之的人物图

还有北京朝阳门外东岳庙，俗话叫天齐庙。天齐庙里供的女神叫碧霞元君。碧霞元君的最后的一道殿叫寝宫，就是私人生活的住处。元代最有名的高手塑造了大约是一百零八位侍女。所塑各个侍女有

碧霞元君石雕像

端盆的、斟水的、梳头的，各式各样，神态活现，无一雷同。她们都一同伺候着碧霞元君这个圣母。这又给了曹雪芹巨大的艺术联想、文化联想。这个是有证据的。太虚幻境都有原形，不是凭空虚构的。当然书中警幻仙姑可能是虚构的。但周边环境描写的那样具体：门外一个大长石牌坊，进了庙以后，两厢有诸司。东岳庙，你们可以去看一看，一共七十二司。太虚幻境就是运用这个素材写就的。这里掌管着天下所有女子的命运。每一个司里都贴着匾、联：有朝啼司、暮哭司、春愁司、秋怨司、薄命司等。这些女儿都是这样的命运。这就是曹雪芹对女人的处境、命运的一个总的看法。然后这种种文化艺术的头绪、线索都聚焦于曹雪芹的笔下：好，我要如此选材，如此描写。最后才出现了一部伟大的《红楼梦》。

《红楼梦》中描写了多少女子？一百零八。这也是从七十二发展、扩展而来的。这是有事实的：十二钗，正钗，副钗，再副，三副，四副，一直排到九层。九乘十二，一百零八。《红楼梦》开头说那个大石头高十二丈，脂砚斋批了：照应正钗；宽（正方）二十四丈，脂砚斋又批了：照应副钗。四乘二十四是九十六，加上十二，正好一百零八。你看看，处处体现，这数字也是文化。女娲炼的石头三万六千五百零一块，仍然是我们天文历法的一百年。一年不是三百六十五天嘛，那不就是一百年的总数嘛。处处有文化内涵。

如此细想来，说《红楼梦》是我们中华文化的集大成，并不是溢美之词，有意提格。在曹雪芹选择的主题、人物、写法、体例，种种的艺术构思等方面，我们都先不谈。他最伟大的、最值得我们敬佩的、永远说不尽的就是这个心田：我呢，种种短处，不值什么，不足道言；我写是为了这些人。我要是不写，这些人都要被埋没。你读读他写的那两首西江月："天下无能第一，古今不孝无双。"每一句都是不堪的贬词，他把他自己放在什么地位呀？你怎么骂我，侮辱我，都不足为论。再看看他写的这么多异样的女子："小才微善"。"小才"是小有才，"微善"是有小的道德、好处、长处。你看看他对这些女子的态度。他刚刚说了，那些女子的行止、见识都处于我之上。然后又说这些是小才微善；然后又说异样的女子，跟一般不同。他的这些措辞都很有意味。这些女子，在他看来都是很深刻的悲剧性人物。因此，他在太虚幻境，听的曲子，喝的酒，饮的茶，千红一哭，万艳同悲。为了千万的女子，世上所有女性的命运而哭、而悲痛，这才是《红楼梦》。也就是他在中华大文化的背景之下，深刻思考了我们所有历史、文化的漫长经历后的结晶之作。

刚才说以四大名著作代表，这太粗了。曹雪芹时代的小说太多了，简直成千上万。你看他开头批评的那些小说，所以曹雪芹的伟大即在这里。它确实是一个集大成，不是虚的。有人会问：所谓集大成是不是就是常说的百科全书呀？什么都有，易卜星相、服装、园林、音乐，你找哪个问题，都可以解决。这也对，但不是我的意思。我的意思是百科全书者是已定的，具体的，说得不好听点儿，是死的。每一条有一个定义，有个权威性的介绍，这是死知识。而且是摆摊儿似的，东一条，西一条，谁也可以不挨着谁。《红楼梦》何尝是如此，《红楼梦》是一个大整体。里面那些知识不是在那里卖弄，也不是摆摊显示。所有的诗词、谜语、酒令等都是切合了诸多角色本身，还带有预言性，与后面的情景发展都有联系。所以《红楼梦》不是一个破碎的、摆摊式的、显示卖弄的败笔之作。这里面就涉及我们中国汉字语文的大问题。

最近一两个月召开了一个海峡两岸中青年《红楼梦》研讨会，听说王蒙同志有一个发言。这次会议的主题是“《红楼梦》与世界文学”。当然有很多论文，讨论《红楼梦》应该怎样走向世界，《红楼梦》怎么伟大，如何与世界名著作比较。香港有一位著名的大红学家叫宋淇，他说，对《红楼梦》进行考证的前途有危险，意思是此路不通。与余英时一样，他批评考证派是“眼前无路想回头”。宋淇先生说红学的前景就是比较文学，拿《红楼梦》跟世界名著来比。现在国际上所有研究《红楼梦》的大多都是走这条路，拉过一部西方的民族小说来跟《红楼梦》比，结果比出来一些什么呢?当然也可以比出来，比的如何呢?非我所了解。因为我眼坏了，无法读书，洋文也都丢光了。我今天只举一个例子，引一位名人的话，他不是在会上赞成《红楼梦》应该走向世界，与世界名著作比较。他说《红楼梦》要走向世界不容易，因为他们（外国人）不懂中文，不懂中文就无法读出《红楼梦》的真意味。不是《红楼梦》要走向世界，而是世界要走向《红楼梦》。哎呀，好极了，还是人

家伟人的措辞，确实好！这个想法与我的一模一样。我在另外的场合就不会这样说。我怎么说呢？也是要借一位名人的话。我最敬佩的大学者就是北大的季羡林先生。季老说，今后的下一个世纪，应该是东化。（哎呀，真好！我简直是不知道如何表示我的高兴了。）东化，就是要把《红楼梦》介绍给西方。

怎么介绍呢？现在西文的各种译本不算少了，最有名的就是英文两种译本：大陆译本、英国译本。法文译本最好，俄文译本早就出来了，还有欧洲的。日本是平均每两年出一本新日文译本。这些译本都是译者投入极大的热诚与精力才完成的，值得感谢。但对外国读者来说，是否仅靠译本就能读懂中国的《红楼梦》呢？问题并非如此简单。

这是因为中华文化有着深厚的内涵，每一个汉字都是一个信息库，都是一个文化联想。如何看待《红楼梦》的诸多译本呢？好像王蒙举了一个例子：《红楼梦》中王夫人被译为Lady Wang，Lady只是一个比较高贵的夫人的尊称，没有任何其他别的意味，而书中的王夫人并不单单仅是这个意思。诸如此类，今天不可能讲很多，我在别的场合也常举这些例子。有的译文简直令人毫无办法，经常会引起巨大的误会，而且是可笑的误会。你说怎么办？不懂中文，不知道中华文化，而要讲《红楼梦》，读《红楼梦》，困难是巨大的。我在这里说的情况，诸位不要笑。就说在座的诸位，我没法认识，连看都看不清。我希望跟你们每一位谈一谈，了解你，本来咱们这种讲演应该先有统计，都填写一个表：我的文化程度，我读《红楼梦》的看法、想法，我今天主要想听的是什么内容，等等。我有针对性的去讲，否则，效果不会很理想。我说的是大实话。你想一想，咱们本国来听拙讲的，难道说对红学毫无知识、毫无兴趣就会来吗？来这一趟很容易吗？策划、安排、找时间，牺牲假期的休闲和娱乐，来到这儿。我讲什么才能对得起您呢？我心里是抱愧的。我就是想如何从您的这个文化角度来切入《红楼梦》，您现在已经看到些什么问题？您正在想什么？这个我完全不了解。我怎么讲，很困难。这是一个大问题。如果将来有机会，实行新的办法：先统计，先征求意见，然后民主，再集中选题讲。今天只能暂且如此。

现在归到正题。你们会问，照你看，那么我们中华文化的大整体、大精神到底是什么？如何体现在《红楼梦》里呢？好，我试着回答。中华文化的两大命脉，一个是道德，一个是才情。讲道德，就是讲社会关系、家庭伦理关系，也就是待人、对己的问题。这一条大脉络以孔、孟为代表，所讲的道德概念：仁、义、忠、孝等都是人际关系。这个很好懂。过去讲中华文化往往偏重了这一面，讲得很多。一度要打倒，说这个都是旧意识、旧观念，要不得，要建立新的。这些不是我的话题。而我要说的是另一面，是实际发生了极大的文化作用影响的那一面：才、情。我把它分成两大阵营。所谓两大阵营并不是对立的，是每一个中华真正有文化教养、修养的人都具备的两大方面，他的人品、心田、道德、待人对己及其摆位都是极高尚的，正当的。比如孔子不是一个老古板，不要把他当成一个道貌岸然的人，他是一个活生生的人。读一读《论语》，片言只语，有情有趣，其哲学思想见解是很高明的。孔子是一个大艺术家，擅长音乐，擅长艺术，对玉石有极高的鉴赏力。

玉石的历史很长。从大禹做了帝王以后，手里拿着一个圭。圭代表什么？这里有深刻的内容。中国是很讲究礼仪、仪容的。皇帝正位端坐，其面对群臣的仪容不是演戏，那是真实的。这个玉是什么做的？玄玉。玄是什么颜色？天玄地黄，就是青玉，古代都是青玉。自从汉代张骞出使西域，新疆和田白玉进到中国，才有了白玉。那是汉代的事情。而清代人最重视的就是汉白玉。所以《红楼梦》里："假不假，白玉为堂金做马。"这是汉代建章宫的典故。"东海缺少白玉床"，还是白玉，这里面奥妙无穷。今天没有时间细讲。这四句话里隐藏着极大的奥秘。

那么，讲到才，曹雪芹就是个好例子。他思考了社会、伦理、道德、家庭，人、己、物、我这些关系以后，写就了《红楼梦》。在《红楼梦》里他是如何表现"才"的呢？难道他就是个老古板，讲了些枯燥无味的道理给我们听吗？那连教科书都不如，教科书还得讲点兴趣，有点魅力呢。翻开《红楼梦》一读，你看看曹雪芹整个是才华横溢。中华人，文化人，知识分子，有文化教养的人，如缺少这两方面之一，就不是一个完全的人。所以，那一面要讲才，要讲情。要理解《红楼梦》，也从这两大命脉来看。你看曹雪芹在《红楼梦》里表现得如此之精彩、如此之深刻，你从哪里去找这么一本如此精彩的书呢？！正像王蒙最近说的：我

也是个作家，也读过些书。但所有的书，到今天回顾起来，只有《红楼梦》一部让我百读不厌，拿起书来，随便翻开一页，就能看得下去。而有的书只能看一遍、两遍，就不想再看。这是个什么问题呢？

所以曹雪芹说这些女子小才。把“才”点出来了。小才者，是与大才蔡文姬、班昭相比而言。“无才可去补苍天”，又是这个“才”。说元春有贤、有德，怎么选作了贵妃呢？——“才选凤藻宫”，是以才选到宫里去的。贾元春没有正面写，因为她早就离开家了。可是等元宵节回到大观园之后，你看她做了哪些事？第一次是行礼，转了一圈，这就叫游幸观赏，坐在正殿上，让家人行国礼；然后回到正斋行家礼，这都是仪式。她让姊妹、兄弟用大观园四大处：稻香村、潇湘馆、怡红院、蘅芜苑为题作诗。所有《红楼梦》的女子都有德、有才。这个“才”包括文才，也包括处理事物的才干。你看书中贾府的复杂关系，从上到下，主子几层，奴仆几层，充满了纠葛、矛盾、纷争。从五十几回以后，专门写的就是这个。不要认为《红楼梦》就是写的吃喝玩乐，行酒令，游大观园，哪里是这么回事。从五十五回凤姐病了以后，写的通通是那些当时称为下层奴仆的事情。这些女子没有一个雷同，都有才，有善，令人喜爱、佩服，又令人怜悯、同情。

这个才，中华文化叫做“三才主义”。明代有一部大书，叫《三才图会》，把天地万物都包括在内。我们的文化观念是天有才、地有才、人有才。天之才，即是日月运行，云霞雷电，种种表现，我们认为都是才。这个“才”字怎么理解？要这么看，并不仅是摇头晃脑、吟诗作赋方叫才。地是什么才？山川万物、品类繁盛。正如王羲之所说：“仰观宇宙之大，俯察品类之盛。”品、类，万品、万类，这是地的才，这是大地的表现。没有本质，如何表现。好了，天地都有如此之大才，我们人——天地之心，代表天地之性、情。你有才吗？你没有才，还能算是个人吗？这样一问，我们都不能是个人了？听起来像笑话，其实不然。我们看《红楼梦》所思考的正是这些问题，而曹雪芹一个一个都提出来，摆在那儿了。我们怎么办？我是说，如果诸位对中华文化和《红楼梦》的关系发生了兴趣，从这个角度重新再去读《红楼梦》。如果你们已经试过，我希望你们再试。把以往那些高明人士对红楼梦的婚姻、爱情的看法暂时放一放,从这个切入点再去看一看《红楼梦》。发现这里有多少问题?有什么样的问题过去都没有看到、想到过?从今天开始要重新看一看,想一想。如果今天拙讲能起到这个作用,那么我就太高兴了。

我可以借释迦牟尼这位大智慧者的话,他讲了一辈子佛法,最后一次他说:如果有人说:我有所得,有所获,我有所说法,“是名谤佛”。如果你们这样看我,就是诽谤我。我没所得,也没有讲什么。这是多么博大的胸怀。不像某些小学者那样夸夸其谈:我的学问如何、如何,我比谁都高明,都正确,等等。曹雪芹没有这样的小气。所以释迦牟尼是个大智慧、大仁勇、大慈悲者,要普度众生。他的道理,他度的方法,不是今天的话题,你可以不赞成。他说:情是一切烦恼的根源,要把情斩除。而曹雪芹说:我的书大旨谈情。这是针锋相对。曹雪芹是不讲佛法的。但是曹雪芹的大仁、大勇、大智、大慧、大慈、大悲,为了千红万艳而哭,我认为这个心胸足以和释迦牟尼的博大相比。

佛教传入中国,把我们中华文化化了一部分,我有一首诗说:“大化涵融儒道释。”我们中华的大化把儒道释三大家都涵融在一起。佛教传入中国,并不是照样搬过来了,而是被我们中华文化反过来化了,将印度的某些古文化、古佛教融会贯通,进入我们中华文化。你看看我们中华文化的力量,这就是“化”。现在让我们回到开头,还要讲这个“化”。

“教化”、“感化”、“潜移默化”,当时那个大汉、大唐是全世界文化、文明最高的一个地点,古代外族、外国都要来中国留学,甚至接受当地官职的名衔。杜甫的诗:“万国衣冠拜冕旒”。各国穿着不同服装的官员到大唐朝廷拜见皇帝天子。《千字文》中说我们中华文化:“化被草木”。这个大化可以加于草木,草木都受了文化的教养。你看看这种观念!所以《红楼梦》里都受了这种思想影响:把物和人一律对待,物也是人,物也有性、有情、有灵。不仅仅是刚才说的石头。你们还记得贾宝玉挨了打以后,玉钏送来莲叶羹,她含着一肚子怒气,因为姐姐受了宝玉的调戏,含屈而死。甄家的两个婆子也在。等她们看望完宝玉,走出怡红院大门左右一看,四顾无人的时候,两人就说了:你瞧瞧,这个傻瓜,自己烫了,他不知道疼,反而问丫鬟你烫了没有?世上哪有这

样的大怪物?！见了天上飞的燕子，河里游的鱼儿，就和燕子、鱼儿说话。他把燕子、鱼儿当做我们一样的人来交流，他要寻求交流、交通、交感。中华讲究感悟。婆子说，他见了月亮不是长吁短叹，就是咕咕哝哝。这两个婆子对《红楼梦》的主人公贾宝玉作了如此一番的评论、评价，好极了！请问世界上哪一位大作家敢于将自己花费十年心血，流着眼泪写出的这本书中的这样一个主人公加以如此的评论，而且由两个没有文化的婆子的口中说出。他用如此巧妙的办法告诉我们：这个人，他的智慧、容忍、慈悲、物和我、人与己的关系，摆得如此之高。所以鲁迅先生才说：自从有了《红楼梦》，一切的写法都打破了。说写人，不是好人，一切都好；坏人，一切、一切都坏。这个话，你们怎么理解？好人嘛，故意挑点毛病；坏人嘛，得给他找点好处，给他和和泥。如果这样理解，那么就是对鲁迅先生的大不敬了。凡是大人物说的这种言简意赅的感悟，自己去体会、领悟、感受，就会悟出来这里面真有大道理。

下面，留一点时间给大家。我深切地、恳切地盼望在座的诸位，你们有什么问题，请不客气地提出来：不同意我的看法，或者有什么疑问，或者希望我对什么问题进行补充。现在就开始。

问：你能作一下自我介绍吗？霍氏姐弟《红楼解梦》的观点您知道吗？《红楼梦》真的隐写了一段清宫秘史吗？

答：简单回答这个问题。霍国玲女士的著作大意都是听人说过，我眼睛坏了以后，已经读不了，这是事实。她的看法引起了很大的反响：有的同意，有的有争论。在这个问题上关系、影响十分巨大。我在表态方面持慎重态度。这么多年来就是这样，我不想多说。不想多说，不是说我没有看法。我的处境很复杂，你们也能够理解。我说人家的看法对，不行，这个太简单，我也没有这样的看法；我说人家的看法不对，就等于给人家作了鉴定，给人家判死了。我一生也不做这样的事。因为不管霍女士的论证有利、无利，正确与否，有无说服力，这都是学术问题。她有了那么一个看法，可以允许人家发表，发表出来让大家讨论，不要一下子当头一棒，一大盆冷水，把人家泼得没有办法，这样不好，影响学术的发展。

要说这个问题很复杂，第一，《红楼梦》里有没有反满的思想，这是一个大争论。第二，有没有反皇权的问题，又是一个大争论。“反满”是清代三十年的民族矛盾问题。“反皇权”是几千年中国帝王专制制度的问题。这个都有同有异，有分有合，不是三言两语能说清的。将来我可能就“反满”、“反皇权”等问题写文章谈谈自己的看法。但是现在我还是不想评论霍女士的具体论点，允许人家从《红楼梦》内部，从曹雪芹一家子三四代人的经历中悟出一些事故、得出一些看法。我只能说到此，请原谅。

问:贾宝玉最后是否当了和尚？

答:这个从《红楼梦》的正文开始，种种情节、故事的诗词、谜语、听戏、戏文中都有暗示。比如说第一次写听戏，是薛宝钗介绍的，说:你还不知道“山门”这出戏，那个词句可好。“山门”是什么呀？是昆曲。昆曲中的剧目都是两个字。后来到了京剧都要加字。比如“探母”非要加“四郎”，“夜奔”非要加“林冲”，“山门”就是鲁智深醉打山门，还要加“醉打”，这是《水浒传》的故事。贾宝玉第一次一听这个词句，大喜。因为他没接触过。那个词句是什么呀？我还能背诵:“漫揾英雄泪，相辞处士家。谢慈悲，剃度在凉台下，没缘法转眼分离乍，赤条条来去无牵挂……”“一任俺芒鞋破钵随缘化”，这是一个当了和尚的口气吗？贾宝玉喜欢得摇头拍膝，这都是早年听曲子欣赏得味时的姿态，今天的人不懂这个，就读不出味儿来。林黛玉这时候就有点醋意了，就说讽刺的话了:老实点儿吧，还没开山门，你就装疯了。“装疯”又是一出昆曲戏，这都是属于文化。这是题外话。归到你的问题，你想这样的暗示还有很多，最后贾宝玉确实出了家。出了家以后是否就是最后结局呢？不一定。出家了，到寺里是隐藏，为了政治身份问题等；什么人最后没有生路了，投到空门为了逃生等，这都不是真正看破红尘。根据种种史料记载，贾宝玉后来落魄贫穷，没有衣食，连住处都没有，最后跟打更的人住在鸡毛房。所以说，你一点都不了解中国文化，怎么读《红楼梦》呢？问题太大了。

“红楼梦”是什么意思？首先要懂得什么是“红楼”？这是唐代诗人

特用语，专指当时高层人家妇女的住处，文化境界的闺门绣户，世上美好的地方。中国那种具有民族色彩的两层建筑：雕梁画栋，朱栏、珠帘，美极了。既然红楼是女子住的地方，而英文译本却译成Red Mansion。朱门、朱邸就是富贵大官僚家，这就把重点从女性的暗示整个移给了男人。这个朱门、朱邸，就是男人做官、做宦，作威、作福，作权、作势的地方，这个译文整个失掉了“红楼梦”三个字的意味，我坚决反对，我在学报上多次发表文章说，我就是不能承认这种翻译。诸位想一想，这又是一个文化问题，这并不是一个汉字的咬文嚼字的问题。而且很多地方都有这个问题。

那么，曹雪芹整个地否定了我们这个须眉浊物——男人。他有他的经历，大概他遇到的男人好的太少，这与他个人的经历有关。当然你也可以说，他的看法可能有偏差，太偏激了。但是不能说他毫无道理。那么这个女性就毫无短处吗？我想，曹雪芹也不是这么绝对化。我以前所举王熙凤的话也说明了这一点：女人也有短处。但曹雪芹是论大局。我想，在天平平衡的两边，曹雪芹是倾向于女性的。这个没有问题。可能他考虑过，在治国安邦的问题上，是否交给了女性，比如一个是王熙凤，一个是探春，大概还有一个薛宝钗。要是她们三个，一个皇帝，两个宰相，可能会好一些。这种思想在《红楼梦》(不是正文)里面有一回后的对联说：“金紫万千谁治国，裙钗一二可齐家”。书中突出地描写了这么一两个有异样才干的女子。大概指的就是王熙凤、尤氏，他对尤氏极端地佩服，可是笔墨不多。大家对尤氏也没有引起注意。如果从这一点透视来看，你的提问确实包含一些道理。这是一个值得探讨的问题。

问：请您评价一下《红楼梦》中诗词的艺术价值。

答：大家提出的所有问题都是红学中有争论的问题。很久以前有人评论曹雪芹在《红楼梦》中的诗词都不好，引起了许多人的反对。也许是大家对曹雪芹太佩服，太同情了。任何对于曹雪芹不利的评论，都会有人出来抱打不平。实际上，从清初到乾隆前期那一大阶段，满洲人的文化教养、造诣，诗词的高度，那真是，也许超过了元、明两代。我是强调那真了不起。你也可以看一看他的两位最好的朋友敦诚、敦敏的诗词水平。曹雪芹要不是为了写小说，真正表现自己的思想感情的诗，那诗该是什么样子？不敢留。他的朋友说他有奇气，有诗胆，他的诗胆跟刀光一样明亮。这是什么话，不是一般的话。曹雪芹的真诗是什么样子？我们谁都无法想象。曹雪芹评敦诚《琵琶行》的剧本，只记录最后两句，前面最重要的六句，他全不记，这里面肯定有原因。

我先说这个，跟《红楼梦》有什么关系？当然有关系。《红楼梦》他是写小说，里面有什么样的人作诗？你不要有错觉，以为都是二十多岁的大小伙子、大小姐。不是，他们年纪都很小。当时曹家人的聪明，他的祖父曹寅四岁就能辨别平仄四声，大概曹雪芹也不会次。有一个曹雪芹传，说他小孩时不光是一个神童，好像比神童还要超级。看看冷子兴口中所说的贾家：老一辈的姊妹都没了，一个都没有了。老一辈的姊妹都了不起，都是有才的。现在贾家这四位小姐也都不错。这是写一群小女孩，清代的文化家庭中的小女孩、姊妹、姑姑嫂嫂自己结诗社，这是一个大风气。我在我的拙著中都说了，举过例子。这里都反映了当时的情景，不是虚构的、假的，用来粉饰这些小女孩的。曹雪芹是在《红楼梦》里模拟，替这些小女孩代言，那个诗要是太高明，品格太超高了，人家一看就不像了。他还得模拟某一个人的身份、说某一个口气的话，他难，就难在这里。史湘云的诗完全是一千里的伏线，影射的是后来的结局。她的海棠诗一个样子，林黛玉的诗一个样子，薛宝钗的诗又是一个样子，咏柳絮，咏桃花，处处如此。但是那个读起来你不受感动吗？贾宝玉刚搬进大观园，就作了四时的纪事诗，你不能说那就不好。但是你说它很高，确实有点过奖了。所以，你要是熟悉中国的诗词，你看看，那些诗应该摆在什么地位？那是小孩诗。可是那个才华、辞藻，那个音律都很及格了。到了《葬花辞》、《秋窗风雨夕》、《桃花行》时，哎哟，那诗可真不得了！要还说不行，还说是坏诗，那就要请教批评者，你来写写看。（笑声）

问：您最喜欢《红楼梦》里的哪一个人物？

答：这个问题，我在哪一次、各种场合讲，都有朋友提这个问题。上次在政法大学也有同学问这个问题。当然，提问的方式不一定完全一

样，有的是开始说：你是喜欢林黛玉呢，还是喜欢薛宝钗？（笑声）每当这个场合我也不掩饰，因为咱们是真情交流，我说假话，也没有意味。这个问题我不直接回答。我喜欢谁，这不一句话就完了吗？那个没意思，你们问的也不是这个简单问题。

林黛玉是曹雪芹下笔最用心、着墨最多的人物，也是在戏中最能博得大家同情、喜爱、痛哭的人物，特别是看到了她的婚姻不幸，被王熙凤出坏主意给害了的时候。包括当初周总理在世时，他最喜欢看《红楼梦》和《红楼梦》越剧，还把王文娟等请到家里，周总理自己还能唱"宝玉哭灵"那一段。这就是说，许多人都是为了林黛玉的不幸，流了无数的泪，写出大量的文章。大家这么喜欢林黛玉，有的人把她崇拜得不得了。这完全是对的，合理的。我没有意见。但要是有人问我，你个人，你喜欢林黛玉这样一个少女吗？我说，我不是那么十分喜欢。你不喜欢的理由何在？千言万语。简单说，这个人，正如大家常说的小性，爱哭，心胸狭窄，我不是说这个。对于这样一个少女，她的处境使得她那样子是完全可以理解、同情的。何必苛求呢。我完全不是那个意思。我是说这个人给我的整个印象，我不喜欢。

第一，看不出她关怀别人。她和贾宝玉正相反，贾宝玉外号叫无事忙。他忙什么？他没有为他自己哪一件事考虑过：我舒服不舒服？快活不快活？我今天为了我干什么？他每天就是为了别人而忙。他眼前的人，比如说平儿，受了冤屈，又是个嫂子级的人物，又不能亲近。这里有伦理关系，不能越级。《红楼梦》里面很讲礼法的。贾宝玉把她请来，给她胭脂、粉。当时妇女素脸是不能见人的，那是大不礼貌。还给她洗了手绢。贾宝玉还得等袭人出去，不在了，自己才歪在床上痛哭。你什么时候看见过林黛玉关怀过书中的哪一个人？我很奇怪。如果一个人太自我，那我说这个人没什么意思。就拿紫鹃来说，她是林黛玉最忠实的、最不可缺少的人。你看《红楼梦》书中哪一段说紫鹃有了困难、辛酸，黛玉为这个丫鬟做了什么？你举举例子。这是一，我不喜欢这样的人。

第二，刘姥姥进了荣国府，刘姥姥这个人真了不起，她心里很明白，你们是借了我来开开心，不过是取取笑，这没有什么。然后刘姥姥走了，在惜春房里论话大观园，你看林黛玉说的那些话，人家别人谁都没有挖苦、奚落、侮辱刘姥姥的话。只有林黛玉一个人，那个得意呀，加上薛宝钗捧了她几句，就得意忘形了——啊，你画大观园，还得画草虫——我不会画草虫——还有那个母蝗虫。你说，这叫什么话？刘姥姥这个老人，是个农村人，为了冬天过不去，来到这里求财。怎么能这样对待这样一个贫苦老人呢？我不喜欢。（掌声）

反面的文章做完了。正面的文章简单说吧。时间的关系，大家其实都知道，我喜欢史湘云。（掌声）为什么喜欢史湘云呢？她心直口快。心里有过不去的事，要出来抱打不平。邢岫烟是邢夫人家的人，邢夫人的为人如何，大家不堪言论，不言可知。可是邢岫烟来到大观园，放在迎春房里，处境非常困难。除了应酬各种事物外，以至天冷了，还要把仅有的衣服当出去。这时候，谁来关怀她，第一是凤姐。好像因此事还引起当票之事。史湘云说，没见过当票，还批评开当铺的真会赚钱，天下老鸦一般黑，等等。都是这一段情节的事。好像是她听说谁在哪房里受了委屈，她受不了，说我去跟他们说理去。薛宝钗赶紧把她挡住，说你疯了。薛宝钗是“世故”。说你要那样，第一行不通；第二你把所有的人都得罪了。你能说薛宝钗太“世故”吗？不是。其实薛宝钗还是很好的意思。林黛玉说：你又做什么荆轲摄政？这都是古代为了别人抱打不平的说法。这里面有无数的文章。所以史湘云这个人最了不起：光风霁月，宽宏大量，心直口快，为别人不平。晴雯的性格里包含着史湘云的性格。小丫鬟做了贼，她简直受不了：你是给我们怡红院抹了大黑。赵姨娘每天来我们怡红院找茬儿，说坏话。你这么一来，让我们怎么做人？她用一丈青扎小丫鬟的手。大家批评她这个人太狠心，这也对。你知道晴雯她为什么如此生气？她受不了，她考虑事情多极了。所以史湘云也是这样类型的一个人。我喜欢这样的人，她有英雄气。女人之中的英雄。所以叫“英豪阔大宽宏量”，“脂粉英雄”。史湘云就是《红楼梦》里面一百零八位女儿当中杰出的一位脂粉英雄。

我想，要回答的问题还很多，可是时间不允许了。好了，谢谢大家。

周汝昌

周汝昌，1918年生于天津。燕京大学西语系本科、中文系研究院毕业。现任中国艺术研究院研究员。著名学者、资深红学家、古典文学研究家。历任全国政协第五、第六、第七、第八届委员以及中国和平统一促进会理事、燕京研究院董事、中国曹雪芹学会荣誉会长和作家协会会员、书法家协会会员等多种职衔。

周汝昌著述宏富，研究深广。《红楼梦新证》为其代表作，另著有《曹雪芹传》、《红楼梦与中华文化》、《红楼艺术》等十几部红学专著。还有《杨万里选集》、《范成大诗选》、《书法艺术答问》等著作。《岁华晴影》、《脂雪轩笔语》以及近日出版的《北斗京华》、《天地人我》是其随笔集和自传体文集的代表作。

杜迺松

步入古代青铜艺术宫殿

现在开始讲课，首先我个人，作为一名主讲人，欢迎大家的光临。我本人在故宫博物院研究室工作，关于我个人情况不多介绍。国家图书馆有着悠久的历史，我年轻的时候也常来这里看书，每一间房子，每一块地方，我都记得清清楚楚。我有一种习惯，总是愿意坐在固定的地方看书。现在几十年过去了，这几十年来，国家图书馆在宣传、弘扬中外历史文化方面做了大量的工作，取得了很大的成就。最近一个阶段，据我本人了解，继续开展讲座，我个人认为是有现实意义和深远意义的。作为我本人，办这个讲座，受到邀请，能和在座的各位研究、切磋有关中国古代青铜器的问题，感到非常荣幸。今天讲的课题，给它起个名字，就叫做《步入古代青铜艺术宫殿》。我想在很短的两个小时里，分成两个阶段，前一个小时由我来从理论上、基本概念上阐述、说明，可能很多人对这个内容也都很了解；后一段时间重点放映幻灯片，因为不可能把博物馆的东西拿来给大家看（那样当然是最好的了），现在只能看幻灯片，我来解说。

大家知道中华民族有着悠久的历史，光辉灿烂的文化，可以说在很早以前就开始了中国古代的文明。我们说什么叫文明？因为讲青铜器必须要和文明联系起来，这也可以说是个引子。文明就是在原始社会氏族制度开始解体进入到国家组织的阶级社会阶段，也就是开始建立了国家，进入了文明阶段、文明社会。对于文明，过去有一种错觉，有些人认为这个词汇是外来语，从国外传过来的，实际上不然。在《十三经》之一的《易经》里就有这词汇："天下文明"。后人对此如何解释呢？如唐代注疏家孔颖达说"文明"就是"有文章而光明也"。唐朝人

是这样解释的。那么我们再问，究竟进入文明有几大标志？从原始社会步入到文明社会，一般来说，无论是历史学家，还是考古学家，无论是中国学者，还是外国学者，他们都有一个共识，那就是主要有三点：一是文字的产生，一个民族要有文字，没有文字，这个民族是落后的；一是冶铸业的发生，有了金属冶炼和金属器的铸造；再有就是早期城市的建立。现在考古发现、考古发掘，从原始社会晚期，一直到夏代的早期城市，也都陆续不断发现了很多。就是在这三个基本因素里面，其中涉及青铜器，也就是冶炼业。一般来讲在世界文化史上，在冶炼业方面，首先先有铜的冶炼，这是世界历史上的一般规律。但是也有例外，比如说古老的国家都是青铜冶炼，但在古印度，印度河流域和恒河流域，他们最早的金属冶炼是铁。这是一个例外，一般规律铜的冶炼总是在最先。这就涉及我们今天要讲的内容。我们说青铜器可以用几句话把它归纳起来，它造型优美，装饰富丽，有圆雕、凸雕、平雕的一些装饰和花纹，一些立体的装饰，很富丽。它上面还有铭文，铭文就是青铜器上面铸或者刻上的字，很典雅，铸造很精巧。可以说青铜器具有很高的历史价值、艺术价值和科学价值，这几方面归纳一起可以说是包罗万象。青铜器超越了历史时空，铸造了中华民族古代艺术的辉煌，也铸造了中国古代的文明。也可以说，这是我们中华民族的骄傲，是我们中华民族的重要而伟大的文化遗产。一般来讲，青铜器都很生动，凝重宏浩，典雅富丽。因为我自己主要是搞古代青铜器和铭文研究的，有一点愿意向着它和赞美它，比如说现在一些高级宾馆，他们在大厅里面放一些瓷器，作为装饰总是不典雅、不厚重，他们必须要做几件大的铜器摆在那里，就显得很厚重、很沉稳。那种美的感受、那种精神力量，就不一样了。比如说吧，最近中央人民政府送给西藏一件大鼎，意义是很深远的。中国古代青铜器，它的内容很丰富、很深刻，我们今天在学习中，或者是业余爱好，或者是专门从事这方面的研究都很重要。现在收藏古董、收藏古文物也是一个社会的热点，青铜器大概也是其中之一吧！在学习鉴赏的过程中，要注意到几点，在这门专业知识上，也要多侧面、多角度、全方位的研究，也就是说要综合地学习、综合地研究，单纯的一个点研究恐怕是不容易研究好，这是很重要的。另外就我个人几十年的体会，就是在学习过程中，要注意人文科学相互之间的交融。因为青铜器属于考古学的一个内容，它本身有一种边缘科学的内涵在里面，起码要懂得一些其他方面的基本知识，比如说历史的、文献的、哲学艺术的、考古学的、甚至文字学方面的等，倒不是各方面知识都要很深刻，但都需要具备一些基础知识。另外它和自然科学方面也是一种交叉，青铜器本身就是金属冶炼铸造出的，具有自然科学的性质，所以物理的、化学的，甚至地质的、矿物的等，也需要这方面知识的积累，在学习过程中也要注意这些方面。现在时代步伐走得越来越快，青铜器方面信息化、网络化、数字化等，搞专业的人员要随时紧跟。五六十年代的时候，文物考古的杂志主要就这两三种，《文物》杂志、《考古》杂志，现在这些年是全国各地各省，甚至省市里面地、县都有杂志，出土文物，材料很多，所以要了解很多发现和研究的信息，这方面是很重要的，我想我就不多谈了。它是这门科学、这门艺术的一个特点。在这门科学里面，学习研究方面和其他方面有一些共性，但是它也有自己的个性。我们除了掌握共性以外，它自己独特的一面，我们要把它抽出来，这样才能真正学习研究到这门科学。我们刚才说了，辉煌的青铜文明史，它的内涵很丰富，今天我们讲这个青铜艺术，就是综合着进行介绍的。在这个专题里面，讲几个问题，如果对这门知识不完全了解或者了解得很少，我也希望能够通过很短的两个小时，使大家有一个初步的、概括的了解。

第一个题目，夏商周社会与青铜时代：

按照社会历史学说，也就是按照社会发展史来说，人类社会走了很漫长的阶段。如果按照社会性质来分，可以说是分成原始社会、奴隶社会等。这是按照社会性质来分的，能不能按照物质文化的发展阶段来区分人类社会的发展阶段呢？在历史上很长一个阶段没有人注意这个问题，直到19世纪的时候，丹麦考古学家汤姆森提出来，人类社会可以按照物质发展的情况来划分阶段，怎么划分呢？他首先提出来，就是石器时代，紧接着青铜时代，再接着就是铁器时代，划分成这三个时代。他这个论点一提出，很快地就受到社会学家、考古学家的赞同和欢迎，现在世界上，包括中国，在考古学方面，都采用了这个观点。我们国

古代青铜文物

家搞考古学，也是采用了这个观点、这种说法。那么青铜时代相当于我们中国的哪个历史阶段呢？原则上说，相当于中国的夏、商、周，周是西周，下面是春秋战国。青铜时代，可以说是包括从夏、商、周到春秋这个很长的历史阶段。青铜器的发展，主要就是在夏、商、周、春秋这个阶段，所以，这个大阶段，在中国物质文化史上也就被称做青铜时代。但是我们要说明一点，并不是说在夏商周之前，就没有青铜材料的发现，或者是春秋以后就再没有青铜器制作，也不是这样的。但是在高峰时期，它跟社会制度相联系，它当时按照中国史学的观点，这个时期是属于中国奴隶制度的时期，奴隶社会的夏商周和青铜器正好是相吻合、相应的，这是现在史学界、考古学界一般的公认的观点。我们说青铜时代一开始以后，作为金属工具的使用，总比石、木、棒、骨器锋锐、方便，促进了生产力的发展，同时也就逐步改变了人与人的关系，也就是生产关系的改变，即青铜时代的到来，促进了生产力发展，改变了人们的社会生产关系。如何解释呢？在原始社会中，《礼记·礼运篇》说："大道之行，天下为公”，没有阶级，没有国家。《抱朴子》里也说：“日出而作，日入而息”。这是一个大同社会，进入到青铜时代，社会就不一样了，它促进了生产力的发展，从大量的中国古文献的分析，从考古学资料来研究探索，这个阶段比原始社会要前进很多，形成了一个青铜时代。所以当时发明青铜器，它代表了当时先进的生产力。犹如今天发明了原子弹，氢弹上天，是一个道理。它是在几千年之前，先民们一种伟大智慧和力量的创造，一直流传到现在。全国大大小小的博物馆里面，有陈列展览，大部分都有青铜器，也是国家的一种重要文物收藏。今天如果想写一部夏、商、周的历史书，特别是西周历史，如果仅仅是从文献到文献，出版社里内行的编辑是不会同意出版的。必须要结合考古学、结合到古青铜器学，没有这个内容是绝对不行的。

鼎就是一种器物，在青铜器里最重要、数量最多，一般都是圆形的。比如说有一件鼎叫曶鼎，是古代时期发现的一件鼎，曾见过著录，现在实物不知流落何方。里面有这样一句话：“我既赎女五夫，用匹马束丝”，一个人叫曶和一个人叫限，来互相交换物品，曶用一匹马一束丝，换取了限的五个奴隶，这就说奴隶是可以随便交换的。另外有一件鼎，叫大盂鼎，器主叫盂。盂鼎是西周康王时期的一件铜器。这里就记载周康王赏给贵族盂一千七百零九个奴隶，就是说奴隶是可以任意赏赐的，还赏赐给他其他很多物品。从大量的铭文、大量的出土青铜材料，可以研究青铜时代的夏商周时期的历史，史料的价值很高。这方面不再多举例子。

大盂鼎及其铭文

第二个题目，谈一谈青铜时代的历史意义。从大量的考古资料来看，人类发明和使用的首先

是红铜。一般来说红铜在前，青铜在后，青铜要比红铜内涵复杂丰富。青铜是铜加上锡，或者是铜加上铅，或者是铜、锡、铅三元元素，而红铜是比较单一的。青铜发明和使用在红铜的后面，这是世界文明史的一般规律。但是在中国有个特殊现象，就是在西北甘青地区，发现最早的青铜制品和红铜制品是并存的。我们想有两种可能性：也可能是青铜制品里面的锡、铅等元素在矿石冶炼的过程中混杂进去了，但也不排除人工有意地把它掺杂进去的可能性。根据一般的事物发展规律，从世界发明铜的情况来看，在中国今后有可能发现更早的，早于青铜的红铜制品。从目前来看，红铜和青铜最早产生在西北地区，可能在历史发展长河中，因为某种情况、某种变故，青铜的使用和发明逐步沿着黄河到中游、到中原地区。目前发现的最早的青铜制品在甘青地区。有两种文化，分别称做马家窑文化和马厂文化。这里原始社会文化，在墓葬和遗址里都发现青铜制的小刀子，经过C_{14}测定时间属于公元前3000年至公元前2300年之间。就是说，在距今5000年前，基本上就有这种青铜制品的产生。所以说青铜是很早以前就开始有了，但这是极个别的，而且都是小件的。红铜有一定的光泽和延展性，如果锤打的话，能把红铜薄片锤打成一件器物。前两年，我到新疆去，当地人带我到喀什格尔，就是现在地图上标明的喀什。带我到古老的一条文化街，我看了看，全是小型的手工作坊，维族人在手工业作坊里锤打金属器，就是把一种红铜敲打成一个脸盆。它说明红铜不加上其他任何一种金属的话，很软，有延展性，所以它能够打造出来，制作出一些器物。在青铜器这方面，比如河北怀来等地，就发现春秋战国时期也还有用红铜锤打出来的器物。但是，一般说，红铜比较软，只能制作小件的器物和小件的装饰品，指环、耳坠等。要做大型的器物，或者做一些兵器，因太软就不好做了。随着红铜的这种发明和不断积累经验，青铜器的发明就应运而生了。我们说青铜有红铜所没有的特点，青铜是红铜加锡或铅，它有几个大的优点。首先是熔点低，熔化红铜需要达到1083摄氏度，如果加上锡的话，比如说加25%的锡，熔点就可以降到800摄氏度，减少了二三百度，古人制作青铜器的时候就方便多了。另外，加上锡或铅，它的硬度就高。可以根据制作器种的不同，加上不同比例的锡。《周礼》里面记载了很多有关青铜制造方面的内容,《考工记》里列出了一份制作不同器物的合金比例表,用多少铜,用多少锡。如内容里有这样一种说法,说六分其金而锡居其一。把金属分成六份,其中锡占一份,也就是铜五锡一。钟鼎制作铜五锡一就可以了。中国历史博物馆收藏的一件司母戊大方鼎,重832.84公斤,这是1994年重新称出来的。有关方面测定了它的成分,铜占84.77%,锡占11.64%,基本上是100%。按照《考工记》的说法,它就是铜五锡一,完全是这个比例。当然这也可能是一种巧合,古人也不可能完全这么准确地羼合好铜与锡的比例。当时战国时人所著《周礼·考工记》的合金比例,可以说在世界科技史上占有重要地位,像李约瑟的《中国科技史》也引用《周礼·考工记》这份材料,这是很重要的。再举个例子,里面还说了照面容的铜镜,制作时合金比例是"金、锡半",所谓金就是铜,铜占50%,锡也是50%,为什么要这么多锡呢?因为镜子要光泽,锡有光亮。因此根据不同的器种,用不同的合金比例。制作兵器,要坚硬、锋锐,能够战斗。锡不够的话,太软,就易折曲;锡太多,就脆了,要求正好合适。制作青铜武器,加的锡要比青铜生活用品加的数量要多,这样它才锋锐、坚韧,有战斗力。

青铜有这么大的优点,刚才我们已经点到了。那么中国的青铜究竟什么时候发明的呢?从古史传说来讲,中国发明青铜器是很早的,但是有很多器物没有资料记载了。古文献里曾经记载同轩辕黄帝打仗的蚩尤,传说中还有这个人长得什么模样,《世本》里记载:"蚩尤作兵"。这个兵就是兵器,有人分析他这个兵器就是金属的青铜制品,所以黄帝开始时打不过他,因为他武器发达进步。当然最后黄帝还是把他制服了。另外在《史记》中司马迁这样记载:黄帝做九鼎象九州。这是古史传说,故事很早,至今并没有发现黄帝时铸造的鼎。但是我分析,神话传说就是艺术概括中的一种反映,也按照一般的通俗说法,不是无源之水、无本之木,完全是有可能的社会生活。在实物这方面,我们在今天考古学发现的材料基础上,已经发现了很多早期的青铜实物材料。如刚才我说的距今5000年马家窑文化和4000年马厂文化。青铜小刀现在只发现了两件,这些东西很小,看起来外表也不起眼,但是从中国青铜文化发展来说,价值是很高的。要是给它按照国家文物定级

的标准绝不能把它定作一般的文物，因为它的学术价值是很高的。物以稀为贵，它越少价值越高。我们指的是学术价值，不是经济价值。另外在实物材料上，1977年在河南登封发现了遗址，发现了一块残的铜片，经过检测，确实是青铜。它属于原始社会末期至夏代初年，属于锡青铜。河南偃师二里头遗址，现在大家基本公认这是夏代的一个都城，这里发现了数十件青铜器，有爵、鼎、斝、盉、铃等，这些都是器皿，还有一些饰件。C_{14}测定有机物质，二里头遗址在公元前2090年至公元前1680年之间，相当于夏朝。所以一般人认为，二里头发现的青铜器，就是夏代的青铜器。我们今天，把青铜器铸造和发展，从理论上概括一下的话，可以说原始社会后期是个萌芽期，夏朝是初步发展时期，商、西周则达到了鼎盛时期，春秋战国就是繁荣时期了，到了秦汉时期，它就在变革中有所发展，它的衰落，从三国、两晋、南北朝开始，到了宋以后，可以说是到了仿造、伪造的时期。一直到现在也有些人由于经济利益的驱使，还在做一些假铜器。所以从大量考古资料来看，青铜器有一个完整的发展演变体系。有发展时期，有鼎盛时期，也有衰落时期。但是从总体来看，它铸造了青铜文明的整个辉煌，创造了光辉灿烂的青铜文化史。许多器物，都是晶莹璀璨的，无论是传世精品还是近年出土的一些器物。这些物器数量多，有的带有铭文，有人初步归纳统计了一下，有六七千件之多；而没有铭文的铜器还是占大多数的，数量还要多出几倍。另外古代的战争，自然灾害，人为的毁坏，还不知有多少呢。不用说远了，就是在十年浩劫时，送到冶炼厂的，就毁坏了许多，想起来痛心，很可惜。文物是不可再生的资源，只有原件，大家才能享受审美的愉悦感，才得到一种美感，才能很好地鉴赏和学习。

以上我们讲了青铜时代的历史意义，它促进了生产力的发展。

第三个题目，我们讲一下青铜艺术的几个特点。我们先从铸造技术上看，我国制作青铜器，传统方法是陶范法，在制作工艺发展过程中，很快就发明了合范法制作技术，为青铜器铸造业的蓬勃发展奠定了良好的基础。在合范法基础上又发明了分铸法，有的是先铸好部件，再与器身合铸；有的是先铸好器体，再在相应位置插入饰件范，再合铸一起。也有的用锡、铅将部件与器物焊接一起。在国外的一些古老国家，都采取失蜡法。近年来，我国考古工作中也发现了一些有关失蜡法铸造的青铜器。失蜡法与陶范法虽是各有优点，但是用陶范法做那些雕镂复杂细腻或者有镂空的装饰，有时就做不出来了。泥土总是很脆的，容易干裂，用蜡模就可以做出来了。当时用的蜡也不是现在用的这个蜡，是一种蜂蜡加一些动物的油脂糅合在一起，捏成蜡模，然后用细泥汁给它浇淋，泥汁就把它包住了，包住以后再采取加热的办法让里面的蜡流出来，就变成泥模了。在中国考古学上发现了很多铜器，非常辉煌，是泥模所不能做出来的。比如说，河南淅川县楚墓出土的一件禁，就像一个桌子一样，上面可以放青铜酒器等，用来进行祭祀。这件器物属于春秋时代，它的四面有镂空的小的细腻的盘虺文，都是用失蜡法做出来的，用泥模是不可能做的。细腻、优美、生动，可以说是巧夺天工，鬼斧神工，现在人都不可想象。今天用高科技去做，古朴的神态也是做不出来的。就如说某人是写魏碑的魏碑家，写汉隶的汉隶家等，写得再好，和古人写的总有时代差别。现在人做了一件假铜器也是这样，内行人一看就看出来了。在湖北随州有个大墓叫曾侯乙墓，出土了一套编钟，同时还出土了一个尊、一个盘，也是玲珑剔透，就和我们刚才看的禁一样，也有这种小的盘虺文纠结在一起，也是只有用失蜡法才能完好地做出来。曾侯乙墓时间是在公元前433年或稍后，也就是说它是战国早期的一件作品。

下面我们从气魄雄伟上来看看青铜艺术。有一件器物叫莲鹤方壶，高1.2米，是一个大型的盛酒器，1923年在河南新郑出土，优美喜人，形体很大，盛一种醴酒。同时出土了一对，一件收藏在河南省博物馆，一件在故宫博物院。古书里经常有这样的词句，如《诗经》里有“清酒百壶”的句子，壶就是用来放酒的。古人已经发明创造了酒，今天实物也发现了古酒，经过几千年，酒还在里面保存。1974年发现了几

莲鹤方壶

座中山国王的墓，有很多出土文物，其中出土了许多铜壶。考古工作者在墓里搬起来时，感到里面有液体在晃动，有的打开来有一股玫瑰香味，有的像一种药酒，经过检测，成分含有蛋白、脂肪、少量的乙醇等十七种成分，说明里面存放的就是酒，价值很高。我们联想到魏晋时期一本书叫《搜神记》，是晋人干宝所作，里面记载这个时期、这个地域当时就产一种酒。如里面提到一种千日醉酒，说有一个人会做千日酒，一醉就是千日，他的一个朋友到他那里喝了他的酒后醉死在家里，家里人以为他得了暴病，就把他埋葬了。三年以后，造酒的人来看他，家人说他已经死了三年了，已经埋葬了。造酒人说赶快把他挖出来，打开以后他还没睡醒，问日高几许，就等于睡了一个大觉，说话时酒味还很浓，别人闻到酒味以后醉卧三月。这说明这个地区造酒是很厉害的。这种铜壶就是装酒的，它优美动人，上面有双层莲瓣，有鹤，做振翼欲飞的样子，引吭高鸣，好像在叫，有一种动感、旋律感，人见人爱，从美学的角度来看价值是相当高了。也可以说从商、周开始，这么长的青铜艺术铸造过程中，到这个时期又走向了一个高峰。这是时代的发展，时代革新和进步。它看起来的确是非常优美，我们自己也可以体会一下，越发感觉到它确实非常动人。再有我们说曾侯乙编钟，一会儿我们看一看幻灯片，三层八组六十多件，可以打击出古今中外的乐曲，打击《洪湖水浪打浪》，打击贝多芬的《欢乐颂》等，湖北歌舞团还编出编钟乐舞，很优美动人。

第三点是青铜纹饰精美，造型生动。湖南醴陵70年代出土了一件象尊，做成一个大象形，也是盛酒用的。四个足似柱，体里面是空的，可以放酒，象鼻是一个流口，可以倒酒，象身全都有各种装饰的夔纹、动物纹等，很丰满富丽，栩栩如生，遗憾的是发现时上面失掉了盖子。同样的一件东西在美国弗丽尔美术馆保存了一件，他那个有一个盖子，盖子上面铸了一个纽，是个小象，就是大象驮了一个小象，很有生趣。故宫博物院保存了一件战国早期的一个长方形的铜盘，一会儿幻灯片可以看到一些细部，它里面有水波状的花纹，水波里有鱼、龟在游动，岸上还有蛙，形成了一幅水生动物的美丽图画。盘子外面还有圆雕、浮雕的装饰，其中有一种装饰对研究古代神话是很有价值的，有一种动

象尊

物叫獬豸，在古文献里都有记载，是专门主持诉讼的，如果犯人不说真话，它就知道了，就如现在说发明了测谎仪之类。它知道在说谎，即上去"触不直"。造型也很优美，装饰很丰满。

第四点讲讲青铜武器铸造精工、锋利。古代社会，在商周时期，古文献记载"国之大事，在祀与戎"，尤其在商、周到东周时，打仗很多，兵器非常发达、发展。在制作兵器，比如说东周时期吴越地区（现在江浙），制作的兵器最精工，最华美、锋利，在当时就是很著名的，流传下来的武器都受到重视。近年来发现吴越的兵器很多。1965年湖北江陵出土的越王勾践剑，剑身上的黑色暗纹经过化验测定含有硫。上面有宝石镶嵌的装饰，还有鸟虫书："越王勾践自作用剑"，就是说是他自己使用的宝剑。保存确实非常完好，这是国之瑰宝。古人就说"吴越之金锡，此材之美者也"，吴越的铜锡是好的，最精美，质量最

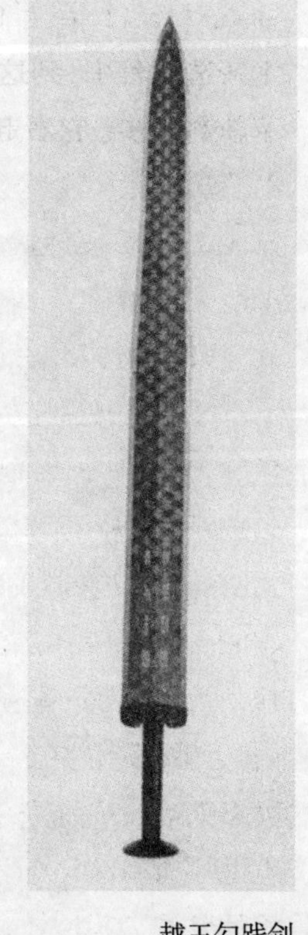
越王勾践剑

高，因此用它铸造出来的兵器也是最好的。

第五点讲青铜器书法艺术。有的铭文很凝重、宏伟，有的很灵巧，也有些装饰性很强，有的也很整齐。比如说吴越宝剑上常常有鸟虫书，把文字转来转去弄成像鸟和虫似的，没有经验看不出这是什么字，经过分析才能读出来。这实际上就是一种美术字、艺术字。

以上讲了青铜艺术宫殿专题的五个题目，大家会从概念上得到一点认识。下面放幻灯，然后用简单几句话把我们的青铜器和国外青铜器比较一下，即中外文化的比较。

搞文物考古工作就是要理论联系实际，单纯地搞理论或单纯地搞实践都不行，得两者结合起来。我们现在博物馆里的青年文物工作者也是这样，说你光会写文章，看东西不会看，那不行；光会看东西，不能升华到理论高度也不行。搞文物工作是两方面的结合，没有实物，我们用幻灯来代替。

这是七十年代河南偃师二里头出土的青铜爵，是夏代的青铜器。爵是一种饮酒器。这边叫尾，那边叫流，流尾长度达到了31.5厘米。下面有三个尖的锥足，整体很均匀、很平衡，有口的地方有两个短短的小柱。腰的地方有两道弦纹，在弦纹中间有五个疙瘩，叫乳钉纹，都属于装饰，整体看来是素朴、简洁。这是目前发现的中国最古老的青铜容器之一，现保存在河南偃师县博物馆，属于国家一级文物。

下面是1974年郑州出土的商代前期的一件方鼎，同时出土的是一对。前几年在另外一个地方又出土了一对，一共是四件。高达1米，重达80公斤，这是商代前期的器物。可以说，这件器物形体之大可以反映商代前期铸造业的辉煌。它也是煮鱼肉用的。斗形方体，周围都是乳钉纹，颈部是由夔组成的兽面纹，很绚丽。

下面是刚才说的三羊尊，大型的盛酒器，三个羊头，很形象，很生动。它采用了分铸法把器体和装饰结合在一起。兽面纹，很突出，有一种威严狰狞的感觉。古人管兽面纹叫饕餮纹。这种幻想动物据说是能吃能喝。古书说有一个不才子，贪于饮食，冒于货赂，谓之饕餮。现在研究古典艺术的中外学者也很多，实际上这种饕餮纹我们现在叫它兽面纹，细看有的像牛面，有的像羊面、猪面，它实际上就是古代典礼时的太牢之礼。所谓太牢就是有牛羊豕祭祀的齐备的礼节。现在中外美术家研究它都是采取美术史的研究方法，探索它的渊源方面就不够多了。

三羊尊

下面，河南安阳殷墟，即商代后期国都，100年以前在这个地区发现了大量的甲骨。二三十年代，这里又发现大量的王墓，出土了大量的青铜作品。70年代发现一个墓叫妇好墓，墓主人叫妇好，是商王武丁的妻子。据甲骨文记载她很会打仗，有很多动人的故事。她的墓葬里随葬有二百件青铜礼乐器，成双成对的。这是壶，是商代后期的壶，全身都是兽面纹，一层一层的，很丰满，还有贯耳。它是商代后期比较典型的青铜壶的造型。

妇好墓青铜壶

下面，1986年在四川广汉三星堆，大家也有所耳闻，出土了两个祭祀坑。出土了大型的青铜造像，连底座高达2.6米，青铜人高达1.7米，身着燕尾服，上面戴有高冠，做抱拳式，可能手里还拿着什么东西。根据出土材料分析，这样的形象他可能是当时蜀国的某一代的国王。过去这种大型

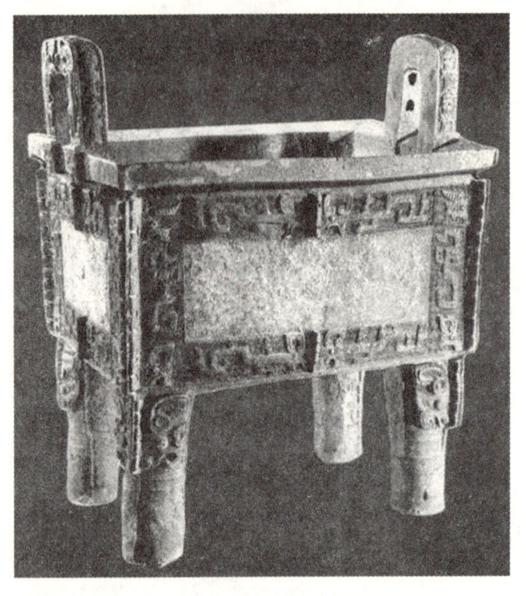

司母戊大方鼎

的青铜雕塑在中国还没有发现，这是史无前例的。这么大型的青铜器的人物造型是很难见到的，以前只在希腊、罗马有这种人物的高大的造型。它对于研究古蜀文化（巴蜀文化）价值是很高的。

下面，就是刚才说的司母戊大方鼎，保存在中国历史博物馆里。它的耳朵是分铸的，再接在一起，外面铸有老虎，老虎张着口，还含着一个人头。这对研究当时的文化生活价值是很高的。这件鼎可以说是庞然大物，是中国青铜文化辉煌的典范，是目前所见中国青铜器里最大、最重的一件。过去认为司母戊大方鼎是武乙时期的，到了商末。现在通过各方面综合分析，时代往前推了100年，这对研究中国冶铸业的发展史价值是很高的。

下面，这就是刚才说的四羊方尊。它的器身有羊头、器肩上还有龙头，采用分铸再合铸的这种方法，总体给人一种优美的瑰丽感。而且工艺设计是很巧妙的，把器身和动物的形体融合在一起，就是羊的胸部，器足就是羊足，有一种优美的均匀的感觉融合在一起，很协调，在美术史上价值无疑是很高的了。

下面，商代多是盛酒器。饮酒的，装酒的。古文献记载商纣王最后灭亡就是“酒池肉林”的结果，天天饮酒，酒都成了池塘了，肉都悬挂起来，做成夜之饮，整夜高歌燕舞，这样的国家就是要灭亡。商代的酒器特别发达，西周吸取这种灭亡的教训，刚才说的大盂鼎的铭文就反映了这个内容。这就是老虎吃人的一个镜头，老虎张着大嘴，里面含着人头，显示贵族的威慑力。我们今天来研究这件器物，研究当时古代的造型艺术、神话传说，价值都是相当高的。这件器物传说是在湖南出土的，现在流落到了日本。同样的一件保存在法国巴黎的一家博物馆里。两件基本上差不多。

下面，这件东西叫鬲，是一种很像鼎的炊煮器。鼎是专门用来煮鱼肉的。这是用来煮饭食的，用途上有一定的区别。另外造型上也有所不同，这个鬲优美雄伟，有盖子，盖子上也是个牛头，牛角都翘出了器表，器足上的牛头也翘出了器表。这是西周时代的，出土在北京房山县琉璃河251号墓葬，是属于燕国的墓葬。这件器物主人叫伯矩，里面文字就记载着伯矩受到燕侯的赏赐，做了这件器物作为纪念。

商代盛酒器

下面，就是刚才说的大盂鼎，有三个兽蹄足，两个立耳，重达150公斤，里面的铭文有291个字，记载着商朝灭亡的教训和周人怎样治理国家。铭文里提到不许多饮酒，但是同时提到“有柴蒸祀”，即对于上天、祖先

西周师趛鬲

要很好的祭祀，但平时不能随便饮酒。这就是商周时的一篇很好的文献，《尚书·酒诰》也提到西周建国时禁饮酒。所以我们说要研究西周史，离不开这些铭文材料。这件器物浑厚凝重，现在陈列在中国历史博物馆。它的铭文凝重有力，很雄伟。大盂鼎铭文也可以说是西周时期有代表性的铭文的典范。许多人研究钟鼎文时都以它作为楷模来模仿它的字体，学习它的书法、技巧。这就是大篆的字体，认识之后，再来断句，慢慢也能读得下来。再加以解释，价值很高。所以说研究青铜器，必须要有古文字学的基础。

下面，这件器物叫觚，是一种饮酒器。看它的样子，饮起来也不大容易。因为它的口像喇叭似的，酒容易流出来。按传统说法它是一种饮酒器，实际上它有可能是一种祭器，是祭祀祖先时在宗庙里用的一种酒器。这是70年代在陕西扶风县发现的，腰很细，收缩。下面的装饰也很遒劲、生动。这是西周时的一个觚，西周时的觚也是很少见的，造型很优美，很罕见。

下面，这是陕西宝鸡的一个墓葬里出土的一对鸟尊，是西周早期的，三个足。全身都有鳞羽纹。后面还有尾，尾是作为一个支点。制作很精细、巧妙，圆圆的眼睛很生动。一般鸟只有两个足，它有三个足。这是神话传说了。《山海经》里说："日有三足鸟"，就提到这种鸟，说有一种大树叫扶桑树，共有十棵大扶桑树，离地面有300米高，每一棵扶桑树都住着一个三足鸟。这是一种神话传说了，本器对于今天研究古

虢季子白盘

代的神话传说有很高的实物资料价值。

下面,这是陕西淳化出土的重达226公斤的一件大鼎,很独特。是目前发现的西周时最大的一件鼎。它口沿上有两个耳朵,腹上还有三个耳朵,这是很少见的,所以它又被称做五耳大鼎,雄伟凝重。

下面,这是清朝时发现的一个盘子,很有名的,叫虢季子白盘。是虢国的,器主叫子白,是虢国贵族。这个盘子很大,很长,四面都有大兽面套环耳,腹饰有西周中晚期常有的大波浪纹、环带纹,这都是这个时代的风格。里面有111个字,有汉字从大篆向小篆过渡时期的书法的特点,里面的字句还有韵脚,读起来朗朗上口。铭文记载了周王命虢季子白征伐玁狁族,子白因征战有功而受到嘉奖。

相信通过看幻灯,大家会得到一些感性认识,对学习研究青铜器是大为有益的。

古代两河流域、古代埃及、古代印度等,也都经历了很发达的青铜文明。大量资料证明,我国青铜文明与世界各先进的古老国家一样,也具有领先地位。我国青铜文明是独立发展起来的,有本身的个性、风格与特征,参照大量青铜彝器的铸造,更独具璀璨的光辉,是中华民族的骄傲。

杜迺松

杜迺松,1937年6月生,北京市人。1962年北京大学历史系考古专业毕业。著名青铜器专家,北京故宫博物院研究员、中央文史研究馆馆员、国家文物鉴定委员会委员,1992年获国家级有突出贡献的专家称号。多所大学兼职教授并培养研究生,桃李满天下。

在国内外发表大量学术论文,出版独著与合著20部。如《青铜器简说》、《青铜器鉴定》、《中国青铜器发展史》、《步入青铜艺术宫殿》、《齐鲁燕中山青铜器》等。论著建立了完整的中国古代青铜器与铭文的发展

演变的理论体系，同时还取得了其他许多重要科研成果。参加近年全国文物鉴定系统工程，并负责青铜器与铭文的鉴定。近年曾赴美、法、日、韩和香港等地进行文化学术交流。

卞祖善

音乐与人生

现代人提倡胎教，一个幼小的生命未出世前就会接受到音乐的熏陶。其实人的一生都离不开音乐，《摇篮曲》、《结婚进行曲》和《葬礼进行曲》可谓人生三部曲，因此，人的一生都有音乐相伴。

西欧作曲家谱写了不少摇篮曲，我国作曲家贺绿汀先生所作的《摇篮曲》也很著名。现在给大家介绍德国作曲家勃拉姆斯创作的一首《摇篮曲》，它的歌词非常的优美，体现了博大的母爱——对幼小生命无微不至的一种关爱。“安睡吧，小宝贝，丁香、红玫瑰轻轻爬上床，陪你入梦乡。愿上帝保佑你，一觉睡到天明。”然后作为副歌再唱一遍“原上帝保佑你，一觉睡到天明。”这是第一段词。间奏之后接着唱第二段词：“安睡吧，小宝贝，天使在保佑你，在你的梦中出现美丽的圣诞树。你静静地安睡吧，愿你梦见天堂。你静静地安睡吧，愿你梦见天堂。”

我想说明的是我不是借这个歌词来宣扬天堂呀、上帝呀、天使呀，没有的。我尊重宗教信仰自由，但我什么宗教都不信，我是无神论者，只相信唯物主义。我是陆翁（陆游）的信徒，“死去元知万事空”。人哪里有什么灵魂？但人

贺绿汀

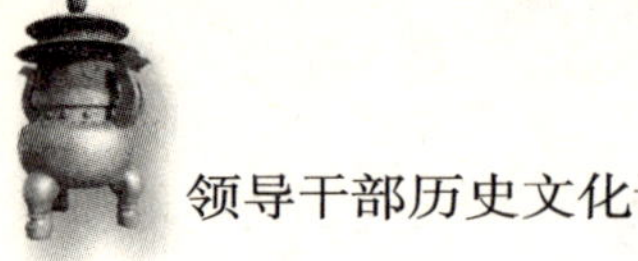

有思想，有精神，有气质。

德国哲学家费尔巴哈有一句名言：“人的上帝就是人自己的本质。”太对了，每个人都是自己的上帝。你的思想、言行、气质、举止爱好，都是由你自己的思想意志决定的，所以中国有句俗话，“江山易改，本性难移”，任何人都改变不了。从这个意义上讲，在座的每一位都是自己的上帝，并且决定了你一生的道路。

在西方流行一个幽默，讲三个人死之后，步入天堂之门之前的对话。A说：“哎呀，我死了以后，我们家人痛哭流涕，悲痛欲绝。”B说：“我死了以后，我们家人对我歌功颂德，说我这人怎么怎么好，怎么怎么善良，怎么怎么有作为，也是痛不欲生。”这时候C说：“我死了以后，多希望他们当中有一个人出来说这么一句话：‘瞧！他还活着！’”

最近我看到一篇文章，有一个癌病患者，他看到路上的残疾人和坐轮椅的人，都感到羡慕，觉得他们是那样幸福，因为他觉得自己的生命已经进入了倒计时。所以我想，我们健康地活着，并且对我们的祖国，对我们的民族，对我们的社会有所作为的话，那我们就生活在天堂了。

奥地利指挥家卡拉扬到了晚年的时候，悟出了一个道理，他说：“一缕阳光，一片面包，举手投足，都是上帝的恩赐。”说得多好啊，一个人能晒晒太阳，还能吃能喝，还能走动，还健康地活着，就是在天堂了。所以我们应该珍惜生命，热爱生活，努力工作，有所作为。

我想《摇篮曲》里面关于天堂、天使、上帝的词句，更多的是体现了母亲对孩子虔诚、无私的祝福。小孩子听到《摇篮曲》好比沐浴在母爱的阳光之下；而成年人听到《摇篮曲》，会引起我们对童年的回忆。《摇篮曲》是我们人生的驿站，人之生命最初的一个阶段。

勃拉姆斯《摇篮曲》的音乐非常纯净温暖，作曲家年轻时在汉堡曾经热恋过合唱团中的一位女歌手，但后来她成了法贝尔夫人，当她生第二个孩子时，勃拉姆斯谱写这首《摇篮曲》为之祝福，把崇高的情谊铸入这首小小的乐曲里面。

我想顺便说一下，《摇篮曲》属于艺术歌曲的范畴，对艺术歌曲应该有三个概念：一个概念是分节歌，一首歌有好几段歌词，但是它的歌曲旋律是一样的。像这首《摇篮曲》是属于分节歌。还有一种叫做通节歌,通节歌有很多段的歌词,但是它的旋律是不一样的,自始至终旋律是有变化的。比如说舒伯特的《魔王》,这是歌德的原诗,这首歌曲的演唱者要扮演四个角色,一个是扮演说故事的人,一开始唱:“黄昏时分,有一辆马车,奔腾而来,马车上坐着父子俩人,孩子忽然惊呼道:‘爸爸!爸爸!不好了!你看前面有个魔鬼在冲我招手。’父亲安慰他:‘孩子你别怕,别怕,那不是魔王,那是一棵枯干的老树。’”演唱者要扮演故事的叙述者、父子和魔王四个角色。其中魔王唱道:“小孩,小孩,你跟我来。”在引诱他。“你来,来到我的怀抱,会很幸福。”孩子很紧张,父亲说:“不要怕,不要怕。”总是安慰他。等到马车到了自己家门口的时候,父亲一看,怀抱里的孩子已经死了。这就是舒伯特的《魔王》,这也是艺术歌曲。第二个重要因素,是以大诗人,像歌德、席勒、海涅的诗为歌词,文学的品位非常高,这是第二个特点。第三个特点,钢琴已经不再是简单的伴奏,而是有很高的艺术性。德国作曲家理查德·施特劳斯晚年写了一组歌,叫《最后的四首歌》,为乐队和女高音而作,声乐与乐队浑然一体,艺术性非常高。因此,艺术歌曲有很简单的,像勃拉姆斯的《摇篮曲》,也有相当复杂篇幅很大的,像《最后的四首歌》。但无论是属于哪一种,这三种特点,都会展现在我们面前。它是分节歌,或者是通节歌,它的歌词来自诗人的诗歌。另外,它用钢琴伴奏也好,或者用乐队伴奏也好,艺术质量都很高。

舒伯特

音乐对于人们心灵的陶冶,灵魂的净化,起着不可替代的、潜移默化的作用。但并不是说你听了一次音乐作品,就立地成佛了。这需要一

个过程，我以自己为例，音乐既改变了我的一生，也改变了我的个性。我小时候非常贫苦，是个野孩子，没有吃的，没有机会上学，后来上小学是为了课间休息时能喝上一碗施舍的粥。13岁那年我流浪到上海，进了上海基督教难童教养院，星期天做礼拜有个唱诗班，我也参加了唱诗班，唱什么歌词现在已记不清了，但是音乐很好听。我这个野孩子开始接受音乐的熏陶，并且被唱诗班弹钢琴的老师黄兰玉看中，他跟孤儿院院长说，我看这孩子挺机灵的，我想教他学钢琴。院长说："好啊！"天赐良机，我就学起了弹钢琴。我就是这样从孤儿院里走出来的，音乐不仅改变了我的个性，也改变了我的人生。如果音乐是我的上帝的话，那么我就是虔诚的信徒和热诚的传教士，我从事普及推广交响乐的工作，就带着这种愿望四处奔走，把我对音乐的感受与大家交流，希望更多的人也能从音乐里面感受到它的美妙。

音乐对于人的性格、思想、精神确实有着潜移默化的作用。我有一盒磁带，是德国作曲家巴赫的一首《咏叹调》，咏叹调实际上就是曲调音乐，庄严肃穆，是一种神圣、虔诚的音乐语言。我有过这样的经验，当我在生活中感到困惑、痛苦的时候，我就听这首乐曲，听上一二十分钟之后，很明显，我的心态就平和了。请大家听听这首乐曲，体会一下这首乐曲的崇高境界。巴赫对人类的文化有着卓越的贡献，直到今天，无论是业余的音乐爱好者，还是音乐家，几乎无一例外地都要接受巴赫音乐的熏陶。

巴　赫

近年来欧美学者纷纷提出所谓的"莫扎特效应"，说大学生听莫扎特的钢琴奏鸣曲可以提高智商。今天我带来一张莫扎特奏鸣曲的CD盘，是葡萄

莫扎特及其钢琴奏鸣曲手稿

牙钢琴家皮尔斯演奏的，她的演奏是那样典雅，充满了女性的细腻、柔和。我不知道，年轻的大学生、高中生，对于“莫扎特效应”有没有这种体验。我在家里观察我女儿做功课，她每回非要戴上一对耳机，一边听音乐一边做功课。我跟她讨论，她觉得边听音乐边做功课似乎轻松些。当然她听的都是一些比较悦耳的音乐，但绝对不是摇滚和迪斯科。请大家听一下莫扎特A大调钢琴奏鸣曲的主题部分。这个主题包含两个乐段，之后是根据这两个乐段所作的变奏，音乐如行云流水、乐如泉涌，像阳光般的温暖，空气一样的清澈。这样的音乐对人的身心健康是有益的。还有一篇文章里提到音乐疗法，并说当你悲痛的时候，应该听欢乐的音乐。其实正好相反：当你悲痛的时候，你应该接着听悲痛的音乐，把悲痛的情绪完全释放出来。不要企图在你悲痛的时候去寻求欢乐，去听轻快欢乐的音乐，那样会适得其反。

音乐疗法的临床应用已经比较普遍了。我本人也接受过，我在上大学的时候，有一次要做手术。手术不大也不小，不用全身麻醉，只需局部麻醉，我自告奋勇，我问医生我能不能唱歌，他说可以。我就唱《命运交响曲》，轻轻地唱。我感觉到我的肌体被锋利的手术刀割开，我的

鲜血在流淌……我一点也不紧张，因为我的注意力是在我唱的《命运交响曲》里，我当时就想，这是我人生当中的一次小小的搏斗，我应该有勇气一些。

在座的年轻人的必经之路，要面临爱情、婚姻和家庭，西方有一种乐曲叫《小夜曲》最初就是爱情歌曲。《小夜曲》顾名思义，不是白天的事，而是晚上的事。傍晚，具有骑士风度的男子，拿着六弦琴，在自己心爱的姑娘的窗下，唱着表白爱情的歌曲。有些贵族很愚蠢，他不会弹，也不会唱，但是很有钱。他就出钱雇来漂亮的小伙子，问他，你会不会弹琴唱歌？替他到他意中人的窗子底下唱歌。结果姑娘爱上了唱歌的人，而不是爱上了出钱的人。最有名的《小夜曲》莫过于舒伯特的《小夜曲》了，钢琴伴奏是模仿六弦琴的，歌声优雅动听，年轻人在向自己热爱的女子倾诉着爱情，充满了柔情。还有一种《小夜曲》，是乐队演奏的器乐曲。在18、19世纪的时候，有很多小型的室内乐，莫扎特《G大调弦乐小夜曲》就很有名。这部作品并不是为了表达爱情，只是一种用室内乐的形式，非常优雅的、休闲的、娱乐性的，也比较高雅的中小型乐曲。这种乐曲很受人们的欢迎，因此，这类作品有很多名作。有柴可夫斯基的《C大调弦乐小夜曲》，德沃夏克的《E大调弦乐小夜曲》，还有英国作曲家艾尔加的《E小调弦乐小夜曲》。这类作品的乐队编制不大，第一小提琴、第二小提琴、中提琴、大提琴和低音提琴，十几个人而已，这种形式我们称之为室内乐。请大家欣赏一下莫扎特的《G大调弦乐小夜曲》的第一乐章，充满了青春的朝气。

当然，年轻人不能老是唱《小夜曲》，总要面临婚姻和家庭的问题，而组织家庭会面临更多的思考。现在的年轻人，比较开放。他们可能会以一种新的思维方式来处理这类感情，并作出相应的选择。而爱情进行到一定阶段的时候，终究要考虑婚姻问题，但可能会遇到麻烦。有一首流行歌曲叫《爱上一个不回家的人》。你看，已经组织家庭了，他又不回家，这很成问题。无独有偶，台湾作曲家李泰祥，他是《橄榄树》的曲作者，词作者是三毛。1987年，他发表了一个专集叫《错误》。我们俩见面的时候，他送给我11盒他的作品专集。当时，他要去西安，我要去广州。我说你给我那么多录音带，请你推荐我首先听哪一盒？他就推荐《错误》这一盒，我一看是《错误》，是什么“错误”呢？歌词取自台湾的诗人郑愁予的八首诗，李泰祥根据这些诗谱写了八首歌曲，而第一首就是《错误》。它描写了颠沛流离的贫民，由于社会和生活的压力，不能老厮守在家，便被迫到处流浪。歌词是这样的：“我打江南走过，那等在季节里的容颜如莲花的开落。”这是歌的小序，意思是说，我流落江南的时候，有位等待我的女子，她的容貌像莲花一样。“东风不来，三月的柳絮不飞，你的心如小小的寂寞的城。”东风也不吹，柳絮也不飞。这个女孩子的心像一个小小的寂寞的城，她很惆怅。“恰如青石的街道向晚”，就好比那青石板的小路，在夕阳的照耀下很孤独。更突出了苦闷、彷徨的气氛。“蛩音不响，三月的窗帏不揭，你的心似小小的窗扉紧掩。”连虫子也不叫一声，三月里的帐子也不撩起来，你的心像小小的窗户老掩着。“我达达的马蹄是个美丽的错误，我不是归人，是个过客。”最后才点题了。前面用了很多的语气来渲染这个女子怎么孤独，后面“我达达的马蹄是美丽的错误”叙述一个流浪者来到了他意中人的身边，但不能同她长厮守，留下来，还要走，继续流浪，“不是归人，是个过客”。作品很深刻，不仅描写了流浪者的痛苦体验，同时也反映了一种社会现象。李泰祥先生是一位非常有才华的台湾作曲家，他在这首作品中引用了《流浪者之歌》。开始作为间奏，然后作为全曲的尾声。音乐浑然一体，《流浪者之歌》这个主题好像已不是萨拉萨蒂的，而是李泰祥自己的了。在这盒磁带里面还有“旅程”、“雨丝”等作品，都很优美。面对婚姻这样的终身大事，有时会很难作出选择。

我想讲一个特殊的例子。我曾经读过一篇题为《国务委员吴仪本色人生》，最后有这样一段文字：“‘独上高楼，望断天涯路’。既然生活给我做了这样的安排，我也不想随意改变它，更不想做违心的事，我相信一见钟情，也相信门当户对。要找到终身的伴侣必须能激起你心灵深处刻骨铭心的爱。”吴仪同志的爱情观值得我们年轻的一代人深思。如果能真像吴仪同志说的那样，找到激起心灵深处刻骨铭心的爱的人，才能做终身伴侣——结婚，那势必就要组织家庭。

婚礼一般要奏结婚进行曲。最著名的有两首，一首是瓦格纳的歌剧插曲，另一首是门德尔松的作品，这两首通常是连着用，前者作为正

式婚礼的时候，主持婚礼放这段音乐，选自瓦格纳的歌剧《罗恩格林》的一段合唱，音乐安详而明亮，有一种崇高的气氛。另一首《结婚进行曲》比较庄重、辉煌。这段音乐作为婚礼完成以后，新人步入洞房的进行曲。这样幸福的时刻，有这样庄严的、辉煌的音乐陪伴人生，也是终生难忘的事。现在请欣赏第二首《结婚进行曲》。第二首采用了回旋的结构。一开始有一个前奏，进行曲的主题反复出现了三次，在第一次出现主题之后，插进一个新的主题，主题第二次出现之后，再出现一个新的主题，主题第三次出现之后，是尾声。是一首典型的回旋曲。如用英文字母来表示就是A、B、A、C、A。A是主题，B和C是插部。

人总是要老的，总有一天要死。面对死亡应该像面对生命一样的安详。这是自然规律。我们的老祖宗很想得开。毛泽东同志曾说："我赞成庄子的办法，人死了以后，鼓盆而欢，庆祝辩证法的胜利。"从哲学思想上来说我是赞同的；但从人之常情来讲却接受不了。如果家里死了人，拿着脸盆在门口敲打，并且喊着："我们家死人了。"就太不近人情了。因为当我们的亲友去世后难免有悲痛之情，不可能那样理智，那样客观，还要庆祝辩证法的胜利，理论上可以理解，但感情上不行。

我比较欣赏孔子的风度，孔老夫子不仅是一位政治家、思想家、教育家，还是一位杰出的音乐家。所谓"诗经三百篇"，实际是中国最早的民歌集成。当时的每首诗都是可以唱的。问题在于当时是没有科学的记谱法，于是文字流传下来了，音乐却没有流传下来。孔子在音乐上的造诣很高，比如他听韶乐三月不知肉味，可见他很注重精神的修养。现在有一些古琴曲还是孔子传下来的。特别是他在临终前一周，他觉得自己要离开人世了，他给自己唱了一首哀歌，自己为自己开追悼会，那是一种很高的境界。非常超脱，非常安然。

现在中国的男子，一提73和84，吓得不得了，两道关。因为孔子是73死的，而孟子是84死的。其实一个人是否长命并不重要，重要的是生命要有价值、有作为。

人的自然生命不可能不朽，即便是长命百岁，也是历史的一瞬，如果真的能活一万岁又怎么样？算什么呀？有一部电影叫《海蒂》，给我印象最深的是其中一个女孩子问："什么是永恒啊？"有一位长者回答道："永恒就是小鸟每一千年来一次阿尔卑斯山，用它的喙舔一下，当阿尔卑斯山被小鸟舔平以后，永恒刚过去一秒。"人生七十古来稀，现在也不稀罕了，长命百岁已经比较常见。但是人的精神可以无限，可以不朽。比如说贝多芬，他的音乐至今仍然活在人类的音乐生活之中，全世界各个地方几乎每一分钟都在响彻着贝多芬的音乐。贝多芬是不是还活着？所以，当我们面对死亡的时候，应该像我们的大诗人徐迟那样的心态。他说："死亡是一种幸福、超脱，是对生的凯歌，未来正如日之升。"诗人这种开阔的心胸，真是令人鼓舞。我又想起俄罗斯科学家齐奥尔科夫斯基，他在航天学和火箭学方面是很有作为的科学家，他说："地球是人类生活的摇篮。"我们现今生活在信息、网络、生命科技的时代。但是在大科学家眼里，人类还很幼稚，还没有走出自己的"摇篮"。我女儿在18岁的时候，我在给她的贺信中写道：21世纪属于你和你们年轻的伙伴们，你们这一代人生存的空间将不只是地球，还有太空。这一代人的生活肯定会步入其他的星球。如果你有这样的胸怀的话，至于个人作为一个生命，社会的一个细胞，自然的消亡是很正常的。当我们的亲朋好友去世的时候，我们会怀念他，往往用葬礼进行曲寄托人们的哀思。

著名电影艺术家赵丹临终前有个愿望，他说我死以后，请为我播放贝多芬的《英雄交响曲》。在他去世之后，就为他播放了贝多芬《英

秀兰·邓波儿经典电影《海蒂》剧照

齐奥尔科夫斯基

雄交响曲》的第二乐章。第二乐章是一首葬礼进行曲。贝多芬的葬礼进行曲表达的不是一种个人的伤感，而是社会性的，人类非常庄严崇高的境界。它激励活着的人沿着英雄的奋斗道路继续前进。

请大家听一下卡拉扬录制的柏林爱乐乐团演奏的贝多芬英雄交响曲的第二乐章《葬礼进行曲》。乐曲非常庄严肃穆悲痛深沉的。社会在不断前进，人们的思维也在不断变化。

现在的年轻人对生命、爱情、死亡，有自己新的见解。有些年轻人不主张人死之后放葬礼进行曲，希望放摇滚乐，因此就出现了为了尊重他生前的愿望，而在追悼会时放摇滚乐。这很符合年轻人的个性。还有些年轻人说，我死了以后别给我放那么沉重的葬礼进行曲，放轻音乐。非常优美、悦耳的轻音乐，让大家在心目中保留我一个潇洒的形象和回忆。

有一天，我接到董竹君女士的小女儿的电话："卞指挥，妈妈在临终前有一个愿望，她入葬时希望放《夏天最后一朵玫瑰》。您是音乐家，我想您肯定有这个音乐。"我马上告诉她，我不仅有，而且有一盘程琳13岁时录制的录音带里恰恰有这首歌。她当初还戴着红领巾。我看到一张《中国少年报》登着她的照片，就把它剪下来，放在这盒磁带里，时光飞逝，不觉已过去了一二十年了。

我向大家郑重地推荐一本书，就是董竹君撰写的《我的一个世纪》。董竹君是上海锦江饭店的创始人，生于1900年，她在1997年这本书出版发行以后去世。我把磁带找出来，看了歌词，听了音乐以后，感触很深。董竹君这位老人非常有涵养。她的先生是夏之时，是四川的一个都督，这首歌是她跟夏之时到日本之后听到一个年轻人吹笛子所吹的曲调。这首歌的歌词是这样的："夏天最后一朵玫瑰还在孤独地开放，所有她可爱的伴侣都已凋谢死亡。再也没有鲜花陪伴在她的身旁。映照她绯红的脸庞和她一起叹息悲伤。"这是第一段歌词。第二段歌词是："我不愿意看到你继续痛苦、孤独地停留在枝头上。愿你跟随你的同伴一起安然长眠。我把你那花瓣轻轻撒在花坛上，让你和你的亲人在那黄土中埋葬。"第一段歌词，开门见山交代了"夏天最后一朵玫瑰"，夏之时，不就是夏天吗？隐喻她是夏之时夫人，她活了97岁，当她出书的时候，夏家的这一代人全部都去世了。她和夏之时经历的风风雨雨、恩恩怨怨，最后还是要化解。《我的一个世纪》叙述了她和夏之时之间不可调和的矛盾，迫不得已从成都带着四个女儿，孤身来到上海创业。一生经历了那么多艰难曲折，而告别人世时却如此的安详平和。她想到了这首歌，用这首歌给自己的生命和人生画上一个完整的句号。老人的人生境界非常高。建议大家读一读这本书，这本书已经是第八次发行了，是一本很受欢迎的自传体的书，请大家欣赏一下《夏天最后一朵玫瑰》这首歌。可见当代不同年龄段的人，对于自己去世以后所选择的音乐不再限于沉重的葬礼进行曲。1999年10月我看到一篇文章：《"送行"选什么音乐》，就提到了我刚才说的，有年轻人选轻音乐，也有年轻人选迪斯科，董竹君女士为自己选了《夏天最后一朵玫瑰》。

《我的一个世纪》封面

《摇篮曲》、《婚礼进行曲》、《葬礼进行曲》——人生三部曲。我们的一生都有音乐陪伴着。但千万不要以为音乐就那么简单。肖斯塔科维奇曾说："如果把音乐只是理解为摇篮曲、婚礼进行曲、葬礼进行曲，那就太简单幼稚了。"音乐是很

贝多芬

丰富的、很深邃的。贝多芬说“音乐当使人类的精神爆发出火花”，“音乐是比一切智慧、一切哲学都具有更高的启示”。而贝多芬的音乐就能爆发出人类精神的火花。在结束讲座前，请大家欣赏贝多芬《命运交响曲》的第一乐章。贝多芬自己就曾经这样说：“命运就是这样敲门的。”表达了人类面对命运百折不挠、勇往直前的斗争精神。这也是柏林爱乐乐团演奏、由卡拉扬指挥的。请大家注意两个主题，第一个主题是带有斗争性的，表现对命运的顽强的斗争意志。第二个主题是抒情的主题，是对光明前景的向往。整个乐章的音乐材料是一鼓作气连成一片的，充满了生命力。尽管这部作品已经问世100多年了，但是现在听起来，仍然如此激动人心。我们要发扬贝多芬精神，勇往直前、不屈不挠。最近出版了一本书《影响人类历史进程100名人排行榜》，我非常喜欢。贝多芬被排在第45名，作者对贝多芬的见解很精辟。我们要更多地聆听贝多芬的交响乐，因为他不仅是德国的音乐家，而且是全人类的音乐家，因为他的音乐至今还在影响着整个人类的音乐文化生活。歌德曾这样说："他在精神上始终走在全人类的最前面。我们什么时候才能赶上他？"当我们迎来21世纪的时候，人类应该具备更多的贝多芬精神。

卞祖善

卞祖善，1936年生于江苏镇江。1956年由上海音乐学院附中直升本科指挥系。1961年以优异的成绩毕业后从事乐队指挥至今。现任中国音乐家协会理事、交响乐爱好者学会副会长、中国电影音乐学会特约理事。国家一级指挥，享受国务院颁发的政府特殊津贴。

四十年来，他指挥演出了《吉赛尔》、《天鹅湖》、《泪泉》、《希尔薇娅》、《罗密欧与朱丽叶》和《红色娘子军》、《鱼美人》、《祝福》、《林黛玉》、《杨贵妃》等中外芭蕾舞剧；先后在我国首演了米雅斯科夫斯基的《第二十七交响曲》、肖斯塔科维奇的《第七交响曲》、海因里希·史韦沙的《历史交响乐组曲》和《东西方交响乐》；他是1987、1989、1991《北京

交响乐之春》音乐会的指挥者之一，是1993年11月广州“名人名曲荟萃音乐会”的十名指挥者之一，是1995年9月8日“上海交响音乐周”开幕式音乐会的京沪九名指挥者之一；他先后与原中央乐团、中国广播交响乐团、中国电影乐团、上海交响乐团、上海广播交响乐团、广州交响乐团、深圳交响乐团、昆明交响乐团、福建交响乐团、浙江交响乐团、山东交响乐团、青岛交响乐团、武汉交响乐团和河北交响乐团等乐团均有过成功的合作。曾赴美国、英国、俄罗斯、菲律宾、瑞士和越南等国家指挥当地的乐团演出，甚获好评。并先后多次赴香港、澳门及台湾地区演出，他的指挥受到各报热烈的赞扬和高度评价。

刘诗嵘

意大利作曲家威尔第百年纪念

威尔第

出身寒微　大器晚成

今年是意大利歌剧作曲家朱塞佩·威尔第（1813—1901）逝世一百周年，全世界的歌剧界都在纪念这位德高望重的艺术家。人们纪念他，不仅由于他给人类社会贡献出了许多部优秀的歌剧作品，也由于他一生的思想、行为堪为艺术家的典范。威尔第成长在被奥地利、法国和西班牙等欧洲强国分割占领的意大利，直到他中年以后，意大利方才重新成为一个统一的国家。他身历目睹了自己的国家受异国压迫欺凌的惨状，参与了爱国志士们为祖国统一的斗争，这一切都体现在他的早期作品之中。

威尔第不像欧洲的某些作曲家如巴赫、莫扎特那样生长在音乐世家，他的父亲只是布塞托郊区的一个经营杂货兼旅店的小店主，但是少年的威尔第热爱音乐，从村中教堂的风琴师巴伊斯特罗基学习音乐基础知识和弹奏管风琴。当他11岁的时候，老风琴师去世了，威尔第便接替了老师的职位，甚至当他后来到布塞托去上中学的时候，每个星期日还要回村来履行自己的职责。布塞托虽然是一座小城市，但是它的音乐生活却相当活跃，当地爱乐协会的负责人安东尼奥·巴雷齐是

亨德尔

一位殷实的商人，威尔第的父亲由于常向他批发货物而彼此熟悉。巴雷齐本人会演奏多种乐器，而且非常热爱音乐，绰号“快乐的疯子”。他很赏识威尔第的音乐才华，对他的学习多方给予鼓励和帮助。在威尔第15岁时，便在为当地演出罗西尼的《塞维里亚的理发师》时，演奏了他为这部歌剧新写的序曲。当威尔第18岁时进一步资助他到米兰去向名师进修，还为他购买了斯卡拉歌剧院的观摩季票，并且在威尔第学成回到布塞托之后将女儿玛格丽特嫁给了他。尽管后来玛格丽特不幸夭亡，但是巴雷齐与威尔第终生保持着如父子般的密切关系。

当时的意大利虽然处于被列强分割统治的状态，但是它的每一个主要城市如米兰、威尼斯、罗马、那不勒斯等地都有比较发达的歌剧事业，而且自从1597年歌剧在佛罗伦萨诞生以来，意大利歌剧的种子通过其歌剧艺术家们遍撒在欧洲各国。从17到19世纪，意大利的歌剧作曲家们如切斯蒂、萨里耶利在奥地利，凯鲁比尼、斯庞蒂尼、罗西尼等在法国都发挥了推动当地歌剧事业的作用，甚至在遥远的俄罗斯，早于格林卡在1815年首先采用伊凡·苏萨宁这个爱国主义题材创作歌剧的也是在那里工作的意大利作曲家卡沃斯。与此同时，欧洲其他国家的作曲家们也学习以意大利歌剧的风格进行创作，如德国的亨德尔、哈赛，奥地利的莫扎特等等也都达到了很高的水平。尤其是在威尔第之前，意大利的歌剧已经有了罗西尼（1792—1868）、贝利尼（1801—1835）和唐尼采蒂（1797—1848）等杰出的作曲家，他们将这个体裁的创作提高到了一个新的起点。例如，在威尔第开始其歌剧创作生涯以前，经典之作如《塞维里亚的理发师》（1816）、《诺尔玛》（1831）、

《拉麦默尔的露契亚》(1835)等已经产生,因此任何一位新起的作曲家要在歌剧界站住脚,就必须在作品的艺术质量和创新方面超过前人才行。威尔第正是在这样严峻的挑战面前开始其歌剧创作的。

当威尔第在米兰学习时还参加了一些音乐演出活动,如指挥海顿的《创世记》和罗西尼的歌剧《灰姑娘》的演出等等,他的音乐才能得到了那里的爱乐协会会长马齐尼的赞赏。后来便将威尔第回到布塞托之后创作的《圣·邦尼费丘伯爵奥伯托》(简称《奥伯托》)推荐给米兰斯卡拉歌剧院的经理梅列里,当时在剧院担任首席女高音的朱塞庀挪·斯特蕾庞妮看了总谱之后对之颇为赞赏,极力赞成将之列入上演计划中,甚至表示愿意扮演剧中的女主角。尽管后来由于演出日程的关系斯特蕾庞妮未能参加,但是她对于当时尚默默无闻的威尔第的青睐,说明了她的确具有识人的慧眼,这在一位当红的明星是颇不容易的,这也为二人日后的结合打下了基础。《奥伯托》于1839年10月7日在斯卡拉歌剧院上演受到了热烈的欢迎,著名的里科迪音乐出版公司立刻购买下了这部歌剧的版权,而且此后成为了威尔第大部分作品的代理商。梅列里鉴于这部歌剧的成功也马上与威尔第签订了在今后两年之中再写三部歌剧的合同。紧接着这部歌剧在都灵、热那亚和那不勒斯也上演了。《奥伯托》的脚本虽然比较平庸,但是威尔第的音乐却写得很有青年人的蓬勃朝气,而且旋律优美颇有贝利尼的遗风。在这部歌剧里面,威尔第已经注意到用重唱的手段来表达剧中人物比较复杂的心理和错综的戏剧冲突了,这是在继承莫扎特、罗西尼等先辈运用重唱的基础上的进一步发展,并且在他今后的作品如《弄臣》等里面达到了更高的水平。

《奥伯托》的成功并不等于威尔第此后的事业就此一帆风顺,相反,由于他的爱妻和幼子相继染病夭亡,而他自己却还要在心情极度悲伤的情况下为了完成剧院的合同勉强创作喜歌剧,这部名叫《为王一日》的关于波兰王位继承故事的喜歌剧的惨遭失败就是在意料之中了。此后的一段时间里,威尔第深居简出完全不再想歌剧创作的事情,直到在一个雪夜他又和梅列里在街上不期而遇。这次,梅列里将一部歌剧脚本勉强塞给威尔第,让他带回家去看看,当他回到家中将脚

本扔在桌上时，翻开的一页恰恰就是剧中希伯来奴隶们思念故乡的那一段合唱："思念随着金翼飞翔"，生动、深情的歌词吸引着威尔第使他情不自禁地读了下去，这一夜他将整个脚本读了好几遍，然后便在梅列里的鼓励督促下完成了全剧的音乐创作，这就是奠定威尔第一生事业基础的《纳布科》。这部歌剧取材于《旧约圣经》中"耶利米书"里面巴比伦国王尼布甲尼撒入侵耶路撒冷这段历史，国王的名字翻译为意大利文并简化成了纳布科。这部歌剧于1842年3月9日首演于斯卡拉歌剧院，立刻引起了极大的轰动。这部歌剧成功的原因是多方面的，除了脚本和音乐精彩、演员的阵容强大——由斯特蕾庞妮扮演女主角阿比伽莱、排演认真等等因素之外，歌剧的思想内容正好符合了意大利人民当时苦于外敌的入侵、渴望从异国统治下解放并重新获得祖国的独立的心情，尤其是剧中希伯来奴隶思念故乡的那段合唱更是受到观众的欢迎，在演出时常常被要求多次返场，以致在演出结束时观众们都已经学会了这首歌，哼唱着它走回家去。

19世纪初的意大利刚刚经历了一场在法国革命影响下的民族独立和民主运动，但是很快就被号称"神圣同盟"的奥、俄、普鲁士联军镇压了下去，继续受着各列强的分裂统治。就是打着博爱、平等、自由旗号的法国军队在拿破仑统帅下入侵意大利之后，虽然一方面破除了一部分以教皇为代表的教会和贵族的封建特权，支持意大利革命者建立过一些短命的共和国，受到过人民的欢迎，但是法国占领当局紧接着的对人民的压迫和横征暴敛、掠夺历史文物的行为便将他们的真面目暴露无遗，尤其当拿破仑强征上万名意大利士兵远征俄罗斯，使他们葬身于冰天雪地之中，更引起了意大利人民的愤怒。各国占领当局为了害怕人民聚众闹事而禁止公共聚会，因此人民只有在剧院或咖啡馆中才可能议论一下政治，而借古喻今的文艺作品更是人民宣泄其爱国之情的载体。在当时有不少这样的戏剧演出，例如有名为《普罗契达岛上的约翰》的话剧和芭蕾（威尔第后来也创作了这个题材的歌剧，名为《西西里的钟声》），讲述了13世纪西西里岛的人民起义反抗法国占领军的故事，当这个题材的作品在奥地利占领区演出时，看戏的法国官员很不高兴，于是一同看戏的奥地利官员解嘲地说："信封虽然是写给你的，可里面的信却是写给我的呀！”这个官员还算有一点自知之明和幽默感，但是在更多的情况下却是苛刻的文化审查和残酷的镇压，在意大利统一独立之前威尔第的作品也遭遇过不少这类的麻烦。

由于《纳布科》所取得的巨大成功，使威尔第一下子成了米兰文艺界的名人，一些贵族的文艺沙龙也争相对他发出邀请，其中如诗人安德烈·玛菲伊和克拉琳娜女伯爵夫妇成了威尔第的终生好友，即使后来二人离了婚以后，他仍然继续分别与双方都保持着密切的友谊。后来，安德烈还为威尔第润色过《马克白》的脚本，威尔第也为安德烈的诗集谱曲。梅列里也高兴地按照贝利尼的标准付给威尔第最高的稿酬，并且向他预定了下一部歌剧，这就是与《纳布科》起着同样唤醒民族意识作用的《伦巴底人》，叙述了第一次十字军由伦巴底王国的米兰出发东征的故事。米兰的观众在观看《纳布科》时将自己设想为受到巴比伦人压迫的希伯来人，因而对剧中怀念祖国的内容产生了极大的共鸣，这次又将自己想象为肩负着从奥地利人手中解救祖国重任的十字军，当舞台上唱出：“今天，神圣的国土将重归我们”时，全场的观众立刻回应道：“对！去战斗吧！”尽管这部歌剧在米兰由于其针对性而取得了很大的成功，但是在其他城市上演时却未能产生同样的效果，也可以说是这类题材作品先天具有的局限性吧。

威尼斯凤凰剧院

到《伦巴底人》为止，威尔第已经为米兰斯卡拉歌剧院写了四部歌剧，他急欲换个环境进一步发展，于是便接受了威尼斯凤凰剧院的邀请，来到了这美丽的水城。一生崇拜莎士比亚的威尔第本来想将他十分喜爱的《李尔王》改编为歌剧，

但是找不到合适的脚本作家，于是便将刚刚于不久前在巴黎演出极为轰动的话剧《厄尔南尼》予以改编。这部话剧的作者是伟大的法国浪漫主义作家雨果，他集诗人、小说家、戏剧家于一身，在作品里热情地颂扬民主自由，猛烈地抨击封建专制，十分善于深入剖析作品中人物的灵魂，达到令人刻骨铭心的程度，因此特别适合改编为舞台演出。除了《厄尔南尼》之外，威尔第还在以后改编了雨果的《国王寻欢》为《弄臣》，雨果的其他作品如《安杰罗》由庞岂耶利改编为歌剧《乔孔达》，《巴黎圣母院》则有歌剧、芭蕾和电影的改编，《悲惨世界》除了电影改编之外近年还有这个题材的音乐剧！《厄尔南尼》的剧情虽然讲述的是16世纪西班牙的历史，却有很鲜明的时代性，剧中绿林豪杰厄尔南尼批判查里五世的封建暴政的语言，与1830年前后法国人民痛恨波旁王朝复辟的感情互相呼应，正如丹麦文学评论家勃兰兑斯所说："《厄尔南尼》是七月革命时期鼓舞了法国青年的精神精髓，它是整个法国的形象，而从浪漫主义的眼光看来，它已扩大成为世界形象了。"因此，富于爱国、民主思想的威尔第看中这个题材并且以全副心灵投入了创作，并且于1844年3月9日在威尼斯凤凰剧院首演大获成功。这一年，威尔第31岁，在欧洲的音乐历史上十几岁、廿几岁就功成名就的作曲家很多，如莫扎特、舒伯特在30来岁时便都已经创作完成了他们大部分的传世之作，甚至快要走完他们的人生旅程了，可是威尔第的辉煌事业才刚刚开始，幸好天假以年使他的创作事业一直延续到了耄耋之年，才给世界留下了许多歌剧的瑰宝。因此说威尔第是大器晚成的作曲家是一点儿也不错的。

在音乐创作方面，威尔第在他的早期歌剧中还没有显现出比前人有太大的创新，只是在重唱的运用方面更注重角色们的性格和处境，这在《奥伯托》中，尤其是在《纳布科》和《厄尔南尼》中都有体现。另外，在角色声部的划分上也比前人有了进展，例如他为每部戏都设置了戏剧性较强的女高音主角，如《纳布科》中的阿比伽莱、《厄尔南尼》中的艾尔薇拉，从此以后"威尔第女高音"便产生了。原来在歌剧中发挥不那么充分的男中音，在这几部歌剧里面也都大显身手，例如纳布科这个人物的唱和表演都非常吃重，为此后的里戈莱驼这类的戏剧性男中音角色开了路，威尔第男中音便应运而生！至于威尔第对欧洲歌剧更大的贡献还得看今后的几十年！

楼船摇桨 艰苦谋生

大器晚成的威尔第自从1839年创作了《奥伯托》到1850年底完成《斯蒂费利欧》，在仅仅11年当中就创作了15部歌剧，占他一生创作的26部歌剧的一半以上，而且每一部歌剧当时都能够上演，除了《为王一日》之外均取得了不同程度的成功。除了前一讲已经提到的5部以外，其余的10部歌剧是：《福斯卡里父子》、《圣女贞德》、《阿尔齐拉》、《阿提拉》、《麦克白》、《强盗》、《海盗》、《连纳诺之战》、《露易莎·米勒》和《斯蒂费利欧》，而且创作这后面10部歌剧仅仅用了6年，可见威尔第之勤奋！当然，这其中也有为了赶时间，完成剧院合同的因素，他自己常常戏称自己这时期就好像摇桨船的奴隶，一刻也不敢停顿地摇桨向前，甚至在一段时间里白天在剧院排演《伦巴底人》，夜晚还要创作《圣女贞德》，等到他创作《阿尔齐拉》的时候已经累得卧床不起了，可就是如此，也还得在床上写总谱！后来，等他病体稍愈，便接受了伦敦女王陛下歌剧院的委托创作《海盗》，但是由于医生坚持不让他作长途旅行，便只好先留在国内为佛罗伦萨的佩尔戈拉剧院写《麦克白》，然后再去伦敦。威尔第如此忙碌，既有当时歌剧作曲家们的社会地位尚低，不得不屈从于剧院经理方面甚至名演员的各种要求的原因，更由于他对自己的作品的排演质量认真负责精益求精，越到后来，这后面的因素就越占上风，这里面也包含着他为了纠正当时歌剧界的陈规陋习的斗争。例如当《厄尔南尼》在排演时，扮演女主角艾尔薇拉的是当时的名演员罗维，她觉得在剧终时仅仅让自己参加到主要角色们的重唱当中去很不过瘾，便要求脚本作家庀阿维专门为自己写一段咏叹调的歌词，好脾气的庀阿维已经开始写的时候被威尔第知道了，便将罗维狠狠地批评了一顿并且马上让庀阿维停止写作，因为她的要求违反了戏剧的发展和人物的感情。后来，威尔第为了使《麦克白》的演出符合莎翁原作的精神，更是提出了许多和当时意大利歌剧演出的

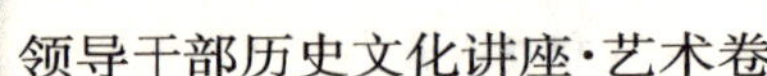

美学原则针锋相对的论点，例如他在致也准备排演此剧的圣·卡尔洛剧院脚本作家卡麦兰诺（当时在意大利的剧院脚本作家常要兼任导演的职务）的那封著名的信中，就大胆地提出了要将麦克白夫人演得"既丑且恶，要用尖厉、忧郁的嗓音来演唱"。在这部歌剧首演之前的排演中，他要求扮演麦克白的著名男中音瓦雷西在唱最后的乐句时要躺在地上，要扮演麦克白夫人的尼妮在梦游那一场戏中说话时嘴唇一点也不要动。威尔第的这些现实主义的表演要求在今天看来已经是理所当然，但在当时偏重美好的歌唱而忽视表演的意大利歌剧界却有石破天惊的味道，尽管有些矫枉过正却也是十分必要的。

19世纪的欧洲社会发展到了40~50年代，原来朝气蓬勃的资产阶级的剥削本质已经暴露无遗，在这次革命的发源地法国，经历了数次复辟与反复辟的斗争，经济虽然有所发展，但是贫富差距的继续扩大激发了社会的矛盾，窃据了总统职位后又登上了皇帝宝座的路易·波拿巴违背了他自己就职的美丽诺言，不仅在国内成了金融资产阶级的代言人，还支持欧洲其他国家的封建势力，将本来已经被意大利人民起义赶走了的教皇庇护九世又用武力送回罗马去，以致保卫罗马的起义军民在城头对着法军高唱《马赛曲》以示讽刺。意大利最大的压迫者奥地利的反动首相梅特涅尽管被奥地利人民赶下了台，占领米兰的奥地利将军拉德茨基也一度被赶跑，但是当他再度反扑回来时，对意大利革命者的镇压却更为严厉。而意大利本身至今虽然经过了多次起义的斗争，也曾经一度将侵略者赶跑，但由于起义军内部的不团结，最具实力的萨沃伊公爵的犹豫观望，致使意大利仍然在各列强分割统治的状态下挣扎呻吟。威尔第也曾经为人民起义的暂时胜利而欢欣鼓舞，但是起义的失败却使他不得不闭门深思，将对正义、自由的一腔热忱寄托在自己的创作之中，例如前面所举的这许多作品里面，如《圣女贞德》、《阿提拉》和《连纳诺之战》都是像《纳布科》那样借古喻今宣扬抵御外来侵略的作品。尤其是《连纳诺之战》，直接描写了公元1154年意大利各邦联合起来抵抗绰号"红胡子"的霍亨索伦王朝的腓德烈大帝的侵略终于获胜的历史，当这部歌剧于1849年1月27日在罗马的阿尔吉蒂挪剧院首演时简直像一场群情激昂的政治集会，歌剧的开场合唱“万岁，意大利！神圣的誓约将她的儿子们团结在一起！”就得了观众的一个碰头彩，观众齐声高呼：“万岁！意大利！万岁！威尔第！”当演到第三幕，被关在屋子里的阿利戈于情急之下从阳台跳下去参加开赴前线的敢死队时，一名在四楼包厢里看戏的士兵触景生情，竟从包厢里一下子跳进了乐池！但是当奥地利军队反扑回来之后，这部歌剧无论是在罗马或是在其他地方都遭到了禁止，直到1869年意大利独立以后它才得以重见天日，而且在上演时还加上了“奥地利人的溃败”的副标题。威尔第在此时期创作的另一种类型便是揭露、批判封建制度的黑暗和腐败，以及它对人性的摧残。如《福斯卡里父子》、《强盗》、《海盗》都是，而在这一类作品中艺术成就最高、成为他与下一阶段创作衔接的桥梁者也是属于这个范畴的《露易莎·米勒》。值得注意的是，这四部歌剧所据以改编的文学原著都是出自欧洲18、19世纪文学家中以反封建著称的席勒和拜伦两位大家之手，每人两部，不偏不倚。例如拜伦，他在19世纪20年代就去到意大利参加了烧炭党反对奥地利的斗争，给他们以武器和财政上的支援，写诗猛烈地讽刺梅特涅为首的“神圣同盟”，称他们像猴子模仿人类似的模仿天国的三位一体。而狂飙突进运动的代表席勒，其一生的作品都是为了人类的自由、平等和向封建主义的权势与暴虐斗争为主题的。威尔第在思想感情上与他们有许多共同点，都强烈地反对封建的压迫和资产阶级道德的虚伪，对不幸的被压迫者充满了同情，都希望能够在世界上建立没有剥削和压迫的民主社会。在《强盗》和《海盗》两剧中和在《厄尔南尼》中一样，都塑造了一个

拜 伦

被社会的不公逼入绿林的悲剧形象，而在原著为《阴谋与爱情》的《露易莎·米勒》中则更进一步表现了市民阶层追求自由、平等的强烈愿望，既塑造了性格鲜明生动的人物形象，也展示了真实的社会背景。在表现封建统治者的暴虐方面，话剧原著甚至比歌剧更加深刻，例如在话剧原著里面有一个惊心动魄的情节：公爵送给他的情妇弥尔福特夫人的一批珠宝竟是将自己公国里的八千名子弟兵卖给英国去镇压美国的独立战争而换来的，将珠宝送去给弥尔福特的老侍卫的两个儿子也在其中！弥尔福特夫人在震惊之下觉悟到自己以色事人的罪过从而下决心离开公爵的金丝笼。歌剧虽然删除了这个情节、又将弥尔福特夫人的角色改为和男主角鲁多弗自幼一起长大现在又新寡的表妹费德利卡，使公爵迫使鲁多弗与弥尔福特夫人结婚以掩盖自己的丑闻的阴谋变成了仅仅要让鲁多弗有一个门当户对的婚姻，从而减弱了鲁多弗与露易莎的爱情被破坏的悲剧力量，但是总的来说这部歌剧在深入地刻画人物心理和形象上比威尔第以前的作品更进了一步。由《纳布科》、《连纳诺之战》等宏伟史诗的风格转向了更加亲切、洗练的“室内风格”，在管弦乐队的使用方面也比以前更加多变化、更加细致了。这和他多次赴巴黎观摩了法国的歌剧演出、与那里的歌剧界有所交流有关。值得一提的还有男主角鲁多弗的性格的塑造，他作为一名贵族出身的青年能够不顾阶级地位的悬殊热烈地爱上平民出身的露易莎固然是一个突破，但是他的头脑里不自觉地仍然存在了贵族少爷的男尊女卑、自私自利的思想，才使他轻信了父亲和乌尔姆编造出来的“露易莎爱着乌尔姆”的谎言，加速了悲剧的产生，在这些方面与《茶花女》中阿尔弗雷德·亚芒怀疑薇奥列塔对自己的感情颇为相像，因此可以说《露易莎·米勒》无论在人物的关系、性格的描绘上还是在音乐风格、手法上都是《茶花女》的先驱。

威尔第在这个时期的最后一部歌剧是《斯蒂费利欧》，这部戏无论是在音乐还是戏剧上都写得很不错，尤其是对于主人公斯蒂费利欧这位神职人员的感情活动通过音乐的描写达到了非常深刻生动的程度，但是当它问世之后却受到了不应有的冷遇，其中的原因在于它的内容描写的是一位德国新教的牧师斯蒂费利欧在外出传教期间，他的妻子因难耐寂寞有了外遇，当他回来别人向他揭发了此事之后，他经过了激烈的思想斗争，终于宽恕了妻子。其主导思想就是《新约圣经》（约翰福音第八章）里面所说的，当众人要用石头将一名犯了奸淫罪的妇女打死时，耶稣说："你们中间谁是没有罪的，谁就可以先拿石头打她。"结果没有一个人能够去打，于是耶稣就饶恕了这个妇女。这样思想内容的戏在天主教占绝对优势的意大利是很难被群众接受的，后来将剧中人的身份改变为普通人，更是不伦不类，直到20世纪以来社会上的宗教思想渐渐淡了，这部歌剧在艺术上的优点才逐渐被予以肯定。上世纪90年代大都会歌剧院由多明戈扮演男主角上演了此剧，收到了很好的效果。

从1847年起，威尔第的感情生活上也发生了一个重要的变化，自玛格丽特·巴雷齐死后，威尔第就一直鳏居，但是逐渐地他与斯特蕾庞妮的关系从知音到好朋友，然后又从朋友逐步发展为恋人。当斯特蕾庞妮扮演了《纳布科》的女主角阿比伽莱之后，便由于声音失润而逐渐地从歌剧舞台引退，以自己丰富的舞台经验和深厚的声乐功底，在巴黎创办了一所歌唱学校，以教授声乐为生。威尔第每当因为歌剧演出的事宜来到巴黎时，都要去和斯特蕾庞妮相聚。就是当他为了《强盗》的创作和演出去伦敦时，也要取道巴黎前往。斯特蕾庞妮出生于音乐世家，不仅有很高的音乐修养和丰富的实践经验，而且有很强的艺术判断力和很高的鉴赏品味，因此，当后来威尔第和她在一起时不仅是互相满足彼此的感情要求，也在艺术上互相切磋，威尔第常常在创作时写好了一段就弹唱给她听并征求她的意见，而她也毫不客气地说："这段很好……那段不行……再弹一遍我听听……"，在巴黎歌剧院的档案馆里还有威尔第和斯特蕾庞妮互相修改笔迹的乐谱呢。但是，就是这一对天作之合的恋人要成为夫妻，却还要和社会上的世俗观念进行多年的斗争方才如愿。这一点将在下一讲继续述及。

中年辉煌　不断前进（上）

在上面一章里面我们看到：威尔第创作从《福斯卡里父子》到《斯

蒂费利欧》这10部歌剧仅仅用了6年时间，其匆忙可想而知。因此，创作质量不平衡也就在意料之中了，例如《阿尔齐拉》，虽然它的创意很好，将启蒙主义作家伏尔泰为美洲的原住民族伸张正义的思想用歌剧的形式予以体现，但是由于剧本比较薄弱，音乐又是在疾病缠身的情况下勉力完成的，因此效果很不理想。威尔第的这种创作和生活的方式的确得改一改了，否则，唐尼采蒂的前车之鉴就摆在那里：这位才华出众的作曲家在短短的一生中创作了70余部歌剧，但是良莠不齐，既有不朽的杰作如《拉麦默尔的路契亚》、《唐·帕斯夸列》，也有许多早已被遗忘了的急就章。斯特蕾庞妮也一再劝威尔第要精选剧本，而且创作的节奏要放慢些，另外，威尔第在歌剧界的声望日隆，在许多情况下是各歌剧院经理们有求于他而不是像过去那样要仰剧院经理们的鼻息，因此使他能够选择自己中意的题材并且比较从容地进行创作了。他的3部最广为流行的歌剧：《弄臣》、《游吟武士》和《茶花女》就是在这样的情况下创作完成的。尽管威尔第在这一时期的生活条件大为改善，是各著名剧院争相邀请的作曲家，但是在外来政权统治下的意大利各大城市，他仍然要遭到文化检查机构的刁难。《弄臣》在创作过程中的遭遇便很有代表性。这部歌剧所根据的文学原著是雨果上演于1832年的话剧《国王寻欢作乐》，剧中人物的原型是法国历史上真实的人物：法兰西斯一世（1515—1547在位）。这位国王既有出色的文治武功，却又极端荒淫放荡，他有一句“名言”便是：“宫中如无淑女，犹如一年没有春天，春天没有玫瑰花一样。”雨果在波旁王朝复辟的1832年竟能够在自己的作品中猛烈地鞭笞君王和淫乱的宫廷，反封建的勇气和良知跃然纸上，因此，这出戏在首演之后立刻遭到法国政府的禁演，而这样一出强烈批判封建主义的戏要在被君主制的奥地利统治下的威尼斯改编为歌剧上演，所冒的风险可想而知。果然，这个题材就被奥军当局认为“大逆不道、低级下流”而禁止，甚至剧中的主要人物是一名低贱的驼背弄臣也成了它的罪状，更不用说戏里面被批判的人物竟是国王了。在威尔第的坚持下，经过了与当局的反复斗争，只将剧情的发生地点从一个国家改为一个小小的公国，将受批判的国王改为公园里的统治者——公爵，而谴责的内容和力度依然如旧，威尔第终于以极小的妥协最后取得了胜利!《弄臣》于1851年3月11日在威尼斯凤凰剧院首演大获成功。随后它很快就在意大利以至欧洲的许多地方上演,仅在巴黎的首轮演出就达100多场,这样的场次记录即使在19世纪歌剧事业非常繁荣的欧洲也是很罕见的。

威尔第在这一时期事业上虽然取得了很大的成功,但是在个人生活上却遇到了一些麻烦,这就是他与斯特蕾庞妮的关系,前面已经提到了他们二人感情发展的过程,后来,威尔第便偕斯特蕾庞妮回到布塞托同居,不料此举竟引起了巴雷齐和当地某些思想保守的群众的不满,使威尔第感到非常恼火,于是他便给巴雷齐写了一封感情激动的信,说明了自己和斯特蕾庞妮完全是正当的关系,批评了老人和群众对她过去生活经历的偏见,这次风波后来甚至对他创作《茶花女》都产生了影响。另外,他平常十分器重的脚本作家卡麦兰诺于写作《游吟武士》的中间突然病故,也使威尔第十分悲痛,有人认为这部歌剧的音乐如此沉郁和作曲家此时此地的心情有着密切的关系。《游吟武士》(Il Trovatore)通常译作“游吟诗人”,从字面上看并没有错,但是人们却忽略了剧中男主角曼林柯的另一个身份,他不仅仅以动人的情歌赢得了莱昂诺拉的芳心,而且他还是鲁纳伯爵的政敌乌格尔伯爵部下的军官,是一名勇敢的战士,因此我的老师张洪岛先生早在40年代翻译科贝的《西洋歌剧故事全集》时就将剧名翻译为意义更全面、准确的《游吟武士》。后来在70年代一次关于编写外国音乐史的讨论中他又重申了自己的这一论点,我认为是很严谨的,因此便也在自己此后论及这部歌剧的书和文章中都采用了这个译名。何况,在歌剧第一幕的剧词中莱昂诺拉就形容曼林柯是“穿着黑色盔甲的不知名的武士”呢。歌剧的文学原著是西班牙浪漫主义作家古铁雷斯(1812—1884)所写的同名话剧,是一部具有强烈的反封建色彩的悲剧,在改编脚本时将原剧的情节和人物作了一些压缩,但同时又加强了吉卜赛老妇阿祖契娜的戏,让她们母女两代人的悲惨遭遇作为欧洲封建制度对底层百姓残酷压迫的铁证,还让她在母亲和复仇的女性这两重人格的矛盾中遭受着比《弄臣》中的里戈莱驼更强烈的心灵折磨,使歌剧对观众心灵的冲击比前一部戏更加强烈,例如,剧终时她在火刑台的熊

熊烈焰中向着鲁纳伯爵狂喊："你杀死的是你的亲生弟弟！母亲，你的仇已经报了！"简直令人毛骨悚然！传说威尔第在创作这部歌剧时曾经将写好的一些段落弹唱给一位著名的音乐评论家听，评论家听后批评说："太粗俗了！"不料威尔第听了之后不但没有生气，反而高兴地拥抱着批评家说："太好了！你的不喜欢证明我是做对了，我的歌剧本来就不是为你这样高雅人士而是为了广大观众而写的，我敢预料，歌剧上演之后不出三个月，它就要演遍、唱遍和用口哨吹遍意大利！"果然，《游吟武士》在罗马阿波罗剧院首演大获成功之后就不胫而走，很快就在意大利以及欧洲许多城市的歌剧院演出了！评论界对于这部歌剧也给予了很不错的评价，如罗马的《音乐杂志》就评论说："由于作曲家创作了新型的浸透了卡斯蒂利亚精神的音乐，因此获得了轰动性的成功。观众以虔诚的心情听完每一曲，就在音乐的间歇处爆发出热烈的喝彩声，第三幕的结束处和整个第四幕是如此激动人心，以至都被要求重演了一遍。"

威尔第的前面两部歌剧都是甫经上演就取得了轰动性的成功，但是紧接着的下一部歌剧《茶花女》却在首演时遭到了惨败，这是什么原因呢？威尔第在首演失败之后给他的学生和助手穆齐欧的信中写道："昨夜《茶花女》的惨败，过错在我，还是演员？时间会证明一切。"也有的评论说："如今对全剧作出评论为时尚早，要等观看了比较完美的演出之后方才能作出定评。"究其原因，除了女主角的扮演者不得其人之外，更根本的原因是它的题材内容及主题思想和当时社会的传统思想有较大的冲突，当时欧洲歌剧的题材内容绝大多数是讲"过去"的故事，尽管神仙、帝王主宰歌剧舞台的状况略有改变，平民百姓开始成为歌剧的主人公如著名的"费加罗系列歌剧"，但是仍然是历史题材占绝对的优势，即如前面的两部获得成功的歌剧也都是历史题材的作品。而《茶花女》却是当代的现实题材作品，剧中的女主人公薇奥列塔的人物原型是刚刚于1847年逝世的巴黎名妓玛丽·杜普莱茜。玛丽生活的年代正是波旁王朝复辟之时，贫富悬殊的社会既造成了一批过着骄奢淫逸生活的剥削者和暴发户，又使得大批的劳动人民流离失所、饥寒交迫。一些年轻的女性靠正当的劳动谋生不成，再加上不良社会风气的引诱便走上了靠出卖肉体为生的道路，在那个时期的文艺作品中多有表现，如《悲惨世界》里面的芳婷等等。不稳定的纵欲无度的生活摧残了她们的健康，常常使她们过早就离开了人世。玛丽在生前以她美丽、高雅的仪态征服了巴黎的社交界，和许多文艺界的名人如李斯特、缪塞以及当时尚是一名文学青年的小仲马都有交往，李斯特曾经写道："她是我热爱过的第一个女子……她的神态总是那么忧郁……她的心灵从未腐化堕落。"小仲马在小说和话剧里面所表现的大都是自己与玛丽交往的真实经历和感受，但是他和玛丽分手的原因却并非由于父亲大仲马的干涉，而是由于自尊心使他不愿接受玛丽的供养，但是在写作时却将二人分手的原因改变为玛丽为了照顾亚芒的家庭名誉而作出了自我牺牲，这种"拔高"也并非没有社会基础，当时像玛丽这样的风尘女子，在当红的时候尽管珠围翠绕，过着连贵族夫人、小姐都羡慕的生活，但是她们始终得不到上流社会的接纳，因此小仲马发明了一个形容她们生存状况的词儿——半上流社会。而当她们一旦人老珠黄失去宠爱时，其下场往往十分悲惨。当小仲马的小说和话剧在社会上出现时便引起了轩然大波，许多卫道之士痛斥作者美化了妓女，在舞台上描绘了"堕落"的生活。实际上这些道貌岸然的家伙们的所作所为不过如威尔第在致友人的信中所说的："……你们那里的僧侣修士们害怕在舞台上看到自己暗中作出的举动……" 正是在歌剧中的阿尔弗雷德的父亲乔治·亚芒所代表的虚伪的资产阶级道德观导致了这部歌剧在最初受到了冷落，这就是薇奥列塔在剧中痛切呼吁的："上帝已经饶恕了她，可是人们还不肯将她原谅！"但是观众的良知逐渐地被歌剧中的动人的情节、音乐所打动，越来越多的人认同了薇奥列塔的真挚感情和高尚情操，《茶花女》终于得到了巨大的成功，在许多情况下，它的观众面比起前面两部歌剧来还往往有后来居上之势，这是因为它更接近人们的现实生活。

威尔第在这三部歌剧的创作中最主要的进步便是通过音乐塑造人物的成就更上了一层楼，这三部戏里面的主要人物，不管男、女，无论善恶，每个人的音乐形象无不惟妙惟肖，同为男中音角色，人们一听就知道这个是体残貌丑、内心善与恶交织的里戈莱驼，那个是外表英

俊内心阴狠的鲁纳伯爵，而彬彬有礼的外省绅士乔治·亚芒与前两者却有更不一样的音乐形象。作为女高音主角，姬尔达的天真纯洁中还带有一丝刚强，而莱昂诺拉抒发爱情时的花腔旋律与薇奥列塔表现其玩世不恭的花腔旋律也是大不一样的。但是，薇奥列塔的音乐更多的是表现她那出淤泥而不染的性格的抒情性与表现对不公平社会控诉时的戏剧性，因此，在世界著名歌剧演员中演绎这个角色最成功的往往是“大抒情女高音”如卡拉斯而非一般的花腔女高音演员。另外，在《游吟武士》中的阿祖契娜则是女中音角色中最富于戏剧性者，可以说是威尔第对这个声部的人物写法的重大发展，这样的发展在此后的《唐·卡尔洛》和《阿伊达》里面也表现了出来。在重唱的运用方面，《弄臣》中的四重唱早已脍炙人口，这是从《厄尔南尼》、《麦克白》中精彩的重唱以来的又一次成功，连雨果在看了歌剧以后也羡慕地说：“要是我也能让自己的作品里的四个角色一齐讲话，让观众同时领会四个人的台词和感情该多好啊！”而对于《茶花女》，小仲马的话也颇有预见性：“百年以后，我的话剧也许不再演出，但是歌剧却将一直存在。”

为何在题材的范围上威尔第从广阔的民族解放的主题“缩小”为反对社会不公这个更为广泛、持久的主题上面去？是不是如过去苏联的某些学者所说的是威尔第功成名就了之后的“退步”？事实上，威尔第这个时期的创作不仅从艺术上比以前更成熟了，而且对社会问题的思考也比以前更深入，他亲身感受到：在风起云涌的资产阶级革命成功之后的欧洲的一些国家里，尽管经济发展了，但是广大人民仍然受着剥削和压迫，社会的不公正现象到处可见，因此，他才将自己创作的重心向着同情社会上被欺压的“小人物”的方向转移，而且全都是以悲剧性的结局告终，这正是他忠实于现实主义的创作原则的结果。在此后的绝大部分的创作里都是如此，这里面固然有威尔第自己对人生和社会的态度所使然，更是19世纪后半期欧洲资本主义社会发展的现状所决定的。

中年辉煌　继续前进(下)

威尔第在《弄臣》、《游吟武士》和《茶花女》这三部歌剧取得成功之后，又曾经一度回到了《李尔王》的创作上面去，但是由于各种困难依然使他壮志难酬，甚至在他的晚年，在完成了《奥赛罗》和《福斯塔夫》两部莎翁剧作改编的歌剧之后，他仍不能忘情于《李尔王》，将两份该剧的脚本稿子交给了当时在歌剧创作上崭露头角的玛斯卡尼，希望他能够完成它。当年轻作曲家问年迈的大师为何自己不去写它时，威尔第闭了一会儿眼睛，似乎在回忆，又好像在忘却地说："李尔王在荒野的那一场戏把我吓坏了！"威尔第作为一位现实主义的作曲家，在创作的时候必然要让自己的心灵与他剧中主角的感情融为一体，而李尔王的疯狂的精神状态使已经风烛残年的威尔第感到难以承受，因此才决定将这个题材的创作寄希望于年青一代。

这时，巴黎大歌剧院邀请威尔第为将要在1855年举行的巴黎博览

巴黎大歌剧院局部

会写一部新的、法国大歌剧风格的歌剧，这对于已经创作了三部结构紧凑、简练，音乐连贯统一、人物性格描写占主导地位，纯演出时间不超过两个半小时的歌剧的威尔第来说，现在却要他写比较松散的五幕结构、不论是否必要都得插进芭蕾表演的法式大歌剧倒是一个新的考验呢。到那时为止，除了一部改头换面的《耶路撒冷》（由《伦巴底人》改编，于1847年上演于巴黎）之外，威尔第还没有一部专门为巴黎创作的歌剧在那里演出过，而他的前辈作曲家如罗西尼、唐尼采蒂和贝利尼却早已以他们的新作品在那儿取得了辉煌的成功了，况且，巴黎自从上世纪启蒙运动以来，一直都是欧洲的思想、文化中心，吸引着欧洲各国优秀的文人、艺术家，都希望能够在那里一展身手。19世纪50年代正是法国大歌剧繁荣的时刻，以梅耶比尔的作品为代表的规模庞大、场次繁多、情节紧张、布景服装豪华的大歌剧正在盛行，威尔第倒很愿意在这个领域开拓一番新天地呢！这就是《西西里的钟声》的创作缘起。这部歌剧在我国通用的译名是《西西里的晚祷》，它最初是用法文脚本写作的，法文剧名是《Les Vepres Siciliannes》，原来的史实是13世纪时，西西里岛上的人民以晚祷的钟声为信号举行武装起义反抗占领该岛的法军，因此才有这样的剧名，vepres的意思就是“晚祷”，但是在歌剧里，情节改变成了以庆祝爱伦娜和阿利戈结婚的教堂钟声作为起义的信号，再译为晚祷就不合适了，而译为“婚礼钟声”又太啰唆，因此我便笼统译作了“钟声”。这部歌剧于1855年6月13日在巴黎首演大受欢迎，著名作曲家、评论家裴辽兹就写道：“毋需列举《游吟武士》以及威尔第一系列感人至深的作品中的许多优点，就应当承认在《西西里的钟声》里面动人心弦的旋律表现力，丰富多变而又严谨细致的管弦乐配器，恢弘而富有诗意的重唱、合唱，到处洋溢着的温暖色调以及需要慢慢发现的热情激荡的力量，这些都是威尔第天才的典型特点，以比作曲家往昔的作品更宏伟、更无上崇高的方式在这部歌剧中体现了出来。”

这时，威尼斯的凤凰歌剧院邀请威尔第为1856—1857的演出季写一部新戏，由于《茶花女》于1856年3月在这家剧院的复演取得了极大的成功，足以雪洗1853年这部歌剧在此首演惨败的“耻辱”，因此威尔

米兰斯卡拉歌剧院

第便愉快地接受了剧院的要求。鉴于上次《游吟武士》成功的经验，再次选择了西班牙作家古铁雷兹的作品——历史剧《西蒙·波格涅拉》作为蓝本改编。在这部歌剧里，威尔第通过14世纪古热那亚共和国执政西蒙·波格涅拉团结国内不同的政治派别，共同建设一个繁荣昌盛的国家的故事，寄托了自己渴望祖国统一的理想。但可惜的是，威尔第在这部歌剧上耗费的心血并没有得到应有的回报，它的首演失败了。当时的报纸评论道："《波格涅拉》的音乐效果不是立竿见影的那种，它是非常精雕细刻的，每个细节都值得研究。然而，在首演之夜未被充分理解之际便被匆匆作出了判断——用一种十分刻薄、蔑视的方式来表达的判断。首先，这部音乐的格调可能太过于沉郁、严峻了。整个总谱，尤其是序幕都被一种悲怆的色调包围着。"同时，这部歌剧也缺乏当时意大利歌剧观众所习惯要求的优美旋律，脚本也有一些松散、不合理。但是到了廿三年以后，慧眼独具的里科迪看出了这部歌剧所具备的潜力，便推荐才华出众的波伊托来为之修改脚本，建议威尔第改写部分音乐，结果该剧的修改本于1881年3月24日在米兰斯卡拉歌剧院再次上演时大获成功，从此，这个版本便成为了《西蒙·波格涅拉》的标准版本，在世界各大歌剧院经常演出了。这部歌剧再次上演时之所以能够成功，除了艺术上的改进之外，首演和复演时不同的社会环

境、艺术欣赏习惯和观众的心态都起着很重要的作用。首先，当《西蒙·波格涅拉》最初与观众见面时，大家正为《弄臣》等三部以普通人为主角、描写着观众感到亲切的日常生活，结构简洁音乐优美动听的歌剧而倾倒，猛然让大家回过头去欣赏发生在遥远的历史中的故事，听古人来宣扬民族团结的崇高理想，未免令人感到陌生。加之音乐又进一步取消了分曲的写法，让所有表现人物心理性格、勾画戏剧矛盾以至舞台环境的音乐全都像长江大河似的一泻而下，也使观众们感到不习惯。但是到了1881年，连《阿伊达》这样手法创新的歌剧都已经产生并且得到了承认，经过加工润色的《西蒙·波格涅拉》的戏剧结构既比以前紧凑合理，音乐上的创新也早为群众所习惯，更由于此时意大利的国家统一、独立已经完成，无论是回顾中世纪各城邦分裂、征战的历史，还是回顾1860年以前被欧洲列强分割统治的历史，都有一种痛定思痛苦尽甘来的心情，观众对歌剧里面宣扬的民族团结的思想当然就更容易认同。

如果说《西蒙·波格涅拉》的曲折遭遇主要是艺术上的原因，那么紧接着的《假面舞会》所遇到的阻难却主要是由于欧洲动荡不安的政治环境。这部歌剧的故事源自18世纪末发生于欧洲政坛的一件史实：瑞典国王古斯塔夫三世在假面舞会上遇刺身亡。古斯塔夫三世（1771—1792在位）是一位颇有作为的国王，由于他所进行的开明改革虽然受到了人民的拥护，但也招致了贵族的不满，他们买通了一名军官在一次假面舞会上向他行刺，使他受了重伤，痛苦地辗转床第好多天方才死去。1833年法国剧作家斯克里布将这个故事写成话剧《古斯塔夫三世——假面舞会》，还强加给凶手一个行刺国王的原因：国王与他的妻子有恋情，但是在实际历史上是绝无此事的。可惜威尔第也未能免俗地在脚本中沿用了斯克里布的这个情节，只是尽力将其淡化，让里卡多（即古斯塔夫）悬崖勒马抑制住了自己的感情。由于威尔第在创作这部歌剧的时候发生了两起对国家统治者行刺未遂的案件——1857年暗杀那不勒斯国王斐迪南和1858年意大利政治流亡者暗杀拿破仑三世，欧洲各国的统治者们都成了惊弓之鸟，对这部戏里面的弑君情节感到心惊肉跳，坚决不让上演，要么就要检察机关把剧本改得支离破碎莫名其妙，最后经过威尔第等的坚决斗争，才将故事发生地搬到了独立前的北美洲，瑞典国王也改成了英国派驻波士顿的总督，剧中占卦的吉卜赛老妇人也就变成了黑人！《假面舞会》由于剧本结构紧凑、顺畅，音乐优美动听，几乎每一个重要的角色都有适合其性格、形象的优美的旋律，包括如由女高音扮演的男童奥斯卡，占卦的黑人老妇乌利卡等等，每个人的戏剧、音乐形象都鲜明生动，刺杀里卡多的凶手雷纳脱如何从一个忠心耿耿的部下、朋友变成了不共戴天的仇人，歌剧里也表现得既有说服力又感人，他在剧中的咏叹调："就是你，玷污了这心灵……"也已经成了欧洲歌剧男中音唱段的经典了！这部歌剧的成功，说明了威尔第在不断地探索前进中，克服了前面两部歌剧过分沉重的缺点之后，又恢复了他将尽可能深刻的思想内容融合于较强的观赏性之中的长处了。

在《假面舞会》之后，威尔第和斯特蕾庞妮经过了12年的同居，终于在1859年8月22日举行了迟到的婚礼，原来深居简出从不与威尔第一起出席社会活动的她，如今也堂堂正正地和丈夫一同接受了邀请，赴俄罗斯去创作《命运之力》。这部从西班牙作家安赫尔·萨维德拉的同名话剧改编的作品痛斥了封建的门第观念对人性的戕害，于1862年11月在圣彼得堡上演取得了相当大的成功。在戏剧音乐的写法上，尽管里面有如："全能的上帝请赐予我平安"这样脍炙人口的咏叹调，但是也尝试了不受分曲结构束缚的叙咏对话的写法，在歌剧创作手法上是一个进步，但在当时却不被理解。以致威尔第在给友人的信中发牢骚说："每个人一方面叫着改革、进步，但是观众和演员们爱好的仍然是咏叹调和浪漫曲！"

《假面舞会》封面

威尔第一向非常重视自己作品的舞台演出效果，当巴黎邀请他再给1867年的博览会写一部歌剧时，他从

舞台效果出发宁愿舍弃了心仪已久的《李尔王》而选择了更富于观赏性的《唐·卡尔洛》。话剧原作者席勒将真实的历史人物和历史事件予以升华，寄托了自己为民请命的思想：唐·卡尔洛（1545—1568）是西班牙国王腓力二世（1527—1598）的王储，由于自己的未婚妻、法国公主伊丽莎白被父王强娶为后，原定的配偶变成了继母，由此造成了父子间感情的严重隔阂，在史实中的唐·卡尔洛是由此郁郁而终。但是在席勒笔下，将这桩宫闱悲剧发展成为由此引发了父子间政治理念的冲突，卡尔洛同情当时受西班牙残酷统治的佛兰德斯（今之荷兰、部分比利时地区）人民，反对西班牙天主教对佛兰德斯新教徒的迫害。为此，席勒还虚构了一个具有启蒙思想的开明贵族——罗德里哥子爵，让他做苦闷、幼稚的唐·卡尔洛的思想引路人，而最后被宗教法庭暗杀。这部作品的思想正符合了威尔第此刻的心情，因为尽管欧洲的社会发展到了19世纪60年代，各国的封建势力仍然强大，人民仍然处于无权的状态，尤其是国家之间以强凌弱的现象比比皆是，虽然西班牙的国势已经今非昔比，但是如英国、法国、普鲁士、沙皇俄国和奥地利都或是继续欺压、瓜分欧洲的弱小国家甚至彼此狗咬狗地争斗，或是进一步向非洲、美洲和亚洲扩展其殖民地，威尔第自己就多年身受着自己祖国被外国瓜分统治的痛苦。这些经历使他一贯热衷于反对国家以强凌弱、反对在国家内部压迫广大群众的题材。因此，当他写到罗德里哥与腓力二世就佛兰德斯人民的处境进行辩论，或是唐·卡尔洛带领着佛兰德斯人民的代表向国王要求施仁政，当遭到父王拒绝竟激动得拔剑相向这些场面时，都表达得情真意切淋漓尽致。而在他笔下的腓力二世也绝非一个脸谱化的反面角色，他在剧中哀叹自己失去了爱情和亲情的咏叹调 “她从来就不爱我……” 可谓男低音唱段中的佳品，和《西蒙·波格涅拉》序幕中菲耶斯柯的咏叹调有异曲同工之妙，说明了威尔第在描绘内心复杂性格多方面的人物上的高超功力。而歌剧最后的结局也颇耐人寻味：当腓力二世和宗教法庭长带着军队来到位于修道院的先帝查理五世的陵墓前，正要逮捕在那里与伊丽莎白告别的唐·卡尔洛时，修道院的大门忽然开启，一个穿戴着帝王服饰的庄严人形出来将他救了进去，然后，大幕便在圣咏的歌声中落下！这个结局给人留下了无穷的回味，比话剧中让腓力在将卡尔洛交给宗教法庭长时对他说："主教，我已经尽了自己的责任，现在该轮到你了。"要含蓄和有深意。再对比中国历史上唐明皇娶自己的儿媳杨玉环，却从而形成了一件千古的风流韵事的故事，东、西方作家从封建主义或是从启蒙思想出发而处理类似题材的差别就看得十分清楚了。

老树新技　再攀高峰

威尔第漫长的创作生涯就像连绵逶迤的山脉，时不时凸现出高高低低的山峰，在他将近花甲之年时创作的《阿伊达》便是其中的一座，但还不是最后的峰巅。1869年，埃及总督赛义德·帕夏为了庆祝苏伊士运河的开通打算邀请一位欧洲的著名作曲家来写一部歌剧，在总督考虑的名单中本来还有瓦格纳和古诺，但是最后选定了威尔第。这条运河从1859年起开凿，在十年的时间里历尽艰难耗费了大量的人力物力

《阿伊达》剧照

甚至牺牲了许多民工的生命，但是它的开通将从欧洲到印度洋及西太平洋的航程缩短了百分之四十，对世界的经济和交通的发展起了很大的促进作用。主办者本来希望通过这部埃及题材的歌剧能够歌颂一番这个国家古代的辉煌历史，不料威尔第却通过《阿伊达》中男女主角的坚贞不渝的爱情，谴责了古代埃及与邻国之间的战争。作品写成了这样，既由于威尔第一贯的人生观和艺术观，也由于当时欧洲发生的重大事件——普法战争对威尔第的影响。

普法战争是由于这两个欧洲的强国争霸而引起的，首开战端者还是法王拿破仑三世，任何一方的统治者都难辞其咎，但是紧接着法国的战败和巴黎的被围困，然后又割让给普鲁士阿尔萨斯和洛林两省，受苦最深的还是法国的老百姓，因此得到了世界舆论的同情。威尔第作为一名民主主义和共和主义者，从一开始就极力反对普法战争，他在致友人的信中为给予了世界以文明和自由思想的法国遭受到野蛮的德国人的蹂躏而感到痛心。他在信中将俾斯麦比作古代侵略罗马的匈奴王阿提拉，并且还预感到今后的欧洲仍将有不断的战争。就是在这样的心情下，他与基斯兰佐尼锻铸着《阿伊达》的脚本。《阿伊达》的故事主要是由法国的埃及学家奥古斯特·马里埃特提供的，而奥古斯特的故事至少有一部分是来自他的弟弟爱德华·马里埃特在埃及考古时为了自娱而写的一本名叫《尼罗河的未婚妻》的小说。但是到了1957年，约瑟夫·柯曼经过考证进一步提出：18世纪意大利著名的脚本作家梅塔斯塔西奥曾经写过一部名为《尼泰蒂》的歌剧，有好多位当时著名的作曲家如皮契尼、约梅里、特拉埃塔、哈塞都为之谱过曲，它的故事也有与《阿伊达》相似之处，甚至在《阿伊达》中公主用谎言套出阿伊达钟情于拉达默斯的真情的细节，在17世纪法国古典悲剧《巴雅泽》（拉辛作）中也可以见到，可见一部优秀的歌剧脚本的形成往往要吸收许多前人创作的经验甚至成果。尽管威尔第在创作《阿伊达》时注入了对社会现实的感受，但他绝非将现代的思想强加给古人，从历史上看，歌剧故事发生的公元前一千年左右，强大的埃及在与努比亚（今之埃塞俄比亚）的多次战争中，的确常常以胜利者的姿态压迫、掠夺着努比亚，不但得到了大量的财宝，而且还俘虏了大量的努比亚军民作为奴隶，因此，歌剧的故事情节也是有历史根据的。在对于《阿伊达》的创作上，威尔第不仅很详细地向马里埃特请教了许多关于埃及历史及生活的知识，自己也到博物馆去进行过考察研究，但是他绝非将古代埃及的音乐素材生搬硬套到自己的作品中去，而是以非凡的想象力使之完全融化于自己的创造之中，例如为阿伊达在第三幕尼罗河边的"啊，祖国，我永远见不到你了……"那首浪漫曲作引子的模仿埃及芦笛声音的双簧管独奏，从旋律到乐器的音色都是对剧中环境及人物心情的最佳描绘，还有那神庙中祭祀的合唱、小奴隶们的舞蹈、宏伟的凯旋仪式……都是使用了 "现代" 的音乐手段所创造的历史氛围，而且创造得非常成功！正符合了威尔第所说的："模仿现实也许不错，但去创造现实却更好，好得多！"由于普、法战争的阻隔，使为该剧在巴黎定做的布景、服装不能及时运到埃及去，因此《阿伊达》的埃及首演只好推迟到1871年12月举行。紧接着，1872年2月8日，这部歌剧又在米兰举行了它在欧洲的首演，演出都得到了很大的成功。在《阿伊达》里，威尔第进一步取消了分曲的结构，使全剧的音乐如奔腾的尼罗河一样顺流而下一气呵成，但是又绝不乏优美动人的旋律，如阿伊达在第一幕中的"祝你胜利归来"和第三幕中的浪漫曲、拉达默斯的"圣洁的阿伊达"、都深刻生动地描绘出人物的心理和感情、体现出戏剧的矛盾，堪称歌剧咏叹调中的佳品。就是阿姆尼丽斯公主这个人物，她执著的痴情也有令人同情之处，而这一点也通过了威尔第传神的音乐被描写得十分生动。可以说，《阿伊达》比起他前一阶段的几部歌剧来在创作上又登上了一个新的台阶。

正当《阿伊达》以所向披靡之势被欧洲各大剧院争相上演之际，意大利伟大的爱国作家曼佐尼逝世了，威尔第于十分悲痛之中想到了创作一部《安魂曲》在伟人的周年忌辰上演出，好寄托自己也寄托所有爱国人民的哀思。《安魂曲》的演出非常成功，但同时也引起了一些争论，有人认为它不能算是一部真正的宗教音乐作品。的确，威尔第在写这部作品时虽然不能像他写歌剧时按照自己对人生和历史的理解来修改剧本，但也可以将自己对人生和历史的理解、将自己的感情不按前人窠臼地注入传统的拉丁文歌词和乐曲形式中去。当时的欧洲人

对宗教的认识已经大不同于中世纪，哥白尼、伽利略和达尔文的学说从根本上动摇了上帝造万物的神话，罗马教廷勾结欧洲封建势力压制革命、民主的行为也降低了自己在人民中间的神圣形象，从威尔第在《唐·卡尔洛》中对宗教裁判的残酷性的描写，到通过《阿伊达》里面的阿姆尼丽斯公主痛斥大祭司的嗜血好杀都反映了他对宗教的保留态度，更何况在《安魂曲》里面悼念的曼佐尼本人就是被教皇斥为“异端”的呢！因此，我们只可以理解为作曲家只是用了宗教音乐的体裁来表达自己的感情而已。这部作品不仅在教堂中演出，还搬到了剧院由歌剧演员们穿着漂亮的演出服表演。由于19世纪以来欧洲的作曲家们创作了许多类似的“非神圣”的宗教音乐体裁的作品，以致教皇庇护十一世于1903年重新颁布了关于宗教音乐的“返古”禁令，不准妇女在教堂中歌唱，从教堂中摈除钢琴、鼓、钹等“发出噪声”的乐器，格里高利圣咏为唯一遵循的创作模式等等，但是这一切禁令都无法阻止像《安魂曲》这类的富于人性美的“宗教音乐”受到全人类的欣赏，不管他们是否相信宗教。

在《阿伊达》和《安魂曲》取得了辉煌胜利之后，年逾花甲的威尔第有相当长的一段时间没有进行新的创作，人们以为他也许会和罗西尼那样搁笔而颐养天年了。当时，欧洲的歌剧界可说是群雄并起，在19世纪中期以来就有古诺的《浮士德》和《罗密欧与朱丽叶》，瓦格纳的《漂泊的荷兰人》、《特里斯坦与伊棱尔德》、《莱茵的黄金》，斯麦坦纳的《被出卖的新娘》、穆索尔斯基的《包利斯·戈都诺夫》和比才的《卡门》等各国的优秀歌剧问世，打破了意大利歌剧一统天下的局面。巴黎的意大利歌剧院于此时的倒闭固然有经营不善的原因，但更重要的是：法国的民族歌剧已经成长壮大，完全不需要用意大利歌剧作品来支撑门面，而且，巴黎大歌剧院和喜歌剧院也将意大利的优秀歌剧列入了它们的日常上演剧目之中去了，例如威尔第为巴黎的几部作品都是应大歌剧院之委托而创作的。但是，威尔第的沉默并非如外界所猜测的要学习罗西尼的激流勇退，只不过是他对歌剧脚本的要求越来越高，原来与他长期合作的脚本作家如卡麦兰诺、庀阿维已相继逝世，基斯兰佐尼也忙于别的事务不可能专门从事编写歌剧脚本，因而急切之中难得理想的作家与自己合作。里科第看出了这一点，便推荐了比威尔第小廿九岁的才子阿利果·波伊托为之编写新的歌剧脚本。如前面提到的，既是文学家又是作曲家的波依托先帮助威尔第修改加工了《西蒙·波格涅拉》作为进见之礼，使威尔第感到十分满意之后才将话题慢慢地引到新的创作上面去。从1879年波依托拿出《奥赛罗》的提纲到1887年这部歌剧的首演，人们等待了8年之久，其盛况可想而知！演出结束时，威尔第被请上台去谢幕廿多次，观众们仍然站立着鼓掌欢呼不肯散去，最后，热情的观众拉着他的轻便马车将他送到下榻的饭店，然后继续在他的阳台下面唱歌、欢呼直到第二天清晨！《奥赛罗》的成功充分说明了一部歌剧的选题和原来的文学作品的基础是多么的重要，同时，也说明了波依托和威尔第两人对莎翁原作有深刻、正确的理解并进行了创造性的改编，否则，同样是对《奥赛罗》的改编而且作曲家是创作力正在旺盛时期的罗西尼为何却失败了呢？当年，罗西尼作曲的《奥赛罗》由于脚本的水平太差，将剧情变成了由于雅果、罗德里哥为了爱慕德斯苔蒙娜不能到手而与奥赛罗作对，使整个戏变得庸俗不堪，以致当时住在意大利的英国诗人拜伦和法国文学家司汤达看了之后提出了严厉的批评。而波依托和威尔第在改编《奥赛罗》时不仅保留了剧本的精华，还从歌剧的特点出发作了进一步的发挥创造，例如一开场时的宏伟群众场面和奥赛罗的出场，不仅是点明了戏剧的环境，更是将剧中几个主要人物之间的关系、性格和彼此的矛盾都用音乐立体化地表现了出来。尤其精彩的是，歌剧作者们加强了雅果这个坏蛋的戏和音乐，对他的阴暗心理和狡诈奸恶作了细致入微的描绘，使之成为歌剧舞台上另一类典型形象。至于剧中男女主角奥赛罗和德斯苔蒙娜的性格和戏剧行动更是被表现得栩栩如生，而且与古往今来的许多著名的歌剧角色绝不雷同，说明了作者的艺术手段的高明和成熟。

到目前为止，威尔第一生所创作的歌剧除了失败的《为王一日》之外全都是悲剧，要不要写一部喜剧来给自己漫长的创作生涯来画一个圆满的句号呢？波依托在劝威尔第再写一部歌剧时，为了打消他对自己年龄和健康的顾虑便在信中写道："您不会由于写作喜剧而过分

操劳的，一部悲剧能使它的作家真的受罪，他的思绪深深扎在悲哀之中，他的神经病态地激动着，但是喜剧的诙谐和笑声却有益于身心健康。您终身渴望着一部上佳的喜歌剧题材，证明了您天生就有喜剧这高贵艺术的悟性。直感是最好的指南。要使您的事业画一个比《奥赛罗》更加灿烂的句号，唯一的办法就是用《福斯塔夫》！”终于，威尔第同意了波依托的建议，他们毫不声张地秘密地创作起来，在1893年的2月，就是《奥赛罗》首演的六年之后，于威尔第就要满80岁的那一年，热情的观众怎么也不会想到如此清新和充满了青春活力的音乐的作者竟是一位饱经沧桑的老寿星！当时，人们看威尔第的健康状况良好，都希望他能继续创作出新的歌剧来，可是，他已经下了不再创作歌剧的决心，在写完《福斯塔夫》时，他在总谱的最后面写了一段“告别”语，他引用了歌剧主人公的部分剧词：“一切都结束了！走吧，走吧，老约翰，就这样一直走到寿终。走得越远越好……你这可笑的无赖典型，不管用什么伪装，无论在何时何地你都是那样真实。去吧，去吧，就在你的道儿上走下去。别了！”这部以莎士比亚的《温莎的风流娘儿们》和《亨利四世》为基础的喜歌剧在欧洲歌剧当中也并非首创，在他之前就有萨里耶利、尼柯拉依、亚当等人的改编本，而且尼柯拉依的改编本在欧洲流传甚广，但是威尔第和波依托的这个版本在诙谐幽默之外更强调了对人物性格的塑造，让福斯塔夫这个中世纪没落骑士的典型的举止、言语更富于哲理性，使得观众在大笑之后深思，甚至感到了一丝苍凉。因此，人们常说《福斯塔夫》是《塞维利亚的理发师》之后最伟大的意大利喜歌剧是很有道理的。

在《福斯塔夫》上演之后，人们见威尔第的健康状况依然良好，都希望他能够再写一部歌剧，波依托甚至已经替他选好了题材：《安东尼与克里奥派特拉》，但是这一次威尔第却真的下了决心，不再创作歌剧了，但是他仍然偕老伴斯特蕾庞妮赴巴黎参加了《奥赛罗》在巴黎大歌剧院的首演式，这是他们两人最后一次参加公开的社会活动了。他为这次演出还特地写了一段芭蕾音乐，于盛大的首演结束之后接受了法国总统赠与的“大十字荣誉勋章”。几天后，他们又参加了纪念古诺逝世的周年礼拜仪式。从法国回来之后，威尔第便加紧从事他的另一桩宏伟的计划：筹建老年音乐家休养所。出身贫寒从艺道路坎坷的威尔第深知一名艺术家遭遇因窘的时候是什么滋味，因此当他从60年代逐渐成名之后就一直给许多因疾病、失业而陷于困境的同行们以经济援助，因为当时的意大利歌剧界的待遇本来就低于德、法等经济发达国家，也没有像那些国家为艺术从业人员的社会保障制度，即使像庀阿维那样知名的脚本作家，当他于晚年病瘫卧床八年时，也全靠威尔第等一些老朋友给予接济，威尔第还为庀阿维的诗谱曲并出版，用稿费来赡养他的遗孀及子女。早在1889年，他就在米兰买好了一块地皮.然后将设计和建造的事宜都委托给波依托的哥哥、著名建筑师卡米洛·波依托，待他从巴黎回来之后就加紧了建设的步伐。为了不伤害居住在里面的老年音乐家们的自尊心，威尔第特地将它命名为休养所而不称救济院。这是一座朴素的两层楼的建筑，可以接纳40名女性和60名男性老年音乐家，两人居住一室，既可以互相照应又不致太拥挤。休养所内除了餐厅、教堂等公共设施之外，还有一座小小的音乐厅，里面时常传出悦耳的音乐，有时是老人们唱奏自娱，有时他们还在那里教授学生呢！休养所里面的“居民”按照规定都是意大利籍的老年失所的音乐家，男子65岁以上、女子60岁以上均可入住，但是也有一

托斯卡尼尼唱片封面

个例外，那就是曾经首创了托斯卡这个歌剧舞台形象的罗马尼亚女高音歌唱家哈勒克莉亚·达尔克列（1860—1939），曾经于此度过了晚年。根据威尔第的遗嘱，他去世后将自己作品在全世界的版税、上演税都捐赠给休养所作为日常维持的经费。而且，在此后的意大利和全世界的音乐界尤其是歌剧界的知名人士都对这休养所提供经济上的援助，才使它度过了经济萧条和两次世界大战的困难，例如，著名指挥托斯卡尼尼便是经常的捐赠者之一，他的女儿万达·托斯卡尼尼·霍罗维茨（钢琴家霍罗维茨之妻）也向那里捐赠了大笔遗产。今天，它仍然是米兰的一座“名胜”。休养所于威尔第去世之后一年落成，后人根据他的遗嘱也将他和斯特蕾庞妮合葬在休养所的旁边。在为威尔第及斯特蕾庞妮举行移灵仪式的那一天，托斯卡尼尼指挥着800人的合唱队在墓门前唱着《纳布科》里面的“思绪乘着金翼飞翔”，数十万群众自发地在灵车所经的道路两旁为他们送行，身后哀荣胜过国家元首。有人说，威尔第最后的杰作应该是老年音乐家休养所！

自从威尔第逝世的一百年以来，世界歌剧创作的发展变化虽然不小，但是他的作品始终在各国的歌剧舞台上常演不衰，感动着一代又一代的观众，里面的思想仍然给世界各国不同社会身份人们以启迪，这难道不是个“奇迹”吗？这只有来自人民、为了人民而创作的作家及其作品才能够有此殊荣。

刘诗嵘

刘诗嵘，1927年生于北京，曾在重庆青木关音乐院及上海音乐学院学习，自1949年参加工作到1993年离休，绝大部分时间从事歌剧工作。离休前担任中央歌剧院副院长、艺术委员会主任。

除负责本剧院业务管理工作外，还翻译了多种世界歌剧名著剧本，已上演者有《茶花女》、《艺术家的生涯》、《驯悍记》（以上与苗林合作）及

《丑角》,已出版者有《清教徒》、《马克白》、《安德烈·谢尼埃》、《露易莎·米勒》、《贝特丽斯与本尼狄特》等,翻译的音乐剧剧本则有《窈窕淑女》、《悲惨世界》等。

近年来还出版了《外国歌剧欣赏》、《歌剧大师威尔第》两本著作,为《中国大百科全书》(音乐舞蹈卷)撰写条目,在文艺、音乐报刊上发表关于音乐、歌剧的评论文章,为中央电视台的音乐桥、佳艺五线间、艺术入门等栏目担任撰稿、审稿及嘉宾。

徐城北

四大名旦比较说

如果大而化之地研究京剧，那就可以通过透视一个人（梅兰芳）进行。如果范围稍微扩大，就可以通过透视一个集团（如四大名旦）进行。四大名旦在1927年由报社组织戏迷自发选举产生（顺序依次是梅兰芳、尚小云、程砚秋、荀慧生），其作用一直延续到了今天。当然，它内部也发生了微调，其顺序变成了梅兰芳、程砚秋、荀慧生、尚小云。四大名旦一出，立刻产生出诸多的“派生物”，比如“四大须生”、“四小名旦”、“四大坤旦”、“上海（南方）四大名旦”等。但没有哪一个能和四大名旦齐眉比肩。在近现代京剧史上，从没有哪个集团可以贯穿如此长久的时间，也没有哪个集团可以把影响波及所有行当、流派中去。如今，四大名旦都变成了“古人”，但他们的艺术流派、魅力和方法，他们

四大名旦

分别在文化上的建树，不但流传至今，还必将延续下去。昔日，他们合灌过《四五花洞》的唱片，其实只有每人一句，但它风靡了几十年，甚至使得半个多世纪之后的海派新戏《盘丝洞》，主人公蜘蛛精还要在一个唱段中学唱四大名旦的唱腔。四大名旦曾合影过几次，每一张合影都让戏迷珍藏，如果久久凝视，其中的文化背景便能告诉你许多“上不了纸面”的东西。甚至有许多三大名旦的合影，也能产生相似的功能。这“三”与“四”之间的空隙，恰恰能够说明很多的问题。无须讳言，所谓“问题”者，不外就是一些矛盾以及它解决的过程。

梨园是个很讲门派的地方。遇到公众都有的剧目，内行都问你跟从的是哪一派。梅、程有区别，梅、尚也有区别，三位青衣和一位花旦的区别就更大。既提倡“艺术平均分要高”，事实上又实行“一招鲜，吃遍天”。四大名旦都是从“一招”起家的，他们一旦成名，很快就注意各个艺术单项平均发展，最突出者就是梅兰芳。

我从上世纪80年代初进入中国京剧院，就注意运用比较文化的观点，去品味这四位大师的艺术风范，既寻找其共同点，也努力发现其不同点。我采访了这四个家族，认识了他们的夫人、子女和主要传人，先后写过四个家族的访问记。我是单个写又单个发表的，在当时自然只能“都说好（的一面）”。事实上每个人并不是“都好”，他们之间存在着差异，正是这些差异造成了他们艺术上的不同风格，从而完善和丰富了观众的艺术视野和审美情趣。

梨园人是“警惕”的，他们从一开始向后辈传授技艺时，就防范后人将来会“欺师灭祖”。一旦发现有这个倾向，抛弃之，毁灭之，这已经是屡见不鲜的事情了。近十年间，我集中力量研究了梅兰芳文化现象，为此我挨过些“小骂”，但从大处讲，我的收益就实在太大了。搞艺术研究，就一定是要有比较的。我说梅兰芳，实际就是对比其他三位（以及其他行当、流派的许多位）。我的《梅兰芳三部曲》，所要解决的就是这个问题。如今，北京图书馆分馆提供了这样一个富于文化氛围、提倡积极探讨的场合，我也退出了梨园的第一线，同时岁数和身体也要求我抓紧时间说真话，于是三思之后，就确定下这个题目。我一共讲了四讲，准备进一步收集材料，最后是要写一本书的。现在根据图书馆的要

梅派戏照

求，先把讲课提纲整理出来，编进这本合集当中。

我在讲课时就说：它貌似“老问题”，因为关心这个题目的人，似乎都得超过50岁；但我真的谈完了，听众中赞同的人又有几许？我心里没底。其实呢，它是个不可回避的“新问题”，因为京剧要前进，就绕不过这个“早成定局”的四大名旦，而且必须在这个问题上取得新认识。不这样做，似乎就无法开创新局面。这个问题已经相当急迫了。对京剧知之较深的人，一是数量少了，二是岁数偏大，而对于其新理念的“运作”，偏偏又须通过50岁以下的人去实践。我早过了50岁，但又与50岁以下的人有密切的联系。历史需要认真去做这个课题。从时机讲已经晚了，但不能再晚。

先说几句正面肯定的话，这不是套话，而是铁的事实。四大名旦是什么？是梨园的旗帜，是历史的骄傲，是时代进步的缩影，同时也是今天梨园继续前进的“阻力”或“包袱”。他们空前绝后，京剧行程中只有过他们的“这一次”。历史不会倒流，所以他们既不会被复制，更不会被超越。京戏如今遇到了麻烦，这麻烦要求我们认真“补课”，力求做好这个课题。我就是在这样的大背景下，“豁”出来一“试”的。既然是“试”，或许就会失败。但我失败了，依然会有再后来的人去“试”的。

他们分别出生在：（梅）1894、（尚）1900、（荀）1900、（程）1904。各自的艺术特征：他们共同的老师王瑶卿这样归纳：梅兰芳的“样儿”，程砚秋的“唱儿”，尚小云的“棒”，荀慧生的“浪”。这是王瑶卿非常有名的“一字评”。王瑶卿只用一个字去概括，比用“梅兰芳的富丽雍容、程的沉郁深刻……”这样的泛泛之词，都更入木三分。他们同唱旦行，但又各有侧重。20世纪30年代，广大观众曾给他们四位一个评分表。其中有单项分数，也有综合分数。梅兰芳在单项上不是都第一，但总分他最高，年轻时如此，晚年亦如此。这或许是梅兰芳一直在整个序列中一直领先并领衔的道理所在。但千万不要绝对化，因为京剧在重视综合的同时，也是重视单项的。程砚秋的“唱腔”独特，不是风靡了几代人？总之，登高在文化的云霄俯瞰，近现代京剧的行程，被四大名旦的光辉笼罩了半个世纪以远。在此之前之后，似乎还没有其他集团能够做到这一点。

这一次下决心展开比较，办法有三：一、“主谈一人，对比另外三位”；二、“对比着谈两人”；三、从“层面”上对比这两位与那两位。

第一讲　横空出世：历史的必然

梅兰芳之前的梨园情况——程长庚等为前三鼎甲；谭鑫培等为后三鼎甲；杨小楼的武戏文唱……审美风习正从“听戏”向“看戏”转化，且社会大环境也正在急剧变化，有茶园照片为证。

尚小云

梅兰芳应时而起，率先在1920年前后成名。尚小云一度紧咬而上，文武并进，形成“梅尚并世”的说法。荀紧跟不舍，法宝是超一流的表演。其全部《玉堂春》有特点，扬长避短，发挥了表演之长，回避了唱功弱的不足。程作为梅兰芳的早期学生也崛起紧跟，其唱腔最初被观众认为是“新腔”，几年之后得到普遍承认，就叫做了“程腔”，说明他和命运奋

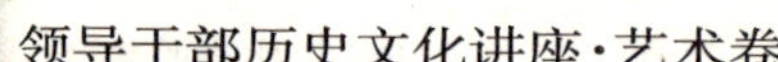

争的精神大可取。

四大名旦得自报纸的选举，说明了时代的前进和民主的开展。谭之前多靠口碑，口碑有两重性。四大名旦取消了“老生一直领衔”的局面（以往是谭鑫培挂头牌，分别与陈德霖、王瑶卿、梅兰芳等旦行合作……），此际变成旦行领先，或者“生旦并挂”——谁更好谁就挂头牌的局面。

时代前进，女性最初不能进入剧场，后来可以在家中堂会看戏（是在楼上，男人在楼下），再后允许进剧场，但男女要分坐；不久又男女可以并坐了。女性进入剧场，给京剧的审美观带来变化：刻画妇女的剧目得到加强，梅兰芳的《宇宙锋》是极突出的例子，这也可以算是“与时俱进”吧。

梅兰芳名至实归：在20世纪30年代之前，就完成了三次文化上的飞跃：

第一次：20世纪10年代中期的《汾河湾》。打破以往单纯“听戏”的狭隘戏剧观，这是梅兰芳身处京派京剧大本营中“新”与“旧”的矛盾，梅兰芳胜利了。

第二次：“我随你”与“你随我”。20世纪20年代在上海，勇于与海

《汾河湾》剧照

派革新人物和剧目进行交流。这是梅兰芳身处京派和海派的冲突当中,梅兰芳又胜利了。

第三次:1930年赴美时,在台上不敢大声唱,等到1935年赴苏,就敢大声唱了。这种转化是因为心中从“没底”变成“有底”。这是梅兰芳身处东方和西方的文化冲突之中,梅兰芳又取得了突破。

梅、程抗战中定格。两位一南一北,坚持寂寞,保住抗日节操。当然,尚、荀也在各自的位置上定格。随之,北平城灯红酒绿,纸醉金迷,京剧在热闹中委靡不振。上海海派京剧恶性发展,连台本戏,机关布景……

第二讲　合中有分:共为天下先

中国哲学的核心是“和”。梨园很多时候讲求“和”,于是台上就“合(作)”;有时不讲求“合”了,就“分”。尤其在京剧早期,由于人的自私心理和行为,也由于艺术的阶段性和规模,时“合”时“分”,也有时貌“合”神“离”。

谭鑫培演《斩马谡》斥责次要演员突发“三笑”,是只许自己即兴,不许别人即兴。即兴是过去京剧获得发展的一个重要行为,可惜今天不太允许了,因此京剧也就凝滞了。杨小楼与梅兰芳合作,本来说好“并挂”,两人收入也一样多。杨后来受手下挑唆,闹“加钱”,没想到“画虎不成”,丢了颜面,就不再与梅兰芳合演《霸王别姬》了。看来,不真正、彻底地实行“合”,就不能在行为上实行“共”,就更不能“共为天下先”。

在谭鑫培阶段,演员的“合”,多属于个人技巧的应用的合理与精确。在杨小楼阶段,他创造了武戏文唱,这是一个新生面,但不能推广,仍属个人的偶发行为。人在戏在,人不在戏也没了。

四大名旦则从根本上扭转局面。旦行的走红有其时代背景,既肯定个人的努力,更是时代使然。男旦的走红就更“不得了”——四人在“分”时就很有贡献。一旦“合”在一起,集团优势就更厉害。

在四大名旦之前,旦行名伶多是生行的“搭配”,如《战太平》中

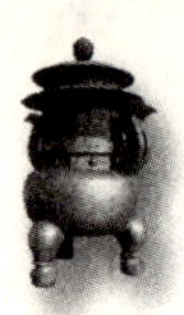

的华云妻子，《长坂坡》中糜夫人，《珠帘寨·沙陀国》中二皇娘（梅兰芳扮演）加武打。这种情况，或许是封建时代男性社会的一种写照。京剧中的女性角色，无论从人物塑造和主题思想，都没有深入开掘。男性观众对此也熟视无睹。

等到女性观众进入剧场，情况就大不一样。她们要看女性角色的委婉、曲折和沉痛。著名男旦恰恰满足了女性观众的这种要求，女性观众看其“扮女性”，男性观众看其“男人扮”。加之畸形的性心理学，又造成京剧畸形的剧场现象……

谈一谈四人“分”时的各自贡献——

先说梅兰芳——梅兰芳在20世纪10年代有过一个很有名的“18个月”，梅兰芳在自己的《舞台生活四十年》仔细叙述过。他曾分别排演了旧式戏装的新戏，古装新戏，时装新戏和昆曲，一共几十出。这是一个很大的“量”。他还组建“承华社”，经营目的不再是仅仅为了赚钱，而完全转移到他个人的艺术发展上来，从而实现了领导上的“一元化”管理。梅兰芳有幸遇到齐如山、张彭春和冯耿光，组建了高水平的“智囊团”。梅兰芳采取了“扭秧歌”的战略——经常主动进行“自我调整”，“进三退一”的秧歌步伐可以理解为是“以退为进”，他积极从社会各方面收取信息，然后反馈到自己的各方面。梅兰芳的社交能力和圈子，也都是超一流的。他积极与文化人交往，从中得到营养。他不主动接触政治，遇到麻烦时努力回避。梅兰芳一生“能戏”有三百多出，但中年之后慢慢收敛，集中力量打造自己的经典之作“梅八出”（《贵妃醉酒》、《宇宙锋》、《奇双会》、《凤还巢》、《穆桂英挂帅》等）——这是质的凝炼与提高，符合中国传统艺术的“小中见大”与“以少少许胜多多许”的原则。其中以《宇宙锋》最值得分析，这是传统剧目中少有的角色——她同时要面对几个不同的人：把自己“卖”了的爹爹，想帮助自己，但又是哑巴的侍女，还有自己内心几乎无法克服的巨大苦楚，那封建礼教才是自己最大却又无形的敌人……梅兰芳知道这是一个最困难的角色，要在一“场”之中显现“一人数面”。是不断通过有质量的演出，使他越演越增加兴趣，30岁后越发有了瘾头，时常在外出巡回前拟订戏码时，主动向管事人提出（这出戏）要多演几场，梅甚至说这是“演给自己”的。还有，梅兰芳“死得其时”，逝世于1961年。这时“山雨欲来风满楼”，政治空气中的阶级斗争气味已经很浓。可以设想，假使他“活进”了“文革”，他是少不了要“经风雨、见世面”的，他必然挨批斗、坐飞机，等待他的命运要么是硬抗，要么就是屈从。最近，我们听说在1957年时，曾有人问过毛泽东：“如果鲁迅活到了1957，他会有什么遭遇？”毛很认真地想了想，然后斩钉截铁地回答：“不外两种可能：一是关进监狱还要写，二是识大体，不吭声。”（详见《文汇读书周报》）我想，梅兰芳如果能够活到1964年“京剧革命”时，或者活进了“文革”，那么等待他的绝对不是好事。我们由衷不希望这样一位以传达“美”作为自己人生最高目标的大艺术家，遇到这样“不美”的事。总之，梅兰芳如果多活几年，不仅会在肉体上吃很大的苦，更会对他的一生名节产生很痛苦的考验。这让所有看过他演出的观众都会揪心，甚至也会为他有“先见之明”（提前逝世）而感到庆幸。他早一步“走”了，安然地睡在西郊百花山的青山绿水当中，远远地看着城区中那些败类在大打出手……

再说程砚秋，他基本是“单打一”，成就集中在唱腔上。但仅这一点也就足够了。如果你问一个陌生人：中国京剧谁唱得最好？他如果是个有些文化修养的人，他在慢慢想过一阵之后，肯定会毫不犹豫地说：程砚秋！他唱得太好了，那么慢又那么深，真不知道他是怎么唱出来的……要想回答他的这一个提问，就必须回顾程的身世命运。他和梅兰

程砚秋唱片封面

芳不同，他的命运不好，家里穷不说，在最需要一条好嗓子的时候，嗓子却忽然“没”了（这在别人，“没了”也就是“坏了”）。他并不灰心，顽强地自我奋斗，终于练出了一种“奇怪”的嗓音，他用这种嗓音唱出一种京剧史上从没见过的嗓音，并且很快赢得了广大观众的认可。可以下这样的断语：程回顾自己的历史，那种忧愤之心是胜于梅的，他突出一个“唱”，不仅是为了表达优美，说得更直接些，是为了显现自己的愤怒。应该承认，有这样的出发点，并且获得这样单项上的成就，是优于和大于梅的。但程待人接物不如梅；30年代出国，曾另辟路径，回来后写出调查报告19点，这非常不容易。解放后思想较“左”，但在“戏改运动”中仍深受其害。

三说尚小云，其艺术风格是痛快淋漓，欠含蓄收敛，有一泻无余的感觉。能够文武全才，当然好，但有时“武”得过分。好处是撒得开，嗓子很“冲”，如同“竹筒里倒豆子”。他扮演人物广泛，经常出“新”点子。为人侠义，但有时过度。梨园人称“尚五元”，乐于做好事。在“荣春社”最困难的时候，能够毅然接下来，把自己全部家财全都投入进去。晚年不如意，去了陕西。“文革”尤其不如意，死于落寞之中。

荀慧生

四论荀慧生，其观众面最广，大胆艺术实验（《玉堂春》的改编者大启迪，突破以往审美习惯，恢复京剧最初的欣赏风气）；但有时媚俗，造成艺术品格颇“小家子气”。

如何四人形成了集团？当年就靠观众自发的选举。自发很重要。甚至有些“起哄”的成分。需要声明：这最初的“起哄”是带有真诚的。“起哄”在京剧圈不完全是个贬义词，梨园许多事就靠“一哄而起”，当然有时也免不了“一哄而散”。他们四位是被“哄”着捏合在一起。四人索性顺应局面，从此就被“拴”在了一起，有了“共”的意识。他们一方面把主要力量依旧做“自己的事”，但也时刻关注着其他三位——一旦哪位在哪个方面有了创举，一旦哪位赢得了社会的大反响，自己就得赶快研究一下，决定也找个突破口，马上也“来”它一回！比如“四红”的产生。何谓“四红”？就是他们每人都有一出戏名中有“红”字的剧目。梅兰芳的叫《红线盗盒》，尚小云的叫《红绡》，程砚秋的叫《红拂传》，这三出戏的出现纯系偶然，是无心中“碰”上的。可这种情况对荀慧生来说，则是一种压迫——他们三位有“红”，我总不能没有吧？于是憋了一口气，一定也要“弄”出一个“红”戏来。他这口气憋得够长，但没白憋，而且让他“后来居上”了，荀的《红娘》直到今天还演出，而那三位的“红”戏，早就销声匿迹了。他们四位都有“戏中舞”，也就是在某个戏中，加进一段舞蹈。这舞要具有独立的美，搁到戏里又要显得合情合理，不生硬。比如最出名的是梅兰芳《霸王别姬》中的剑舞，以及荀慧生《红娘》中的棋盘舞。再有，就是一开头说过的，四人在王瑶卿“一字评”中各占一字——“样儿”、“唱儿”、“棒”、“浪”，因为韵母相同，好记，也就好流行。为什么说梅兰芳是“样儿”呢？因为30年代的梅兰芳，扮相实在太漂亮了。可后来梅兰芳的艺术大进展大飞跃，如果再用一个“样儿”来形容就不合适了。于是，观众自发地改了一个字：“XIANG(声)”。这只是个音，说不准到底是哪个字。因为梅兰芳依旧“扮相好”，这里是“相”；梅兰芳“站有站像、坐有坐像”，这里是“像”；还有，高明的演员演戏要有“心象”，这里又是“象”了。中国京剧是一种“没文化的文化”，有时不能从字面的文字上“太计较”。

此外，他们各有各的观众群，程砚秋说过这样的话：“我们四个京剧演员各有各的观众。金融界喜欢看梅先生的戏，如银行经理等；商界喜欢看尚先生，如‘大栅栏’一带买卖地的大老板；大家小姐、太太喜欢荀先生的演出；教育界喜欢看我的戏。”他们都有长期合作的智囊团：梅兰芳、程砚秋的层次比较高，另外两位的相对差一些。由于四位所走的艺术道路不尽相同，也因为这四个智囊团的辅助不尽相同，所以就造成了四位艺术风格上的很不同。

北京大栅栏商业街

绘画大师刘海粟有这样的观察："梅先生的表演风格，以画相喻，应是工笔重彩的牡丹花，花叶则以水墨写意出之，雍容华贵中见洒脱，浓淡相宜，艳而不俗。程砚秋演技如雪崖老梅，唱腔浑厚苍凉。他天生脑后音，本不适合歌唱，但他善于扬长避短，终臻曼美之风。荀慧生花旦戏风行一时，善于刻画贫苦而富于正义感的女性，技法如铁线白描。风格人情均在个中。比如乐曲，亦时有华采乐章，绝不浅薄单调。尚小云嗓音刚正，响遏行云，为人亦有侠气，乐于帮助贫苦同行。他刀马娴熟，大处落墨，如没骨花鸟，风情有高华之处。"这是从画坛上折射过来的声音。最初，他们未必适应，但听久了，也慢慢习惯了，更重要的是周边的社会，把四人看成是一个整体。同时，也因为四人之间仍有不可克服的不同，反而形成了多元局面，其间正好互补。

于是，他们就自然不自然地担负起"共为天下先"的任务。最初，他们合演过《四（六）五花洞》，存有照片。这是在最浅的层次上合作。其次，是他们的横向发展，与其他行当流派的大合作。比如梅兰芳与三位著名老生（李少春、周信芳、马连良）合演《四郎探母》的不同选场，还比如三位名旦合作《龙凤呈祥》（梅演"洞房"、程演"别宫"、尚演"跑车"）。这样，便集中展现了三位各自的风采，观众是欢迎的。此外，梅、程在与观众的联系上，还分别建了"党"——梅的热情观众叫"梅党”,程的热情观众叫“程党”。今天京剧有待振兴,从某种意义上说,就是缺少当初那些“党人”的瘾头与陶醉,就是缺少了那种“不看某人某戏就白活了”的情绪。今天的麻烦,是艺术上有瘾的人太少。

合固然好,但一是不要过“度”,二是合也要最后合到某几个个人身上。两百年来,京剧一直处在“没理论”的状态。其实,这“没”若处理好了也是好事,恰恰可以成为一种特殊的“有”。

第三讲　携手并进:资源的重组

什么是资源?——所有能够有利于再生(扩大再生产)的物质和精神的因素之“和”。

这是句时髦的话,在改革开放当中时常能够听到,是否重组资源,关系到改革开放的速度和质量。但四大名旦在半个世纪之前,就已经用他们的创造性,做出了力所能及的资源重组。和我们国家今天的实际相比,固然有简单原始的一面,但这些实践却绝对是卓绝的和东方的,依然可以给我们很多的启发。

资源是物质与精神之“和”。中国的戏曲由小戏而大戏。小戏特征有七个:演员、歌唱、舞蹈、代言、故事、表演以及未形诸文字的演出场所。京剧作为大戏之一,应该具有九个因素:故事、诗歌、音乐、舞蹈、杂技、讲唱文学叙述方式、俳优装扮、代言体、古典剧场。这增加意味什么?京剧歌舞戏之中的功,以及戏班等组织形式内部的体制机制等行之有效的办法(“以小代大”的教授方法,“饭桌文化”与“牌桌文化”等),齐如山的“国剧法则”,均是重要的无形资源。

具体讲,四大名旦做出的资源重组表现在以下的几个方面:

剧本的故事精致化了,更有“戏”了,符合起承转合了。剧本开始“名伶化”和“流派化”。

歌唱大有进步,也从“名伶化”走向“流派化”。其他音乐开始和剧情、剧种紧密结合。

诗歌、舞蹈、杂技上,有进步也有退步,进多退少。

剧场有进步也有退步(妨碍虚拟表演的“精致”要取消),同样进

《穆桂英挂帅》剧照

多退少。

这里介绍两个例子，一是荀慧生的《玉堂春》。马富禄参加，游妓院，楼上楼下，加进山西方言，双方都很会演戏。荀本人“唱不过”其他三位，他想出这个办法，独树一帜，同时更符合中国戏曲的审美原则——原原本本，从头说起。荀从“根本上”超过了那三位。

再一个就是梅兰芳的《穆桂英挂帅》中“捧印”一场的结尾。梅兰芳善于寓新于旧，新旧结合，这也符合他“移步不换形”的宗旨。

荀、梅这样一干，整个审美也就由“听戏”转向“看戏”了。尚接手荣春社，程涉及京剧班社的本体（19点报告）。大家各有贡献。

此外，戏班和社会的关系也有变化：

科班逐渐“一元化”。

与社会、政治的联系更加密切。

观众（京剧特殊，还包括戏迷和票友）更加“名伶化、流派化”。

在四大名旦问世之前，梨园已经走过了“听戏”阶段，把“看戏”阶段也试行了一个不短的时期，并使之趋向成熟。四大名旦产生在封建制度衰落、资本主义生长壮大的时期，时代带给资源的烙印也肯定打在了他们和整个梨园的身上。四大名旦重组了梨园的资源，结果就是把“看戏”阶段趋向成熟。

他们不再是谭鑫培（以远的）那样的名伶——“行当（或剧目）的带头人”（例子是老谭《卖马》唱段的苍凉感，四大须生各唱各的《空城计》），四大名旦则是具有积极政治抱负和相当艺术理想的“先锋艺术家”。昔日，戏班同人只是伺候名伶的；如今，他们则成为自己的合作者。

第四讲　三层反思:领先与领衔

第一层反思:认真把梅兰芳与程砚秋二位进行比较。比较他们二位,某种程度上足以代表整个京剧的两种风格,至少也是北中国京剧的两种风格,从作艺直至做人。我归纳了一下,似有八点:

第一,梅派艺术有华彩,本质是信奉中庸,各艺术单项之间尽力找平衡,因此平均分高,在竞争中容易获胜。其舞台艺术貌似“大路货”,但又“没法学”,其艺术一直居于京派京剧的中轴线上,位置高也,堪称“王者”。程伶砚秋,早年学艺遭大曲折,恨而愤走,终成一家格局——且是大格局和大气候。他抓的是最重要的“唱儿”,连王瑶卿也认可这一点。为人柔中有刚,是“霸者”的典型,惯于叛逆,惯于挑战,不喜欢平淡而舒适的生活。

第二,梅在为人上宽容大度,几乎“无性格”。从不得罪人,但又不是“无原则”。当抗日步步逼近他时,便毅然蓄须明志。始终站在高处,愿意和任何人和平共处。大多数人也愿意这样接受他和崇拜他,其位高也,不是寻常人就能侵犯和对抗的。程则极有性格,很多地方都愿意讲清楚和做明白,有时就不免要得罪人。唱的是男旦,但心性极高,容不得半点恶势力的冒犯。

第三,梅有如神助,自然而然“广结交”,包括不同时期不同地域各种对立着的势力。梅出外巡回无须“拜码头”,反倒是码头会先来“拜”他,因为各路恶势力从心里就不敢冒犯他“梅大爷”,知道一旦冒犯了,自己上司会让自己“吃不了兜着走”——那又何苦?程为人上更有平民色彩,平日喜欢交一些民间朋友。他愿意以平等身份,向民俗界的有识之士请教,并平等地成为毕生的朋友。遇到邪恶势力欺负自己,便拼命抵抗,即使被打落牙齿也向肚里吞。

第四,梅对家庭和下人宽厚,有洁癖。据说常把家中的旧钞票拣出,让“先花出去”。但19世纪40年代在上海,遇到财界人士拉他做投机生意时,又婉言谢绝。事后对家人说,我要真做了亏心事,钱倒是赚了,可亏了本的人一跳黄浦江,我有饭也吃不下啊。程在钱财上比较分

明，一就是一，二就是二。我不赚人家的，别人也别想算计我。在私人生活上十分严谨。自己“红”了以后准备置办房产，先给三个哥哥买好了房子，最后自己再买。

第五，梅兰芳仿佛一辈子没怎么费心，顺风顺水就“过来”了，这大约是“王者”命运在暗中保护。程的命没梅那么好，于是索性不信命，只信自己的努力。有时经过努力却没得到应有的效果，于是心里赌气，觉得憋闷，这大约是“霸者”的共性。

第六，梅走向世界是以自己的艺术，程机遇不好，便转向了研究。程为人在理性上超过了梅。

第七，梅不太关注政治，而政治时时却在“关注”他。他经常在“躲”，有时实在“躲不过”了，就出来“对付一把”。其实，他心里最崇尚的是“无为而治”。程则高度关注政治，解放后，他是北京梨园第一个入党的人，同时他的入党也给梅以很大的压力。但梅依旧是梅，当周总理后来询问梅“是否也需要像程那样，要自己当其入党介绍人”时，梅的回答光明磊落：“谢谢，但不必了。此风不可开。我入党，只要我所在的两院（中国京剧院和中国戏曲研究院）的党委书记做介绍人，就可以了。”这真是可敬可爱的态度。

第八，梅的家风随大路，注意培养传人。程则断然指出“梨园是大染缸，绝不容许我的孩子学戏”，同时坚持不收女弟子。

仿佛还可以对梅、程作一些总的比较。梅“起身早”，赶上了梨园“最好的时候”。梅稍微一努力，结果就上去了。程“起身晚了”，而且不是晚一点，而是晚了许久，这样，他就必须加倍努力，才能获得少许的前进。他这种境遇造成了他的心性，总是有些气愤，碰上谁朝谁撒。其实呢，他也不是专指哪一个人，他指的乃是整个不合理的社会。他的这种内刚，造成了他的易折。果然，他在五十四岁就去世了。四大名旦中他年纪最小，反倒去世最早。他的去世给梅兰芳造成孤独——有程在，自己就有“对手”；一旦没了程，生活和工作反倒没了对应着的目标。所以从某种意义上讲，中国近现代的京剧史，北中国应该占有大半边。在这大半边中，如果把梅、程的关系说透了，也就能洞察京派京剧的发展沿革。

以上是对比梅、程两人，其实这样“两两对比”的题目还很多，也不必局限在四大名旦内部。比如抽出一个单独的梅兰芳，让他和爷爷辈谭鑫培比，让他和父亲辈的杨小楼比，让他和同辈的京派老生马连良比……我们可以一连找出类似的十几个题目。但是我认为，最应该进行的个人对比，应该在梅兰芳与周信芳之间进行，因为他们不仅都是京剧“重量级”的人物，而且地处一北一南，还有地域上各自的代表性。这个题目1995年我接触过，曾找出他俩十个方面的不同：

一、幼年所处的梨园环境很不一样，从而造成的最初的人生目标也不一样。梅兰芳是梨园世家出身，虽然家道中落，但依然怀抱着重振家风的雄心，亦步亦趋地跟在前辈的身后，循规蹈矩“做”着自己的一切。周信芳的家庭远没有梅兰芳家那样的名气，早年在南方学艺初成，就来到北京的“富连成”科班借台练戏。但他心中对于“什么才是真正的艺术”的憧憬，从20世纪20年代末期他写的几篇论“老谭”的文章中就能看出。应该说，他的“心胸”从一开始就与“北方坐科”的孩子们颇不一样。

二、“做” 成看家戏的途径不一样，因而内含着的成材途径也不一样。他俩各有看家戏若干。梅兰芳早年也排演了大量新戏，同时却没忘记琢磨老戏。他习惯“两头做”——一方面“把旧戏做新”，同时又注重“把新戏做旧”。于是，这对立的两极，就使得最后的“梅剧”成为一个新旧对立而又有联系的有机体。周信芳的一生似乎是个 “三段式”——早年带着强烈的批判精神，去北京观摩带有正统地位的 “谭剧” 之表演和舞台的样式；随后回到上海，连续排演了

周信芳剧照

大量的海派新戏，大写意，大挥洒，在一味追求“新”中也暗含若干的“旧”；抗战胜利后又重新演出旧戏，重新精雕细刻，起着刀斧作用的则是自己已成风格的“新”。

三、对待新戏处置的方法不一样。梅兰芳身边有很强的智囊团，遇到新戏，给梅出主意的人很多，梅则从中比较和挑选，一切慢慢来，很从容。周则不同，从一开始他就以平等的身份进入创作，既是主演，也是导演，一切紧锣密鼓，风急火忙。

四、最基本的艺术风格很不一样。有人说，梅兰芳的基本风格是华美，追求的是均衡。周信芳的则是壮美。与其这样讲，我以为还不如说——梅兰芳更多坚持古典艺术的平衡美，周有时则稍微偏离，突现了现代艺术的单项美，后者经常是不平衡的。

五、总结艺术经验的办法不一样，总结出的经验形态也不一样。梅兰芳让人“管”惯了，演出前和演出中是这样，演出后还是这样。据说杨小楼在家里吃饭，家属从后边端出一盆刚煮好的饺子，杨吃完了，一回头，信口问道：“我够了吗？”这才奇怪，肚子长在杨的身上，“够不够”要自己才知道，怎么反问他人？其实也不奇怪，像杨这样的大牌名伶，平时一切都有别人为自己操心，遇到吃饭这样的小事，他反倒“没主意”了。梅兰芳也是同样，甚至在总结艺术经验上也有些被动，人家不“推”，他就不“动”。相反，周信芳总结自身经验主动得多，翻阅一下《周信芳文集》，那分量是沉重的。

梅葆玖

六、传递艺术的线路也不一样。梅兰芳遵循“京朝派”的旧习，是纵向上的传递。他上边继承陈德霖和王瑶卿，下边的传人在20世纪40年代是李世芳和言慧珠，20世纪50年代以来则是梅葆玖和杜近芳。周则不同，他的“来处”就不明确，他没有太著名的师父；同时“去处”也说不清，也似乎没有哪个老生演员是他最得意的徒弟，反倒是另外一批其他行当的演员（如裘盛戎、袁世海、高盛麟、赵晓岚）十分出色。由此可见，麒派的传递路线是斜向的。

七、统领同行的方式不一样。梅兰芳是王者风范，高高在上，从不有意领导而万众“臣服”。周信芳则是用（相对而言的）现代方法去管理，注重科学和实效。

八、各自作为“社会人”的形象不一样。梅兰芳超然洒脱，位在云空，是一尊“人格神”。周与大众都在平地，积极参与各种和自己直接相关的事物，甚至那些“求”上门的、似乎与自己没多大关系的事（比如天津修建“中国戏院”），他也用心去做。

九、双方所处的背景文化不一样，不同背景文化对演员的要求也不一样。梅兰芳久居京城最大的剧种之中，从没人敢于向他挑衅，也没人能够与他争霸。周信芳一直处于潜伏着杀机和竞争的环境中，他每向前走出一步，都会在自己身上发现伤痕。

十、双方毕生的行动轨迹不同。梅兰芳一直以北京为基点，几番冲刺上海，并几番经过上海出国，最后都要返回北京。周信芳把上海作为自己的大本营，带着直接间接从世界获取的思路和做法，面对北京最保守的传统，发起最强烈的抗争。在这一番搏斗之后，他依然还回到上海栖息，也使自己在上海的位置更加稳固。

上边说了两种个人间（梅与程、梅与周）的对比。其实，要做好“四大名旦比较说”的题目，还势必要在集团之间进行对比。

比如“四大名旦”与“四大须生”。京剧本来是“生（老生）、旦并重”的，所以这“四大须生”本来也是一个严肃的课题，好好去做不会没有意义。但最初的四位老生（余叔岩、马连良、言菊朋、高庆奎）从年岁讲，属于“三老带一青”，其后高庆奎嗓子坏了，而谭富英崛起，“四大”就变成“余、马、言、谭”，这个阵容坚持的时间较久。后来余、言去世，又补上新人杨宝森和奚啸伯，于是“四大”从此定格。人家“名旦”是几十年不变，可“须生”变了三回。

比如“四大名旦”与“四小名旦”。后者完全是前者的一种“余绪”。戏迷选举出“四大名旦”还不尽兴，又怕将来“四大名旦”老了退出舞台，自己就再没好戏看了，因此早早地希望他们后继有人，就又选

出四个孩子接他们的班。是否真能接上这个班，当时是想不了这么多的。其中有一种“起哄”（北京话叫“架秧子”）的心理在起作用。

比如“四大名旦”与“四大坤旦”。这当中有个“性心理学”在起作用。

比如“四大名旦”与“上海（南方）四大名旦”。这当中是地域文化在起作用。

总之，可做的题目尚多，似乎足够写一本书了。

第二层的反思：梅程与尚荀：分别位于两种文化层面之上。

我斗胆，把四大名旦“一分为二”：梅、程做得“大”，层次也稍“高”，占据了梨园的制高点，身边的智囊团和观众同样也富于文化气息。我这样说了，另外两位也就别说了。再说多了，就要挨骂了。

第三层的反思：关于集团整体上的得与失。

首先，这个集团的出现，是历史的必然，事实上也起到了进步作用。在“四大名旦”之前，所有的“角儿”都是单个的，只是“自顾自”。后来一下子出现四个“并排的”，观众的视野开了，他们四位自己也觉得有了“干头儿”。集团的存在，为打破封闭“一元一家”局面，为实现“多元并存”创造了条件。

但也有不足的一面，就表现在“领先与领衔”的关系上。四大名旦都走过一条先“领先”再“领衔”的人生道路。这既是时代所决定，也有他们的个人因素，既是优点，也是不足。梅兰芳新中国成立后在艺术上突破不够，仅仅解决普及问题（上山下乡），浪费了与其他著名文化人的见面机会，没有做“你中有我”和“我中有你”的深入创造性艺术实践。他没有及时进行个人的艺术总结，致使去世后，使艺术圈对其中年、青年时期都不甚了解。整个梨园落后于电影话剧等新文艺，在艺术的审美观上没有实现“多元”，因而就使得后来极大地不适应新时期文艺的发展，一再故步自封，错失良机。

如今的梨园，一方面是退守，偶尔又极力膨胀和张扬，做不适度的大步跨越，仿效西方借助大背景的大制作，但终究气韵不足。质言之，是以物掩盖了人，以实景掩盖了人的形体和歌喉，以实写掩盖了虚拟，是以西方来压东方。综观今日现代艺术领域：模（特）而优则演（员），演（员）而优则歌（唱），它们反过来，把国家整个的传统欣赏程序都搞乱了。

怎么办？大趋势抵挡不住，只能死守“围城”，同时在参与“新”的艺术过程中，努力融会进“传统”的东西，以此引起外界的重视。相信总有一天（改革开放深化到相当程度），传统的东西在不期然间就又会提上日程。

需要耐心等待，当然又不能是“坐视不理”。要认清形势，抓住机遇，力求把京剧的“科学院”与“工程院”结合起来，既出好戏，又有理论上的总结。作为一个痴心文字的写作人，也希望在进一步收集材料之后，认真写出一部扎实的《四大名旦比较说》，写作可能在明后年着手，出版时间则在三五年后。

徐城北

徐城北，男，1942年生于重庆，长于北京。青年时期曾去新疆、河北15年。“文革”后“归队”，回到北京，在中国京剧院工作多年，以梅兰芳文化作为研究重点，扩及老字号文化和京城文化。出版艺术专论、散论、文化随笔各类著作共50多部。现任中国艺术研究院研究员、中国作家协会会员、北京大学兼职教授。

蔡义江

《红楼梦》的文学特殊性

我们为什么要选这个题目来谈呢？因为我国优秀的古典长篇小说并不只有《红楼梦》一部，还有《三国演义》、《水浒传》、《西游记》、《儒林外史》等，也都是非常优秀的作品。如果以故事在群众中的普及程度来说，《三国演义》、《水浒传》、《西游记》大大超过了《红楼梦》。比如民间说书，说《三国演义》、《水浒传》的就极多，说《红楼梦》的就很少听说，只有北京和东北一带曾有过以满族民间曲艺形式演唱的"红楼梦子弟书"。那么，为什么《红楼梦》又独独高居于其他名著之上而被推崇为思想艺术成就最高、最伟大的文学巨著呢？我们提出文学的特殊性来，就是为探讨这个问题，看看它在哪些方面的成就是其他优秀小说所无法比拟的。

我们都知道，曹雪芹写的《红楼梦》只传世80回，现存的120回本其后40回是后人续写的。许多人都说是高鹗，其实不是。在程伟元、高鹗之前，已有不知名者续写了40回，程、高是在这个续书的基础上分工整理补足成120回的。小说既非由曹雪芹一个人构思、从头到尾写成的，它就不可能是一个完全统一的整体。前80回与后40回相比，无论在思想上或艺术上都有明显的落差，情节安排和形象描绘，也有前后不一致、甚至矛盾抵触之处。所以，我们在谈其文学特殊性时，主要还是依据曹雪芹的原作文字，以及可以确知的作者意图。

一、以切身感受的事为题材

写小说以切身感受的事为题材，这有什么特殊的呢？现在凡是写小说的人，哪一个不是这样做的呢？除非他写的是历史小说、武侠小说、科幻小说或者童话故事之类。是的，这在今天早已不是什么新鲜事了。可是回顾中国小说发展的历史，就发现后来的小说是在以前的史传文学、笔记小说、民间传说以及各类话本的基础上逐渐成长、发展起来的。因此，我国传统小说，尤其是长篇小说，总是在述说前人的故事，或取材于史书，或据传说演绎；即便有取自当代社会的，也多为奇闻逸事之类，则属不相干者在说他人的故事。所以，小说是小说，作者是作者。读者、评论者也只看小说写得如何，却没有人去关心小说的作者。因为谁都知道，无论是罗贯中、施耐庵还是吴承恩，都与诸葛亮、宋江、孙悟空拉不上任何关系。《红楼梦》则不然，它是在作者亲见亲闻、亲身经历和自己最熟悉的、感受最深切的生活素材基础上创作的。这在中国古典长篇小说史上还是第一次。从这一点上说，它已经跨入了近代小说的门槛。

但有一点必须说清楚：我们说曹雪芹以自己感受最深的事来作为创作小说的题材，并不等于说《红楼梦》中描写的那种风月繁华生活，就是曹雪芹自己经历过的生活，或者说曹雪芹也曾有过像贾宝玉那样的"富贵闲人"的经历。——这是迄今为止许多《红楼梦》研究者认识上都还存在着的误区。说误区，是因为这不符合史实。曹雪芹亲身经历过的只能是《红楼梦》80回后贾府事败被抄没后可能有的那种生活；至于前半部所描写的种种繁华盛况，只能属于他的"亲见亲闻"。

为什么这么说呢？我们不得不在这里插上几句曹雪芹的生卒年问题。我完全赞同梅节先生最能令人信服的说法：曹雪芹死于乾隆二十九年（甲申，1764）春天（详见其《曹雪芹卒年新考》，原载《红楼梦学刊》1980年第3期，后收入梅节、马力：《红学耦耕集》，文化艺术出版社2000年版）。这和"癸未说"的公元纪年相同。至于"壬午除夕"（早一年）四字，那是畸笏叟批语"能解者方有辛酸之泪哭成此书"之下所署的时间。同年他尚有"壬午春"、"壬午季春"、"壬午孟夏"、"壬午九月"、"壬午重阳"等数十条批语。甲申春，敦诚写过两首《挽曹雪芹》诗，其中一首有两稿，一曰"四十萧然太瘦生，晓风昨日拂铭旌"。一曰"四十年华付杳冥，哀旌一片阿谁铭？"这是可确定曹雪芹生卒年最可

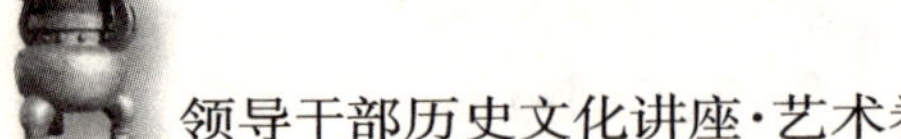

靠的材料。理由有三:①写挽诗是不可以将死者的岁数减少的。若雪芹活了四十几岁,而只举其整数四十,是完全不合适的。说四十就只能是四十。②死者的年龄,活着时可能连好朋友都搞不太清楚,但死了就清楚了。因为那时要发讣告,要将享年书于“铭旌”。所以此时提到死者的年龄是最可信的。③挽诗写了又改,但前后两稿别的话都有改换,独独起头“四十”二字不改,更说明这“四十”不是随便写下的大约岁数。卒年和享年既可确定,从1764年上推40年,曹雪芹应生于1724年,即雍正二年便无问题。这与周汝昌先生考定的生年一致。雪芹出生时,伯父曹颙病故(1715)已九年;祖父曹寅病故(1712)已十二年。朝廷下旨抄曹頫家是雍正五年底,执行在六年初,同年曹氏家人便迁回北京,靠拨还崇文门外菜市口少量房屋度日。其时,雪芹才四五岁,还是个学龄前的幼儿,当然不可能有过风月繁华的生活经历。若说到了北京后,曹家渐中兴了,后来又遭第二次抄没,才彻底败落的,这实在是既无可能性也没有任何史料依据的揣测。

作这样揣测的人,与主张曹雪芹是曹颙遗腹子曹天佑或者总想雪芹能活到四十八九岁的人一样,他们大概都卡在两个问题上了:一是曹雪芹如果没有风月繁华生活的亲身经历,就写不出《红楼梦》来;二是小说中的贾宝玉就是曹雪芹自己的化身。所以总想让曹雪芹有机会过上一段那样的生活。可是事实上,从雪芹懂事起,曹家已经败落了,大观园里的怡红公子的那种富贵悠闲生活,他连一天也没有过过。

那么,《红楼梦》又是怎么写出来的呢?

曹雪芹随家人回北京后,在他成长的岁月中,曹寅、曹颙两代孀妇即其祖母、伯母,以及父母辈、亲友、家人(拨还曹家少量房屋时,还发还家奴三对)等,毫无疑问地会常常绘声绘色地给他讲述家中昔日的盛况,在这位天才的幼小心灵中留下了难以磨灭的印象,从而激起他无比活跃的想象力,令他时时神游秦淮河畔老家已失去了的乐园。直至二十多年后,他仍会忍不住向友人说起先祖当年荣华富贵的盛况,说得又是那么具体生动、有感情,仿佛曾身临其境,竟使比他年轻得多的敦敏、敦诚兄弟误以为那些风月繁华的盛事是雪芹早年自己经历过的事情,所以有“秦淮风月忆繁华”(敦敏《赠芹圃》)、“废馆颓楼梦旧家”（敦诚《赠曹雪芹》）等诗句；更笑话的是还说：“雪芹曾随其先祖（曹）寅织造之任。”（敦诚《寄怀曹雪芹》诗“扬州旧梦久已觉”句原注）其实，雪芹要真能回忆起他祖父曹寅时的种种盛况，那就非得再早出生二十多年不可。

由于雪芹祖上几代人与皇家的特殊亲近关系（如其曾祖母孙氏曾为康熙的保姆，被诰封一品太夫人；曹寅少年时即近侍康熙，一直都是亲信），曹家在京城跟高层有姻戚关系或世交旧谊者必不少，尚为孩童的曹雪芹是可无须避嫌地被人领着进那些豪华的大宅深院的，这会使他增长见识和加深感受。此外，宗室贵族中由往昔的玉堂金马，现如今的陋室篷窗的升沉变迁，雪芹所见所闻一定也多。这些都会深刻地影响他对政治、社会和人生的看法，也给他后来的创作提供了丰富的素材。

“都来眼底复心头，辛苦才人用意搜。”（永忠《吊雪芹三绝句》之三）曹雪芹把广泛搜罗所得的素材，结合自己家庭荣枯的深切感受，加以酝酿，产生了强烈的创作冲动，一部描绘风月繁华的官僚大家庭到头来恰似一场幻梦般破灭的长篇小说构思，便这样逐渐地形成了。

所以，《红楼梦》写的不只是一家一事一人，它不是自传体小说，也不是小说化了的曹氏一门的兴衰史。虽然在小说中毫无疑问地融入了大量作者自身的见闻、经历和自己家庭兴衰变化的种种可供其创作构思的素材，但作者搜罗并加以提炼的素材的来源和范围，都要更广泛得多。作者的目光和思想，更是从几个家庭扩展到整个现实社会和人生。《红楼梦》是在现实生活基础上最大胆、最巧妙、最富有想象力和创造性的艺术虚构。所以它反映的现实，其涵盖面和社会意义是极其深广的。

贾宝玉常被人们视为作者的自我写照，以为曹雪芹的思想、个性和早年的经历，便与宝玉差不多，甚至以为曹雪芹也自幼爱弄脂粉钗环，爱吃女孩儿嘴上的胭脂。其实，这是很大的误会。两者的生活环境、贫富条件完全不同，其意识和言行也不可能处处相似。当然，作者确有将整个故事透过主人公贾宝玉的经历、感受来表现的创作意图，所以虚构并撰写了此书的“石头”亦即”通灵宝玉”伴随宝玉入世，并始终

挂在他的脖子上，以示书中的一切“离合悲欢，兴衰际遇”，都是作者自己的见闻和感受，并非任意编造。同时，也必然在塑造这个人物形象时，运用了自己的许多生活体验，注入了自己的某些思想观点，但这毕竟与作者要写自传或照着自己来写贾宝玉是两码事。发生在贾宝玉身上的事和他的思想性格特点，也有许多根本不属于作者。

贾宝玉画像

贾宝玉是曹雪芹提炼生活素材，综合和强化某些典型性格特征后，成功地创造出来的全新艺术形象。如果找人物的原型，无论是作者自己、他的叔叔或别的什么人，只怕谁也对不上号，因为实际生活中并不存在这样的一个人。脂砚斋是熟悉曹家和雪芹自幼情况的，连他也看不出宝玉究竟像谁，他说：

按此书中写一宝玉，其宝玉之为人，是我辈于书中见而知有此人，实未目曾亲睹者。又写宝玉之发言，每每令人不解，宝玉之生性，件件令人可笑，不独于世上亲见这样的人不曾，即阅今古所有之小说传奇中，亦未见这样的文字。……合目思之，却如真见一宝玉，真闻此言者，移之第二人万不可，亦不成文字矣。（第十九回脂评）

这是文学作品中典型性格创造理论在我国出现之前，最准确、最生动的描述。可知，贾宝玉形象完全是曹雪芹创造出来的，犹鲁迅之创造了阿Q。

其他如林黛玉、薛宝钗也是这种情况。脂砚斋说：“钗、玉名虽二个，人却一身，此幻笔也。……故写是回，使二人合而为一。”（第四十二回脂评）“合而为一”是指“蘅芜君兰言解疑癖”一回中钗、黛释疑和好了。此话无论正确与否,也无论你是否同意他那样解释钗、黛之间的关系,有一点却不可否认:即熟知雪芹生平情况的脂砚斋,也不认为生活中实有此二人,书中写成二人,只不过是作者的“幻笔”。这也足可证明钗、黛也不是按生活原型实写的,而是艺术虚构的形象。

二、再现生活的广阔画面

《红楼梦》具体、细致、生动、真实地展示了作者所处时代社会环境中广阔的生活场景,礼仪、习俗、爱情、友谊、伦常关系,种种喜、怒、哀、乐,以至饮食穿着、生活起居等琐事细节,无不一一毕现。这也是以前小说从未有过的。

我国小说历来受史传体文学很深的影响,总着眼于事件本身,着眼于故事情节,而忽略表现生活和生活环境。比如《三国演义》中的关云长,大家都很熟悉。书中虽写到他有个儿子叫关平,却从不提及关公的家庭、妻室等私生活,这一点与史书《三国志》无异。至于刘备,是写了他的几位夫人,可那是在什么情况下才写到的呢?甘、糜二夫人曾被围于曹营,不写此事,又怎能写关云长封金挂印,千里走单骑,过五关斩六将和古城会呢?糜夫人在长坂坡把儿子阿斗托付给了赵子龙,自己投井而死。不写此事,就没有后来继位的刘禅了。再有一位孙夫人,因为有她,才有“吴国太佛寺看新郎”,新房后埋伏着刀斧手,因诸葛亮的妙计,使东吴“赔了夫人又折兵”。看来,一无例外地是在写事件而非生活。所以,我们读了《三国演义》,终究也无法知道汉末三国时代人们的现实生活到底是怎么样的。

《三国演义》封面

爱情在人生中占有极重要的位

置。在我国最早的诗歌总集《诗经》中，就有大量动人的情歌。这一传统在诗歌领域中一直保持着。李商隐以《无题》为代表的许多诗作，尽管可能都另有政治寄托，但它们在许多读者心目中，都是被作为爱情诗而受到普遍喜爱的。词，在这方面就比诗更花繁叶茂了，这也是不争的事实。再后来是戏曲，《西厢记》和《牡丹亭》使《红楼梦》中宝、黛等少男少女都为之而痴迷了，可见其艺术感染力之强。可独独在小说中，它迟迟未能开花结果，有的只是如《红楼梦》开头部分所说的“终不能不涉于淫滥”的才子佳人书，那些书中“大半风月故事，不过偷香窃玉，暗约私奔而已，并不曾将儿女之真情发泄一二”。至于传奇、话本之外的长篇小说，就更没有爱情描写的地位了。如《水浒传》中有一点涉及男女关系的情节，却也没有深入到人物真正的感情世界中去，有的只是淫夫淫妇的贪色、勾引、私通、谋害和仇杀。《红楼梦》把爱情描写从诗词、戏曲的领域中搬到了小说里，并极大地加以发展和提高，使之更深刻、真实、动人，这不能不说是一个极重要的首创。

现代红楼宴

再说人人每天都离不了的饮食吧，又有哪一部小说认真写过呢？读《水浒传》，大家会有大碗喝酒、大口吃肉的印象，或者还记得鲁智深把吃剩的一条狗腿揣在怀里，荒山野坡的黑店里甚至还卖人肉包子。但我们毕竟无法知道水泊梁山寨子里好汉们每天的伙食究竟如何，早点吃的是什么。《红楼梦》则不然，一顿螃蟹宴就写得令人仿佛亲临其席。从螃蟹的价格、吃一次的花销，到煮好放在蒸笼里，须趁热拿出来吃，体弱的人只宜尝点夹子肉，还得喝一小口烧酒之类，无不写得头头是道。现在餐馆里供应顾客吃蒸螃蟹，常常只有醋，不上姜。我想，如果他们记得《红楼梦》中有诗说“泼醋擂姜兴欲狂”，又说“性防积冷定须姜”就好了。因为螃蟹只有就着生姜末一道吃，才不易闹肚子。现在许多大中城市都有餐馆请名厨师设计做“红楼宴”，各色点心，还有刘姥姥吃过的“茄鲞”等几十种菜肴，其名目甚至是做法都是从《红楼梦》中来的。却未闻有“水浒宴”、“三国宴”。还有写喝茶，光《栊翠庵茶品梅花雪》一回，便把中国茶文化的特点，表现得十分精彩动人。总之，《红楼梦》令人耳目一新地将当时一个封建官僚大家庭的实实在在的生活场景，多角度地、生动地展示在人们的面前了。

曹雪芹当然不可能知道恩格斯关于“典型环境中的典型性格”这一著名的现实主义理论。但他在强调自己所写的小说特点时说：

至若离合悲欢、兴衰际遇，则又追踪蹑迹，不敢稍加穿凿，徒为供人之目而反失其真传者。”（第一回）

这是一个非常崇高的美学理想，也正是曹雪芹的《红楼梦》之所以能够获得巨大成功的根本原因。他坚持这一美学理想和忠实于这一理想的艰苦实践，又使其最富有民族特色的小说创作，自然而然地符合了恩格斯所说的这一普遍性法则。相比之下，后40回续书中，有着明显任意性的“调包计”，以及宝钗、黛玉在同一天、同一时辰内一个拜堂成亲，一个含恨咽气等非现实的戏剧性情节的安排，就难免失之于“穿凿”了。

“逝者如斯夫，不舍昼夜！”在人类历史无尽的长河中，过去的就永远过去了，有谁能将它留住？现代科技进步，还能将历史的某一瞬间的画面和片断情景用摄像、录音手段保存下来，至于看不见也听不到的人们的思想活动和内心的声音，就只能是一个永远叫人猜想的谜了。史书、笔记可以记下某些历史人物的命运、事件的始末，却无法像《红楼梦》那样再现两个半世纪前的生活画面，让我们仿佛也进了大观园，亲身领略和感受到早已逝去年代里所发生过的一切。《红楼梦》的这一不可替代的价值，是绝不应该低估的。

三、突破传统的旧方法写人

《红楼梦》一出来，传统的写人的手法都打破了，不再是好人都

好、坏人都坏了。作者如实描写,从无讳饰,因而每个人物形象都是活生生的,有血有肉的。这一看法是鲁迅先生首先提出来的。

在《红楼梦》之前,长篇小说中创造的人物形象,多数是善恶分明的,作者的倾向性也表现得比较明显,不像现实生活中的活人那样,往往一时难辨其好坏。比如说诸葛亮吧,在小说中他是一个十足理想化甚至神化了的人物,已成了智慧的化身,你很难从他身上找出什么缺点来。再比如高俅,他先是流氓无赖,后成了奸邪权臣,坏事做绝,除了踢得一脚好球,你再也找不到他还有哪一点是可以肯定的。倒是神怪人物孙悟空、猪八戒性格、品行还复杂一点。这当然不是说那些小说中的形象塑造得不成功,不是的,而只是说在小说发展的不同阶段,由不同美学理想和创作思想支配下写成的小说,其人物形象的艺术特色和价值各不相同。当然,形象的社会意义自然也不一样。《红楼梦》中的贾宝玉、林黛玉、贾探春、史湘云、晴雯、鸳鸯,都非十全十美;贾琏、贾蓉、薛蟠、甚至贾雨村,也并未写成天生的十足的坏蛋。至于像王熙凤那样形象最鲜明生动、最丰满复杂,又最能引起读者兴趣的人物,更不能简单化地将她归之于好人或坏人、正面人物或反面人物之列。

香港中文大学已故教授、著名红学家、翻译家宋淇说,曹雪芹写了四百多个人物,与莎士比亚所写总数差不多。但莎士比亚的人物是分散在三十几个剧本中的,而曹雪芹则将他们严密地组织在一部作品中,其中个性鲜明生动的形象也不下几十个(参见其《红楼梦识要》,中国书店2000年12月版)。这话是不错的。小说中主要人物或用较多篇幅写到的人,固然形象生动,但有时即便是只有几句话的人物,也能惟妙惟肖地将其身份、个性勾勒出来。如写秦氏之丧,贾珍为使丧榜上能写得风光些,想花钱给贾蓉捐个官衔,恰值宫中太监总管戴权来上祭,贾珍顺便说出要给儿子捐个前程的话。戴权不但对其用意领会得极快,还开口就称贾蓉为“咱们家的孩子”。脂砚斋评曰:“奇谈!画尽阉官口吻。”

在《红楼梦》诸多人物中,贾宝玉形象具有特殊的美学意义和社会意义。脂砚斋曾想为读者剖明宝玉之为人,但却因评不出他“终是何等人物”而感到无奈。他说:

听其囫囵不解之言，察其幽微感触之心，审其痴妄委婉之意，皆今古未见之人，亦是未见之文字。说不得贤，说不得愚，说不得不肖，说不得善，说不得恶，说不得正大光明，说不得浑账恶赖，说不得聪明才俊，说不得庸俗平凡，说不得好色奸淫，说不得情痴情种……（第十九回评）

脂砚斋的话有两点值得我们注意：一、这是个“今古未见之人”，他是曹雪芹创造出来的全新的艺术形象；二、他并没有被写成一个完人，反而是一个相当矛盾复杂、很难用世俗的道德观念或为人标准来评说清楚的人物。这实在并不奇怪，刚刚从污浊腐臭的淖泥中冒出来的新苗头，怎么能立即被庸人俗眼完全认识和理解呢？

我们今天看来，贾宝玉是一个封建传统观念中“行为偏僻性乖张”、“古今不肖无双”的贵族子弟。他怕读被当时封建统治者奉为经典的《四书》，却对道学先生最反对读的《西厢记》、《牡丹亭》之类的闲书爱如珍宝；他厌恶封建知识分子的求仕道路和以八股文章取士的科举制度，讥讽那些热衷功名的人是“沽名钓誉之徒”、“国贼禄鬼之流”；嘲笑道学所鼓吹的“文死谏，武死战”的所谓“大丈夫名节”是

尷尬人難免尷尬事鴛鴦女誓絕鴛鴦偶 初十日
獃霸王調情遭苦打冷郎君懼禍走他鄉 十一日至十四日
濫情人情誤思遊藝慕雅女雅集苦吟詩 十月十四日十五日
琉璃世界白雪紅梅脂粉香娃割腥啖羶 十六日十七日
蘆雪庭爭聯即景詩暖香塢雅製春燈謎 十八日十九日
薛小妹新編懷古詩胡庸醫亂用虎狼藥 二十日
俏平兒情掩蝦鬚鐲勇晴雯病補雀金裘 廿一日廿二日
寧國府除夕祭宗祠 十二月
壬子
癡人說夢 五 槐史編年
榮國府元宵開夜宴 正月初一日至十五日
史太君破陳腐舊套王熙鳳效戲彩斑衣 十五日至廿二日
辱親女愚妾爭閑氣欺幼主刁奴蓄險心 二月
敏探春興利除宿弊賢寶釵小惠全大體
慧紫鵑情辭試莽玉慈姨媽愛語慰癡顰 三月
杏子陰假鳳泣虛凰茜紗窗真情揆癡理
柳葉渚邊嗔鶯叱燕絳芸軒裏召將飛符
茉莉粉替去薔薇硝玫瑰露引出茯苓霜
投鼠忌器寶玉瞞贓判冤決獄平兒行權

《红楼梦》人物谱

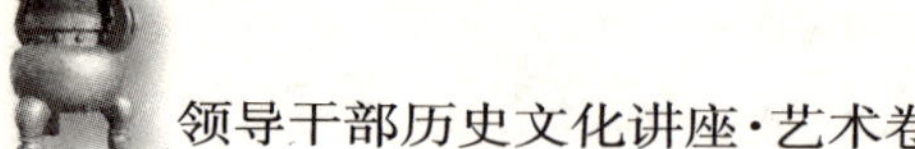

"胡闹"。特别是他一反"男尊女卑"的封建道德观念,说"女儿是水做的骨肉,男子是泥做的骨肉;我见了女儿便清爽,见了男子便觉浊臭逼人"。他向往的是一种不沾尘世污浊和俗念,能保持自然天性和彼此友爱的无拘束、无压迫、无欺诈的自由幸福生活。在丫鬟、僮仆、小戏子等下人面前,他从不以为自己是"主子",别人是"奴才",总是平等相待,给予真诚的体贴和关爱;他往往关心别人超过关心自己,有时竟会达到忘我的境地。从这个"于国于家无望"的封建逆子的身上,我们也可以看出时代的征兆,封建主义正在趋向没落,民主主义思想已逐渐萌芽。

四、全书有机的整体结构

《红楼梦》全书的结构,与我国其他古典长篇小说相比,可以说是有着根本性区别的,具有一种成熟的艺术性精巧结构。《三国演义》是在客观的历史框架基础上,据基本史实的脉络,把人物活动和故事情节巧妙的结构编纂起来的。尽管这也极不简单,需要作者有丰富的写作经验和很强的史料组织能力,但毕竟人物和故事的安排,大体上是有规定的:汉末的天下大乱、群雄割据,到三分鼎立,最终晋朝的统一,以及其中各方势力的强弱盛衰、重要战事的胜败结局、人物的存亡命运等,都是确定了的,不能改变的。所以其结构也不同于一般小说,且不细论。《水浒传》则是"板块结构",总的是前后两大板块,前面是各路英雄被逼上梁山,后面是受招安、为朝廷利用、起义归于失败。其中又有若干小的板块,如宋江、林冲、武松落草前,都有相对独立的大段故事情节;受招安后又有打方腊和征辽等相对独立的故事。这与小说原本是在民间传说特别是在说书的基础上逐渐发展起来,最终才由小说家连缀、组织,统一加工而成的有很大的关系。《西游记》也分前后大小不等的两块,前面是齐天大圣大闹天宫的故事,后面是唐僧取经的故事。取经故事是书的主体,其情节则是"念珠式结构",即唐僧师徒一路上遇到九九八十一难,每一难就像一颗念珠,由一条西去取经的线串连了起来。外国人翻译此书,有嫌念珠过长的,有重复之累,就把一些他们认为较次要的难关和妖魔删去，只保留最精彩的章节，如斗铁扇公主过火焰山、三打白骨精之类，结果也挺不错。本来嘛，念珠串可长可短，珠子也未必定要八十一颗才行。《儒林外史》则像是很多短折子的连缀，一个故事接着另一个故事，写到后面，丢了前面，并无什么关照和呼应；读着前面，也不知后面写的会是什么，可称之为“集锦式结构”。《红楼梦》构思完整，精细而严密。情节的安排、人物的言行、故事的发展，都置于有机的整体结构中，没有率意的、多余的、游离的笔墨。

贾府是一个与史、王、薛三家皆联络有亲的大家族，要写到的人物极多。如何先给读者一个总体的初步印象，不至于读下去弄不清彼此的关系，是颇费心机的。这才有《冷子兴演说荣国府》一回，通过酒店闲话，把宁、荣二府的人物关系，不知不觉地作了概况介绍。小说的故事情节，主要在大观园背景中展开，而园子的规模是很大的。如果没有贾政携宝玉与清客们察看刚竣工的园景并“试才题对额”的情节，一一描绘各处山水庭院的位置、特点，我们能获得如此深刻的印象吗？正如乾嘉时一位叫二知道人的红学家所说：“写荣国府之世系，从冷子兴闲话时叙之；写荣国府之门庭，从黛玉初来时见之；写大观园之亭台山水，从贾政省功时见之。不然，则叙其世系，适成贾氏族谱；叙其房廊，不过此房出卖帖子耳。雪芹锦心绣口，断不肯为此笨伯也。”（《红楼梦说梦》）我转而想到有些外国小说，为介绍故事发生的背景，往往用很长的篇幅，去作静止的环境描写，或者故事刚开始不久，就出场了一大批人物。这样一来，读者不是感到沉闷，失去读下去的耐心，便是搞不清、记不住谁是谁，须不断去翻看人物表才行。诸如此类的文字，恐怕不能算作是很高明的写法吧。

《红楼梦》的文字往往前后照应，彼此关合。绛珠仙子要为神瑛侍者眼泪还债的神话，已在小说一开头就预示了男女主人公悲剧命运的性质；太虚幻境薄命司中的册子判词和《红楼梦》十二曲，也都注定了女儿们的归宿和贾府一败涂地的结局。以个人为例来说，后来遁入空门的四姑娘惜春，书中首次描写到她时，她正同水月庵小尼姑智能儿在一起玩，周瑞家的送来宫花，惜春笑道：“我这里正和智能儿说，我明

儿也剃了头同她做姑子去呢，可巧又送了花儿来；若剃了头，可把这花儿戴在哪里呢？”你看这是随便写的吗？故脂砚斋批曰：“闲闲一笔，却将后半部线索提动。”（第七回评）

小说中人物的吟咏、制谜、行令，更常有带“谶语”性质的地方。从消极方面说，它在某种程度上含有宿命论和神秘主义成分，这与曹雪芹思想上确实存在着深刻的悲观主义有关。从积极方面说，它能增强艺术表现上因暗伏灰线蛇踪、蛛丝马迹，而使人叹服其全书结构之谨严奇警的效果。这方面拙著《红楼梦诗词曲赋鉴赏》一书（中华书局2001年版）中逐一地都有详细的说明，可以参看，这里就不一一赘举了。

《红楼梦》还有个现象很值得研究，就是它的各种续书数量最多。不算今人新近续作的，就有十五六种，这是小说史上从未有过的。曹雪芹原作极能吸引人，又在二十多年内“神龙见首不见尾”，只能读到八十回；后来出了一百二十回“足本”，对后四十回续书，一些人又有这样那样的不满意等，自然都是原因。但倘若此书不是如此完整的结构，可激发起读者对情节发展和人物命运的种种遐想（比如像知前不知后的“集锦式”结构的《儒林外史》），是否也有这么多人想到要去续它，实在是大可怀疑的。

总之，曹雪芹在落笔时，总是胸中有全局、目光贯始终的，所以读来让人有“牵一发而动全身”的感觉。这样的结构行文，不但为我国其他古典长篇小说中所未有，即便是近代小说也不曾见过。

五、以假存真的特殊手法

《红楼梦》第一回以“甄士隐”、“贾雨村”两个名字标为回目，实有“真事隐（去），假语存（焉）”的寓意在（曹雪芹一定对为他的书加评语的脂砚斋说过这一意图，可脂砚斋将后半句“假语存焉”错听成“假语村言”——说错，是因为这四字组不成短语，除非是说“假语虚言”或“俚语村言”方可；若只谐音三个字，则“假语村”更不成短语；还将听错的话写入《凡例》末段，后来这一段又移作首回回前评，并被传抄者混为正文，“假语村言”四字，遂讹传至今）。作者想以假存真

(用假的原因自有政治的、社会的、伦理道德的、文学创作的等),实录世情,把饱含辛酸泪水的真实感受,用“满纸荒唐言”的形式表达出来,其内涵和手法,自然都很值得研究。本来,文学创作上的虚构,也就是“假语”、“荒唐言”。但《红楼梦》的虚构,并不全同于创作文学作品时不可或缺的那种一般意义上的虚构,它有相当特殊的地方。至少有两个方面特别值得我们注意的:

一、除实写都中的贾府故事外,又虚写一个在南京的甄府。这两家“是老亲,又系世交”,且各方面都一样,甚至有一个从外貌、性情到境遇都处处相同的宝玉,甄府简直就是贾府的镜中影。这样虚构的用意何在呢?有一点是明显的,即“贾”既可谐“假”,“甄”既可谐“真”,那么,贾假甄真,必要时就可用来互补、点醒。所谓将贾府视作甄府时,甄府也就是贾府了。这也是小说两次强调的“假作真时真亦假”对联的一种隐义。比如,小说中大家庭由盛极而衰败,其故事的地点,作者本想:既用自己家事为多,应说它是南京;但如果当真那样写,便太显眼了,难说没有明眼人会将它与曹家的荣枯联系在一起。所以,不得已,只好将地点移至都中。在这一点上,都中是假,故称贾府;南京才是真,故有甄府。为此,作者也还虚点了一笔说,贾府的老家本也在南京。还通过贾雨村之口说:“去岁我到金陵地界,因欲游览六朝遗迹,那日进了石头城,从它(贾府)老宅门前经过……”你看,特地点出“石头城”来,可知书名本也叫《石头记》,不但表示是石头所记叙的故事,也暗示是石头城的故事。同样,小说中的群芳总称为“金陵十二钗”(虽然有的根本不是金陵人),而不叫“燕京十二钗”,怕也是这个原因。

再比如,曹雪芹不能在小说中明写他祖父曹寅曾四次亲自接待南巡的康熙皇帝这段荣耀的家史,却又不甘心将如此辉煌的自家盛事埋没,能写的只是大小姐元春回到自己家里来省亲这样的虚构故事。于是就通过人物聊天,从省亲说到当年皇帝南巡,带出江南甄家“独他家接驾四次”的话来。这样,叙述描写的对象虽属贾家,却以甄家来点真事。故脂评于此说:“甄家正是大关键、大节目,勿作泛泛口语看。”“借省亲事写南巡,出脱心中多少忆昔感今!”后四十回续书作者既不了解雪芹的家世,也不明白这样写的意图,呆呆地添出一个走上正路的甄宝玉

来，而使这一有特殊用意的虚构变得完全多余和毫无意义了。

二、有意识地以小寓大，以家喻国。这一方面也许更为重要。我们说过，小说所写不限于曹氏一家的悲欢，经过搜集、集中、提炼和升华，它的包容性要大得多。我们发现，作者还常常有意识地以小寓大，以家喻国，借题发挥，把发生在贾府中的故事的内涵扩大成为当时整个封建国家的缩影。从这一角度看，小说把主要故事情节限于贾氏一个家庭之内，更把人物的主要活动范围圈定在一个好像是与世隔绝的大观园女儿王国之内等，也都带有“假语”、“荒唐言”的成分。

“文革”期间，我国著名的文艺批评家陈企霞遭江青迫害，下放在杭州大学安吉“五七”干校受管制，分在炊事班里。当时我恰巧当炊事班长，与他很谈得来，常聊天，当然只能在夜深人静、“五七”战士们入睡之后。一次，谈到《红楼梦》，他说自己有个荒谬的想法：总以为贾府中王夫人、王熙凤等人与邢夫人、赵姨娘等人的矛盾，是在写政治上当权派与在野派的矛盾斗争。我当时就说他的看法有道理。的确，像凤姐岂是通常的管家婆形象？她有很强的政治性。在“协理宁国府”一回中，她分析弊病之所在，采用“岗位责任制”，明确职责分工和自己以身作则，严格制度，不徇私情的办法，很快地就整顿好了宁国府的烂摊子。作者在回末对句中赞曰：“金紫万千谁治国，裙钗一二可齐家。”由治家联想到治国，凤姐就像是一位能干的国务大臣。在她擅权敛财或害人时，脂砚斋也将她与贾雨村比作“一对乱世奸雄”。贾府在某种程度上的确有点像一个小小的封建社会、封建国家：有掌实权的，也有无权过问的；有能沾到好处的，也有发生利害冲突的；有制度改革，也有阴谋陷害……正好借题发挥。产生这种写法可能性的基础，是在封建时代的家与国，都存在着严格等级区分的宗法统治，两者十分相似。在一个权势地位显赫的封建官僚大家庭中，尤其如此。

大观园是曹雪芹的胸中丘壑，早岁吞之于胸，撰书时吐之于笔罢了。在当时的任何豪门私宅中是找不到的。它被放大成圆明园那样只有皇家园林才有的规模，这不是偶然的。试想，如果只有一般花园那样，几座假山、二三亭榭和一泓池水，故事又如何展开呢？不但宝玉随父察看园林时，每见一处风景便题对额的“乾隆遗风”式的情节无法

红楼大观园图

表现，连探春治家，将园林管理采用承包制的办法来推行兴利除弊的改革，也没有必要和不可能写了。大观园里，从“琳宫绰约，桂殿巍峨”被称做“天仙宝境”的省亲别墅，到有山门、花木繁盛、环境清幽的佛院禅堂拢翠庵，无不应有尽有；就连鹅鸭戏水、禾蔬分畦，杏花桑柘之中，数楹竹篱茅屋的田庄稻香村，也都能见到。虽然那些农村景象乃人力所为，不是真的，但被邀来游大观园的刘姥姥却是货真价实的乡村农妇。“衔山抱水建来精，多少工夫筑始成！天上人间诸景备，芳园应赐大观名。”元春这首总题大观园的诗，不是也可以解读成：这花费多年时间、辛苦构思写成的小说，所描写的是从皇家到百姓、形形色色、包罗万象、蔚为“大观”的情景吗？

六、中华文化的综合体现

文艺的式样、种类，随时代前进的脚步，逐渐从单一趋向综合。唐传奇往往在叙述故事的主体文字外，加入一二首诗，篇末有一点议论，

被人称之为“文备众体”。自从戏曲本子上了舞台后，表演、音乐、舞蹈、服饰、布景等都加进来了。现代的电影、电视艺术，其综合因素更随着科技的迅速发展而大大增加，这是谁都知道的。可是在小说这一文学形式中，要多方面展现中华民族悠久、灿烂的文化传统，就决不是一件简单的事了。可以说，古往今来还没有哪一位作家、哪一部小说能够做到。《红楼梦》却能在极大程度上综合体现了我国优秀的文化传统。

《红楼梦》的主体文字是早期的白话，但它又吸纳了文言文及其他多种文体表现之所长。有时，对自然景物、人物情态的描摹，也从诗词境界中泛出，给人以一种充满诗情画意的特殊韵味和美感。这一点是脂砚斋最先指出来的。宝玉惦记着丫头红玉（小红），却不见她在，便出房门东瞧西望，“一抬头，只见西南角游廊底下栏杆外，似有一个人在那里倚着，却恨面前一株海棠花遮着，看不真切。”脂砚斋于此批道：“余所谓此书之妙，皆从诗词句中泛出者，皆系此等笔墨也。试问观者，此非‘隔花人远天涯近’乎？可知上几回非余妄拟也。”（第二十五回）所引“隔花”句出自金圣叹批《西厢记·寺警》中莺莺所唱《混江龙》曲。

小说中描绘人物形象，少见其用眼、鼻、唇、齿、脸、体态如何等实写，而往往只借设喻，用空灵的虚笔，来引人体会其风度神韵。如形容警幻仙子的美丽：

其素若何？春梅绽雪；
其洁若何？秋菊披霜；
其静若何？松生空谷；
其艳若何？霞映澄塘；
其文若何？龙游曲沼；
其神若何？月射寒江。（第五回赋）

这样的写法，大概很为金庸所欣赏，于是在他的武侠小说《书剑恩仇录》的开头，描写一位回族侠女“翠羽黄衫霍青桐”时，便不客气地借用了过来，说：那女郎秀美中透着一股英气，光彩照人，当真是丽若春梅绽雪，神如秋蕙披霜；两颊融融，霞映澄塘；双眉晶晶，月射寒江。（第一回）

对林黛玉的描写也如此。说她“闲静时，如娇花照水；行动处，似弱柳扶风”（第三回）。本来，花、柳的外形，与人毫无相似之处。然而，凭借文学中的传统意象和人的丰富想象力，却能把差距极大的两者联系起来。在诗词中，这已是司空见惯的。李清照的名句：“莫道不消魂，帘卷西风，人比黄花瘦”（《醉花阴》）即是。

林黛玉画像

写景物的就更多了。如写贾宝玉在石上看《西厢记》时，“只见一阵风过，把树上桃花吹下一大半，落得满身满书满地皆是”（第二十三回）。相仿的还有史湘云醉卧石上，“四面芍药花飞了一身，满头脸、衣襟上皆红香散乱”（第六十二回）。我们读时，只觉得这景象写得很美。殊不知唐代诗人李贺早有“曝背卧东亭，桃花满肌骨”（《题赵生壁》）的诗句了。

《红楼梦》中写入了大量的诗、词、曲、辞赋、歌谣、联额、灯谜、酒令、诔文……这才是名副其实的“文备众体”，且又都让它们成为小说的有机组成部分。其他小说也有把诗词组织在故事情节中的，比如某人物所写的与某事件有关的诗等，但在绝大多数情况下，则是可有可无的闲文。如一百回本的《明容与堂刻本水浒传》，其中的诗和骈体赞文，就比后来通行的一百二十回本或七十回本多得多。但多数都是无关紧要的附加文字，若将它们删去，并不影响内容的表达，有时倒反而

使文字更加紧凑、干净。《红楼梦》则不然，它的绝大多数的诗词曲赋，都是融合在小说的故事情节中的。如果跳过去不看，常常不能把前后文意弄明白，或者等于没有看那一部分的情节。比如宝玉梦游太虚幻境所看到的十二钗册子判词和《红楼梦曲》，倘若我们略去不看，或者也像宝玉那样“看了不解”，觉得“无甚趣味”，那么，我们能知道的至多是宝玉做了一个荒唐的梦，甚至连自己也有点像在梦中。

小说中拟写人物所吟咏的诗词作品，能“按头制帽”（茅盾语），做到诗如其人，一一适合不同人物各自的个性、修养、志趣、气质。林黛玉的风流别致，薛宝钗的雍容含蓄，史湘云的清新洒脱，都各有自己的风格，互不相犯，这一点最为难得。林黛玉作《桃花行》，宝玉一看便知出于谁手。宝琴诳他说是自己写的，宝玉就不信，说：“这声调口气迥乎像蘅芜之体”，还说：“姐姐断不许妹妹有此伤悼之句，妹妹虽有此才，比不得林妹妹曾经离丧，作此哀音。”（第七十回）这些话表明作者在模拟小说中各人所写的诗时，心目之中先已存有每人的“声调口气”，“潇湘子稿”绝不同于“蘅芜之体”，而且在赋予人物某些特点时，还考虑到他的为人行事以及与身世经历之间的联系。因此，还有些就诗歌本身看，写得或平庸、或幼稚、或笨拙、或粗俗、或猥亵，但就模拟对象来说，却又是惟妙惟肖、极其传神的作品。从中也可看出，作者在小说创作上坚持“追踪蹑迹”地忠实模写生活的美学理想。

有一次，有人问我：“你是研究《红楼梦》的，你说说，那里写到的许多方子能不能吃？”我想了想，说：“曹雪芹写的前八十回中的方子多数不能吃，而后人续补的后四十回中的方子倒能吃。”他觉得很奇怪，我向他解释：曹雪芹是精通医理的，但他只以其博学来写小说，而非写医药手册；只考虑刻画人物、描写情节的需要，并不是给人作治病参考的，所以不能呆看，随便搬用。何况他谈笑风生，极富幽默感。这一点恰恰是后四十回续书所没有的。我说不能吃，因为有的方子根本治不了病。比如用“秋梨一个，二钱冰糖，一钱陈皮，水三碗，梨熟为度”的“疗妒汤”，疗效如何，郎中自己就已说了：“一剂不效，吃十剂；今日不效，明日再吃；今年不效，吃到明年。横竖这三味药都是润肺开胃不伤人的，甜丝丝的，又止咳嗽又好吃，吃过一百岁，人横竖要死的，死了还妒什么?那时就见效了。”(第八十回)有的方子几乎办不到,如所谓能解胎里带来的一股热毒的“冷香丸”,要用白牡丹、白荷花、白芙蓉、白梅等四季花蕊,加雨水日的雨,白露日的露,霜降日的霜,小雪日的雪拌和……这样玄而又玄的海外方,谁又曾试制出来并临床实验过?有的方子的组成无可挑剔,效果却让人猜不透,如太医为秦可卿开的药方,众人都佩服得很,而患者却令人“疑心”地死了。胡庸医给外感风寒的晴雯开处方,书中未详列,只写宝玉看时,上面有紫苏、桔梗、防风、荆芥等药,后面又有枳实、麻黄,便说:“该死,该死!他拿着女孩儿们也像我们一样治,如何使得!凭她有什么内滞,这枳实、麻黄如何禁得起!”直至王太医将麻黄、枳实换了当归、陈皮、白芍等药,又减了分量才罢。所言全是内行话,道出了传统医学施治因人而异的特点。还有贾瑞因妄动风月之情得病,书中说他“诸如肉桂、附子、鳖甲、麦冬、玉竹等药,吃了有几十斤下去,也不见个动静”,就像老中医讲笑话,说得何等风趣!诸如此类,都只诙谐谈笑,从不炫耀自己的医药知识,却又字字不背医理。这才是真正伟大的艺术家。续书的作者不懂得这一点,每写一张方子,必一本正经地去抄医书。所以只要你的病状与书中所写相同,倒是不妨去照着服用的。可话得说回来,我国历来名家医案又何止数百,尽可供医者患者参阅,又何必到小说中寻找方子来吃呢?

《红楼梦》写到的东西太多了,举不胜举。诸如建筑、园林、服饰、器用、饮食、医药、礼仪典制、岁时习俗、哲理宗教、文赋诗词、音乐美术、戏曲游艺……无不头头是道,都有极其精彩的描述。故小说曾被比作“百科全书”,这就其内容的丰富性来说,自然是恰当的。只不过百科全书是百科知识的简单集合和罗列,彼此并不相关。而《红楼梦》则是将这些五花八门的东西,有机地组合在一个完整的极精巧的艺术作品之中。这需要作者有多么广博的知识和高深的修养啊!在这方面,曹雪芹的多才多艺是无与伦比的;也只有他这样的伟大天才,才能写出《红楼梦》这样一部涉及领域如此之广,能综合体现灿烂的中华文化的奇书。

蔡义江,1943年生,浙江宁波人。毕业于前浙江师范学院(后称杭

蔡义江

州大学,现改浙江大学)。现任全国政协教科文卫体委员会委员、中国红楼梦学会副会长、中国古典文学普及研究会副会长、中国唐代文学学会理事等。是第六届、第七届全国人大代表,第八届、第九届全国政协委员。1978年借调至京,筹创《红楼梦学刊》,成立红学会。1986年,正式调京,任民革中央常委、宣传部部长,创办团结出版社,兼任社长、总编辑及《团结》主编,兼教于京杭高校。在中国古典文学特别是唐宋诗词、红学研究方面成绩卓著。出版的主要著作有:《红楼梦诗词曲赋评注》、《论红楼梦佚稿》、《红楼梦》校注、《蔡义江论红楼梦》、《红楼梦丛书全编》、《稼轩长短句编年》(香港上海书局)、《清代文学概论》(日本每日交流社)、《宋诗精华录》注释、《宋词三百首》详析(台湾建宏书局)等。专著和论文曾多次获国家、省、市社科优秀成果奖。

华君武

我的漫画生涯

很抱歉，刚才图书馆的同志介绍说我要作“学术报告”。可我这个人讲话偏偏是没有学术性的。假如大家把我的讲话当做学术报告来听，我就有点害怕了。不过我今天比昨天稍微好一点，因为昨天国家图书馆的馆长任继愈同志说也要听我的这个讲话，我就有点难为情。我和他在一个大院子住，知道他是一个知识渊博的学者，他一来，我就更不敢讲了。听说他今天到外地去开会，所以我今天的胆子稍微大了一点。今天在座的有我认识的一些朋友，他们也来听我这个没有学术性的讲话，我觉得很抱歉。下面我只是把我学漫画的经历向大家汇报一下。

我是1915年在浙江杭州市出生的。我画漫画可以分为“上海阶段”、“延安阶段”、“东北阶段”，1949年到北京至今，也可以算是“北京阶段”。30年代的“上海阶段”，也就是我漫画创作的初学阶段。

有的同志也许会想：这个人是不是天才？我可以告诉大家，我并不是天才。我是在上初中的时候开始喜欢漫画的。我这个人不喜欢画工笔画，我觉得那种画不随意，比较呆板，不符合我的性格。我喜欢用比较随意的、写意的手法画画。所以我在中学时上图画课，一画静物，我就很狼狈，因为我画的静物画非常糟糕。静物画是要花点工夫的，比如画个苹果就要像个苹果，画个香蕉就要像个香蕉，可我就画得很不像。我的老师名字叫金耐先，是个留日的学生。他看了我画的静物画以后，总皱着眉。我的图画课成绩总是得60分，也就是刚刚及格。所以说，我小的时候没有绘画的天才，只是自己喜欢乱画就是了。

另外，我的数理化成绩也是很糟糕的。我的算术课大概到了“鸡

兔同笼”的时候就基本停止了。后来我的数理化成绩越来越差。数学老师吴在渊先生严厉之极，我对他老人家真是无可奈何，考试经常得负分。偏巧当时有一位数学助教对我们也很凶，我就在课堂上画了幅漫画嘲笑他。画面上是一把大大的尿壶，这位助教的头正插在尿壶的嘴上，标题叫做《清供》。我的表弟和我同班读书，也讨厌这位助教。他竟未得到我的许可就拿了这幅画往这位助教的教桌上一放。这下可惹了大祸。那位助教大发雷霆，向学校提出：“不开除华君武决不再教课！”校方先给我记了两次大过，拖到放暑假，又写信通知我的家长，学生华君武可不再来校读书。我就这样被迫停了学。这当然是我咎由自取，现在想想，借漫画来泄私愤，实在是不应该的。如果那位助教先生还在，我愿意向他当面请罪。

我开始学漫画是在我初中一年级的时候，大概是在1928年。我画了一群学生在打防疫针。学生很调皮，虽然打针是有点疼，但是却故意装出很疼的样子来。于是我就画学生打针时装出的鬼脸。没想到这幅画居然被我们学校的校刊编辑看中了，于是就刊登在校刊上面了。这是我刊登在刊物上的第一张漫画。

后来我更加喜欢漫画了。那时漫画界风行一种用漫画表现古诗词的画法，我学到一首题目叫《江南》的汉乐府诗，里面的第一句是：“江南可采莲，莲叶何田田。”我就把它画了出来。画中有一个人正在采莲，我在圆圆的荷叶当中画了个十字像个“田”字。这幅画被《浙江日报》刊登出来了，这对我来说是一个很大的鼓励。我居然还领到了一块钱的稿费。去领稿费的时候，他们还让我贴三分钱的印花税票，这把我给难住了，我当时连三分钱都没有。人家没好气地说了一句：“连三分钱都没有！”这幅画就是我的第一张刊登在正式报纸上的漫画，时间大概是在1930年。从此以后我就开始拼命地画漫画。

画漫画是要懂得一点社会，懂得一点人生的。可我是一个小小的中学生，能懂多少东西呢？我画了很多漫画，大概有两百张，寄给报馆，可就是登不出来。尽管这样，我还是继续画。假如我当时放弃不画了，我现在也不会坐在这里谈漫画了。

1933年，我到上海大同济大学附属中学上高中。后来经我的一位堂舅介绍，到上海商业储蓄银行当了一名比实习生高一级的“初级试用助理行员”。到上海以后我就开始往更多的刊物上投稿。我一开始就选中了一本林语堂主办的《论语》杂志，往那里投稿。后来就画得多了。那时我才20岁左右，思想还不成熟，世界观和艺术观都还没有确立，有些东西似懂非懂，有些东西是学人家、模仿人家的。

我们中国人在国难当头的时候，总会表现出强烈的爱国心和民族自尊心。我上小学的时候在老师的带领下曾到驻杭州的日本领事馆前喊口号。我还记得唱那首歌：“打倒列强！打倒列强！除军阀！除军阀！国民革命成功！齐欢唱！齐欢唱！”因此我从小就痛恨日本帝国主义和英帝国主义。当时也没有谁来教育我，而是日本帝国主义者的罪恶行径教育我，使我憎恨他们。所以那个时期中国的漫画作者画了许多反帝的漫画。我画的漫画究竟对不对也不知道，因为我当时区分不了日本帝国主义和日本人，只知道“东洋佬”。参加革命以后我才知道要把日本军国主义分子和日本人民区分开来。现在回想起来，当时的思想是比较幼稚的。

那时的上海有我们漫画界的老前辈：丰子恺、鲁少飞、张光宇、叶浅予等老师，其实当时他们的年龄也不算太大。丰子恺先生当时也不过40来岁。我20岁左右，当然他是我的前辈。他们画的画比我画的画不知要好多少倍。在画漫画方面，我只是一个刚刚进门的“小伙计”。我那时也不知道有什么“创造性”不“创造性”的，总觉得赶不上他们。因此我就想了一个办法，我在我的漫画里面画很多的人。因为他们漫画里面的人都不多，一张画里就几个人。像丰先生的画，就三两个人或一个人。我一幅画里可以画几百人。我这里有一张复印件，《一二九》，你们看这张画画了多少人？我记不起来这张画画了多长时间了。因为我那个时候要上学，还要做事情，那时又不像现在有双休日。这张画至少画了一天。当时我并没有想到“创造性”的问题，就是想：我要出名。因为老先生们比我画得好，我比不上他们，只好用这种办法来和他们比。当时我的画虽然画得比较糟糕，但是人家知道，有个画大场面漫画的华君武。

我为什么来强调这个事情呢？就是现在我们画漫画的青年人，不

想“创造性”的问题。我认为，别人没有画过的东西，你来画，这叫创作。假如你总跟着人家屁股后面走，那么就一辈子也没有你自己的东西，原因就在于你没有创造性。比方说齐白石，他是有创造性的大画家。我们进城的时候就听说北京有“东城齐白石”、“南城齐白石”、“西城齐白石”，他们都是齐白石的学生，画来画去都像齐白石，谁也没有超过他。这就因为他们没有创造性的结果。漫画也是这样，你要跟着谁画，永远跟在他后头，那何必称为“创作”呢？叫“跟作”就行了。目前我们的作品里叫“跟作”的漫画太多了。现在有个新的说法叫“撞车”，就是说你的作品跟人家的作品雷同了。我觉得搞漫画创作就要真的进行创作，要有属于自己的、与别人不同的东西。尽管我20几岁在上海时，对于艺术创作方面的东西了解不多，但还是想出画大场面漫画这么一个办法来，好和别人的画区别开。这恐怕算是“瞎猫碰着死耗子”吧。

当时上海有一家英文报纸叫《字林西报》，英文叫“NORTH CHINA DAILY NEWS”。这个报纸经常刊登一位白俄漫画家萨巴乔（SAPAJOU）的国际时事漫画。他原来的名字叫萨巴久诺夫，我没有见过他。他的画，线条流利、造型准确而又夸张得体，引起我极大的兴趣。我就把他当做我的老师，学他的画法。

丰子恺

30年代的中国，有不少的漫画作者都有一个“洋老师”。因为中国的漫画不像中国其他艺术一样有很久的传统。比如说我们的国画有很久的传统。当然也有人说八大山人画的画，就有类似漫画的。也有人说《鬼趣图》有点像漫画。但是总的来说，漫画在中国发展的时间是比较短的。所以当时大家学外国人画漫画也是一种办法。假如说一种画是专门学外国人的,也可以画得不错,但是它总不能算是中国风格的漫画。比如说张光宇,他是学墨西哥的一位壁画家叫柯比罗。但是他学是学,后来还是画出了自己的东西。还有蔡若虹、陆志痒,都是学乔治·格罗斯的,但是后来又都画出了中国民间的和他自己的风格。还有特伟、米谷,他们学英国政治讽刺漫画家柯勿路皮阿斯大卫·罗的画,但是后来也慢慢离开了他们的老师。我后来离开上海到了延安,在艺术上也渐渐离开了萨巴乔。假如我学萨巴乔学得很像,也不过就是萨巴乔。我当时连签名都学他,后来要摆脱他的影响也是很困难的。可以这样说,学他的画法也学了几年,摆脱他的影响却摆脱了十几年,是在慢慢地摆脱。我讲这些话的意思就是说,外国好的东西可以借鉴,但不要去模仿,模仿是没有出路的。以上是我在上海时期,也就是1933年到1938年期间的基本情况。这期间,上海有许多漫画家、老前辈对我的帮助是很大的。

1938年,我去了延安。当时我不像张谔、蔡若虹那样是“左翼漫画家”。那时有左翼的漫画。张谔、黄鼎他们都是左翼的漫画家,我就不是。用阶级分析的观点来看,我大概是“中间偏右”,而不是“中间偏左”。那么后来为什么我在思想上有些变化呢?第一是日本帝国主义的侵略罪行教育了我。我们在上海的时候,中国人就是在外国的租界里面也不敢直接画讽刺日本人的漫画。大概年龄大一点的同志熟悉,当时有一个叫杜中远的人,他写了一些日本人的事,闹起了轩然大波。中国人在自己的土地上不能画反日本侵略的画,这是滑稽的。日本屡次侵犯我们,比如“九·一八事变”、“八·一三”和“七七事变”,他们总是在闹事欺负我们,所以我对日本帝国主义是很仇恨的。而国民党采取一种不抵抗的政策。我这张画就是画“一二·九运动”的。那个时候我的思想稍微进步了一点,我讨厌国民党。那个时候讲“打倒列强,除军阀”,“军阀”是指北洋军阀。但国民党内也形成了一个军阀集团,是一个“新军阀”。所以我对军阀不满意,对国民党也不满意,对旧社会有一种厌恶感。后来看了斯诺著的《西行漫记》,便对共产党产生了好感。那时候我并不懂共产党的道理,但感觉共产党比国民党好,至少是要抗日的。

“八·一三”日本侵占上海，上海变成孤岛。我们这些人就等于做了亡国奴了。做亡国奴的滋味是不好受的，所以1938年我在别人的帮助下从上海出发，经过香港、广州、长沙、汉口、重庆、成都、西安到了延安。我在延安待了7年（1938年至1945年），这期间我在画漫画上也犯过错误。比如1942年，我和蔡若虹、张谔三个人在延安开了个讽刺画展。这些漫画作品也不讽刺国民党，也不讽刺日本人，而只是讽刺延安自己队伍的人（我不讲他们俩，我只讲我自己）。我举三个例子。第一张漫画题目叫《新寓公》。我们在鲁艺的时候，那里生活比较苦，有的人养点鸡鸭，我就画了漫画。再一张漫画是画延安开会不遵守时间。延安是个农村，是个由农民组成的社会，他们也没有表，哪里知道几点钟开会呢？还有一张是我画的《首长路线》，是讽刺女同志对待婚姻问题的。因为那个时候，女同志都爱嫁给大首长。我就画了两个女同志在路上聊天，其中一个说：“哦！她，一个科长就嫁啦？”这样的画有什么意思呢？这是片面性的。

这个漫画展当时在延安还是有很多人看的，因为他们没有见过漫画。后来毛主席也来看了。他来的时候，正好我在展厅里值班，我就陪着毛主席看。他不断地问我，我就给他介绍。毛主席看完展览要走时，我说：“请毛主席批评。”因为当时在延安很多戏演完了也不谢幕，出来一个人说：“请大家批评。”所以我也是这么说。毛主席就对我讲了一句话，说：“漫画要发展的。”当时我对这句话也不太懂，什么叫发展不发展呢？我也不好再去问毛主席，怎么发展法？

我觉得当时我们漫画展览有三个错误：一是画的漫画不是与人为善的；第二个就是片面性问题；更重要的是当时全国都在抗战，民族矛盾很突出，而我们却画什么“一个科长就嫁了”，你想想看应该不应该呢？虽然毛主席没有批评我们，但是我觉得在那个时候画这样的画是不合适的。对这个问题，还是蔡若虹最早觉悟的。“文化大革命”中，有人讲毛主席严厉地批评了我们，其实不是这样的。

当时我在延安还在继续模仿外国人那种漫画的表现方法。在上海时，我们不会到工农中去，都是在学生、知识分子这个范围之内。那么现在到延安了，一个农民的社会，工人很少，知识分子也不多，还有八路军。毛主席说八路军是穿了军装的农民。农民没有看过漫画，因此他们看我学外国人的手法画的漫画就看不懂。当时我们办了个墙报，老百姓看年画津津有味。可是看到我的漫画，头一扭就走了。大家可能有这种体会：你的画，人家有兴趣看，你就高兴。你的画人家看不懂，一点味道也没有，那你就很尴尬。我画出来的画究竟给谁看？人家爱看不爱看？我在延安期间就时常碰到这些问题。

1942年5月我参加了延安文艺座谈会，毛主席在座谈会上的讲话我也听了。当时我不是一听就懂了，而是在延安的7年生活当中，不断地体会、琢磨，思考毛主席的文艺思想和他《讲话》的用意，才逐渐地慢慢感悟到的。

延安文艺座谈会是5月召开的。同年8月，毛主席让当时《解放日报》的舒群同志来找我们，说毛主席想和我们见见面，我们当然很高兴，就去了。在延安枣园毛主席的住所里，主席请我们一起吃了晚饭。在交谈中，毛主席还对前几天《解放日报》上刊登我的一幅漫画提了一点意见。这幅画很简单，画的是延河边上有一棵光秃秃的树，题目是《1939年所植的树》。我是想表现只种树不养树，树被驴和马啃掉了，这是事实。我就是画1939年植的树，而到1942年就变成这个样子了。毛主席就从这张漫画谈起，他说植树不好可以批评。但是，讽刺不能滥用。毛主席还说：比方说王家坪（王家坪是八路军的总部所在地）植树不好就要写明王家坪植树不好。你不写明，光画一棵树，那就成了整个延河边上植的树都不好。他还说："要区别这是局部的还是全局的，是个别的还是一般的。"这个问题现在看起来是很重要的。比如我们个别共产党员有贪污腐化的，但你不能说所有的共产党员都贪污腐化。许多年来，我是按照毛主席讲的这两个区别："个别和一般，局部和全局"来画漫画的。当然不是说我后来的漫画都没有片面性了，但是片面性的漫画相对减少了。毛主席的这些讲话对我们漫画作者来讲是非常重要的。毛主席还对我讲："你可以画对比画，好的歌颂，不好的批评。"后来我觉得每次画画都画两张有点太呆板了，所以我就没有这样画。"文革"的时候有人就说我"不听毛主席的话"。当然毛主席的这句话我没有听，但是我也有听的，这他们就不讲了。

毛主席在《新民主主义论》上讲到中国的文化，是民族的、是科学的、是民主的、是大众的。大众化和民族化正是我漫画中所缺少的。我当时是学萨巴乔的，所以不是民族的东西，农民看不懂，人家不喜欢。我自己经常在考虑，我的漫画怎么样能够做到民族化、大众化。这成了我后来追求的一个目标，也可以这样讲，几十年来我一直在这方面追求着。我总希望我的画有一些民族的东西。那么怎么样才能民族化呢？那时我们在延安连国画都画不了。当时的白报纸就是最好的纸张了，大都是用马兰草纸。《解放日报》也是用马兰草纸印的，很粗糙。在那种条件下你怎么画国画呢？画国画起码要用宣纸，所以当时在延安没法画国画。民族化也不只是个纸张的问题、毛笔的问题。那么究竟从哪里着手呢？这个问题是我参加了延安文艺座谈会以后，听到毛主席讲："要深入到工农兵当中去，学习他们的语言"，才开窍的。这确实很重要。所以我就想到：首先要在语言上入手。因为农民的语言跟我们知识分子的语言不一样，你用知识分子的语言讲给农民听，他就不理解。后来我发现小说《新儿女英雄传》的作者孔厥，他就在书中运用了很多群众的语言，比如"卸磨杀驴"、"过河拆桥"等。这种语言带有一种深刻的哲理性，你把这些语言作为漫画的题目和一种表现的方法，就比你用外国人的画法画漫画好得多。我觉得我的漫画能让群众欣赏才行，否则就没有意思了。

毛主席在《反对党八股》文章中的"为中国老百姓所喜闻乐见的中国作风和中国气派"是很值得我们去思索的。群众喜欢什么？乐闻什么？既是大众化的问题，又是民族化的问题。所以我从那个时候开始收集老百姓语言。应当说延安阶段是我漫画发生变化，即向漫画民族化和大众化方向发展的酝酿阶段。

1945年，我从延安到了东北，在《东北日报》工作（1946年6月到了哈尔滨），一直到1949年解放战争胜利。这就是我的"东北阶段"。那个时期我主要画美帝国主义援助蒋介石打内战题材的漫画。那时报社的印刷条件好了，可以在报纸上经常发表漫画作品了。因此这个阶段对我来说是一个实践的阶段，也是我在漫画创作上刚刚开始向民族化和大众化方面转变的阶段。这种转变是痛苦的。其原因就是要丢掉自己长期形成的东西，去画从前没有画过的东西，因此就会有很多干扰。比方说你把一种思想画出来给人看，让群众通过漫画来理解你，那就要长期的实践，光画一两张漫画是不行的。我在东北的代表作品有《磨好刀再杀》。当时的老百姓都知道秃头的是蒋介石，用漫画来表现蒋介石的形象，早在30年代的上海租界里已有人画过。那时无非是画他戴个大礼帽，披一件黑大氅，留一点小胡子，还有比较高的颧骨。我在延安时也画过蒋介石，因为那时正值国共合作抗日时期，当时报纸从斗争策略上考虑，就不画他的嘴脸，只强调他的光头和黑色的大氅。漫画要跟着政治，不能自行其是，这是由报社领导掌握的，要做到有理、有利、有节。全面内战开始时，蒋介石在政治上已有定论，不必再有什么顾虑，所以我画了一个身穿美国军装、太阳穴上贴着黑方块头痛膏药的“蒋委员长”。这块儿黑色膏药，建国以后成长起来的人已经不知其为何物了。那是旧社会时的一种专治头痛的膏药，旧上海的许多男女流氓常常贴着这种膏药。蒋介石在历史上跟青帮流氓的关系是很好的，虽然蒋介石在当时是中华民国的大总统，这块小小的膏药却表现了蒋介石的流氓本质。另外，1947年的时候，敌强我弱的形势有所改变，他在战场上常常吃败仗，所以也可以想象他必然经常头痛。在这种情况下，这个膏药就可以合理存在。这个蒋介石的形象是我自己创造的。我对这位“党国领袖”开了一个不大不小的玩笑。所以，当时在哈尔滨的国民党特务组织里有一份暗杀我们党政机关领导人员的黑名单，里面有彭真、林枫，我非领导但也有我的名字，我的罪名是“侮辱领袖”。

漫画《磨好刀再杀》

1949年12月，我被调到北京，在《人民日报》文艺部工作。

大家都知道，中国的漫画在新中国成立以前，基本上是对敌斗争的时事漫画。但是敌人失败以后，到底再画什么漫画的问题就来了。我记得东北局的宣传部副部长叫刘芝明，就对我说：“蒋介石倒台了，你

以后画什么？”我当时还回答不了他的这个问题。新中国成立以后，我慢慢感觉到社会制度改变了，所有制改变了，但人的思想还没有彻底改变。一些封建、落后思想的残余还存在于人们的脑子里，有机会就陈渣泛起，甚至兴风作浪。因此歌颂新的事物和讽刺旧的事物，都是保护国家和人民利益的有效手段。因此，我认为我们内部的不良思想和行为也应当讽刺。我从1959年开始为《光明日报》的“东风”副刊画过几年的所谓“内部讽刺画”。我为什么起“内部讽刺画”这个名字呢？因为毛主席讲了要区分两类不同性质的矛盾，一类是敌我矛盾，一类是人民内部矛盾。所以我把针对人民内部问题的漫画称为 “内部讽刺画”。现在看来还是不大通俗，因为外国人也不知道什么是“内部”和“外部”，还是叫“社会生活漫画”比较好一点。这些画较多地反映了意识形态上和人性上的一些问题。这种题材的漫画，我大概画了四五年（从1959年到1964年），“文革”一开始就停画了。

《疲劳过度症》这幅画就是那个时期画的。当时我是讽刺艺术表现形式上的一种公式化。比方说大跃进的时候，画家都画王母娘娘、孙悟空、龙王爷等民间传说中的人物和神仙的形象。农民可以这样画，可我对画家画很多这样的东西很反感，所以我画了这幅《疲劳过度症》。画中的护士讲：“画家同志，王母娘娘、龙王爷都疲劳过度了，孙悟空身上连一根毫毛也没有了，请你们画别的东西吧！他们不能给你出差了。”这是批评艺术上公式化的，但可能我的题目起得不好，“疲劳过度”犯忌，所以这张画在“文化大革命”时，有人把它放在我的档案里去了。还有我画的《杜甫检讨》也都塞到档案袋里了。后来胡耀邦总书记纠正冤假错案，于是我的这几张漫画也就从档案里拿出来了。

《我的书架》这幅画是讽刺有的人不爱看书。我看到很多人的书架就是这个样子：放一个脸盆、一个茶壶、一双篮球鞋，就是不放书籍。

《误人青春》这幅画是画那些讲大话、讲空话和一些离题的话的人，所以听他说话的小姑娘都变成老太婆了。

《杜甫检讨》是1961年8月画的。当时北京一所大学里批他的《兵车行》。大概杜甫不懂战争有正义和非正义之分，说杜甫有和平主义的错误思想。你让杜甫那时有现在的思想，那是非马克思主义的观点。

所以我画了《杜甫检讨》，“文革”时这幅画也被当做“大毒草”批了。

《大小家庭》是画当时的一种现象。大的家庭没有了，小的家庭多得很。那时也没有提倡计划生育，我感觉到有的人虽然年纪很轻，可儿子女儿一大堆。孩子多了当然影响自己的工作，我就觉得人口多了是不好，这是我自己看到的现象。

《决心》这幅画是画有的人做事没有毅力和恒心。我也抽烟，也是很难戒的，我大概戒了十多次才戒掉。我也觉得自己没有出息。所以说，画漫画不都是讽刺人家的，也有自己的影子在里面。

《永不走路，永不摔跤》是画有的人怕犯错误，怕挨批评，宁可少做事或者不做事。这张画有点特殊的纪念意义。因为1962年8月，党的八届十中全会在北京召开，它被作为会议的文件附件散发给与会的代表，毛主席还在附有这张画的文件上批了八个字：“有了错误，改了就好”。

《生根》是画有的人打公用电话时间很长，所以生了根。

《好大的痰盂》是画那种不讲公共卫生的现象。因为我那时也去游泳馆游泳，感觉在游泳池里吐痰的人很多，所以画了这张画。

以上是当时我的“内部讽刺画”中的几张作品。

1966年“文化大革命”开始，挨了很长时间的批判，而且还把我和周扬、邓拓联系在一起批。后来我到天津的团泊洼“五七干校”种了两年菜，喂了四年猪。“文革”结束后，社会政治生活有了很大的改观，因此我又重新画漫画了。因为我画漫画没有作记录，到现在究竟画了多少张，我也说不清楚了。

我除了画单幅漫画外，还画了五套系列的漫画。一套是《笑林广告》，一套是《东郭寓言》。另外三套较长的系列漫画，一是《疑难杂症》，在《文汇报》上连载了四年的时间。第二套是《生活拾趣》，是在《天津日报》上连载的，大概也有六七年的时

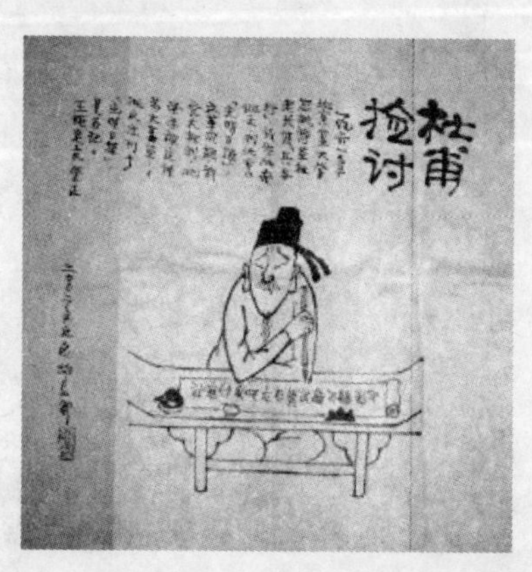

《杜甫检讨》

间。第三套是从1993年开始画的《漫画猪八戒》,在《大连日报》上连载了三年。我之所以在这十几年中作系列漫画,原因是:它的专题性和连续性容易加深读者的认识和注意。画了系列,作者就不可以偷懒,虽然不必天天都画,但也不能随便撂下,它逼迫作者去思索、考虑。画系列漫画也是治懒病的一种良方。另外我觉得:一个系列最好在一家报刊上发表,分散了就不如集中的效果好。

过去我们画漫画的大部分同志是在报社工作,经常是报社领导叫你画什么你就画什么。我觉得自己也应该多到生活中去寻找漫画题材,要像记者那样去了解和发现社会上的问题。

1987年我退居二线后,一些会议、活动和一些行政事务就不参与了。离生活远了,这样就迫使我自己主动去观察生活,从生活里面去寻找漫画题材。我的系列漫画《生活拾趣》就是在我退下来之后创作的。下面我用投影仪投影的方式向大家介绍几幅。

《十轮大家庭》。这张画有两层意思:一是表现计划生育内容的,第二是表现我们人民的经济生活状况。你看老头儿、老太太坐三轮车,年轻夫妻俩骑自行车,还有个小娃娃骑三轮车,总的加起来是十个轮子。

《人不如雁》是说大雁还排着队飞,而人们却在马路上随便骑自行车,有的骑到人行道上去了。这些都是我自己从生活中看到的东西。

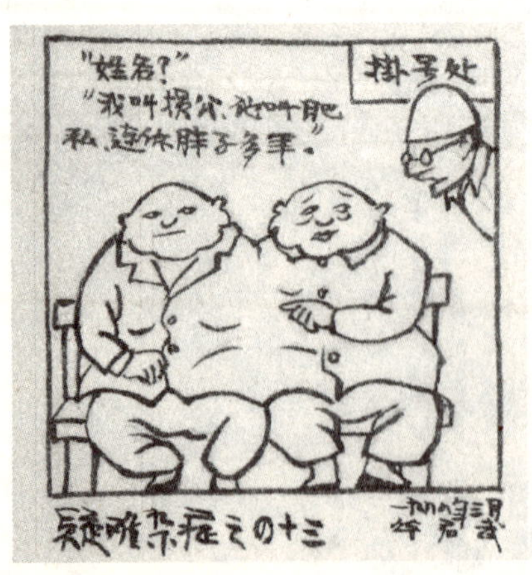

《疑难杂症》

《谦谦君子打架》,这种现象大家都会碰到。大家都热热闹闹地去让座,摄影师只好等他们"打"完再去拍照。这是我自己看到的一种有趣的现象。

《家庭举报》。画孩子的爸爸在厕所里抽烟,孩子发现后向他的妈妈举报,还拉着她去"纠察"。

《第十万零一个"为什么"》。电视广告上常有女同志

漫画《猪八戒》系列

洗头发,洗头发就洗吧,还偏要把上半身裸露出来。我画中的奶奶就讲了:“乖,你看电视上天天洗头。”孙子就问:“为什么要脱光膀子洗?”这个就是我从生活当中发现的。

《一扇在手，胜过空调》。我和我老伴都不喜欢空调,儿子喜欢空调。我觉得芭蕉扇很好，所以画一个老头儿拿着芭蕉扇在休息。我用顺口溜的形式写道:“夏日炎炎，扇子摇摇,既能传情,又可暗笑,热天不借,冷天不要,可驱蚊蝇,背痒可搔,盖住面孔,就睡午觉,普及大众,要数芭蕉,一扇在手,胜过空调。”

《顾客变包子》。怎么顾客就变成包子了呢?这上面写了:“炒菜请上楼,包子往里走”。所以顾客变成包子了。

《奥运喜讯》。这是我看奥运会上女同志得了很多冠军,所以我画产妇的丈夫来接他的妻子时说:“爷爷、奶奶都想通了,中国得奥运金牌的大都是女的。”所以她生个女的也没有关系了。

下面是系列漫画《疑难杂症》当中的几幅漫画。

《一刀切》。我们现在社会上有一种现象：什么东西都是“一刀切”、“一窝蜂”。所以我画中的人的脑袋都被切掉了。说:“我们都是一刀切的患者,后面的那位女同志不穿高跟鞋就好了。”结果把她的脑袋也切了。

《疑难杂症之十三》。是讽刺大吃大喝的。医生说:“同志们!这里是妇产科,不治大吃大喝病。”那些人的肚子都吃大了。

《疑难杂症之十九》。我有个老朋友,这个人不喜欢讲别的,就喜欢打“小报告”,我也吃了他不少苦头。中国人过去喜欢把这种事情都推给妇女,称其为“长舌妇”,意思是说女人喜欢说长道短,这不公平。

《疑难杂症之十三》

现在有一种“长舌男”，所以这也是一种疑难杂症。怎么治法呢？我想了很长时间，突然有一次我看计划生育的宣传品当中有“结扎手术”，所以我就想把他的舌头结扎一下就行了。我觉得再加些对话才有趣。所以我写上护士的问话：“手术以后情况如何？”他说：“心里还是想搬弄是非，就是说话不清楚了。”这张画我认为还是画得不错的。

《西施住院》。现在很多地方都喜欢抢名人，古代的名人也抢。比如南阳抢夺诸葛亮，浙江的诸暨县和萧山县抢夺西施。这个说她生在萧山县，那个说她生在诸暨县，我觉得这个很有意思，所以我画了一张《西施住院》。两个地方抢西施的结果使她骨折了，而且她原来就有心脏病（成语“东施效颦”，说西施心口疼，丑女东施也仿效她的样子结果适得其反）。这幅画就是讽刺那种抢名人的现象。

下面谈谈我的《漫画猪八戒》系列。我这个人很喜欢画动物。最近人家把我画动物的画编辑在一起准备出本书。十二生肖我画得很多，但是我画得最多的就是猪八戒。“文革”的时候，我在天津团泊洼“五七干校”劳动。我在那里养过四年猪，小猪大猪都养过。所以我对猪有一点了解，也有一点感情，后来画了不少关于猪的漫画。在《西游记》里，猪八戒可是鼎鼎大名的。这套系列漫画的主角就是七情六欲特别丰富的猪八戒，人性中的弱点，它几乎都具备，酒色财气吃喝玩乐样样俱全。它原本是天上的神仙，因在王母娘娘的蟠桃会上醉了，扯住了嫦娥要“三陪”，犯了点生活错误才被赶下界来。虽然它让人讨厌，但它也协助唐僧取了经，也还是有一点功劳的。所以我想在它身上做文章。另外，在社会上猪八戒式的人物还不少，我借它的形象和行为来喻众生相觉得很妙，于是创作了这个系列。下面我来介绍其中的几幅：

《猪八戒画长卷诸神题字》。这张画是说现在我们美术界，有的人喜欢画长画，还叫来许多领导和许多名人给他题签，因此猪八戒画长卷请诸圣、王母娘娘和如来佛给它题字。一个画展请那么多人题字有什么意思呢？

《猪八戒招亲摆谱》。它讲排场找了很多汽车，其实汽车也不是它的，都是公家的汽车。

《猪八戒识破假桑拿》。现在人们喜欢洗桑拿浴，猪八戒也来了，它一看说：“这哪是洗桑拿，分明是杀俺老猪。”要剥它的皮了，你看桌子上放着刀。

《猪八戒怀古》。现在出《名人大词典》，你只要出了钱就可以被登上去。猪八戒说：“当年吴老先生写《西游记》时一个钱也没有要，现在要出《名猪大词典》就向我要钱，外国的还要美金。”猪八戒很是不满。

《猪八戒学摇滚》。有人说：“八戒兄别唱了，别人以为剧场杀猪呢！”这幅漫画表达了我对现在的“摇滚音乐”的一点小小体会。

《猪八戒问柳》。猪八戒说：我懂得“月上柳梢头”的意思，他跑到酒吧间去搞女人去了。

《猪八戒路遇假后代》。我们美术界有些人喜欢称自己的老祖宗是某位大名人。有个画家就称他是宋朝大文学家的后代。现在称某个名人后代的人很多，可是从来没有人说他是秦桧的后代的。所以我就要讽刺这样一些人。我画这个猪八戒发现有只猪也冒充猪八戒的后代，猪八戒说：“你这孽畜，我在高老庄虽然做了几天女婿，从未生男育女，何来你这个后代？”这只猪就讲：“画家可以冒充，我就不

漫画《猪八戒》系列

能冒牌算你的后裔吗？”

《猪八戒习惯成自然》。这张画是讽刺随地吐痰、随地小便的。检查卫生的人说：“八戒，你自己说这是第几回了？”它一边提裤子，一边说：“对不起大爷，我们从祖先起就习惯了。”

《猪八戒夜市卖馄饨》。这幅画是画猪八戒卖馄饨“不干不净谁吃谁病”的。

《猪八戒上文明课》。现在有些人喜欢在街上或者在公共场所打赤膊，我认为这是不文明的。猪八戒也打赤膊，有个人就对他说：“八戒老弟，不能赤膊上街，你看只有快刮毛的才光脊梁！”这幅画也是批评不讲文明的行为的。

《猪八戒败阵》就是说猪八戒的钉耙是伪劣产品，所以一打仗钉耙就坏了。这幅画还得了全国新闻漫画一等奖。

最后我想讲漫画创作上的一个问题。大家知道漫画要变形、要夸张，把人画得越夸张、越丑，好像就越好，其实不是这样。过去有人把人画得很丑，所以有些女同志就不喜欢让人家给她画漫画像，我们有个漫画家就画了一位女电影明星的漫画像。这位女明星就不干了，弄得这位漫画家很狼狈。当然对敌人画得丑一点没有关系，对我们自己人，我觉得画丑不大好。有次我看见郎平的漫画像。郎平也不难看，就是牙齿稍长一点，可是这位漫画作者就把她的牙齿画得更长了一些，就很难看。我画漫画不是夸张一个人的丑，而是夸张他有趣的东西。画漫画并不都是专门把人弄丑的。漫画像不能过于变形和丑化，如果过于丑化，那么被画的人就不容易接受。

我自己画人像是画不好的，因为我没有经过美术学院严格的素描训练，你让我画人像我就画不像，但是我也画。我画我自己就画不像，人家叫我画我自己的漫画像时，我就画我双手捂住脸的漫画像。因为我的脸捂起来了，就不用画脸了。然后我再题首诗，其实也不叫诗，只能叫“打油诗”：“画兽难画狗，画人难画手，脸比手更难，一捂遮百丑。”

“画兽难画狗”这是民间的说法。为什么这么说呢？是因为你画老虎，人家也没有见过老虎，不好评价。狗是人人经常看见的，所以你画得不像，人家就可以讲你了，我是这样理解的。比方说我画过一张钱钟书的漫画。他是个大学者，人品艺品都是很高的。但是现在忽然来了“钱钟书热”，到处都是讲钱钟书如何、如何的。其实钱先生并不喜欢这样，他也不喜欢出头露面。我觉得他是典型的中国知识分子的品格，因此我画了好几壶开水浇下来，他在澡盆里做无奈状。我写道：“先生耐寒不耐热”。这样可以把钱钟书先生的品格表现出来。这不仅仅是把人物画得像与不像、好看难看的问题，而是应当把人物的性格特点加进去。比如还有个作家叫黄裳，也研究京戏，很有学问。他让我给他的书的封面画张漫画像。因为他这个人的脸是比较红的，正像中国人讲的“面如重枣”，就是说脸像枣一样红。我就画一个“关公夜读”给了他，后来也给巴金看了，巴金也觉得不错。

另外，我觉得画讽刺漫画要对事不对人，批评是针对某一种错误思想和行为，不是针对某一个人。比如说画官僚主义。“文革”以前我到外国去，有人就问我：“你们敢不敢批评你们领导？你们敢不敢批评官僚主义？”我就说：“我们批评官僚主义是批评官僚主义的思想作风和它造成的后果，不一定要去画某个部长。也许哪个科长、哪个仓库管理员失职之后带来的损失比部长还要大，那你何必讲这个级别呢？讲这个官的大小呢？”所以我觉得“对事不对人”应当是画讽刺漫画的一个原则。漫画讽刺的是某种思想或某种作风，而不是具体地讽刺某一个人。也就是说它可以把一种错误思想画出来，但不去丑化具体的人。我看漫画创作中类似的问题也是可以重新考虑的。

我自己的漫画像

我这个没有学术的学术课就该结束了。大家假如还有什么问题要问我，我也愿意回答。

问：您现在画漫画还有顾虑吗？

答：要说顾虑，还是有的。我的顾虑就是要考虑我的漫画刊登之后的社会效果。我想，任何人做事都要考虑它的社会效果。如今我们社会的民主空气比较好了，过去那种随便“扣帽子”、“打棍子”的现象没有了，但是我觉得有些问题也应该慎重考虑。比方说我画动物是可以的，如果我把领导人也画成动物的样子就不可以了。所以漫画作者是要有这么一点顾虑的。总之创作漫画还是要经过自己的分析，去把握好漫画讽刺的分寸。要考虑我的画发表之后，会不会有不好的效果。比方说中国漫画作者一直不敢画国家领导人。过去外国人也总是问我这些问题。他们说他们可以画他们的总统，中国人为什么就不能画中国的领导人。我就对他们说：“中国长期以来有一个习惯，就是被画成漫画的人，一般是犯了错误，或者是犯了罪的人。林彪在台上的时候没有人画他的漫画，他一摔死，马上就画了他的漫画，这是一个习惯的问题。这种习惯使人们感到：一个人是否被画成漫画，表明这个人的政治状况。”对于这个问题，胡耀邦总书记说：“有些东西外国有的，我们不见得也要有。”我也是这样考虑的，也可说是一种“国情”。可能我的这种回答比较“圆滑”。

问：您以前画了一些被当时的政治运动错误批判的人，你是怎么对待这个问题的？

答：我向他们道歉。我从1990年开办个人漫画展览会时，就在《前言》里表述了我内疚的心情，并向他们道歉。十多年了，我几乎每次开展览会都在《前言》里说明我对他们的歉意。最近我在大连开展览会时，还是道歉。因为我毕竟画了浦熙修了，画了胡风，画了艾青、丁玲、萧乾、李滨声等人了。

问：我是一所中学的老师，我在小的时候就看过您的漫画，我知道您是漫画老前辈。我觉得您的漫画构思比较丰富,而现在的青少年构思比较单一。他们对日本的卡通比较感兴趣,模仿得比较多。有的学生画一些卡通,也编一些漫画册子。您对此问题怎么看?

答:我1980年去日本时,在名古屋的一个旅店里住。与我们住在一起的日本人知道我和张乐平、英韬是画漫画的,就问我们:“你们中国人的父母怕不怕孩子看漫画?”我们都觉得很奇怪。后来我们才知道他是指那些“卡通连环漫画”。日本的连环漫画(COMIC)当中暴力、色情的东西很多(他们把这种卡通连环漫画也叫漫画)。我说我们中国没有这种漫画。我们参观他们的漫画生产基地,感到他们的漫画分得非常细,甚至分出几岁到几岁可以看的漫画。现在日本的卡通漫画也进口到中国了,我称这种现象是漫画上的“七七事变”。我觉得他们的漫画书刊出口商没安好心!如果我们中国也出这样的书就不好了。现在有些漫画报刊不爱刊登对社会起教育作用的、有批判性的漫画。有的漫画编者提倡漫画作者都去画“搞笑的漫画”、“休闲的漫画”、“茶余酒后的漫画”、“游戏人间的漫画”。有的漫画报刊上还有宣传这种观点的文章。假如我们的漫画家都走到这条路上去的话,那么中国的漫画也就完了。我记得有部电视剧里有一首主题歌,其中有句歌词是:“我们醉生梦死,游戏人间”。假如我们都是这样对待生活的话,那我们还反对什么呢?糊里糊涂去过就行了。难道帝国主义、霸权主义、军国主义就不存在了?天下太平了吗?现在日本右翼分子是怎么个样子呢?日本首相不是也参拜靖国神社了吗?对于涉及国家和人民利益的问题,如果谁都不去想、不去维护能行吗?

我们的漫画有我们漫画的缺点。因为我们的漫画长期以来是在激烈的社会变革和阶级斗争中发展起来的,因此讽刺漫画在我国一直占据很大的位置。但是如果在现在的社会里全都是这种漫画也是不合适的。大家都知道,台湾有个专门画家庭生活漫画的漫画家。他的作品在《北京青年报》、《北京晚报》,还有《羊城晚报》等报纸上刊登,书也出了不少,而且也有人称他是“中国漫画大师”。他画的都是“老婆人家的好”之类的漫画,这有什么意思呢?难道让人都去搞人家的老婆吗?可是你又不好批评他,他又没有“反共”,又没有搞“台独”。如果我们这个

社会上充满这种漫画，我们的社会就不是具有中国特色的社会主义社会了。

问：我比较喜欢您的漫画。我觉得，您的漫画政治性强，思想非常深刻。请您简单地谈一谈怎么样提高漫画的思想性和艺术性？

答：漫画家首先要有立场。你站在谁的立场上是很重要的。我之所以能够比较正确地分析一些人和一些问题，都是中国共产党对我教育的结果。拿我现在的漫画和30年代时的漫画对比一下就可以看出这个问题。其次，漫画家不但要加强政治、思想、文学艺术的修养，而且其他许多方面的知识都要有，漫画家应该是个杂家，对什么东西都应该了解一些。现在我们的漫画家只知道怎么样去画漫画，而不注重画画之外的修养。我觉得：漫画是一门明确暴露作者思想观点的艺术。画别的画，你的观点可以隐瞒一点，而画漫画就没有办法隐瞒，画一出来，读者就看出你的思想，深就是深，浅就是浅，对就是对，错就是错，是隐瞒不了的。一幅漫画表明作者对一件事情的态度。每一张漫画作品都无声地表述着漫画作者的世界观和艺术观。所以漫画作者首先要注重提高政治觉悟，提高正确认识事物、正确分析事物的能力，要在许多社会复杂现象中去正确地辨别是非。我觉得我自己要学习的东西很多。我们的漫画也不见得全是板起面孔批评的，但也不能只是纯粹的"搞笑"。你看到有一些不好的社会现象，你还能笑吗？我遇到社会上的一些不好的现象，我就笑不起来。我们漫画作者要时刻警惕社会上某些不健康的东西陈渣泛起。

另外，我们也应当对社会上出现的新事物、新问题给予特别的关注。就拿语言上的问题来说，比如"帅呆了"、"酷毙了"，我也学了两句。当然新的语言也许流行，也许过一阶段又不流行了。我画过一张漫画，叫《酷》。是画一位尼姑与上海的一位剃了光头的女大学生对话，两个人见面，尼姑就问大学生："我们削发为尼，你为什么也这样？"这位女大学生说："这个叫酷，你懂吗？酷！COOL。"后来有人对我讲语言是要有变化的，所以我没再画这方面的漫画。有次我跟李政道先生说："酸雨，酸了樱桃，毁了芭蕉。""樱桃小口"常常是夸赞少女的话，樱桃颜色是女儿的口红色，是很好看的颜色。现在有些少女的嘴唇都抹成紫黑色或蓝色的，有什么好看的呢？现在可以说是“黑了樱桃，酷了芭蕉”。这个就是看问题的角度和立场问题，所以我觉得画漫画的人，思想修养是非常重要的，另外他的知识也应当是多方面的。

（录音整理：郑化改）

华君武

华君武，1915年出生于浙江杭州，原籍江苏无锡。1938年从上海到延安，在鲁迅艺术文学院任研究员、教员。1945年日本投降，从延安到东北，在《东北日报》工作。1949年底调入《人民日报》任美术组组长、文学艺术部主任。先后在《人民日报》、《光明日报》、《漫画月刊》、《新观察》等报刊发表漫画。1953年到1966年兼任中国美术家协会秘书长。1977年到1980年任文化部艺术局负责人、毛主席纪念堂工程美术组组长。1980年到1998年任中国美术家协会副主席。漫画创作发表于京、津、沪、穗、杭各大报刊。曾在日本、新加坡和香港举行个展。出版漫画、插图、论著38册。曾任中共八大代表，第一、二、三届全国人民代表大会代表，第五、六、七届全国政协委员，中国文联委员及书记处书记。现任中国文联荣誉委员、中国美术家协会顾问。

郑小瑛

柴可夫斯基和他的《悲怆交响曲》

柴可夫斯基

柴可夫斯基作品封面

我很高兴能够应邀到这里来跟大家一起欣赏一点音乐。但是我心里一点底儿都没有，我不知道大家想听什么。因为我有很久不在北京了，大概有三年了吧，没有再在北京做这种讲座，所以不大知道行情啦。我很希望大家先提一点问题……

（听众1）我想知道一下这部交响曲产生的背景，也就是说和柴可夫斯基的生平有怎样的关系？

（听众2）我想知道这部交响曲的特色是什么？它在交响曲的历史上有怎样的地位？

（听众3）我想知道柴可夫斯基和其他作曲家比较，有什么不同？

（听众4）我想请您谈一谈他那部著名的《天鹅湖》。

（听众5）这部作品和他的第

四、第五交响曲有怎样的关系？

芭蕾舞剧《天鹅湖》DVD 封面

在每一次做音乐普及讲座中，常常有些年轻朋友问我交响乐是什么。虽然都说它很“阳春白雪”，可就是听不懂，怎么办？其实，音乐就是一种看不见摸不着的艺术形式，它的特点正是可以作用于你的感情。

交响乐并不神秘，因为它会引起你的联想，会引起你感情上的共鸣，而想象力和喜怒哀乐是人人都有的。比如，法国作曲家比才（Georges Bizet，1835—1875）的歌剧《卡门》的序曲，那热闹欢腾的旋律，一下子就会使你兴奋起来，让你的心与西班牙斗牛场上的观众们一起跳动。

（音乐）

而贝多芬《英雄交响曲》中表现英雄葬礼的乐章快结束时，那断断续续、好像泣不成声的乐句，也会使你随着一起为英雄之死深深叹息。

（音乐）

当你听到俄国作曲家柴可夫斯基的《悲怆交响曲》的末乐章里那弦乐奏出强烈的旋律时，你的心灵也会被最巨大的悲怆所震动、撕裂。

比　才

舞剧《卡门》剧照

（音乐）

而当你在意大利作曲家罗西尼的歌剧《威廉退尔》的序曲中，听到那战斗的号角和那由远而近的像万马奔腾的狂涛扑面而来时，你又会情不自禁地被瑞士人民反抗暴政的战斗激情所鼓舞和振奋。

（音乐）

请看，交响音乐就是这样表现思想感情的，就是这样来展开你想象力的翅膀、唤起你情感上的共鸣的。欣赏交响乐难道不是一种很美好的享受吗？而对美的渴望是人类共同的追求，也是许多伟大的作曲家、音乐家的毕生追求，其中很重要的一位就是柴可夫斯基。

柴可夫斯基所处的时代是19世纪后期的俄国。他生于1840年，卒于1893年。他生活的年代和贝多芬（1770—1827）相比，要晚半个多世纪。

贝多芬交响乐的特点是他的英雄性，这主要是由于他生活在法国大革命时期。法国大革命爆发时，贝多芬刚刚十九岁，是一位血气方刚的青年。当时资产阶级革命的口号是追求自由、平等、博爱，于是他年轻的心灵里便充满了对正义的渴望。法国大革命的思想就是贝多芬的追求。他非常崇拜古罗马时期那些为了人民的利益去献身、去奋斗的英雄们，所以他在自己的作品里也体现了那个时代的精神，简而言之就是英雄性。在他看来，人民在苦难中，必须要通过斗争去争取自由、光明的前途，而最后胜利是终会来到的，这也是贝多芬创作思想的主线。所以几百年后他的音乐仍然能够鼓舞大家。

在法国大革命之后，许多音乐家不再热衷于政治，他们开始追求一种个人感情的抒发，于是就逐渐形成了19世纪的浪漫主义思潮。这其中，一些艺术家仍然去关心社会与个人，鼓励人们去追求美好的事物；而另一些则更热衷于表现个性，可见艺术的丰富多彩。

我们大略地回顾一下交响乐的历史。

17世纪初，歌剧在意大利形成。歌剧的序曲，即管弦乐部分引起了人们的兴趣，也就是被译作交响曲的symphony。序曲的体裁被逐渐地扩大，人们渴望用器乐的形式来抒发更加丰富的感情。

到了18世纪，海顿在音乐创作中使器乐的表演形式逐渐规范起来，形成了交响乐队和多乐章的交响套曲。而后莫扎特继承之，贝多芬发扬之，就有了18世纪交响乐的维也纳古典主义的高峰。

19世纪随着民族意识的兴起，也就逐渐形成了各个民族的乐派。大家都用德、奥的方式，但是用自己民族的音调来写作品，如波兰的肖邦、匈牙利的李斯特、芬兰的西贝柳斯、捷克的斯梅塔纳、德沃夏克……同一时期在俄罗斯有五人团和柴可夫斯基。五人团中的作曲家有些来自于民间，甚至是业余的作曲家。他们非常希望俄罗斯的音乐民

维也纳金色大厅

族化，作品也具有非常浓厚的民族特色。而柴可夫斯基当时是音乐学院的教授，讲授和声和作曲等，掌握很多西方作曲的技巧，在强力集团眼里他是学院派。但是他本人却认为，他从小受到俄罗斯本土文化的熏陶，在他的音乐中只有俄罗斯。所以从现在的角度来看，柴可夫斯基和强力集团一样都是俄罗斯民族乐派。只是柴可夫斯基的作品更富有浪漫主义色彩。同时，他也是现实主义的。因为在他的作品里面，比如在他第四、五、六交响曲的总谱上对自己的音乐都有一些文字的解释，他是有感而发的，是想要表现一些东西，而不是为了创作而创作。

在中国人眼里，柴可夫斯基不过是西方著名作曲家中的一位；但从西方社会来讲，他们认为歌剧的家乡在意大利，交响乐的家乡在德国、奥地利，而俄罗斯的音乐很多年都被认为是不入流的。俄罗斯到19世纪时，才有一位格林卡到西方去学习。后来他开创了俄罗斯的民族乐派而被称为俄罗斯交响乐之父，俄罗斯的音乐才逐渐为人们所认识。

柴可夫斯基是俄罗斯作曲家中最具有世界影响的一位，他的交响乐、协奏曲、芭蕾舞《天鹅湖》、《胡桃夹子》、《睡美人》、歌剧《奥涅金》等至今仍在世界舞台上长盛不衰。

与贝多芬所处的时代不同，他生活在沙皇反动统治最厉害的时期。在俄罗斯出现了民主革命思想——反对沙皇的统治，要求解放农奴。他成长在这样一种环境，对国家的暴政、人民的苦难忧心忡忡。他个性内向，却非常敏感；他不善于辞令，但是他通过音乐来宣泄自己的感情。他追求美，追求生活中的幸福，但是他不是政治家，他看不到出路。因此他的音乐就不像贝多芬的音乐那样总是可以听到人们的呐喊，可以听到英雄的胜利号角声；在他的音乐里常常听到的是命运沉重的号角，是发自内心的抒情：抒发他对祖国的爱，对人民的爱，对美好生活的追求；抒发那残酷的现实、苦难的生活给人们带来的沉重打击；也抒发着应该有坚强的意志来面对这样的现实。

老柴（由于他的中文译名太长，在音乐圈里多简称他为“老柴”）的音乐表现手法更加旋律化。在交响乐中，作曲家常常使用一些短小的音乐动机构成一个基本的形象，随后动机逐渐发展，扩展成各种丰

《胡桃夹子》剧照

富的音乐形象，比如命运交响曲中人们最熟悉的那个三短一长的动机。而柴可夫斯基则经常用一些长的如歌的旋律。比如他的《第六交响曲》中的主题，旋律性很强，使人感到非常亲切，甚至可以跨越语言的障碍。

在维也纳古典主义时期，人们多写四个乐章的交响套曲，基本格局是第一乐章——快板，第二乐章——行板，第三乐章——小步舞曲，或诙谐曲，第四乐章——辉煌的总结性快乐章。这种形式也是从单乐章的歌剧序曲逐渐发展起来的，交响乐symphony这个字，原来就是序曲的意思。歌剧序曲一般采用比较简单的ABA这种短小的曲式，即一段音乐A+另一段B+A的再现。为什么要再现？因为音乐是一种瞬间即逝的艺术形式，是产生在时间的流动过程中的。当作曲家希望他主要的乐思能够让人记住，就需要采用“反复”的手法，于是便出现了这种三段体曲式。随后，作曲家将各段扩大成为独立的乐章，在快速度的第一乐章之后，接上一个与第一段风格形成对比的、节奏舒缓的第二乐章；为了求得变化，采用了舞蹈性的、活泼的第三乐章，而以辉煌的第

四乐章作为总结。这样就形成了快+慢+变+快这种古典交响乐的模式。

到了19世纪，民主思想发展了，人民大众也希望欣赏交响乐。有些作曲家为了使他的作品能被更多的人所接受，就逐渐压缩了交响曲的规模，出现了一个乐章的交响乐，即交响诗。它最早为李斯特所提倡。交响诗往往是标题性的，它借托了某一部文学著作、某一部戏剧的故事，或者是某一个事件、某地的自然风景。我们平常听到的交响音画、交响序曲、幻想曲等都属于交响诗的范畴，这是交响乐大众化必然要走的一步。柴可夫斯基也写了一些非常成功的交响诗，如交响幻想前奏曲《罗密欧与朱丽叶》。这虽然是他早期的作品，但从中已经可以感觉到他后期的一些创作思想。

《罗密欧与朱丽叶》完成于1870年，取材自莎士比亚的同名悲剧。柴可夫斯基运用了非常鲜明的音乐形象，注入了强烈的感情，来歌颂那被封建家族间的仇恨扼杀了的一对青年人的纯真爱情，揭示了深刻的哲理思想。这首交响诗是用复杂的奏鸣曲式写成的，乐曲开始是阴暗、忧郁的引子，象征着黑暗、凶恶的传统势力。

（音乐）

这个主题反复一遍之后，随着越来越紧张的情绪，把音乐引向了第一主题。这个主题很容易使我们联想到仇杀、械斗，或者不满和抗争。

莎士比亚

（音乐）

在这样的充满仇恨的气氛中，由中提琴奏出了一个美丽和受着压抑的爱情主题——它的第一部分热烈而温柔，第二部分像是绵绵情话。

（音乐）

在这对情人的热烈的二重唱之后，进入了展开部。这时仇杀的主题分裂成更加尖锐、紧张的动机，在黑暗主题的背景上厮杀着、呐喊着，通向了再现部。战斗是那样激烈，我们好像都能看到刀光剑影。

（音乐）

恶势力的阻挠、压迫只能加深纯洁爱情的浓度。请听到这个时候才转到弦乐上的爱情主题是多么的热烈而坚贞。然而，等待着他们的却是生离死别，弦乐上轻轻的颤音和大提琴的哀叹预示了即将到来的悲剧。

（音乐）

在一阵更加残暴无情的厮杀之后，死亡终于来临。

（音乐）

在以葬礼音乐为前导的尾声中，爱情主题在小提琴的高音区升华到崇高的境界，而结束时全体乐队奏出的强烈和弦是愤慨？是抗议？令人深思。

（音乐）

在《罗密欧与朱丽叶》中，我们可以听到老柴表现死亡的手法。爱情的主题第一次出现是那样的委婉；第二次出现又是那样的热情；到最后面临着死亡，并没有呼号，却打动着你的心弦。但是最后他以几个很强烈的和弦来结束，你的心灵可以感觉到这是一种愤怒，一个问号或者其他的东西。

老柴在中国最普及的是他的《天鹅湖》。芭蕾舞剧《天鹅湖》的成功，有不少舞蹈的原因，但更重要的还是他的音乐，如果没有好的音乐做基础就编不出好的舞蹈，更激不起舞者的灵感和观众的兴趣。优美的旋律展示给人们一个美丽天鹅的形象，用来表现感情的是一种很交响化的手法，天鹅的主题在变化中多次反复，就能给人深刻的印象。

关于柴可夫斯基有一个很美丽的故事。当时有一位富有的寡妇梅克夫人，她的丈夫曾是俄罗斯早期的铁路商人。她喜欢音乐，也经常资助一些年轻、有才能的音乐家。柴可夫斯基当时非常贫穷，要靠教课来维持生计。教课占据了他很多时间，他就没有时间写作品了，于是他的老师鲁宾斯坦就把他介绍给了这位夫人。经过一段时间的通信交流，两人成了知音，对于音乐、对于社会都有很多共同的看法，于是结下了

柴可夫斯基:《第四交响曲》封面

非常深厚的友谊。这个友谊出于梅克夫人对柴可夫斯基作品的深刻理解，所以如果大家看一看有关柴可夫斯基和梅克夫人的通信录，就可以帮助大家理解对于他音乐人生的注解。但是他们之间恪守了当初的协议，一辈子没有见面。

今天虽然我主要是介绍他最后的一部总结性的《第六交响曲》，但大家先了解一些老柴的人生追求和在这之前的《第四交响曲》的内容，一定也是有所帮助的。

他的《第四交响曲》是在认识梅克夫人之后不久创作的。他很高兴能够获得这样一个知音，所以他的《第四交响曲》是献给他们两个人的，他称它为“我们的交响曲”。在他和梅克夫人的通信中他讲了所有的细节：第一个乐章表现了犹豫和彷徨；第二乐章中谈到了对幸福的向往；第三乐章表现的是想要回忆过去的童年，却只找到一些模糊的记忆，一种喝醉了酒般的感觉，是一个拨弦的乐章；第四乐章则是让人们从苦中作乐里来享受生活。可以看出他与贝多芬的方式是不同的。贝多芬的方式是苦难但要去斗争，去争取胜利；而柴可夫斯基则认为欢乐是存在的，如果你感受不到它的话，你就到人民中间去吧，从他们中间你可以得到欢乐。

到了1890年，他突然收到了梅克夫人的一封信。信上说：“我最近遇到了财务上的困难，所以不能够再提供给你经济上的资助了，希望你有的时候还能记得我。”是一种很冷淡的语气。这封信给柴可夫斯基的刺激非常大，他马上回信给她：“钱对我来说已经不是主要的了，但是这种语气让我很难接受。”他感到耻辱，也痛苦、失望到了极点。这时他就已经投入他全部的身心着手写《第六交响曲》，他自己也认为这是他最好的一部交响曲。

柴可夫斯基:《第六交响曲》专辑封面

这部作品在写作上仍然遵循了交响套曲四个乐章的结构。第一乐章是一个快板乐章，但其中表现的却是惶惑、痛苦和犹豫；第二乐章是一个五拍子的圆舞曲，温暖、亲切，好像让你唤起人生中的美好的回忆；第三乐章是一个弦乐曲加进行曲的乐章，弦乐曲运用的是快速度的三拍子，而进行曲从弱到强，在非常强烈的结束之后，是一个慢板的第四乐章。这是一种很有独创性的做法，把第四乐章作为悲怆的慢板乐章。而在以前，末乐章通常都是辉煌的。这部作品在首演时并没有得到强烈的反响，但一周后，他去世了，所以人们才说柴可夫斯基是为自己写了一个安魂曲。

下面为大家详细讲解一下：

（音乐）

这是一个引子，已经有第一个主题和第二个主题的因素了。下面是第一乐章的第一个主题，叹息的、焦虑的、不安的。

（音乐）

还是那个主题在发展。

（音乐）

都是些很细小的音符在那里惶惑不安地走来走去，表现一种情感上的忧虑。

（音乐）

下面是优美的、亲切的第二主题。

（音乐）

第二主题第一次出现音量并不是很大，非常亲切、柔和。在刚开始的第一主题很焦虑、不安的音乐以后，出现了这种旋律性的东西就会

让人觉得很温和。

（音乐）

又是第二主题，这次要热情一些。

（音乐）

多次反复第二主题，渐渐远去，而后突然爆发展开部。

（音乐）

第一主题的音乐变得很激烈、很烦躁。

（音乐）

悲壮的、呼吁的，铜管上一直是主部的叹息。

（音乐）

这个时候的第二主题，你会感觉到他更加急切地对于幸福的向往。

（音乐）

最后一次用黑管重复第二主题。

（音乐）

低音提琴的拨弦有一点葬礼的脚步，铜管的和弦又是一首赞歌，他已经为第四乐章的悲怆作了一些铺垫了。

（音乐）

第二乐章是五拍子的圆舞曲。

（音乐）

那样的安详、优美，人生本来是有很多欢乐、幸福的。

（音乐）

这是中段，bass出现了沉重的脚步声，上面的音乐是叹息的，在欢乐的时候突然闯入了一点忧伤。

打断一下，我想讲一点个人的体会，音乐可以给我们很多不同的体会。对这首交响曲我有一个感受。1976年的清明节，很多群众到天安门广场自发悼念周总理，“四人帮”却百般阻挠。第二天，我到天安门广场上，看到从石景山方向来了一个大卡车，上面放着一个钢铸的花圈，前前后后簇拥着工人们，从那边慢慢地开过来。天上是乌云压沉，天安门广场一派沉重的气氛，可是卡车坚持地驶过来，我的脑中一下子就出现这部交响曲的第三乐章——进行曲的节奏那样坚定，那样视死如归，想到了那种反对“四人帮”统治的团结一心，那种大无畏的民族精神。音乐不像画和雕塑那样，除了一些抽象的东西以外，还有实际的、具象的意义。它有的时候唤起的并不完全是作曲家知道的东西，因为每个人的文化底蕴、感情、生活都不相同，所以它可以唤起你一种很特殊的感情。你心里流出的感受可能比你听到的东西要多，这就是音乐。老柴只是给了你一个启示，但是你感受到的可能会更多，所以，第三乐章结束的时候很容易唤起观众的掌声。而我们知道这是不可以的，在它后面紧接着是撕人心肺的悲怆的主题，老柴写这个旋律不是只表现小提琴，而是用第一个音在小提琴上，第二个音在中提琴上，第三个音在大提琴上，各个声部交替出现的这样一种旋律，让人感到搅人心肺，是这样的痛苦啊，痛苦……

那么，我们再往下听一点。

（音乐）

给我的感受，这并不是一首热烈欢腾的进行曲，而其中更多表现的是一种人的意志，非常坚定的意志。大家如果能在现场听到这个音响，这种感受会更加强烈。

（音乐）

这里出现了一个很优美的第二主题，非常沉着、有信心的、歌唱的优美主题。第二遍……第三遍……非常朴素的……情绪高涨……第四遍，乐队的配器越来越多，越来越丰满……展开……回到悲怆的情绪中来，被悲怆打断了……

（音乐）

还是那个主题，但是和声色彩变得阴暗了，痛苦了……又是第一主题，悲怆！……悲怆的主题，再一次……激动地达到高潮，痛苦啊……死亡……死亡……

（音乐）

好像一个人站在自己的墓穴面前，回顾着他这一生：曾经犹豫、彷徨；曾经追求过美好的幸福；曾经战斗，为它付出、牺牲但是他没有能成功。他向世人敞开着自己的痛苦、自己的忧伤……

（音乐）

在音乐会上演奏《第六交响曲》之后，是不能再加演的——没有东西可以加在这样一首交响曲的后面。虽然我们今天没有听它的全部，但是大家可以感受到交响乐的这种感动人的力度是其他的音乐品种所不能比拟的。

我一直在做讲解的事情，但是我要尽力避免约束大家。我主要是讲解这个作品的时代背景，讲解作曲家的特点，那么也许会对大家走进交响乐有点帮助。

我们现在的生活当中各种娱乐方式很多，交响乐是属于比较阳春白雪的，需要有比较高的文化素质和思维理解力才可能理解交响乐。所以1998年的时候，厦门的领导请我到那里去创办一个交响乐团，我就很嘀咕。因为我对厦门完全不了解，也没去过，也不太清楚有没有交响乐生存的土地。可是他们一再坚持邀请我去，因为殷承宗是鼓浪屿人，他跟厦门市领导说他在全世界演钢琴协奏曲《黄河》四五百场了，可就没有机会在故乡演，因为故乡没有乐团。这个对厦门市领导有一些刺激。然后殷承宗就向他们推荐，说是要搞成这个乐团就非得请郑小瑛来不行，于是他们的政协主席就给我打电话请我过去。我就心里很嘀咕，一方面我信任殷承宗，因为他是个艺术家，他要说那里值得我去做一个乐团，那就是应该去了；可是我对厦门一点不了解，不清楚那个地方有没有交响乐生存的沃土，后来他们请我过去看看。

我去看了以后，觉得厦门一是鼓浪屿被称为钢琴之乡——说来也是咱们的国耻，鸦片战争之后第一批开放的通商城市包含厦门，所以帝国主义者很早就发现了鼓浪屿这个好地方，他们在这儿开发，修别墅、领事馆。那个时候十几个领事馆在鼓浪屿岛上，他们那里有十几国的联盟，每天升起十几面外国国旗就没有中国国旗，所以鼓浪屿有它的耻辱的历史；但是从客观上来讲呢，钢琴也是第一批就上了鼓浪屿。洋人在那儿修了教堂，有钱人纷纷从海外回来修别墅，所以那里钢琴的密度是全国最大的。小小的不到两平方公里的地方就有好几百台琴。

新中国成立以后，那些有钱人都跑了。现在都是劳动人民的子弟，但是仍然有唱歌、学琴的传统。可是那个地方没有音乐学院,所以没有高水平的师资。那里有天赋的孩子都到上海、到北京培养、学习,完了以后出国、拿奖,没有人回厦门鼓浪屿。所以鼓浪屿虽然是钢琴之岛,可是没有音乐生活。

还有就是陈嘉庚先生办学的思想给我非常大的震动。我到那里才看见集美大学、厦门大学,都是华侨捐资办学。特别是陈嘉庚先生自己,他不是文人,不是学者,是一个学徒出身的企业家,可是他就会倾囊办学,用他在海外所有的资产回家乡办学。在他的墓道的墙壁上,整个都是些砖雕,这些题目据说都是他出的,别人给他雕的。那个题目的品种让我感慨不已。你就发现这个老人虽然知识有限,不是学者,但是他要把他所知道的都给后人留下。《三国演义》他知道,《水浒传》他知道,所以那里面的故事都是《三国》啊、《水浒》啊上面的一些。还有就是他参加的开国大典也在上面。还有天文地理、文明卫生……我记得最清楚的就是早上起来要刷牙、每天要大便都要刻上去。那个时代,这一点点东西对我们中华民族的文化进步都是很要紧的一步,都得宣传——中国人原来不兴刷牙,没有每天大便的习惯。还有动物、植物,好像一个百科全书似的。这个精神让我感动得不得了,觉得这个老人的学问并不大,可是他要尽其所知来教育后人——你们要学文化、要受教育。

我觉得这是个有传统的地方,所以我才到厦门去。一去到现在都三年了,我的乐团已经起来了,从全国招聘,现在有60多个人。我们每个礼拜六在那里搞鼓浪屿周末交响音乐会,是定期音乐会。所以现在到厦门,可以进行音乐旅游,各位如果周末到那里去,肯定可以赶上一场交响音乐会。平时我们也为孩子们演出,为厦门的一些活动演出。我们也推动中国交响乐,特别是福建体裁的音乐的写作和演出。我们去年搞了一部作品,我自己很得意的交响乐作品,是一个交响诗篇《土楼回想》。

大家知道福建的永定,那里有土楼群,有的时候中央电视台也播放。那里的客家人是从中原五次民族大迁徙到了闽西山区,那里算是一个祖居地。我们中国人习以为常:那个土楼世世代代在那里有什么

土楼群

新鲜？怎么引起注意呢？是美国的卫星从天上拍下来，说了不得，中国在闽西山区有那么多的导弹发射井——那个土楼从上面看是圆的嘛——他们就派人来调查。走近了一看，原来都是住人的，几百户人住在一起的聚居的居民点，而且那么多。外国人注意了，中国人这才知道它值钱。这个那么有价值，现在正在申报联合国自然文化遗产。

我的父亲是客家人，是永定那边的人，但是我从来没去过。这次到了厦门，我觉得应该回老家看看。一到那里我看见土楼就兴奋得不得了，特别是知道它的历史。因为这些南下的客家人不是一般的逃荒者，他们是历代的持不同政见者，改朝换代的时候他们只能举族南迁。历代有五次大迁徙，到了长江流域，好地方都给当地人占了，所以他们再往南走，一直走到海边了（山沟里头，不是沿海，沿海都是当地的人），是山区里，老革命根据地，最穷的地方，客家人在那儿生根。但是由于他们是有文化的，一边种田，一边搞文化。为了防止土匪抢他们，就修了土楼来保卫自己。他们是汉人，但是是一个很特殊的族群。后来闽西山区不够他们发展，就大量地到海外，到全世界。现在有七千万人在世界各地都非常成功，现在有些新加坡的政界的人物、经济界的人物，有很多很多都是客家人。

去年十一月世界客属代表大会在龙岩召开，我就说咱们应该有交响乐在那里演奏，后来这个真成为现实了。所以我们在那里演奏了一部交响曲，三十七分钟的交响曲。在龙岩山区，那些人都是第一次听交响曲（当然有来自世界各地的两千多名代表在体育馆里）。不但安静地听，而且最后能够被我带动地一起鼓掌、一起唱客家山歌，那个场面我激动得很。因为近年我们中国的交响乐很少有引起观众共鸣的，我们现在的作曲家比较喜欢追求没有调性的、没有旋律的那种很个性化的作品，很少有交响曲能够一下子就唤起人们注意。可是那天真让我很兴奋，所以我们也把那次的作品报到中国音协，看能不能评个奖啊什么的。那个作曲家是刘源，是中央音乐学院的一个博士生，但是用福建体裁来写。我想我们一个地方的交响乐团，因为厦门没有音乐人才，我的演奏员要全国招聘而取，没有一个厦门人，全国八个音乐学院的毕业生那里都有。因为我们是新的体制，企业化管理的体制，又是坚持搞交响乐，所以年轻人在那里学到很多东西，我的一些想法在那里也能够实现，推动中国交响乐。现在那个团已经被日本佐世堡市邀请，我们也可以出访了。这个团非常年轻，是一点一点建设起来的，所以我现在也很高兴。我觉得北京太挤了，七八个乐团，那么多事儿。而那里需要开荒者，所以我就到那里去了。

我到那里是属于从头来开荒，那个地方从来没有过交响乐的演出，所以你得从头干。那倒也好，我的乐队也是从头建。所以我们就从很小规模的古典乐队的编制三十几个人开始，海顿、莫扎特、贝多芬，我现在就是“贝多芬第九”还没有演，因为那个需要规模，其余的他的八部交响曲都已经演过；勃拉姆斯、柴可夫斯基四、五都已经演过，然后还演了很多的交响诗。而且明年我们要争取在那里举办柴可夫斯基青少年国际音乐比赛，是一个大比赛的附属比赛。这个比赛原来由俄罗斯人发起，每两年一次，可是俄国人现在没有钱了，他们办不起了，就把主办权卖给别人。日本人买了一次，明年的那次我们厦门正在争取。我这次回来也是为了等俄罗斯人讨论一些章程和协议，如果成功的话，这样的一个大型的比赛能在我们中国举行，是很有意义的，同时也可以增加厦门作为一个音乐之岛的知名度。

我们的交响乐的普及，我们人民的音乐素质的提高有待于我们共同的努力。我到了厦门才发现，北京、上海这样的文化集中地太少了，应该到处都有。所以我是很希望人们能更多地把眼睛放出去，能够全国开花，才有我们整个民族音乐素质的提高。这几年我就在干着这个事儿。下礼拜我想和大家谈一点歌剧，因为我一直是指挥歌剧。我离休以后有很多的机会出国去指挥歌剧，我在这儿指挥不行啦，我们的歌剧院不演歌剧，所以我就到外面去指挥。我有一些感受，愿意跟大家交

流一下。

在国外看到他们的歌剧品种不光是在剧院里演，有的甚至是非常大众化的，在露天的田野里演，给我很深的印象。我们也可以增加一点、开阔一点视野嘛。这样一些严肃音乐，交响乐、歌剧等一些投入很大的东西在某些国家里还作为很大众化的娱乐形式在操作，大家都参与，很有意思。如果大家有兴趣，下次我可以给大家介绍一些这方面的事情。

好了，谢谢大家今天在这里听我的讲座。

（录音整理：韩宁）

郑小瑛

郑小瑛，中国第一位女指挥家。曾任中央歌剧院首席指挥、中央音乐学院指挥系主任、爱乐女乐团的艺术指导（并为创办人之一）和中国音乐家协会的常务理事。现又被聘为中国第一个由政府扶持、实行艺术总监负责制的职业交响乐团——厦门爱乐乐团的艺术总监、首席指挥。她还是中国海外交流协会的常务理事、中国国际友谊促进会、中国国际文化交流中心、中国国际友人研究会、中国艺术节基金会、中国交响乐发展基金会和中国艺术教育促进会等的理事。

李祥霆

古琴演奏美学、即兴演奏与吟唱

今天我要讲三方面内容。第一个是关于美学，第二个是即兴，第三个是记谱。为什么列这三个题目呢？根据图书馆方面的提议，我觉得这几方面应该向大家介绍。

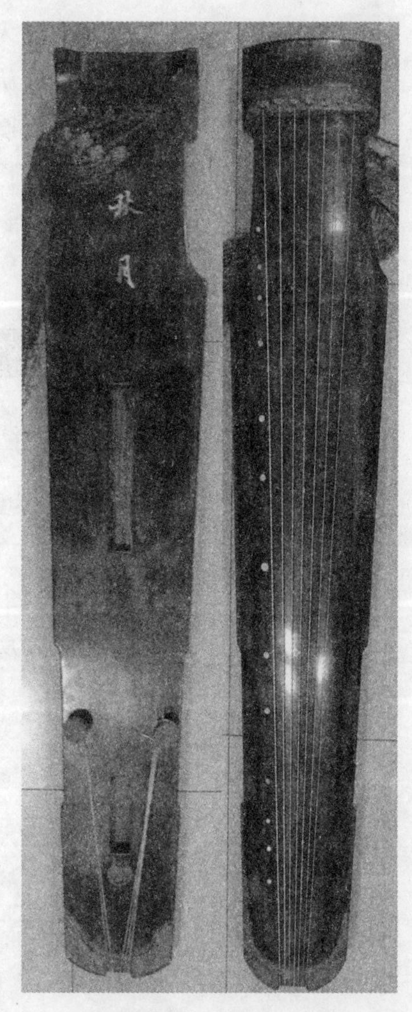

古 琴

关于古琴的美学方面的东西很丰富，大家也掌握了不少。我这里提到的一些，是我认为比较重要的、能反映古琴成熟的程度和在社会上的重要地位和影响力的一些方面。

中国古代的文化是我们向来引以为自豪和骄傲的，但实际上我们往往认识得并不是特别深刻。比如60年代，人们对故宫、长城没什么认识。我记得那时候故宫是冷冷清清的，没什么人去，节假日的时候人也不多。现在是人山人海。什么原因呢？是人们现在认识到了它的价值和地位。不光是中国认识到了，世界上也认识到了。古琴呢？现在还没有到这个程度。但比我们60

年代对古琴的看法已经有天壤之别了。从30年代以来到60年代，我的老师查阜西（江西修水人）他们是抢救古琴。60年代古琴是最低潮，“文化大革命”是禁止弹琴的。“文革”以后，对古琴的认识开始有很重要的转变，把它看做民族文化艺术里面很重要的一项了。以前不是这样，以前重要的是什么呢？是琵琶、二胡，等等。这些是一些活生生的在民间朝气蓬勃的艺术形式。古琴好像是远离社会的，曾有人认为是应该被淘汰的，甚至有已经被淘汰了这样一种印象。现在古琴是什么状态呢？今天来的各位朋友，肯定是对古琴有了解、有兴趣的了，但多数人还是不了解。我曾经到北大、清华、外交学院去讲古琴方面的知识，来听的人并不多。那些专门从事传统文化研究的学生、他们的老师以及有关学者、教授，没有一个来的。这说明他们虽然研究中国古代文化，但对古琴的认识和印象并不怎么好，至少认为没有意义、没有价值、不重要。中国古代史也好，通史也好，没有讲到古琴的，讲的音乐都是别的音乐，雅乐、燕乐，等等。讲中国古代音乐史的时候，只有从杨荫浏先生开始对古琴讲得多一些。但是讲到具体的古琴曲子、具体的古琴音乐、具体音乐美学理论方面的，也不是很多。所以古琴现在还处于一种冷文化、冷门艺术状态。但又可以说是一种复苏的阶段。怎么可以看到这一点？50年代初，我的老师带领两个搞研究的青年理论家去全国采访，结果见到的琴人——给他们录音的琴人，也就不到二百个人。当时全国会弹琴的人也就不到二百人。

在30年代，我的老师查阜西先生他们有个普查，得到的琴人总数大概250人。所以到60年代是有所下降了。那么现在怎么统计？没办法统计，可是有简单的判断方法。因为从70年代末就开始有人重新做琴了。“文革”以前有人做琴，整个是做道具的水平都不够。“文革”之后做琴的人越来越多。北京做琴的人很多，我知道的就有四五个，可能还要多一些。上海也有。大量生产琴的地点是扬州，好几家工厂，还有好多是个人在做。所以全国做琴的人和工厂加在一起说不定有数十家、数十位，他们已经做了10年20年以上了，所以说现在已有上万张琴生产出来了，这完全是可能的。我认识一位北京的师傅，他说：我做的琴已经不止一千了。台湾、香港也有人做琴了，都卖出去了。如果说一个人买两个琴的话就有五千个人。五千人和二百人比较，说明古琴在复苏。但是同时，我在几个大学演讲，没有一个专家学者来听，也说明古琴还没有被人们认识，多数人不认为它有多重要。另一方面，从整个社会看又有所不同。比如我去年在北京音乐厅举行的独奏会，北京音乐厅好像是一千二三百个座位，全满了，还有二三百张站票。这是空前的，希望不是绝后的。这说明人们对古琴作为一种文化，一种音乐想了解它。这些人里有好多古琴爱好者。有些人是想通过音乐会来了解古琴，认识古琴，至少是兴趣提起来了。这是古琴的现代情况。

我今天讲这些东西是让大家了解古琴在古代很早的时候就已经很成熟了，古人对古琴已经有很深的理论认识，这个不是盲目夸大的。我们知道世界有几大文明，但是别的文明很早以前就断了，像印度文明等。中华文明一直没断。其间真正没断的艺术是哪种呀？就是古琴。古琴在商朝就产生了，虽然初期和后来肯定是不一样的，但它产生于三千年以前是无疑的。而中国其他的乐器不是这样。比如同期的瑟，早就没有了，明清时期的已经不是传统的流传下来的。编钟、编磬也没有了，之后又出土的是在雅乐里曾经使用的，可以说已经没有流传下来的了。竽和笙也很早，现代也没有古代的曲子了。所以，一个艺术形式，即使它的手法一直保存着，但它的作品没有了，也等于是断了。那么绘画呢？山水画隋朝有，后来到唐宋才成熟，这是山水画。人物画早就有了，但我们现在看到的人物画也不是特别早。书法也是，我们看到的楷书最早就是王羲之，这以前是篆，当时还不是作为艺术种类的书法，虽然我们当成书法来看了。所以这么说来说去，中华文化三千多年的传统在艺术上的表现就是古琴。（文学当然有《诗经》，又发展各种各样的题材，直至宋词、元曲。）从这个角度来说，对待古琴知识应该像看待故宫、长城、秦皇兵马俑那样，古琴就是我们音乐方面的秦俑，它比秦俑还要早。但是秦俑一直没变，我们的古琴是发展的，现在古琴不是当年商朝的原型。作为艺术，如果一直没有变那也不是艺术，而仅仅是文化遗迹而已。所以我们说古琴是流传发展中华文化的一个一脉相承的唯一一种艺术的存在。重要的是它不光是存在还有发展。关于古琴，我列了后面几点，其中有值得特别提到的、特别强调的文献更能说明当

时古琴的艺术状态和地位。

有些朋友没有听过古琴的演奏，我先弹一首曲子，在大家对古琴有个感性认识以后，我再从这里面说明这样一种美学观念在琴上是怎样一种状态，或者其中一种状态大概是哪一种观念的例子或体现。

我想先弹《梅花三弄》。这个曲子来源于唐宋之间，在现有的琴谱中最早是刊在1425年《神奇秘谱》上，是具有代表性的古代乐曲。它所表现的情绪是很丰富的，技巧艺术表现也是很丰富的，又是有非常广泛影响的、非常著名的一个代表作。《梅花三弄》这个曲子演奏可快可慢，如果弹得很慢，表情比较清淡一些，可以把它比作水墨梅花。像我今天弹得比较热情、比较生动、鲜明一点的，就好像是上了颜色的红花瓣、绿萼。两种弹法都可以。所以这个曲子是可快可慢的。我的演奏是较偏重于热情的。

（弹曲）

下面再弹一个小曲子《秋风词》对比一下。这个曲子是《梅庵琴谱》里的。《梅庵琴谱》在清末、民国初影响很大，它的来源也可能在清代中期以前吧。这个曲子很小，但是它结构很严谨，逻辑性很强，表情在淡雅之中还比较鲜明，是一个疏简而不特别浓郁的曲子。为什么要弹这首曲子呢？因为它和《梅花三弄》对比，又是晚期出现，就等于从《诗经》到了明清时期的民谣那种感觉。我教学生基本练习之后就弹《秋风词》了。这个曲子我说逻辑性强，是因为它有很多同样的句法多次出现，但并不觉得只是一种重复，是很妙的。所谓逻辑性强，就是句子之间的结构、音之间的结构跟词的各个方面内容非常符合，又非常符合音乐的规格，又符合指法的运用，旋律又非常单纯。右手仅仅是用一个抹，其余就是挑勾两个拨强指法，基本在九徽、十徽这两地方上，偶然到高一个音位。很单纯，但音乐很有表情。另外从乐句的曲词结构来说，我们当时中国文化跟西方交融是比较早的。但古代的古琴音乐绝对未被西方影响。可是它有跟西方很像的地方，比如模进，这是在中国其他音乐里比较少见的一种手法，有些人听了以后说好像是西方的，其实不是西方化，因为这些曲子比西方现存的古曲音乐早得多，这只是人类文明的一种共同精神表现。就像我们中国人眼睛都长在前面，外国人也是一样的。我们用右手，外国人也用右手。都是一种共性。语法、语音、文字不一样，但是我们能把它们翻译过来，证明我们思想还是一样的，而且有些语法逻辑也是一样的。在古琴音乐上看到的也是这样，它具有我们最典型的民族传统，又有跟西方文化心有灵犀一点通的现象。其他有些曲子更是这样。比如《幽兰》是唐代手抄的谱子，是1300多年以前的曲子，我们有《幽兰》的时候，西方还没有这种纯器乐曲，只有一些简单的宗教歌曲，他们的器乐曲到16世纪以后才有。16世纪以前乐器虽然已很发达，但演奏都是歌曲和舞曲，所以《幽兰》绝对是中国自己的。但是它音的进行在乐曲结尾跟后来的西方音乐一样。到底谁受谁影响？谁也没说是受谁影响，这就是大自然的规律。中国有很多鸟、中国有很多老虎，美洲也有老虎，是从中国迁徙过去的？我相信不是，是自己长出来的。人也是如此。说都从非洲出来的我才不相信呢，不可能是由一对非洲夫妻产生了我们这么多人。

（弹曲）

下面再弹一个反差比较大的《酒狂》。可能大家都知道，《酒狂》也是1425年出版的《神奇秘谱》里的，这些曲子很古老，至少从明朝再往前推二三百年。因为古代说古人不像我们现在，清朝就算古代，古人只说是前朝，他们要看很古才说是古。而且如果不是很古，他们也看不上眼。《酒狂》有七八百年了。这也是很奇特的一个小曲子，结构很严谨，逻辑性非常强，指法结构又很单纯，节拍很特别。但是我们一听就知道一定是中国自己的东西，非常生动，很精美，虽然只是一个小作品。它跟《秋风词》对比是很强烈的。

（弹曲）

现在通过这三个曲子，大家比较直观的感受就有了。现在我把下面这些文字的东西拿来，讲讲我的理解。比如，晏子是公元前6世纪人，他是说别的问题（讲政治）时讲到音乐。他说同而不合，合而不同。合与同的关系，应该是相反相成的意思，是说不一样才对，但又能和谐。为什么要不一样？就像我们听音乐似的，有结构上的变化、有音的变化产生旋律的变化、情绪的变化等。他最后讲到：水跟水一样，放到一起一样，没有意义。那么古琴呢？他说如“琴瑟专一”，有人解释说像琴瑟

那么单调没人听。这就不对了。因为琴瑟在当时已经很重要，给人的不可能是单调的感觉。如果琴瑟这种乐器也弹得很平淡，而且琴瑟弹成一样了，怎能引起人们的喜爱和重视呢？其实琴瑟本身所表现的音乐是要像上面那样有刚柔、有哀乐等。晏子所讲的这一条，说明了当时音乐也已经有这样的表现了，达到了这种程度。

我们还可以从另外一个角度来看。当时音乐除了琴瑟以外有竽，然后就是编钟、编磬。编钟、编磬一般是典礼、雅乐、燕乐，它不是直接表现人的感情的音乐形式。它的表现一定是不如琴瑟给人的感觉，如琴瑟友之。在生活里面，各种典礼、重要场合一般都要用琴瑟，所以一定是琴瑟高于其他乐器的表现，才有重要的位置。他列举的音乐这些表现大、小、短、长等，一定是琴上所能达到的。如果琴上没有的主观去想象，这是不太可能的。因为关于人的认识马克思主义是对的。人的认识来源于客观存在，想象不能被事实证明的就只是想象，事实证明有的东西就不是想象。所以说琴在当时已经有这种表现了。至于当时琴的具体历史情况如何，我们没法了解，因为太古老了。

两千多年前的汉朝桓谭在他的《琴道》篇中讲到"大声不振华而流漫"是说琴乐强劲的时候也不能失去控制，也还是在音乐的表现之内，而且表现包括尺度，不能过分的强劲、过分的急促等。又说"细声不湮灭而不闻"，意思是琴乐弱的时候你还是感觉得到的，这跟此时无声胜有声还是不一样的，那是一种休止、停顿，这里桓谭是说琴乐很弱的时候也不能让人听不清楚。有些人演奏，如我听过一个音乐家在台上演奏，弹筝，弹、弹、弹到最后，光有动作，没有声音了，这就有点欺人了。有动作，没声音，那不是音乐了。他手离开弦了，神奇似乎是神奇，但不是音乐了，变成一种，说得不好听，像杂技了。这就不应该了。我们琴上讲的不湮灭而不闻，这才是音乐艺术。

一千多年前的唐代大琴家薛易简说，琴要"声韵皆有所至"，这又怎么理解呢？是指每一个声音、每一种韵味。古琴讲右手拨弦为声，左手移指为韵。或是声多韵少，或是声少韵多，左右两手，在琴上经常是这样。实际"声韵"可以把它的美学范围扩大到所有的音乐表现上。每一声、每一个音的表现都有所主，都是有思想、有根据的，不是盲目的，不是下意识的。这也应是符合当时的琴的水平的。比如我刚才谈到的那些东西，和我们说话一样，我们要表达意思的时候，一个正常人，他每一个字，包括四声、轻重等，都是有根据的。所以声音有所主在唐代的时候已经认识到了，是因为唐代古琴已经做到了。他讲的古琴各个方面，可以辨喜怒，琴在当时也达到了这个程度。那么也把它总结出来、概括出来，这里面不只讲了琴本身所达到的程度，也表达了琴的功用。“绝尘俗”是可以提高个人的修养，“格鬼神”是它能感动鬼神。讲到它的意义、力量，讲到弹琴七病，故作姿态等，种种毛病，在唐朝已提出来，证明当时有这种现象。现在我们听有人弹琴也有这种习惯，这是一种毛病。有人以为这可以表现琴的感染力，这种观点我是不同意的。因为我们应该用音乐表现，不应该用音乐以外的动作表现，如果你演戏可以，比如演曹操弹古琴，那是曹操。如果不是演戏你不用做出曹操的姿态来。而且如果是听录音，你也看不见失去那动作的表现，演曹操弹琴剩下一半了，这就不妙了。薛易简又说“或慢或急，任己去古”这

编　钟

是大毛病。我的理解是如果曲子的快慢完全靠自己主观想象，这是背离古人原意。比如《梅花三弄》可快可慢；有的曲子就不能快，比如《阳关三叠》就不能快；有的曲子就不能慢，比如《酒狂》。慢弹也不算犯法，你慢弹那狂字怎么体现呢？必定有欢快的情绪在里面。你发挥创造都可以，但是不能曲解。因为曲解和发挥在我们中国语言里的区别是很明确的，大家能分析出来什么是歪曲。唐代也认识到了，而且特别明确提出来了。调弦不切、音无真声。

现在很多人教人弹琴或自己弹琴，左手用力太大，累得两手发酸，手都磨破了，这是不应该的。因为讲的贵其持重就是让它声音实实在在，不是真用那么大劲，用那么大劲就不灵活了，没办法通畅，这是不行的。内心放松、坦然，手要敏捷。你摁死了，怎能敏捷？清朝人讲了按令入木也好，弹欲断弦也好，都要用力不觉。用力不觉就是放松。你有音乐就行了，方法对了以后，就不用想用力而力度自然就有了。真正地把古琴技法学到了、掌握了，就会心闲手敏，就会用力不觉。

明清之间的琴家徐青山的"二十四琴况"在古琴美学理论上地位很重要。他讲到了这么多，但人们往往忽略了丽、亮、彩、恬。因为丽、亮、彩形容美、漂亮。很多人不喜欢提美，喜欢古朴这些方面。但它也有另一方面，如《梅花三弄》一些段落，这是客观存在的。不喜欢可以，说它没有不应该。真正的轻微淡远琴曲是没有的。什么是轻微淡远？轻首先表情要淡，声音要小，微弱，没有表情，至少表情要很少。我弹过《神奇秘谱》里的《山中思有人》。这一曲子是轻微淡远的一种类型，轻微谈远应该这样弹……（弹曲）

表现轻微淡远，表现白居易那种淡而无味的感觉，我在香港雨果唱片公司出了一个专辑，当时录音有三个曲子，是这种风格的即兴演奏，这样就有了一个比较。后来有人说后面的那个听了以后简直就昏昏欲睡，一点意思都没有。我说这就对了，要的就是这个效果。因为白居易说得很清楚，"近来渐喜无人听"。"近来渐喜无人听，琴格高低始自知"。说这琴格的高低我自己现在才明白，因为琴格高了而没有人听了。用这个演奏来说明白居易的这种淡而无味的观念。他说"调慢弹且缓"。本来是慢曲子，弹起来还要慢弹。"静夜十数声"。这个曲子按我们现在来看，一个曲子得用四分钟左右，短了就是小品了，四分钟左右，才十数声，比我那三个即兴曲还厉害。我真那样弹，人家唱片公司也不干。但是我们可以想到，那种轻微淡远才是最典型的轻微淡远。现在的曲子都不算。所以我说徐青山讲的“二十四况”，就是讲古琴的全部。应该是这里面讲到了有轻重、有迟速。有重、有快、有坚、有宏，非常全面的。

白居易画像

我有一本书叫《唐代古琴演奏美学音乐思想研究》，是在台北出版的，给唐代古琴概括了十三项。那个十三项，是从唐代文献里总括出来的，不是我主观的臆造。它跟二十四况相比是一致的，各个方面都有。像《广陵散》，《流水》，你怎么能说是轻微淡远呢？有些人不喜欢可以，你可以不弹，可以不听，但它是客观历史存在，并被古人推崇的。而且《广陵散》的流传中也形成了千古著名的典故。

下面这两项是我的一种体会：第一个是我讲的弹琴八法：轻重、疾徐、刚柔、浓淡、方圆、虚实、明暗、断续。为什么今天不光讲古代，还要讲我个人的体会呢？这是结合琴的表现来说明演奏美学了。轻重是在音乐之中常表现的快、慢、强、弱。方圆的表现是自古就有的。方圆是左手的移动，移动得比较有棱角是方；移动得比较柔和是圆。刚柔是古琴独有的特点。一般音乐表现刚都是要强劲有力，比较弱的演奏才能柔。一般是在一个乐曲以及一个乐段里体现出刚柔来。我们古琴呢？古琴在一个音里就能体现出刚柔。（弹曲）强音可以演奏得柔而弱音也能演奏成刚。这样表现刚柔是古琴特有的，其他中国乐器好像还没有刚

柔强烈的反差运用体现，浓淡也一样，弱音可以很浓而强音可以很淡。（弹曲）虚实也是如此。（弹曲）这个跟我们的国画、书法一样，我们的音乐中，在古琴的表现上特别明显。明暗、断续也一样，这都是一种同样艺术的需要。

下面要讲的百字诀是怎么回事呢？人们讲古琴时，好像古琴音乐的特性就是在于静美。我前些年在音乐学院教过的选修古琴的学生有音乐学系的、作曲系的、钢琴系的、管乐系的。其中有一位现在已经是很著名的学者了，他当时学古琴时，我也教他弹过《梅花三弄》了。他也听过我弹《流水》、《酒狂》。可是现在他在一本书上居然还说：琴乐的特征在于静美。我就不能理解，我就很奇怪，我就很不高兴。他的这种观点是很普遍的。我觉得《梅花三弄》不是静美，《酒狂》不是，《广陵散》不是，很多琴曲都不是。所以我就想，古琴音乐到底像什么？50年代人们把古琴比喻成兰花。对于这一比喻的原因，我经过思考分析，认为是人们听其他音乐听惯了以后，突然一听古琴，觉得它声音那么小，觉得这个乐器的声音很平淡。可是我们听古琴听惯了以后，我们本身有一种在大千世界里什么都有的感觉。我们听《广陵散》虽然声音不如大锣大鼓，但它本身那种刚健、雄浑、力度都是有的，我们是对比着看的，比较着感受的。音乐就是在对比中存在。比如西洋管乐队，一百人的大乐队光小提琴就有几十把，那多响。听一个小提琴独奏时，你也没觉得它声音小，它的气势、力度照样可以充分地表现出来。钢琴协奏曲中钢琴一出来，乐队得收，配器就减少了，不然钢琴多响也不行。可是单独听钢琴就不得了。古琴道理是一样的。我们弹《流水》的时候也可以表现出很雄伟的气势。我在音乐厅有两次音乐会是不用扩音器的，坐在十四排之前的人可能也会认为古琴的力度、声音并不小，完全不是那种只有静美的音乐。所以我对古琴作了很多比喻，不仅仅是兰花了，松、竹、梅都应该像。我讲了很多。因为前面讲了，琴是宣情理性。古人说理性就是修养。宣情是感情表达，喜、怒、哀、乐都有，也就是天、地都有表现，如山川、河流、草木、鸟兽，沧海龙吟当然不是表现龙的外形，而是表现人对龙的一种认识体验和感想。“秉今古之所怀”，“相依相比”，有对比、有融合、有发展、有再现。“相反相成”，比如《广陵散》，以各段落的情绪的对比而显现其音乐的总体。所以我认为这“琴乐之境”百字诀所讲的是古琴的客观实际而已。

现在放一段录音，先听《广陵散》……（录音）

《广陵散》是比较激昂慷慨的。《广陵散》来源于东汉，早期叫《聂政刺韩王曲》。我认为是在嵇康前后，他为了掩饰它本来的以下犯上的题材的敏感性，才把它叫《广陵散》。“广陵”就是广陵地方，“散”是曲子的意思。这一曲子是我1990年的一个录音，是在法国出的一个唱片，今天不在这儿弹了。我们听一部分，感受一下它的气氛、意境。下面作即兴演奏时，大家可以展开想象，给我出个题目即兴演奏。如果没有时间，可以出一首诗，诗我来唱，证明这是真的即兴吟唱。《广陵散》很多人不喜欢，很多人否定它。但它是我们中国文化一个不能跳过去的高峰，是在古琴音乐范围里不能跳过去的一个伟大的作品。（放录音）

现在我再弹《流水》，大家可以看到指法的运用。《流水》可以说是中国第一名曲。为什么这样说呢？伯牙弹琴家喻户晓，《高山流水》遇知音也是一个很好的话题。其他乐器也有叫《高山流水》的曲子，这说明题目太好了。我们现在的《流水》不可能是伯牙和子期那些时候的东西。那时没有记谱法，而且是即兴演奏，心里想着高山时弹的，想着流水时弹的，而不是我弹一个《高山》，或者弹一曲《流水》。公元前2世纪的《吕氏春秋》里记载，那个时候就有即兴演奏。有这样一种表现能力是非常令人惊奇的。我们现在演奏的有一部分是唐、宋时期已经有了，来源于《神奇秘谱》。其他部分是明、清时期集体创作的产物，无法考证是哪一个人完成的。中间的段落，表现出水流形象的部分是清代张孔山传出来的。这是音乐的一种发展，某种意义上来说是表现外形的，好像并不见得是一个特别高明的艺术表现，但作为流水这个题目，如此表现外形也是合理的。因为形和神两者可以强调某一部分，也可以都把它表现出来。很多歌唱性段落，我们理解为人们对水的一种感受、共鸣。

第一部分关于美学方面就讲到这里。下面我们讲即兴演奏。刚才已经提到了《高山流水》。伯牙、子期是即兴演奏最有力量的证明。即兴演奏是什么呢?我在1989年3月去剑桥大学作了一年研究,题目就是《古琴即兴演奏研究》。后来我形成了一个研究提纲:《古琴即兴演奏研究大纲》,在台北一个杂志上发表。(大纲如果扩充,加入很多例子,可以写比较长,能够成一本十万字以上的书,现在还没时间弄。)在那里面我提出:即兴演奏是灵感的连接、思想的流动。

在欧洲巴赫、莫扎特、贝多芬、肖邦那个时期,即兴演奏多半是给一个主题、一个旋律(这个旋律要适合作主题),它完整,有一定的内容,不能表示不了什么情绪,但是又不能个性太强,太强没法去发展变化。即兴演奏就是在这个基础上去进行。比如西方很多常用的手法弹一遍,前面可以加一个引子,然后可以扩充,也可以延伸,可以分裂,也可以在和声上去做文章。后来剑桥的教授给我做指导,讲到他们的基础是和声,以和声这一观念作为基础来即兴发挥。当然,华彩乐段他也可以自由了。这是他们西方经典时期的即兴演奏。

我们中国的即兴演奏,古代有很多这种例子,汉代蔡邕是其中之一。人家请他去做客,请他吃饭。他到门口,听见里面弹琴有杀声,有杀人的情绪在里面,他就没敢进去。后来朋友问:你为什么不来?他说:我听见你琴里有杀声。朋友说弹琴时看见螳螂在捕蝉,怕蝉跑了,所以心有所动。这说明他肯定在即兴演奏,不是弹某个曲子。如果他弹《高山》也好,弹其他深远的曲子也好,再怎么也不会有那种令人心惊的东西,所以记载的应该是即兴演奏。他弹的时候受一种情绪影响,音乐就表现出来了。这好像很神秘,后来我想也不是,比如这种杀声的表现是什么样子呢?应该是时断、时续,一种不安定,里面的音乐也应该很刚健:当当当……这种感觉就有杀气在里面了。这种情绪是非常规的情绪,并不神秘。这种例子是可信的。所以说我们中国的即

蔡　邕

兴演奏，古琴的即兴演奏，是以思想、内容、情绪为中心来做的。实际演奏过程中，我的体验就是一种灵感的连接。脑子里不停闪现要表现的东西，根据指法、音乐的推动，思想感情在流动、产生。在我音乐会上有过不少这种即兴演奏实验，今天就不一定实验了。但可听一段录音，比较有意思。是我到美国去的时候，我的一个美国学生（不是华人），他的朋友是长笛演奏家，很成功的音乐家，还是一个唱片公司的创办人。他们一起的有好几位对东方音乐有一种非常痴迷的追求，对印度音乐、日本音乐也研究过，而对东方的、中国的音乐不太了解。他知道我去了以后，非要与我见面不可。一见面，我吹箫，他吹长笛。他马上就用长笛找到我吹箫的风格、音色，吹得很像。后来又要我弹琴和他，即兴合作演奏。后来我们就即兴和了一个，他觉得很好，问可不可以在唱片里用。后来在唱片里用了，还配了背景。那种类型的音乐发行很广。我为什么喜欢他用，因为在国外很多人对中国文化、对古琴完全不了解，很多人没有机会接触古琴艺术。而这位长笛演奏家对古琴及中国文化有一种传播的作用。后来他又请我去了一次，专门录了一些东西。我现在放给大家听的就是古琴、长笛、曼陀林、南美洲鼓即兴合奏。是一种清新的、充满了东方的情调、和平友好的情调的曲子。我曾经给它取了个名字，叫“五月之风”，曾给我的学生作为考试曲目。（放录音）刚才讲得流畅的、歌唱性很强的就是即兴演奏。

作这个录音的时候，他们的设备是普通的专业录音设备，不是最好的。那个录音师很有本领，他一下就抓住了古琴本身的、真实的又是美好的东西，把古琴最完美地记录下来了。这个琴在夜静的时候，用中等力量弹就是这种音色。他们曾经要求完全按四拍。弹完了以后我觉得不都是四拍子。后来一想也对，因为现在西方很多作曲家，包括现在我们很多作曲家，他们现在写音乐的时候，都尽量打破一个拍子到底，至少是在一个段落中间，总是有意识地把拍子进行变化。就是要这种情绪上的不那么规整性。而古琴传统上就是这样。所以我就把古琴比喻成像宋词的长短句。都是这样一种拍子到底的曲子很少很少。因为我们右手弹时不是根据拍子来的，左手更有很多发挥和变化。下面放一个曲子。

我这里讲的比较有趣味性的，是你们提供词，我提供音乐，我们共同合作演奏即兴吟唱。

这是清朝人的诗《癸巳除夕》，这诗我也没见过。（即兴吟唱）

一首诗要变成音乐，要把它唱出来，变成声音掌握、语气情绪的掌握，长的诗还要分段落，这都是一次完成的。因为在演出的时候，只能从头念一遍诗，马上再一边演奏一边思考它的结构。在哪里加一个过门？在哪里重复？比如去年8月10日，他们提供一首拜伦的诗，我见过的，好像是很长的，它不能一次到底，情绪肯定不能表现出来。间奏我用了七声音阶，还要有一点西方的那种成分在里面。这些都是临时性的演奏。要过门了，要七声音阶，包括指法的配合，音乐的创作。用什么样的指法，什么样的音区，什么样的音色，然后强弱、起伏，对诗词的理解要马上准确地把握，变成我们歌唱性的旋律表达、咬字行腔，要很有表情。

我说话的声音不怎么好听，唱得比说得好。记得我第一次在北京音乐厅演出的时候，我的几个学生在下面紧张得要命。因为他们没听过我唱歌，只听过我讲课，以为我声音那么难听怎么唱啊？唱得不好，大家给我笑话倒了或者给我哄下台去怎么办？演出完后，他们说我唱得比说得好听。（笑）

现在要放的录音，是一个很有意思的例子。是1989年BBC电台给我做专题节目时，要我做即兴演奏和吟唱，我就用了王维的一首诗《送元二使安西》。后来1990年在他们给我做的专题节目中播出，一共是五组，每组十五分钟，其中一个是唱的，两个是即兴演奏。1992年，我在巴黎举办个人独奏音乐会，来了很多人，一千多人的剧场满了。但是来的中国人太少了，华人只来了20人左右，都是留学生，很客气。所以请观众提出诗词时，没有人提。可能中国人在国外一般都比较谨慎、客气。我吟唱了这首王维的诗。回国以后，有一次听这个录音，呀！怎么和我1990年的BBC录的一样？赶快找出来一听，并不一样。这说明什么问题？就是诗的内容是一个，如果我理解得正确，准确地把握后，音乐是一致的，但时隔很久情调不一样了，旋律也不一样。我们现在连续放这两个录音，不太长，都听一下，就有一个对比。然后我就讲记谱，大概用十分钟就能讲完。我可以留十五分钟大家提问。

第一曲……

第二曲……

古琴记谱法的产生传说是战国时期。这是一种传说，不知道有多少可靠性。但是最早的例子，是唐朝人手抄的《幽兰》。这里讲的隋朝人丘明传的谱，应该是比手抄谱还要早很多才能形成的一种成熟的记谱方法，至少是一千五百年前就有了。我记得我在大学时期，三年级的时候，写过一篇小文章，叫做《世界上最早的乐谱》，在《北京晚报》上发表。

早期西方的记谱法，有的三条线，记一些简单的音。记写《幽兰》的文字谱是很有智慧的。我们举这个例子是让大家看。我一念大家就明白了。斜卧中指，有13个泛音点。这是在第10个半寸左右的地方。宫弦就是第一条弦，商弦就是第二条弦。"牢"宫商2次，是弹2下。然后是中指急下，左手急移下去了，于勾弹的同时移下去了，到13下一寸许，停下来。然后"抹商"，就是再弹这弦，再把它带起来，然后慢慢地缓"半扶"，这又是指法。食指挑商，是弹第二条弦。"从容下"，于13徽下一寸许，做2次半扶（又加2声）。这是演奏过程。这一办法好像是很笨，其实非常聪明。因为如果不这样记录，你记单音，定弦法不知道或弄错了，一变，这音就不对了。有不少人研究唐代琵琶谱，其实他讲的是那些音。你不知道定弦法是什么，定弦不清一改变，这音整个就不对了。我们古琴定弦很清楚，《幽兰》是用正调定弦。通过这一曲子就能发现，如果怪音多，肯定不对。现在用这个定弦法，没有什么怪音，都是正常的音。个别变化也是正常的，也合乎逻辑。因为用正调定弦法弹《幽兰》，根据谱上所记的知道在弦上哪个位置，音就全有了。而且它不仅仅是记哪个音，把演奏方法都记录下来了，艺术表现也有了。所以有人看古琴曲用五线谱或简谱记的，觉得古琴谱很简单，为什么听起来却很丰富？那就是在古琴谱所记下来的演奏方法上，有很多很多的东西。我们不但把琴的旋律记录下来，连它的艺术表现都记录下来了。这种智慧体现只在古琴上有，古琴是用记录音位和怎么弹奏的办法，而不是只记录音高的办法知道在第几弦，第几徽几分，用什么指法，这就全有了。《幽兰》是用文字记写下来的，这是文字谱。但是这太复杂了，一篇文字来记录一个演奏过程，要很长很长，而且看着不方便。唐代在记录上讲，把它简化了。唐代的曹柔创的减安谱就是把古琴的指法名称、术语的汉字减成一笔或几笔，加以组合，好像是汉字，但它表现的是在第几弦上的什么位置，用哪个指去按，右手用哪个指怎么弹，弹了之后按弦的左手怎么移动，等等。仍然是演奏的全过程，但简单明了很多。我们祖先创造的汉字是非常了不起的智慧产物，初看似乎很复杂、很难，但学过一些后就发现并不太难，而且丰富周密。把它减缩成古琴指法谱也好认好记。

我们50、60年代时，汉语拼音好像是将来的方向，现在也不提了。看来我们这种智慧产物，跟我们整个民族文化、语言各方面综合结合起来了。实际上学琴看古琴减字谱是一种方便，有了这个我们用的减字谱，和五线谱或简谱的配合非常容易。在记住旋律的同时又能记住怎么演奏，去怎么表现。就像小学生上学，一个字一个字，一边学一边认，循序渐进就很容易了。这是一种智慧。今天要讲的就是这些，下面大家可以提问。

问：据说在70年代美国发射了一个宇宙探测器，寻找外星文明，把古琴曲《高山流水》作为人类文明实例带上太空了，不知是不是这样？还有做琴的木料是什么木材？

答：不是《高山流水》，是把《流水》带上去了。琴的面板是梧桐木做的，杉木也可以。有人用其他木头也可以做，但是不一定适合做乐器。因为弹琴的个性是很强的，做什么样子，用什么材料都可以，完全根据你自己。但是作为乐器，梧桐木、杉木和白松可能是最好的。

问：明末清初著名演奏家有哪些？

答：比如王燕卿、王心葵、李子昭这些。琴派有山东诸城派，川派，等等。川派有彭祉卿先生和他的父亲那一代，这是在清末民国初。等到后来一直到50、60年代有查阜西、吴景略、管平湖、张子谦等一批老先生，现在都已经去世了。

问：何处能购您的出版物？

答：书在台湾，现在买不到。但我们《中央音乐学院学报》上压缩发表了《唐代古琴演奏美学及音乐思想研究》，把唐代有关古琴的东西基本上都给概括进去了，有文献上、音乐上的例子。唱片呢？国内、香港都有，雨果唱片公司和龙吟唱片公司出的在我们学校的唱片店就可以买到。据说王府井的唱片店有雨果唱片公司的《李祥霆》。

问：在日本有多少人能弹古琴？

答：日本人在唐代肯定是有很多人在弹琴，因为我们的琴和其他文化一起传过去了。有一位郑珉中先生在故宫博物院，对唐代古琴极有研究，他认为日本的"正仓院"所藏的"金银平纹琴"是日本人做的，我认为他的观点是正确的。另外，在法隆寺有一个琴，跟"正仓院"的琴完全一样，那是有断纹的。我认为那个是由中国传过去的，"正仓院"的琴应该是按照那个仿造的。后来到明清时期，有一个东皋禅师到了日本，他的琴艺传播很广，影响很广，有很多学生。60年代有一位坂田进一先生开始学琴，后来成立了东京琴社。最近几年也不断有日本留学生到中国来学琴，我教过的一个是日本的博士研究生。他想研究古琴历史、古琴美学，跟我学古琴，学得不错。他将来要回去教琴，会是一个很好的传播者。

关于琴弦，传统是用丝弦。到了60年代，人们对古琴的琴弦摩擦和杂音太大——尤其录音以后——已不能接受。而且它余音不够长，受天气影响也大，音量也不能满足，所以就发明了钢丝尼龙弦。开始吴景略先生发明的是钢丝缠铝皮，不理想，之后发现了尼龙很合适。"文革"以后到70年代末才成熟。现在上海音乐学院做的弦很光滑，音色也接近丝弦，音量很大，余音很长，大家都比较喜欢用。

问：李先生所见到的最古老的、最宝贵的古琴是什么样的？它的琴声是不是特别的好？

答:对。现存最早的琴,我见到的是唐朝琴。实际上以前的琴也不可能有,除非出土的。唐代的琴可能才是制作上最成熟、最精美的,所以保留下来了。唐朝以前的琴,唐朝人不重视,因为不成熟、不适用。我们现在对清朝琴开始注意,但是60年代时,清朝琴是没人看的,除非是古董商不懂琴,才要清朝琴。唐朝人只重视本朝代的,前朝的不成熟的琴,隔一个朝代肯定就没了。我弹过唐朝琴大概十张吧,其中有最精美、最神奇的。用神奇不算夸张,那种感觉就是弹琴的时候就不想停下来了,越弹越感到欲罢不能,这种感觉都无法用语言形容。有四个琴都是这样。北京故宫博物院的“玉玲珑”、“飞泉”,台北故宫博物院的“春雷”和“万壑松涛”。“万壑松涛”是乾隆皇帝亲自题过字的琴,可能他弹过。另外还有一个是一位私人收藏家收藏的琴。这几张唐琴,制作精美绝伦,声音神奇无比。这个神奇不是神秘的神,是你认为最好的琴的声音,你都不能形容它那种感觉。但是也有些声音不好的唐琴,我们学校的一个唐琴,低音区的声音还不错,上面声音根本就不行,但它的制作是精美绝伦的。其他几个唐琴也是这样。制作上的天下第一琴是大家都公认的,是故宫博物院的“九霄环佩”。那个声音据说好过,可是经过修理以后就不行了。我的师兄——我们第一个古琴专业的学生,现在他搞音乐史了——说,好的时候弹过,修理了以后他也弹过,声音就不是太好了。我也弹过声音很普通的唐琴。那些现存的唐朝琴,制作上可以说都是精美绝伦的,不好的已经被淘汰了。但也有些造型有问题的,有些配件是后配的,也不好了。我说的那四个唐朝琴,都没办法用语言形容,你必须亲自去弹、去听才行。可惜现在不行了,北京那两个绝对不可能了。台北的呢,去年开了一个古琴千年大会,搞了很多活动,我去作了两个讲座。他们前面有个会议形式,安排了去台北故宫博物院,参观古琴。但是只能由故宫博物院的人拿着给他们看,不许碰、不许摸。我1990年去的时候,很幸运,我是又弹又录音,可惜那录音我没拿回来,有些遗憾了。以后不可能有这种幸运了。

问:你是怎么开始学古琴的?

答:我是从小喜欢音乐。现在回忆起6岁的时候,每天去看戏,戏园子里面可以不买票就进去。这是一种训练。之后听很多歌、爱唱歌,民歌知道一点,不多,后来革命歌曲就来了。我们那儿解放比较早,1947年那时候,唱很多歌,这都是原来的爱好。初中一年级,学会吹箫了,吹广东音乐,很快就即兴演奏,这是一个基础。我喜欢诗,念唐诗,又画山水画,看古典小说,古典的爱好和兴致就有了。后来忽然有一天,大概是1954年,我家买收音机了,那时一般家庭都还没有。一天中午,听见一个曲子,我马上就陶醉入迷了。听完以后里面说:“刚才各位听到的是琴箫合奏《关山月》”,后来我就找这方面的资料。我舅舅告诉我伯牙、子期的故事,在《今古奇观》一书里还讲到了琴有多长多宽等,之后我又看到了画里有琴的图样,我就用木头做了一个。界面用的是我父亲中医诊所的牌子,因为不用了,放空房子里翘了,我用这木头做琴,经过一年左右的时间做成了。当然也参考了古琴的图片,后来也买了参考书。听着广播里弹《关山月》,自己编指法。我一个同学给我吹箫,居然在1956年我们辽源市高中的新年晚会上演出了琴箫合奏《关山月》。因为我没有谱子,只在广播里听过,我就想,不知弹得对不对,我就写信给当时的广播里经常听到的、而且报纸也报道的北京古琴研究会会长溥雪斋先生,副会长查阜西先生,请他们给我提供些乐谱,没敢说别的,我当时是中学生,高一学生。因为怕他们不理我,我就把我做琴的困难经过写给他们。我的信一开始没有寄到,因为人家邮局也不知道北京古琴研究会,信退回来了。我赶快换一个信封,写“中央人民广播电台转交”,信就收到了。他们很感动,查阜西先生给我回信说很感动,想全力帮助我。后来我又借此机会向查先生要求拜他为师,他就接受了。1957年暑假,他要我到北京来,跟他学了一个暑假。第一个曲子《梅花三弄》,第二个曲子《关山月》,一共学了五个曲子,开学前回去了。第二年,1958年考音乐学院,就这样。

问:学古琴怎么才算成才?

答:每个人的情况不一样,像我从17岁开始,18岁进音乐学院,毕业了就算成才了。现在小孩子上附属小学,没上附中就学了很多,考上附中上六年,大学又四年。附中时演奏得很好,也就算成才了。业余爱

好经过十年、二十年，有的人经过三十年也成才了。比如有一位，现在已经很有名了，他原来是工厂的会计师，逐渐变成了国内著名琴家之一，重要的学术会议他也参加过，也教了很多学生，这也是成才了。还有我的老师——查阜西先生等，原来都是文人、学者。查阜西先生曾任中国、中央两个航空总公司的副总经理，会开飞机、当过海军等，最后成为著名的古琴家了。其他不少前辈也一样，只是成才的过程更长一些。现在如果有人喜欢学，坚持十年，或更多一点时间，就会有人找你学了，然后你以教琴为你的主要职业，也就可以算成才了。

（录音整理：安勤）

李祥霆

李祥霆，满族，祖籍辽宁岫岩，1940年4月出生于吉林省辽源市。1957年起师从查阜西学古琴，师从溥雪斋、潘素学国画，1958年考入中央音乐学院，师从吴景略学古琴。1963年毕业留校任教，1989年到英国剑桥大学作古琴即兴演奏研究并在伦敦大学亚非学院音乐研究中心任客座研究员，教授古琴和洞箫，1994年10月回到中央音乐学院继续任教，现为中央音乐学院教授、北京古琴研究会副会长、英国东方美术家协会会员、中国音乐家协会会员、中国国际文化交流中心理事、台北和真琴社顾问、日本吟咏道八洲庄鹰洲会名誉顾问、北美琴社顾问。

魏明伦

戏曲文学漫谈

中国国家图书馆是文化典籍的殿堂，也是文学艺术的殿堂。国家图书馆选中我，让我来谈心得，到这里与北京读者见面，我还有些紧张。因为我不但没有讲座的经验，连听讲座的经验都没有。我没有经过正规学校的教育，我的学历很浅，没跨进过中学的门，只念了三年小学，所以没有听讲座的经验，就像我的个头一样，我是中国作家当中学历最低的一个人，也是个头最矮的。另外，我的口才不行，我平时说四川方言，说普通话不标准，语汇也不丰富，说的时候心里很紧张。我的笔头还勉强可以，我的口才与我的文才相比差距比较大，如果同样一个事情，用文笔来表述比我用口头表述要准确得多、生动得多。口头一说就笨，我事先声明，希望读者原谅。

我今天的话题是《戏曲文学漫谈》，只是一家之言，是我经过独立思考的一些体会，我谈的这些问题，在中国戏曲史和中国文学史中都没有人这样谈，或者说不是从这个角度谈。

一、“编剧主将制”与“角儿制”

“角儿”（juér）就是演员，北京人更清楚，四川不叫“角儿”，四川叫“角色”（操四川口音）。“角儿制”是大家都公认并共同使用的词，就是以演员为中心，“演员至上” 的一种体制。我所说的 “编剧主将制”是我自己编的词，是我杜撰的。据我考察，戏曲在中国历史上确实存在着一段很长的“编剧主将制”。从元代到清代中叶，曾经实行过

“编剧主将制”，之后到晚清断裂了，被“角儿制”所取代。为什么这样说呢？因为作为中国文学经典之一的戏曲，它的辉煌时期就是元人杂剧，元人杂剧超越了元代其他姊妹艺术，成为领导时代的新潮流，超越了当时的诗、词、文、画而上升到文化的峰巅。我们通常把中国古典的、最经典的唐诗、宋词、元曲和明清小说，看成是引以为自豪的四大类。四类当中元曲又包括两类，一个是元人杂剧，一个是散曲。相对而言，元人杂剧成就高于散曲，数量也多于散曲，影响也超过散曲。元曲以元人杂剧为主要代表，她们与唐诗、宋词、明清小说，并列为中国文学宝库里的精品。她成功的主要原因，就是涌现出了以关汉卿、王实甫、马致远、白朴为代表的一大群剧作家，写出了以《窦娥冤》、《西厢记》为代表的一批杰作。元代钟嗣成写的《录鬼簿》，记录了当时所有剧作家的简历、生平和主要成绩。有些人称我是“鬼才”，我也调侃自己算是《录鬼簿》里面的后继人物。正因为有这一大群“鬼”，才形成了以剧作家指导梨园戏班的“编剧主将制”，这种体制在此以前没有，她的特点是以知识分子带动艺人，文化高的人带动文化低的人，剧本带动演出。这种现象为什么会在元代形成高峰，形成“编剧主将制”？而在唐宋时期却没有呢？这个问题，我的答案与戏曲史的论述不尽相同，有所补充。我认为：蒙古人入主中原以后，他们把当时社会上的人分为四等，所谓北人、南人、色目人和汉人，把儒家读书人和知识分子打入底层，所谓八丐、九儒、十娼，知识分子被列入“下九流”这种状况在历史上是从来没有过的。这就使从先秦、两汉，到宋代知识分子中所形成的“学而优则仕”，走开科取仕的路彻底断了，儒家、知识分子从优越的士大夫阶层，沦为社会最低层。也就是说从先秦诸子到唐宋，大文化人不可能写戏。比如“唐宋八大家”他们以文章、典论、诗词见长，是文学的正宗，他们一定要走仕途之路。李白、杜甫无一例外，

《窦娥冤》插图

他们是不会来写戏的。可是到了元代，由于人为的原因，大文化人或者具备大文化基础的人被逼向民间。如果关汉卿、王实甫生在汉代、唐代或者宋代，肯定就会走李白、杜甫、韩愈、苏东坡、陆游等人的诗文道路。反过来说，如果李白、杜甫、韩愈、苏东坡生在元代肯定会变成剧作家关汉卿。在元朝的历史条件下，大文化人也只能够沦落到民间。这样一批文化精英被逼向梨园，走进民间，与下层社会相结合，这在前朝是没有的。当时的梨园叫“勾栏”，演戏的和赔笑的没有明显的区别，元代时“勾栏瓦舍”，后来就成了青楼妓院窑子的代名词，唐宋时期也有艺人，艺人之中也有人写戏，但没有大文化人和文化精英参与。由于阶级压迫、民族压迫、社会压迫，硬把这批人逼到梨园来了。于是就形成了大文化人与艺人合为一体，即把文化精英灌输进梨园，文化精英又从民间的营养中丰富了自己，取得了前所未有的成就。这样的结合形成了一种很奇特的文化，即出现了元曲的高峰。所以说这个时代是戏剧的高峰，而不是散文的高峰，不是诗歌的高峰，道理就在这里。我们说这个体制下出现了一大批剧作家，而体现剧作家成就的就是剧本，就是戏曲文学。从而产生了以《窦娥冤》、《西厢记》为代表的一大批大家最熟知的我国文学宝库里的经典作品。

唐宋八大家画像

一部中国戏剧史翻开来看，晚清以前没有“角儿制”。慈禧太后之前，中国戏剧史上能够作为代表人物的一定是剧作家。关汉卿、王实甫到《牡

《西厢记》红娘形象

丹亭》的汤显祖,《长生殿》的洪昇,《桃花扇》的孔尚任,都是剧作家在领导潮流。那时中国戏剧界的代表人物都不是“角儿”,而是剧作家和剧作家们创作的辉煌的剧本,这是客观事实。宏观看来,这是戏曲历史上的优良传统。“编剧主将制”的传统由汤显祖、洪昇、孔尚任、李渔和四川的李调元等延续,一直到清代中叶,都是以编剧为代表,他们带动了戏曲文学向前发展。关于“编剧主将制”,在文学史上没有这个说法,现在我这样命名,是符合历史事实的。确是剧作家起到杠杆作用,他们既是剧作家,又兼任导演,行使导演职能,这一点不但是中国戏剧的优良传统,也是外国戏剧的优良传统。从历史上看,外国也是这样,凡是舞台剧,即话剧,西洋戏剧谁是代表人物呢?是莎士比亚、易卜生、莫里哀,一直到奥尼尔,都不是“角儿”。西洋戏剧里留下的辉煌遗产,也是剧本和剧作家。莎士比亚、易卜生、包括布莱希特的戏,都是剧作家在起杠杆作用。这个传统在外国戏剧里没有断裂,她的优良传统一直贯穿下来,贯穿到荣获诺贝尔奖的许多剧作家。而在中国戏剧里它断裂了。为什么会断裂呢?因为它发展到了晚期,所谓“物极必反”,就是事物达到巅峰的时候就要走向它的反面。用今天的眼光看当年的戏剧文学的发达原因,应该是剧本发达促成的,使它繁荣延续了几百年,本来应该是“编剧主将制”和表演艺术相结合形成比翼齐飞、双轨前进的模式,但当时的表演艺术却跟不上趟,形不成系统。所以能在史籍上留下来的，当时的演员只有个朱帘秀有点小名，关汉卿的散曲里面提到她，这还是因为她沾了关汉卿的光。除她而外中国戏曲史中基本没有关于演员的记载，或者说没有被保存下来。到最后，戏剧文学剧本单独向前发展，没有带动表演艺术，更没有能力带动演出，从此使它走向反面。随着时代的发展，到了明清以后，李渔、李调元的时代就不同了，这些写戏的人又恢复了士大夫的阶级地位和士大夫阶层的生活，他们的剧本再也不是与艺人结合起来，反映民众疾苦与世间波澜，他们开始“玩儿”了，玩什么，就是玩戏，成玩派了，养一帮人玩戏班子。这些人恢复了自己的阶级地位以后，从反映民间心声、反映世态波澜、反映民众疾苦，到慢慢转向追求形式、寻章摘句，最后把剧本变成为纯粹的案头文学，其内容大多苍白无力。与元代相比，内容已变得十分浅薄，从而使忧患文化变成升平文化。从历史上看，不论是中国还是外国，凡是经得起历史检验的、推动历史前进的文化都是忧患文化，而不是升平文化。升平文化的内容是单纯的歌功颂德、十分浅薄。戏剧也是有规律性的，从关汉卿到《桃花扇》很好，《桃花扇》以后慢慢就不行了。到了清代中叶，李渔是比较有代表性的，他研究戏剧形式是非常到位的，《笠翁曲话》大多是教你怎样写戏的技巧，而他写戏的内容却不怎么样。也许我这后辈班门弄斧，依我看他写戏的理论大于实践，内容浅薄，不能与关汉卿、汤显祖相比。

汤显祖

中国的戏曲文学走到清代中叶以后，就慢慢走向它的反面，形式典雅到了看戏要查典，更何况它的表演艺术不发达，没有形成体系，所以是时代在呼唤表演艺术，因此就产生了所谓的雅部与花部之争。雅部就是昆剧，在以前地方剧种比较少，主要是昆剧处在统治地位，是正统剧。可它的生命力非常脆弱，苍白无力，已经走到穷途末路。花部生

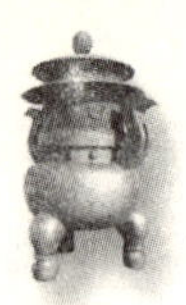
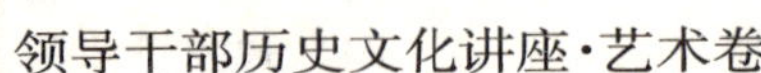

正逢时，“四大徽班进京”，出现了以京剧为代表的新兴剧种。京剧也是由地方剧形成的，原来不叫京剧。它是徽调、汉剧等剧种综合起来的。各种地方剧，如评剧、川剧的兴起，使花部战胜了雅部，这其中发生了很大的革命。

“角儿制”的逐渐形成，就是表演艺术发达的重要标志。就京剧本身来讲，从“同光十三绝”到“四大名旦”，形成了以梅兰芳为代表的戏剧观，“角儿制”在中国戏剧史上曾经是一件了不得的、推动历史前进的、功德无量的大好事。“角儿制”把表演艺术提升到了炉火纯青的地步。从历史观点看，“角儿制”是个相当大的进步。黄佐临认为：以梅兰芳为代表的戏剧观，是全世界三大戏剧观之一。但是，我却发现：以苏俄的斯坦尼斯拉夫斯基为代表的戏剧观，以德国的布莱希特为代表的戏剧观，包括后来的奥尼尔等都是以剧作家为主将，而我们中国却不是，直到现在，“角儿制”单向发展，没有形成“编剧主将制”与“角儿制”相结合的局面，没有形成比翼齐飞、双轨并进的机制，以至于“编剧主将制”完全退位。在京剧界比较明显，地方剧不同程度也有。退位到什么情况呢？退位到成为编剧附庸制、编剧幕僚制，以至于变成编剧奴仆制。编剧主将的地位被完全推倒了，“角儿制” 走向另一极端，矫枉过正，把编剧主将贬低到了幕僚与附庸和奴仆的地位，编剧有奴仆之感。那么在戏曲舞台上就形成了表演艺术独自发达，剧本文学却衰落弱化的现象。今天的戏曲作家被人瞧不起，是“角儿制”慢慢形成以后才逐渐形成的。因为他们在戏剧界的地位非常之低，说穿了就是一种附庸、幕僚，为“角儿”写戏，至多是为朋友“打工”。剧作家的地位根本无法与“角儿”相提并论，档次差距悬殊。即便是京剧界比较优秀的剧作家，比如翁偶虹、范钧宏，虽然他们也写了大量的优秀剧本，可他们的地位远远不如“角儿”们，完全不能与梅兰芳相比。这种情况在个别地方剧要好一些，川剧的文学性还可以，“编剧主将制”过渡到“角儿制”时，相对而言程度上要好一点。川剧的“角儿制”还没有完全取代“编剧主将制”，其他地方剧种就更说不上了，这样一来戏曲文学就弱化了。

从戏曲文学弱化，我们想到话剧。我们的戏曲文学不包括话剧，话剧的传统不同，话剧是直接从外国来的。是从莎士比亚、莫里哀、易卜生、高尔基、萨特、奥尼尔那儿来的。话剧传统没有变，话剧界仍然以剧作家为杠杆。曹禺、田汉、夏衍、老舍、洪深、熊佛西、陈白尘、于伶、郭沫若、阳翰笙……哪一个不是话剧界的主帅和主将？是他们在领导潮流，一直都是这样。戏曲界却不同，我们不是要争什么地位，而是由于剧本文学弱化以后，演员的地位过分大于剧作家，表演大于剧本，表演艺术不是与剧本文学结合起来，而是凌驾于剧本文学之上，这就势必造成形式大于内容，局部大于整体，唱腔大于唱词。

为什么说形式大于内容呢？观众到剧场只是看艺术形式，而不是看内容。观众听戏，只是听“角儿”的唱腔，不去思考戏剧的内容。就像现在唱的《沙家浜》里的“智斗”，很像小孩做游戏，观众看的是形式，没有想着那是抗日战争，那是打日本鬼子。看的都是形式而不是内容，因此戏剧内容弱化单调。可是形式却相当完美，其中的念、唱、做、打，一招一式太讲究了。为什么说局部大于整体呢？因为它折子小，片段好，由表演者八仙过海、各显神通，甚至出现一个“角儿”演三个角色的怪现象。比如说演《群英会》，前边他演鲁肃，不演诸葛亮，因为鲁肃在“草船借箭”里是活儿呀，诸葛亮在那个片段里是次要角色，只有鲁肃才是主角，他就唱鲁肃。但后来《借东风》了，他又演诸葛亮了，这时诸葛亮是活儿了。诸葛亮演完以后，《华容道》他又演关云长了。不是剧情需要他演三个人，这其中没有任何因果关系，剧本中也没这样规定，而“角儿”就是要这样演，哪一个角色出彩，我就演哪一个，跟内容没有关系。完全是明星至上，是“角儿”在那里显示“角儿制”，人们看也不是看内容，就看形式。因此总体不行，没有剧作家的统一构思，这样就形成局部大于整体，哪一个片段都不会考虑戏曲的总体结构和总体需要，比较杂乱，仅是片段非常好而已。再一个就是唱腔大于唱词，唱腔已经到了炉火纯青、精雕细刻，一个音符、一个节拍、一个吐字都是经过千锤百炼。但唱词粗制滥造，“美腔丑词”！我觉得这是一个有史以来最畸形的文化，你言派这样唱，我麒派这样唱，他马派又那样唱，各自精益求精。可他们的那些唱词就不敢恭维了，唱词甚至粗糙到了文理不通，与唱腔形成非常大的反差，把唱词锤炼得不要说优美，通

顺一点行不行？在“角儿制”的天下，文学可有可无。“角儿”一腔定太平，何必锤炼唱词呢？这里面反映出社会对剧本的藐视，也是对戏曲文学主将制的藐视。“角儿”随便唱个“马儿跑”就行。另外京剧行里有个“定”，“安定团结”的“定”，成了“万金油”，编不出词来必然就“定”，简直成了一种畸形文化。京剧比较明显，地方戏也一样，地方戏有地方戏的“角儿”，到处都一样，“角儿制”通行中国。由于长期积累，就形成中国戏曲中的形式主义，形式主义的艺术，唯美主义的艺术，都是玩形式的，形式优不优美？优美，可这种情况比较适合单纯的娱乐，娱乐要讲形式，但形式主义不行。美当然好，唯美主义不行。

中国国粹当中，京剧是最接近形式主义和唯美主义的。当然新中国建立以后，这种现象有所改变，但不是根本性的改变，因为剧作家的地位仍然没有解决。这与电影不同，电影是明星领衔制，但同时又是导演中心制。导演中心制和明星领衔制相互约束，很难说是明星大过导演，还是导演大过明星，他们是相互约束相互推动的。今天，电视形成了制片人挂帅制、明星领衔制、导演中心制，三驾马车并驾齐驱，三者彼此互相约束、互相推动。戏曲“编剧主将制”断裂了一百三十多年，从清代中叶开始，即慈禧太后看戏时开始，戏曲文学就弱化了。时代呼唤戏曲文学，呼唤“编剧主将制”回归，变革成“编导主将制”和“角儿制”双轨结合，从体制入手，促成新时代戏曲的表演艺术和剧本文学双轨并行，比翼齐飞。

二、我对戏曲文学的探索

我们这一代人随着国家的改革开放，产生了一大群剧作家和一大批优秀的戏曲文学剧本。它们的文学性都比20世纪50年代、60年代强。我的同行们，是一个剧作家群体。他们各有各的经验体会，我只是其中之一，或者说是比较有代表性的一个人。比如福建就有“武夷派”，浙江有“西湖派”，湖南有“湖湘派”。总之，我只是剧作家群的一个代表，我代表他们到这来说话，如此而已。由于有这样一个群体，就形成了以剧本文学带动演出、推动演出这样一个回归。我们的出现改变了观众对戏曲编剧的价值观念，否则我就不会到这来讲课，你们就请“角儿”了，在我和我的朋友们的身上，可以看到已经断裂的一百几十年“编剧主将制”的影子。我做了些努力。我是写地方戏的，我是拨乱反正后，改革开放的产物。我是从一个草台班子、一个中小城市剧团的编剧人员走入中国剧作家行列的。我是时代的产物，没有这个时代，也就没有“编剧主将制”的回归。我自己一言难尽，这二十年来拼搏比较多。现在选择要点说说我的一些努力。我从改革开放以来已经出了九个大戏，除了最近这个戏还有待实践检验外，前边八个大戏，都在全国乃至海外，产生了比较大的影响。作为一个剧作者，我自己“个案”与我的朋友不一样，我身上有三种童子功。所谓“童子功”是从小练就的。一种是戏剧童子功。我是演员出身，七岁就会唱戏曲的“卡拉OK”，九岁正式登台，叫“九龄童”，什么戏都唱过。从草台班子唱到成都，在小地方还算有点小名气，我唱戏的时候就像现在天津京剧童星刘筱源，到处受欢迎，我唱戏时年岁比她稍大一点，就是那么个味。我从那个时候起，在一个剧团待了一共四十九年，最近才“挪窝”。我从九岁到五十七岁，1950年到1997年一直没有换单位，这也是个很奇特的经历。这使我从小对戏剧不仅是耳濡目染，而且是身体力行。这就形成了我的戏剧童子功。有戏剧童子功的人多得很，包括我们的“角儿”，许多还是科班出身。但是我同时还具备另一个童子功，即文学童子功。为什么叫文学童子功呢？有很多朋友从小唱戏，到了中年才开始进修、学文化，去补充。或唱戏唱到半路上，因工作需要或其他原因去学文学。而我是从唱戏一开始就练文学的童子功。我虽然辍学了，可是我在唱戏的同时自修文学，台上唱戏，台下读书，正是“台上生净末丑，台下诗词歌赋”。我没唱过旦角，没唱过女的。我从九岁开始学汉赋唐诗宋词，九岁就能把《滕王阁序》背个滚瓜烂熟。所以，我现在才能勉强写点碑文。我从失学以后，再也没有机会到学校或编剧进修班或文学讲习班去学习。完全是自学，我是个自学成才和逆境成才的人。我的文学童子功和戏剧童子功是同时并进的。第三个童子功是“运动”童子功，不是体育运动的运动，我不会体育运动，我是“三尺戏子，一介书生”，是个文弱书生。“运动”童子功是“政治运动”童子功。我从九岁

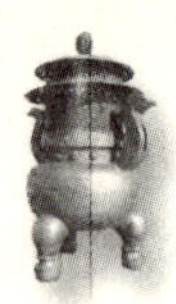

起就卷入政治运动，就是单位上的人员，就有工作了，就参加运动。民主建政，减租退押、清匪反霸等，有多少运动我就参加多少运动。成为年龄最小的“老运动员”。这个“运动”童子功确实不是一般人能有的。它也不仅是耳濡目染，而是身体力行。50年代中期，反右运动我就卷了进去，因为年龄太小，只有十六七岁，虽然没有扣上帽子，但是水平是达到了。我很早就进入社会大学，很早就饱经人间的忧患，深入到社会的底层。

我的三个童子功不可能在一般人身上同时兼备，由于我特殊的经历，从小就形成我特有的思维方式——逆向思维。我从小就习惯不搞人云亦云。逆向思维是一种特殊的复合型思维。“一石激起千层浪”，这种思维具有创造性，它不是守成型思维。所以，我用逆向思维方式从特殊的角度看“编剧主将制”和“角儿制”，思考为什么元人杂剧会发达？我在这二十年中对戏曲文学做了点实事。其中之一是我搞戏从来是戏剧性和文学性同步、双翼齐飞。我对剧本的要求是台上可以演，台下可以读。我的剧本有卖点，还可以签名售书。现在人们的阅读方式起了变化，剧本能卖的很少了。莎士比亚的十四行诗、高尔基的小说、契诃夫的小说还有人买，而莎士比亚、契诃夫、高尔基的剧本已经很少有人买。时代不同了，阅读方式变了。当代剧作家的剧本也不好卖。我稍有例外，剧本文学性比较强，有可读性。在西安签名售剧作集，一小时卖了四百多本。我要求从剧本开始，要符合我的“编剧主将制”和“角儿制”比翼双飞的理论。我希望剧本可视性与可思性并举，既要好看，又要经得起推敲，启发思考。形式要好看，内涵要可思，这是我的剧本的一个特点。台湾是不出剧本的，台湾没出过当地剧作家的剧本集子。台湾作家的剧本一样不好卖，但是我的剧本集子却破例在台湾出版。我是一戏一招，既不重复别人，也不重复自己，我老是变招，比如我写一个戏，即使是路数很对，但我写下一个时马上变路子。我不会一棵树上吊死，有时候变招变得很大，比如《巴山秀才》、《四姑娘》那是一种戏剧观，而我的《潘金莲》换招就换大了，换得全国惊异。《潘金莲》以后人们以为我要永久荒诞下去了。我又换《诸葛亮》，追求典雅。人们又以为我会写《司马迁》，可我又写《图兰朵》去了，然后我又《变脸》

了。我的招变得很大,从戏剧观、手法到构思都变。雅的、俗的、合乎传统的、洋的、各种形式内容,一戏一招,变化比较大,最近我又变一招叫《好女人坏女人》,现在在四川初演,北京还没有调演,马上要到上海国际艺术节演出。我虽然善于变招,但有一招没变,万变不离其宗,即招招不离人间烟火。每个戏都关注世上波澜,这招我不变。我的戏都充满忧患意识,这是我这个平民作家的特点,我是个具备三种童子功的平民作者。不管形式怎么变,哪怕写潘金莲、写图兰朵都是这样。我一戏一招,别人不能预计出我的戏路子,对我的河流的流向判断不出来。我的可塑性比较强,我写什么和怎样写都不好预计。我是1979年成名的,改革开放二十年,我没有落伍,到现在每年都要踹两脚,都要有所表示。我一直成为当今文坛上关注的重点和争议点,是个焦点人物。夸我与骂我的一直没有断。我的朋友,有的是开始比较有名,后来作品不太被关注了;有的是以前没有出现,起步迟一点。而我二十年来一直活跃,因为我变招,我戏变招,文也变招。变杂文,将杂文引进戏里边来了,人家叫杂文戏。然后又写戏杂文,把戏曲引进杂文里去。最近又写碑文。每一招拿出来都会有争议。写戏,争议我的戏,写杂文,争议我的杂文,写碑文,争议我的碑文。走到哪里争到哪里,写到哪里议到哪里,就这样,我一戏一招,一文一招,一碑一招。我这人一辈子争不完。再一个我是苦吟成戏,苦吟成文,苦吟成碑,我不是即兴派,不是文思泉涌,一天可以写成几万字,我是苦吟派。“苦吟”出自贾岛的诗,唐代以孟郊、贾岛为代表的诗派叫苦吟诗派,“郊寒岛瘦”,人家说他太苦了,称之为“诗中之囚”,李贺是“诗中之鬼”,我是苦吟派,虽苦无怨。我写戏写文章要求自己非常严格,非常苛刻。十年磨一戏,不是一种夸张的说法。十年磨一戏,不是每天都在写,而是有周期,要经过多少年实践,一步一步来改。通常一个戏从它起草到完成,需要六七年,七八年都很常见,我是苦吟下来的。不但我的戏,我的文章也是如此。苦吟成文,一篇文章千字左右,我要写一个月,是反复锤炼出来的。我没有“捷才”,我的捷才在哪里?就是我思路比较快。我可以出主意、出点子,现在叫“点子公司”。但我要把主意用我的笔表达出来就慢了。因为我是苦吟成文、苦吟成碑的,这就决定了我的作品肯定数量少,但质量不会太

差。因为我的文章是千锤百炼出来的，它必然少，必然精，我这辈子不可能高产。有人请我写电视连续剧，我写不出来。电视连续剧三十集、四十集的长度，我所有的作品加起来都没有那个长度，等我写要等到下辈子去了。这就决定了我的作品不多，但比较精，也许观点、技法会引起争议，但决不粗制滥造。它们是经过呕心沥血、惨淡经营出来的。这是我的第一个特点。

因为长期以来戏曲编剧附庸制恶性循环，戏曲作家越没有地位，就越没有人写戏，越没有人写戏，就越没有创造。我的思维方式决定了我的观念比较新潮，中国人爱人云亦云，现在有的词很时髦，比如打造，到处都打造，何必都打造呢？一说锁定，到处都锁定。文贵创新，不能把某个词用滥了。我认为：人云亦云，一钱不值，独立思考，无价之宝。文学，不仅要与时俱进，还要越时而进！文学是预言家，是早叫的“公鸡”，《红楼梦》就是预言了某一个时代、某一种社会的崩溃。我虽然在一个小地方，但思维往往跟“时代新潮流”有默契和共鸣。第一，我头脑里是“三无世界”，即“无偶像、无禁区、无顶峰”。“三无世界”本来是科学家的头脑，我借鉴用之。可以有楷模，但不能有偶像。“无禁区”就是什么都可以研究。我在政协会上谈到“小燕子现象”，有人说青少年以前是“小绵羊”，现在都学小燕子，要求个性，强调个性解放。我认为崇拜偶像和个性解放是两码事，偶像是相同的，真正的个性解放是没有偶像崇拜的。把“小燕子”当偶像，连个歌星都崇拜还能有个性吗？不是完全被同化了吗？我没有偶像，不等于没有楷模式的人物。上海古籍出版社出了一套书《图说名家格言》系列，共五卷，把李敖、柏杨、王蒙、贾平凹和我的著作中的话选出来配画，一段语言一幅画。我在我的那卷书的扉页上写着：我的格言就是不迷信一切格言。第二，我提倡“三独精神”即独立思考、独特表述、独家发现。独立思考肯定要注重思辨，真正独立思考以后就会有独家发现，我的观点是不是都正确，我不敢说，但肯定是我的独家发现。刚才我说的“编剧主将制”与“角儿制”，从历史上看没有人这么说，是我独立思考发现的。还必须有独特的表述，自己独特的文风，独特的艺术构思、独特的语汇来表述经过自己独立思考的独家发现。这就是我所谓的“三独精神”。最终把它消化在我的戏曲文学里边。第三，我要求三层境界。这个境界不是所有文学作品都要如此，写小说、散文、诗歌就不一定。但是写戏一定要这样。第一要引人入胜，第二要动人心弦，第三要发人深省。为什么写小说、写散文、写诗歌不一定呢？因为小说不一定马上就引人入胜，有各种写法。诗和散文，引人入胜不是它的必然属性，当然要有也可以。可是写戏就不然，写戏必须首先看有戏没有戏。舞台上演出与看书不一样，看书开头一看，不引人入胜，我可以不看，或选看我喜欢的章节，读者可以随意选择。戏就不行，人坐在剧场里，强迫你看戏，不能由你翻，如果戏一开场不能一下子抓住你，那你就打瞌睡，或者聊天，甚至上卫生间了。引人入胜是戏的基本细胞，如果没有这个东西，就不叫戏。可以说这是个很好的小说、很好的散文、很好的论文、很好的诗，但不是好戏。另外，戏单单引人入胜还不够，即使剧情起伏跌宕、扣人心弦，在戏里搞点特技，看上去很花哨，这还不够。第二个层次叫动人心弦。戏不仅是让人们悦目，不仅是满足娱乐的层次，还必须打动你内心深处，调动你的情感。比如说我写的是悲剧，肯定要让你流泪，"戏油子"看了也辛酸！要是喜剧，包括"戏油子"也会跟着笑。我要使台上大悲大痛，你在台下也大悲大痛，从情感上征服你。第三是发人深省，就是通过戏的好看，还要告诉你一种东西，即通过戏剧中的人物、形象和情节，让你回去以后一直在思考，思考历史和未来，思考人生这部大书，引起你的深思。戏曲剧本有两种情况目前较为普遍，一种情况是比较肤浅，单纯注重娱乐功能，好看就行了，没有动人心弦、发人深省，没有灵魂震撼。当然这也算一种风格，但这不是我追求的境界。另外一种就是玩深沉，想出一个哲理的命题，好像要告诉你什么，而仔细一想又什么都没有，又不好看，又不打动感情，仿佛在台上向观众说，你糊涂，我比你更糊涂，你不懂，我比你更不懂，观众不入其门，这就叫玩深沉，故作高深。写戏的人忘记了戏要有戏，要引人入胜、动人心弦，然后才能达到发人深省的目的。

戏曲要有民族形式。有一句话到处都在说："越是民族的就越是世界的"，我觉得只有一半是对的，"越是民族的就越是世界的"指的是艺术形式，比如京剧，艺术形式不能被洋人同化，要保持自己民族特

有的风格，特有的风骨。从这个意义上说，只有民族的才是世界的，越是民族的越是世界的，这是对的。但是，内涵不一定是这样。为什么不一定呢？我们国家是从几千年漫长的封建社会演变过来的，在我们的观念中从来就是闭关锁国的，“老死不相往来”，因而产生的观念就不是世界的了。闭关锁国的前提决定了很多观念都是封闭保守的，那么，内容越是民族的岂不越是闭关锁国的了吗。比如，我的作品主题坚持反封建的内涵，《四姑娘》、《易胆大》再到《潘金莲》，始终是反封建的。我们用民族的形式不能装封建的内容，我说的内涵包括两个东西，一个是民主性精华，一个是封建性糟粕。形式用传统的，最国粹的，内涵就不一定。如果内涵是封建的，形式多么民族化，也是封建戏。我国有些名戏是很好的戏，艺术性很高，包括《四郎探母》、王宝钏《大登殿》，形式非常优美，可里边内容太封建了。旧戏里边封建内容多得很，“一夫多妻”、“帝王崇拜”等封建思想根深蒂固，深入骨髓。我写戏主张继承和变革。运用我们自己的民族形式，强调我们自己的民族性，包括我的文风绝对是中国的文风，我的文章，我的碑铭，多是骈文，绝对是中国式的。我很少有欧化的文字，可是我写戏的内涵恰好跟世界潮流比较接近，尽可能地吸取民主性精华，剔除封建性糟粕。我创作的八九个戏，最成熟的戏不是影响最大的戏，影响最大的戏，也不是上下都公认的戏。比如说《潘金莲》、《中国公主图兰朵》，它们分别是我写的戏中影响最大的戏，可这两个戏不是我最成熟的戏。我有个戏叫《夕照祁山》。让内行看，当然是最成熟的戏，但这个戏没什么影响。获奖最多的是《变脸》，川剧《变脸》囊括了我国戏剧奖中所有奖项，获奖最高，但不是影响最大。影响最大、争议最大的是《潘金莲》，是我的戏剧作品中的一个典型个案，甚至在80年代中

戏画《四郎探母》

期掀起一个“潘金莲风暴”，引起全国性的争议。演到哪里争到哪里，一直争到海外。说好的把你捧上天，说差的把你按到地下。无非是这么两点，一是内容离经叛道，站在今天这个时代，反思“潘金莲”式的妇女的命运，这是个太敏感的话题。大家都知道，潘金莲是个淫妇的代表，是“祸水”，几百年来被认定是最坏的女人，可在我眼中看却不是那么坏，或者说她是一步一步被人逼得沉沦的。她的沉沦不能用祸水论、淫妇论来解释，而是有其他的原因。她是个复杂的形象，在她身上有值得同情的，甚至值得赞扬的地方，当然也有值得惋惜、值得谴责的地方。施耐庵笔下的潘金莲完全是祸水，是淫妇。插一句，电视剧《水浒》影响比较大，我的朋友《第二次握手》的作者张扬，曾经写过一篇文章，说：“电视剧《水浒》四十集，有三十五集是根据施耐庵的《水浒传》改编的，观点与施耐庵一样。其中五集牵涉到潘金莲的内容不是施耐庵的观点，而是根据魏明伦的《潘金莲》改编的。”那是我的观点，不是施耐庵的观点。戏里边有些同情潘金莲的内容，对她的处理不是简单化的。在当时，十八年前，我写这个戏时四十四岁，现在我六十出头了。我那时提出的观点，在一部分人看来，简直是大逆不道啊，是洪水猛兽，怎么可以这样写潘金莲呢？可是通过时间的推移，现在有很多人接受了我的观点，印证了我的观点没说错。所以，我说要超时而进，现在反对《潘金莲》的人越来越少了，支持的越来越多了。当时的状况是，“两个凡是”还没有消除，还没有完全从“十年动乱”的阴影中脱离出来。中央电视台播放英国的电视连续剧《安娜·卡列尼娜》，居然很多人反对，要求中央电视台停止播出，认为这是个坏作品，因为安娜·卡列尼娜是个荡妇，卡列宁是个好的公务员。居然认为如果再演下去会破坏我们中国人的家庭稳定。现在看这不是瞎说吗？可当时就是这样。就在那种思想比较禁锢的状况下产生的《潘金莲》。不是我偶然想写潘金莲，而是时代在呼唤，在舞台上应出现重新评价、认识潘金莲式的妇女们的婚姻命运。当时是要冒很大风险的。“魏明伦写妖戏”，绰号“魔、鬼、妖”，都是这个时候出来的。我的戏当时如果只是内容比较“离经叛道”，不可能达到那么大的反响，这里面还有一个艺术形式上的“离经叛道”，我搞了个土产荒诞戏，不是外国严格意义上荒诞派。我只是吸取了荒诞派戏剧中某些表现手法，构筑成我戏中的土产荒诞，叫荒诞戏，荒诞在哪里？现在看也没什么，不过当时是我首先使用的。这个戏总体的构思，一开始就把古今中外的人物都集中到这个戏里，让他们跨朝越国而来。不是一个片段，也不是一个人物，而是大量穿插，始终贯串，内外交流，都来与潘金莲比较命运，评说潘金莲。在潘金莲绝望的时候，托尔斯泰笔下的安娜·卡列尼娜首先来了，她说："幸福的家庭都是一样的，不幸的家庭各有各的不幸"，"算了，咱们一道去卧轨自杀吧"。贾宝玉也来了，他代表的是曹雪芹。曹雪芹的女人观与施耐庵的女人观是截然不同的，都是优秀作家，曹雪芹连王熙凤都写她好中有坏，坏中有好。那怎么表现这个问题呢？贾宝玉出场的情节，恰好是潘金莲与张大户抗争。张大户要霸占潘金莲，潘金莲坚决不干，这个阶段的潘金莲是毅然反抗，这个形象跟《红楼梦》里鸳鸯抗婚是一个性质，跟金钏投井是一样的，这个阶段的潘金莲是值得赞扬的。施耐庵不是这样看待。所以我让贾宝玉出场，他唱："抗婚的鸳鸯沉苦海，投井的金钏魂归来，潘金莲若进红楼梦，十二副钗添一钗。"十二金钗，还有一钗是潘金莲。当潘金莲看见武松游街神往的时候，贾宝玉马上就想到："水浒若让宝玉写，墙头马上红线牵。"这段戏不是为了写贾宝玉而写贾宝玉，而是把有些情节有机地组织进去。武则天作为一个人物也写进戏里，武则天说我杀了多少人，从来没有人敢挖我的心。因为你潘金莲是个民间女子，我是个帝王，帝王杀人再多也是圣明万岁；你一个民女就罪该万死。按照三从四德，你既然是武大郎的妻子，就绝对不能对武松产生爱慕。可是太宗皇帝可以选我为才人，高宗皇帝也可以接纳我为妃子，父子同妃，居然是天经地义。而潘金莲对武松产生爱慕是大逆不道？太不公平了。于是乎武则天就叫"当官不为民做主，不如回家卖红薯"的七品芝麻官来审案，这位清官翻遍了所有的经典，没有一条是为潘金莲说话的，都是"三从四德"，"在家从父，出嫁从夫，夫死从子"，"嫁鸡随鸡，嫁狗随狗"，"嫁个门板背着走"。用芝麻官的语言，嫁给公鸡，就是抱鸡母，嫁给子猪，你就成老母猪，没有别的条款。你不是号称清官吗？由此可见所谓清官，包括包公、海瑞，也只能治个"伤风感冒"，治不了"妇女病"。台下哄堂大笑，很幽默。

问题提出来以后，潘金莲的遭遇引起评说争论，一直到引出现在的法官出场。把事件延伸到了古今中外的各种人物，都来与潘金莲比较命运，形式与内容都是离经叛道，哪有这样编戏，简直是胡诌八扯，被人视为“洪水猛兽”。实际上我这个手法，是出于内容的需要，单演潘金莲不容易说明问题，必须要跟其他的女人比较命运才能说明问题。后来有人也学我的这招，但学得不好，动辄是古今中外的人物在一起，你们的那个写法就不一定合理，但是我的这个写法是合理的，形式和内容要结合。《潘金莲》已经不仅仅是戏剧问题了，它开始从戏剧界讨论到文学界，又讨论到社会。《中国妇女报》还专为此开辟了专题讨论，长达八个月讨论牵涉到当时婚姻、爱情、伦理、家庭、法治、道德等各种问题，成为一个社会性话题。观众不管是内行还是外行都反应很强烈，有人认为我太勇敢了，有人是坚决反对。我认为写别的女人达不到这个效果，只有写潘金莲才能家喻户晓。这个戏一直是热点，全国有两百多个剧团，几十个剧种，一直在演。台湾演，香港演，美国报纸也发表剧本，或是全文发表，或是连载。戏曲剧本在美国的报纸、刊物上发表是从来没有的事，真是演到哪里争到哪里。真可谓“毁誉交替，褒贬交加”，整个来说是褒大于贬，誉多于毁。戏曲剧本《潘金莲》，成了新时期中国文学史上探索作品的代表之一！

《图兰朵》影响比较大，几乎没有争议，比较认同。《图兰朵》是个国际题材，是西洋经典歌剧。简言之，它是外国人臆想中的中国公主，我写的《图兰朵》是中国人再创的外国传说。中国对外演出公司的同志促成了这个事，此前，川剧《图兰朵》只是在地区上有影响，后来因为“多国部队”参加，张艺谋他们一大批人集合意大利佛罗伦萨歌剧院在太庙演出，图兰朵东归。1998年3月份开全国政协会，张艺谋跟我在一个组，此时我的戏已在四川有了名气了，对外演出公司看过了，认为这两个戏可以安排一个时间演出，经过撮合，他们演出的同时，我们被调到北京同时演。西洋歌剧在太庙演，我们的戏在全国政协礼堂演。气派、包装、排场与“多国部队”不能比，但文化效应应是各有优势。我们作为一个小剧团和地方剧种，能在这个题材上与国际通行的经典歌剧相提并论，是不容易的。如果说各有千秋，“千秋”在哪里，记者采访

《中国公主图兰朵》剧照

张艺谋，北京晚报发了一大版，标题叫做“光不惊人死不休”，张艺谋在导演上用光用得好。我从中受到启发，总结出西洋歌剧与中国戏曲的不同点。歌剧《中国公主图兰朵》是“声不惊人死不休”，由于剧种不同，审美观不同，西洋歌剧最重视歌唱艺术，世界著名音乐家唱，帕瓦罗蒂、多明戈唱，是声不惊人死不休。第二个是“乐不惊人死不休”，乐就是演奏，一个唱，一个演奏，祖宾·梅塔指挥大乐团，确实惊人，唱得好，也演奏得好。第三个是“光不惊人死不休”，这一点他找准了。张艺谋充分调动和运用了他电影、摄影方面的天才，将光影艺术发挥到了极致。第四个是“画不惊人死不休”。画面、场面调度充分显示出张艺谋的天才，原来以为宫殿是固定建筑物，后来房子能走路了，能够开合，画面的调度非常神奇。这是西洋歌剧的四个特点，很符合它的本质和它演出的优势。而我们的特点是借用杜甫的话“语不惊人死不休”，靠语言艺术，唱词、道白。观众是可以为语言艺术鼓掌的。过去的戏曲，由于“角儿制”的影响，鼓掌往往由于“角儿”的拖腔高，一声唱下来，绕梁三日。观众看我的戏鼓掌是鼓在戏剧语言上的，那个地方既没有拖腔，也没有什么情节、绝活和变脸，就是平常的唱法，比如唱到“潘金莲若入红楼梦，十二副钗添一钗”下面就鼓掌。再比如潘金莲对武松表示自己感情的时候，武松不太懂，没有明白过来，他唱：“我愿做尊兄敬嫂、秉烛待旦的关二爷”，他一唱，帮腔叹气了，幕后伴唱：“关二爷，武二爷，都不是怜香惜玉的宝二爷”台下鼓掌，掌声如雷。唱词中都是二，要是宝二爷就不一样了，他不仅会同情她，也不会粗鲁地对待她。类似这样的语言，观众会鼓掌。《图兰朵》中这种例子也有很多。第二个是“戏不抓人死不休”。与西洋歌剧不一样，西洋歌剧不太重视戏剧矛盾，不太重视戏剧波澜，我们的戏要抓人，来了以后不会让你走的，甚至让你觉得连上卫生间都怕漏掉内容。从头至尾的戏剧波澜，戏剧悬念，出乎人们的意料之外，在乎于情理之中。第三是“情不动人死不休”。更深一层地打动人，不仅是抓人，而且要感人，催人泪下。戏情动人，尤其当柳儿死了以后，图兰朵的忏悔和无名氏的觉醒与升华都是催人下泪的，很多人都哭了。第四个是“理不服人死不休”。理就是情理，不能为了好看而使悬念不合情理。剧情要以情理服人，再怎么起伏，再怎么跌宕，肯定要合乎情理。并由情理上升到哲理。我们是以这“四个死不休”，与西洋歌剧的“四个死不休”保持各自的优势，争取各自的观众。以上讲的是我和我的朋友们在新时期戏曲文学领域的探索，促使断裂的“编剧主将制”慢慢愈合，我在这方面有些代表性。

三、戏曲文学在当前的困境

这个困境既是戏曲文学的困境，也是中国戏剧的困境。甚至是所有舞台艺术共同的困境。当代剧场演出的共同特点是台上振兴，台下冷清，观众稀少。为了振兴戏曲，同人多年拼搏。台上的质量不错，台下的效益不佳。练功房可歌可颂，售票房可悲可叹。搞戏的自我鼓劲，看戏的上帝没劲。赛场争夺激烈，剧场上座冷清。评委席济济一堂，观众席寥寥无几。20世纪末的戏曲状况大体如此，21世纪初的戏曲预测也大约如此。

我也曾就戏论戏，只是从戏曲本身的思想内涵与艺术形式上找原因，下工夫。台上的质量确实步步升高了，甚至突飞猛进了。但台下的观众市场却没有随之上涨，依然门庭萧瑟，使人百思不得其解。近年扩大眼界，总算有所领悟。

这是全世界剧场舞台艺术在世纪交替时期遭遇的共同困境。中国戏曲之所以倍显衰落，是因为中国戏曲从前特别繁荣强大，由兴到衰的悬殊就特别突出。全世界剧场舞台艺术的黄金时代都过去了，已经进入电视电脑时代，不可能挽回其鼎盛春秋。为什么？因为在电视电脑时代，全人类的生活方式大大改变，文娱方式必然随之巨变。

现代人坐在家里便可舒适地饱览一切，用不着经常跑到剧场里，

泡在舞台下看演出。而剧场舞台艺术的基本属性，是需要观众到台下与台上面对面交流。按照戏剧规律，剧本是一度创作，排练是二度创作，还必须会同演出现场观众的“三度创作”共同完成。观众与演员对面交流，本来是舞台艺术的优势；可是在电脑时代，过去这种优势反弹过来，成为舞台艺术的致命弱点。现代人绝不会经常泡在剧场里陪台上演员对面交流。一些专家只看到戏曲与观众直接交流是电脑电视不可取代的特色，却没有看到这种特色正是戏曲难以争取观众，乃至无法“拉拢”观众的根本原因。

把戏曲拍成电视，是一项补救之法。然而，戏曲搬上荧屏，就失去了剧场烘托的特有氛围，失去了与观众对面交流的“第三度创作”，失去了戏剧基本属性的重要组成部分。舞台艺术，是“一亩三分地”上的功夫。其假定性与电视的逼真性发生矛盾，虚拟与实景常常牴牾。许多搬上荧屏的戏曲，都比舞台演出大为减色。舞台艺术拍成电视，则转化为电视文化；而在电视文化中，戏曲电视只是附庸。失去了舞台优势的戏曲，无力与电视剧等荧屏主力军竞争。

我认为：当代戏曲、剧本创作，二度创作，都不弱于从前的戏曲，是可以与前人媲美的。无法较量的是“第三度创作”；观众、票房、市场，与鼎盛时期戏曲的上座率差别太大。当代戏曲的内部条件确实在发愤自强，成绩卓著。但外部环境今不如昔，回春乏术，说到底，人类的生活方式巨变矣。从前，观众三日不可无此君的“君”是剧场舞台。如今，此“君”已变为家中电视，室内电脑了！

这样说来，戏曲是否会在新世纪消亡呢？不！新世纪虽不是戏曲的黄金时代，但不等于没有戏曲！我们的思维方式爱走两个极端，或者万寿无疆，或者寿终正寝，二者必居其一。其实，在鼎盛与消亡之间，有很宽阔的弹性地带。戏曲在新世纪必须致力于体制改革，与艺术改革同步适应时代。适应者生存，改革者生存，可以在强手如林的百花园里保持“一亩三分地”。为使偏安一隅得以长久，我们这一代“受任于危难之际”的戏曲家们，将付出倾盆汗雨，毕生心血。

（演讲时间：2002年3月9日）

（录音整理：蔡萍）

魏明伦

魏明伦，四川内江人。童年失学，九岁唱戏。1950年参加四川省自贡市川剧团，先后任演员、导演、编剧。四十余年未换单位。最近调到四川省川剧艺术研究院担任顾问。

中共十一届三中全会后脱颖而出，以“一戏一招”的创新精神先后写作《易胆大》、《四姑娘》、《潘金莲》、《夕照祁山》、《中国公主图兰朵》、《变脸》与《巴山秀才》（合作）、《岁岁重阳》（合作）等一批在国内外有影响的戏曲文学剧本。

曾任1993年“中央电视台春节文艺晚会”总撰稿；又担任电影《变脸》的编剧，该影片获1995年度电影华表奖、最佳合拍片奖等。

80年代末期写杂文，90年代中期兼写骈体碑铭。以其内涵与形式双重特殊引起文坛和社会反响。代表作有《金牛赋》、《饭店铭》、《深山骏马碑》、《华夏陵园赋》等。有专著《苦吟成戏》、《巴山鬼话》、《魏明伦短文》、《魏明伦剧作精品集》在大陆和台湾问世。

任第七届、第八届和第九届全国政协委员，中国戏剧家协会副主席，四川省作家协会副主席，一级编剧。是国家特贡专家，文化部优秀专家，四川省优秀专家，1983年四川劳动模范，1996年全国五一劳动奖章获得者。

金开诚

中国书法艺术与传统文化

中国书法艺术是在中华大地上土生土长，地地道道的民族传统艺术。在其生成和发展的过程中，与中国传统文化的关系始终难解难分。当然，中国传统文化对古往今来中国的人文、历史乃至一切事物都有深刻的渗透与影响，但那影响毕竟在逐渐淡化。唯独书法艺术的情况不一样，它至今仍是从头至尾、从里到外，始终保存着地道的中国作风与中国气派，是中国传统文化的精粹体现和辉煌标本。因此，学习中国书法并进而从事书法艺术创作的人，必须要有较为深厚的传统文化修养，也要对传统文化有比较深刻而全面的认识，这样才能切切实实地感受、理解、把握、再现中国书法艺术的精髓和奥妙。今天我讲两个问题：先讲传统文化对书法艺术的生成发展给了些什么；反过来再讲书法艺术对传统文化回报了什么。

现在先讲第一个问题。

传统文化为书法艺术提供的东西，可分为“硬件”与“软件”两方面。

“硬件”的第一项就是汉字。汉字是中国传统文化中最伟大的创造之一，它对于中国书法艺术的生成和发展来说，实在是太重要了。

为了说明这个重要性，首先必须明白中国书法艺术的性质，最好要下一个明确的定义。我在1972年给北大中文系的学员讲书法艺术时提出了一个定义，即“中国书法艺术是以汉字为素材的造型艺术”。又作了一点具体解释，即“中国书法艺术是对汉字进行艺术加工，使之成为美学形象的艺术”。在这个定义中，“素材”这两个字还要作一点解释，它包含材料与题材两重含义，还是有别于其他艺术的。例如人像石雕艺术，是用石头来雕塑人像的艺术，那么，它用的材料就是石头，而用的题材则是人物。书法艺术与此不同，它的材料用的是汉字，它的题材仍然是汉字。对汉字加工创造而成的艺术形象，仍然是汉字的形象，而不是别的形象。当然这艺术形象中可能包含极为丰富的意、味、情、性，如同人物雕塑或山水画也可能包含丰富的意味，但它们仍然是人物或山水的形象。

汉字既是材料，又是题材，可见它与中国书法艺术的关系是何等密切。既然如此，学习书法首先应该对汉字有些研究，至少要能准确地识字，不能写错别字，更不能是文盲：文盲完全可能成为别的艺术家，却绝对成不了书法艺术家。有人认为书法只是线条的艺术，错别字也有线条，所以写错了也没关系。这种想法不对。书法即使仅仅是线条的艺术，那至少也是汉字的线条艺术，不能把汉字写错。犹如画人物画个美人，你不能把她画成瞎了眼睛掉了牙，因为美人总是“明眸皓齿”，古今中外的美人，没听说哪个是瞎了眼睛掉了牙的。

汉字在其长期流传中，与史事、人文乃至自然风物等发生了复杂而丰富的联系；于是在人们心目中，便觉得似乎有某种意味凝结在文字符号上面。其实这是人的心理对文字符号与其“所指”之间的关系有了惯性的反映（心理学上称为“暂时神经联系”）。简单地说，就是你看到某个字或词，会产生某些联想或想象，甚至有某种情思的轻微波动。在语言学上，这就是“语感”的一种表现，“语感”包括语言、文学两种符号而言；我们现在讲的是汉字，所以不妨称为“字感”。例如“烟柳画桥”四个字，世界各国都有柳和桥，但只有中国人说“烟柳画桥”，可见有独特的民族文化的凝注。中国人一看到这四个字，便产生诗情画意的联想，感受到隽永的美学意味。假如把“烟”写成“淹”或“腌”，把“柳”写成缺了一条腿的“枊”，把“画桥”写成“划乔”，那么这四个字给人的美学感受和情味感受便荡然无存了，甚至会产生厌恶之感。又如福、芙、伏、符是同音字，富、复、付、副也是同音字。每个字都有特定的语义和语感，用错了便不是那个意思，也没有那种联想作用和情感效应了。例如新年里许多人家在大门上贴个“福”字，有的还特意倒贴；你若给他写成“伏”或“符”，他肯定不贴，因为根

本没了求福的意思。我担任许多副职，讨厌别人把“副”写成“付”，比如说“付院长”，既是把“院长”之位“付”出去了，还当什么？

我们应该知道，书法艺术作品乃是个复合的载体，它所承载的多种信息应该相互和谐融合，彼此生发促进，共同作用于审美的感官和思维，才能强化审美的感受，使之深刻和丰富。假如书法艺术中加进了“噪声”，即破坏和谐的错误信息，那当然就会严重影响审美的效果。

把汉字作为书法素材来运用，还有一个极为重要的问题必须解决。那就是汉字究竟是不是象形字。许多人认为，中国书法之所以能成为一种艺术，主要因为汉字是“象形字”，本身就有形象性。这种说法是仅凭错觉说话，很不符合事实。汉字在篆书的阶段（包括甲骨文、钟鼎文、大篆、小篆），还可以说有部分象形字，它象形也只是古人所说的六种构字法（六书）之一，字数很少。因为生活中的大部分事物、运动、态势与关系根本无法用象形来表现。例如红黄蓝白黑是颜色，宫商角徵羽是声音，用笔画线条来“象形”？喜怒哀乐是情感，甜酸苦辣是味道，也无法用线条来“象形”。还有像天时地理、时间空间、春夏秋冬、寒暑温凉、婚丧嫁娶、生老病死、亲疏远近、动静安危、进退顺逆、高低纵横、难易成败、荣辱兴衰、吉凶祸福、是非得失、美丑善恶、贤愚优劣、富贵贫贱、聚散离合、强弱软硬、长短粗细、仁义道德、知识理论，等等，等等，都难用“象形”来表现。即使能够表现，古人也不大使用这种方法，所以，就连桌椅板凳这么具体的实物，古人也宁肯多用“形声字”来表现。尤其是大量表现语法关系的虚字，如之乎者也、因为所以、虽然但是之类，更加不可能象形，因为它无形可象。可见“象形字”的表现范围很小，字数也极少。文字作为一个完整的符号系统，是不可能用“象形”的方法来制定的。

再从汉字字体的变化与书法艺术的发展来看，更可以看出整个趋势是“象形”逐渐衰减以至于无。从篆书到隶书，“象形”出现了根本性的衰减。本来在篆书中，如“马”、“牛”、“羊”、“鸟”、“虫”、“鱼”等字都是“象形字”，可是在隶书中就基本上不象形了。隶书中的八分书，都有装饰性很强的一笔波挑，这清楚说明了书者心目中根本没有象形的考虑（因为世界上绝大多数事物形象并没有波挑这个特征）;可见为了求美,不是强化象形,而是突破象形。那么,从篆书到隶书,书法艺术是发展了,还是衰落了呢?可以说得到了最大的、最有根本性的发展。因为从八分书的各大名碑开始,书法艺术才成为高度个性化的艺术,表现为多种多样的风格;同时这也恰恰说明书法作品已成为高度自觉的艺术创造。就是说不仅仅为实用的目的而力求写得好看,也为了成为艺术品而精心创造。从隶书发展到魏碑、唐碑的楷书，象形的因素更加淡化，可以说几乎没有了。至于面对行书、草书,还要说汉字象形,那就是完全不顾事实的瞎说了。所以,汉字和书法发展的整个过程,便是象形的因素逐步衰减以至于无,而书法艺术却是不断发展创新的过程。那么，如何能说书法成为艺术乃是由于“汉字象形”呢?

这个问题为什么值得详加辨析?因为汉字如果象形,那么书法艺术的发展与创新便应该在象形的基础上进行；反之，汉字如果不象形,那么书法艺术的发展与创新就完全不应该考虑象形这个因素。事实上,由于错误地认为汉字具有象形性,从而在书法艺术上走向邪路的现象的确曾经出现过。例如十多年前曾一度流行的所谓 “画字”,便是书法艺术走上邪路、弯路的表现。所谓“画字”便是基于“汉字象形”之说,力图把书法变成字画,即写个“山”字像座山,写个“水”字像条水,写个“道”字像条路,写个“云”字像朵云,如此等等。我在“画字”刚刚出现的时候即在文章中断言,这种做法是绝对没有艺术前途的。因为“画字”只能写一两个字,既像书法又像画。假如字数稍多,即使每个都“象形”,那么整个作品就像一块块小画,还有什么艺术的完整性可言?再进一步说,假如这些小块画果然互相联系,成为一幅大画,那就成了绘画创作,而书法艺术却被消灭了。“画字”在后来的几年中没有得到发展,现在已经不多见;所以我认为当初的预言还是说对了。

汉字是传统文化留给我们的宝贵财富,我们搞书法的,特别应当热爱它,感谢它。它给了我们优良的种子,我们才能种出佳树、鲜花、美果和高质量的粮食;它给了我们鸡鸭鱼肉、生猛海鲜,我们才发展

出“四大菜系”，并做出“满汉全席”；它给了我们一幢建筑物，我们才可能把它装修成五星级的宾馆。人们学会认字、写字，很不容易，这是我们的本领和财富，必须好好使用。至少有志于追求书法艺术的人，就更要严肃认真、万分珍惜地对待汉字，千万不可以胡乱糟蹋。

附带还要说一点。汉字虽然不象形，但因为占有一定的面积和比较复杂的线条与结构，不像拉丁语系的文字都是横条形，线条结构也比较简单，所以汉字本身也给人以较多的形象感。汉字经过千变万化的加工而成为书法艺术，它的形象感更大大加强；又因为充分利用了凝结在汉字上面的历史文化淀积，从而使书法形象所有的启发联想和想象的作用也大大增强。这都是书法艺术的作用，而不是所谓“汉字象形”的作用。书法创作为追求象形，那么它就只是画得简单而拙劣的物象；假如它完全不考虑象形，而致力于创造书法特有的艺术形象，那么它所给人的形象感就既独特又丰富，还使人产生特别活跃而悠远的联想。这就真正体现了《老子》所说的“无为而无不为”。“无为”就是不追求象形，从而在形象上就不受限制，通过观赏者的想象而产生既丰厚又多变的形象感。

传统文化为书法艺术提供的第二个“硬件”，是中国传统的文学艺术。

文学艺术给书法艺术提供的好处有三项：一，给书法创作者以思想的艺术的滋养，提高其知识文化的水平和审美的情趣与能力。二，为书法创作提供极其丰富多彩的艺术形象，使书法家得到启示，吸取形象，并巧妙地融入书法创作。张旭观公孙大娘舞剑器而有悟于书法，便是最好的一例。三，大量的诗词作品与警语格言往往与书法艺术互为载体，从而在审美感染中相互生发，在艺术上相得益彰，起到了1十1>2的神奇作用（有人主张写无意义单字群体，非常不智；又因不合欣赏的传统与习惯，会严重削弱审美效果）。

传统文化为书法艺术提供的第三个“硬件”，是传统文化中种种特有的器物，如甲骨钟鼎、竹简帛书、碑版铭志、匾对条幅，等等。这些都是中国书法艺术特有的表现空间，犹如演员的舞台。它们在书法艺术的发展和流传中起了不可替代的巨大作用。

传统文化为书法艺术提供的第四个“硬件”，就是“文房四宝”纸墨笔砚，这是中国传统文化中特有的物质创造。中国书法正是借助了这些大有特殊性的创造物，才能创作出在艺术上非常独特的书法作品。

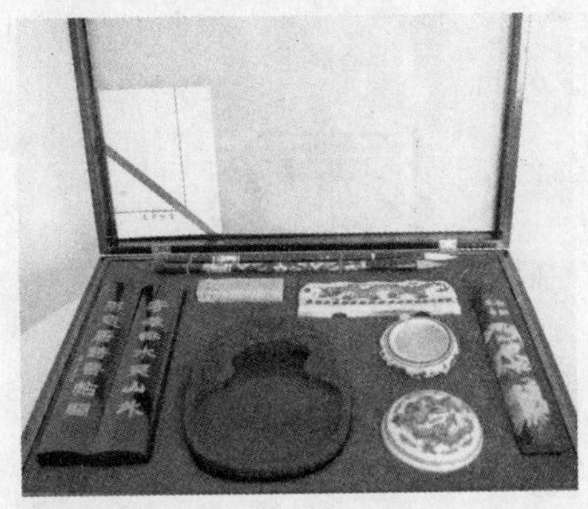

文房四宝

下面谈传统文化为书法艺术提供了什么“软件”。所谓“软件”就是指思想精神方面的滋养与影响。

几年以前，我在北大开设《中国传统文化概论》选修课。在备课中，我感到困难的是中国传统文化的内容太丰富了，如何能在一个学期中讲完，而又有较为完整的概括？经过反复思考，终于决定以四个重要思想为纲，来概括整个中国传统文化。这四个思想便是：一，作为基本哲理的“阴阳五行”思想；二，关于人与自然关系的“天人相应”思想；三，关于处理社会人事的“中庸中和”思想；四，关于如何对待自身的“克己修身”思想。我认为这四个思想是以人为中心和本位，扩展到与人有关系的方方面面，所以具有概括性；而这四个思想又的确是传统文化中最为重要、最有影响的思想。现在要讲传统文化对书法艺术的影响，我想仍然可以抓住这四个思想来讲。

第一个思想是“阴阳五行”。“阴阳”思想表现了极为丰富和生动的朴素辩证法。这个思想渗透到中国文化的各个领域，书法也不例外，由此就派生了中国书法的艺术辩证法的各个范畴，如黑白、虚实、大小、粗细、浓淡、枯润、方圆、攲正、向背、顺逆、呼应、刚柔、疏密、巧拙等，要求创作者都能处理好，使阴阳互动，生生不息，并达到和谐。正因为对这些辩证关系作了千变万化、精妙准确的处理，书法创作中才出现了千姿百态、生动美妙、意蕴深厚的艺术形象，使简单的白纸黑字竟成为精深的艺术。比如以黑白为例，传统的书法理论讲“计白当黑”，“黑处是字，白处也是字”，这是阴阳相生，相反相成，是艺术

阴阳五行图

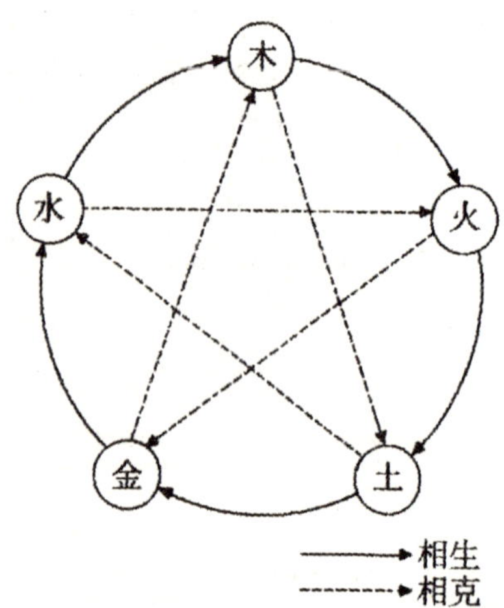

五行的相生相克关系

辩证法的生动表现;但关键在于黑与白的处理要恰当,不可把一种因素绝对化;假如因为“白处也是字”而留的空白特别多,那就不能与“黑处”和谐相生。反之,“黑处”太满太密也不行。又如传统理论说“疏处可以走马,密处不使透风”,理解这话的关键也在于疏密处理要恰当,而不能作机械的解释,总之要相互促进,恰到好处。

“五行”本指金木水火土五种物质,古人认为客观世界统一于这五种物质,这是朴素的唯物主义思想。其精深之处主要有两点:一是“五行”由物质发展到物性,再由物性发展到符号,于是世上的万事万物便都纳入了“五行”系统。如“五色”(白为金,青为木,黑为水,红为火,黄为土),“五方”(东为木,南为火,西为金,北为水,中央为土)、还有“五音”(宫商角徵羽)、“五味”(酸甜苦辣咸)、“五畜”,“五谷”,等等。“四季”只有四个,但也归入“五行”(春为木、夏为火,长夏为土,秋为金,冬为水)。天干有十个,也归入“五行”(甲乙为木,丙丁为火,戊己为土,庚辛为金,壬癸为水)。地支有十二个,也归入“五行”(丑辰未戌为土,亥子为水,寅卯为木,巳午为火，申酉为金）。总而言之，万事万物都纳入“五行”，“五行”成为万事万物的符号，具有极大的广度。

二是“五行”之间有生克关系，这就使“五行论”更加精深了。“生”指生成、助长、促进以及使之受益等，“克”则是指消灭、克制、约束、挫折以及使之受害，等等。“生”与“克”的序列是：金生水、水生木、木生火、火生土、土生金；金克木、木克土、土克水、水克火、火克金。这两种关系说明，世界上每一种事物或力量都要靠其他的事物或力量来生成或助长；每一种事物或力量又必然受到其他事物或力量的克制和消灭。所以世界上任何事物与力量都不能独立存在，也不可能凌驾一切事物与力量之上而居于绝对的地位。

这种思想本来已经很深刻、很先进，然而还不止于此，还有反克、反生与生克的转化，更加深刻而发人深省。反克：如金克木，金本身也受到磨损；而且金如克木太过了，就能导致木生火，而火却能反过来克金。还有，金克木，木打不过金，却可以克土，克了土便不能生金。反生：如水生木，木太旺了就生火，而火恰恰是水的克制对象。还有，水生木，木太旺了，为所欲为，胡乱去克土，土就反过来去克水，断了生木之源。生克转化：例如火克金，这本是克制，但反而使金受到冶炼，更加精粹；或受到熔铸，成为有用的器物。金克木也是这样，世上的木如不受金克，就只能用来烧火；受了金克，却成为种种精美的木器。土克水也是这样，江河湖池，因为受到岸与堤的阻挡，才能成为有用的航道、景观，乃至可以发电、养殖。这些都是克之反以生之，是克转化为生的生动表现。同样，生也能转化为克，如水生木，如果无节制，发大水，反而将木淹死。木能生火，但炉子里的木太多了，火反而不能烧起来。

总括以上情况，可知“五行”的相互作用应该有序有度，人善于掌握这种序与度，便叫做“五行制衡”。若能做到“调理阴阳，制衡五行”，那就必然从胜利走向胜利，始终立于不败之地了。“阴阳五行”之说给人的教育太大了，人们必须认真学习和深思。美国搞霸权主义，想称霸世界，这必然成为衰落和灭亡的开始。中国人遵照邓小平同志的教导，实行“韬光养晦”，充分体现了中华民族的深刻智慧，必

然能积聚力量，不断发展。

说了半天，究竟“五行”与书法有什么关系？关系就在于根据“五行制衡”的道理，处理好书法创作中各种因素的关系。例如书法家从整体上说，有五种素质最重要，即品性、学识、智慧、功夫、情趣（品学智功情），五种因素要和谐相生，平衡发展。假如过分强调一种因素，如智慧（悟性、模仿、想象等能力），使其他因素受到压制，就反而会走上邪路。再如墨分五色“渴润浓淡白”，笔法可概括为五形“方圆中（锋）偏（锋）抖（笔）”，结体概括为五势“纵横正侧变”，这恰恰也都是五个字，虽然不必要用金木水火土来硬套，但“五行”既成了符号（等于XY），当然也可以用来指代“五色”、“五形”、“五势”。总之是为了吸取“五行制衡”的道理，尽力把各种因素处理好，使之有序有度。

第二个思想是“天人相应”，或者叫“天人统一”。意思是“天体”与“人体”相互感应，“天道”与“人道”相互一致而且彼此反映（“道”指道理与运动法则）。今天来诠释这个思想，当然要去除神秘的成分，吸取合理的内核。“天”应该是指自然界，人类社会是在自然中生成的，而且也是在自然中发展的，因此，自然与社会必然相互影响。现在人们重视环境保护、生态平衡，是因为越来越发现对自然的破坏必然导致对人类生活、人类社会的破坏。因此越来越认为古代“天人相应”的思想是很有道理的。

“天人相应”的思想在古代有很大渗透作用，在各个领域中起作用。如政治、经济（农业）、法律、军事等，医药和武术更是基本上根据

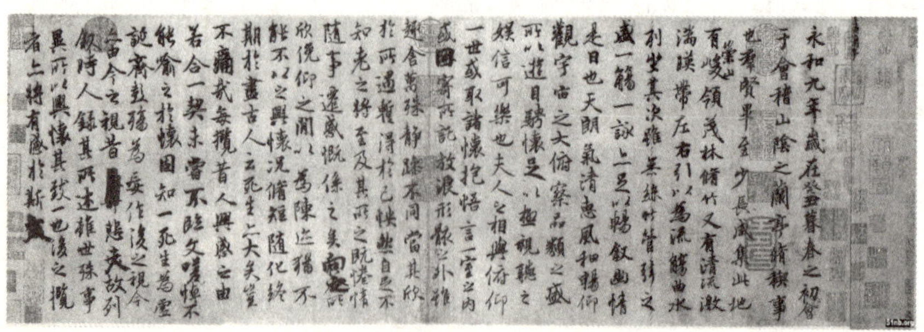

王羲之《兰亭序》

“天人相应”来建立理论。在文学艺术中,渗透也很深,主要表现为“通自然,得天趣”,要求“天真罄露”,即充分表现真性真情,反对矫揉造作,甚至要求“不落斧凿痕迹”,像“鬼匠神工”、“巧夺天工”这种赞语,就是要求人为的艺术达到“天造地设”那种自然的程度。在书法艺术中,王羲之《兰亭序》和颜真卿《祭侄文稿》分别被评为天下第一、第二行书作品,人们特别赞赏其“天真罄露”,即是真性情的自然表现。反之,矫揉造作、哗众取宠的书作则从来受到讥议,甚至论及品格。

“通自然,得天趣”,流露真性情,这本是书法创作中很高的境界,理应努力追求;然而现在却导致了一个极大的误区。那就是有些人认为,既然要自然不要做作,要表现真的个性、真的感情,那就完全不必要练功夫;只要完全放松,随意乱写,那真性情便会反映到白纸黑字之中,得到既充分又自然的表现。这种思想的错误,就在于不知道自己究竟要干什么。你所要干的是艺术,这是前提;个性与情感是在艺术中得到表现,而不是别的表现。若说随意涂抹便能表现性情,那么阿Q在他的判决书下画了个圈,代替签名,这也有性情的表现,却不会有人觉得美,也无必要和可能加以欣赏,更不会有人出钱购买。情与性是人人都有的,却与别人毫不相干,别人有何必要来欣赏你的脾气发作,情感宣泄?流氓互斗,泼妇骂街,都充分表现了他们的情与性,请问有谁觉得美好而加以欣赏?作为书法家,首先向社会奉献的是书法艺术,而这艺术中又表现着可爱或可敬的性,美好或崇高的情,就像《兰亭序》和《祭侄文稿》那样,这才有很高的美学价值和社会价值。

书法家既然从事艺术创造,当然要练功夫和本领,开头非常拘束,当然难以自由自在地表现个性与情感。等到功夫练深了,本领很高了,他人的东西能为自己所用了,真正做到意在笔先、心手相应了,那就能使情与性在作品中得到自然而充分的流露,达到“天人相应”的境界。中医学说的人体与“天”相应,这是一种“自然”的关系;而在一切艺术创造中达到“天人相应”的境界,却只能是“自为”的结果。因为大自然中本来没有艺术创造,艺术创造是人为的;人为而要达到“天人相应”,这就必须在功夫上有所突破、有所升华,超出一般化,更上一

层楼，这就叫“出神入化”。到了这种境界才能使艺术创造与情性表现高度统一，完全融合，成为艺术个性高度鲜明的独特的艺术创造。

第三个思想是中庸中和。“中庸之道”在我国长期受到误解，因为看到一个“中”字，就以为是“折中”的意思，即“折半以取中”；看到一个“庸”字，又认为是平平常常，不突出。因此，以为遇事模棱两可，或“各打五十大板，各赏十块大洋”，便是“中庸”。但正如孔子所说：“天下国家可均也，爵禄可辞也，白刃可蹈也，中庸不可能也！”假如中庸果真就是“折中”，那就谁都会干，怎么会如此之难，以至于断定“不可能也”？仔细研究《礼记·中庸》篇的全文，应当悟出“中庸”不是折半以取中，而是要找到一个不断变动的平衡点。拿一杆秤来作比喻，折中是把秤锤始终不变地固定在秤杆的中点，这样的秤可以说毫无用处，真正的“中庸”是使秤锤根据被称之物的轻重而随时移动，使秤杆平衡，把重量秤准。拿现在流行的言语说，中庸就是处理事物要把握的准确的度，这就非常之难，要做到绝对的准确，简直是“不可能也”。现实中充满了两难的事情，很难作绝对准确的处理。比如让一部分人先富起来很有必要，否则把大家绑在一起，就谁也走不快。但让一

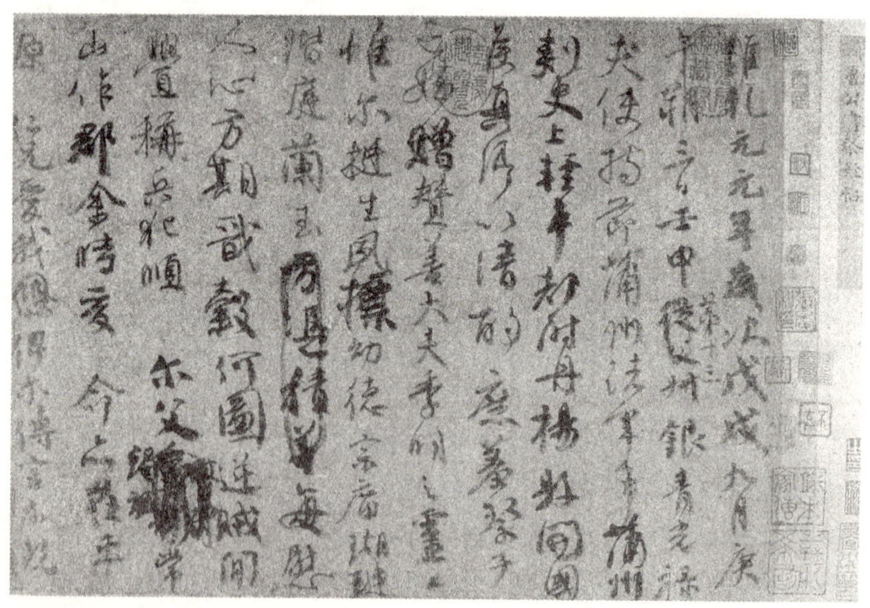

颜真卿《祭侄文稿》(一)

部分人先富起来却又要防止贫富两极分化，这也完全正确，非常必要。那么为了解决这个矛盾，准确的度应该怎样把握呢？恐怕谁也做不到绝对准确。但无论多么难，解决此类问题还是要求把握一个比较准确的度，这就是“中庸”。把握了比较准确的度，使矛盾得到调和，使事物出现整体上的和谐，这便是“中和”。

“中庸”、“中和” 在艺术上的表现便是艺术上的准确性和完整性。当然，这两个名词古人不会说，但他们另有其表达方式。例如在表现上强调“不温不火”，恰到好处；孔子讲“过犹不及”，就是要求准确，因为过头与不足都是不准确。恰到好处才是准确。风格刚健的不可有霸气，风格柔美的不可有媚态；笔墨要求精深洗练，不可单薄浅俗；书法形象要富有新意，却不是哗众取宠，流于怪诞。这些议论实际上都是强调要以表现上的准确性来求得真正的艺术成果。前人论书又高度重视和谐，这既是指各个局部、各种因素和谐结合而成整体，又是指形象丰富、生动多变，却又表现出艺术上的和谐统一。这些就都是强调艺术作品的完整性。

第四个思想是克己修身。中国传统文化在如何对待自身上非常

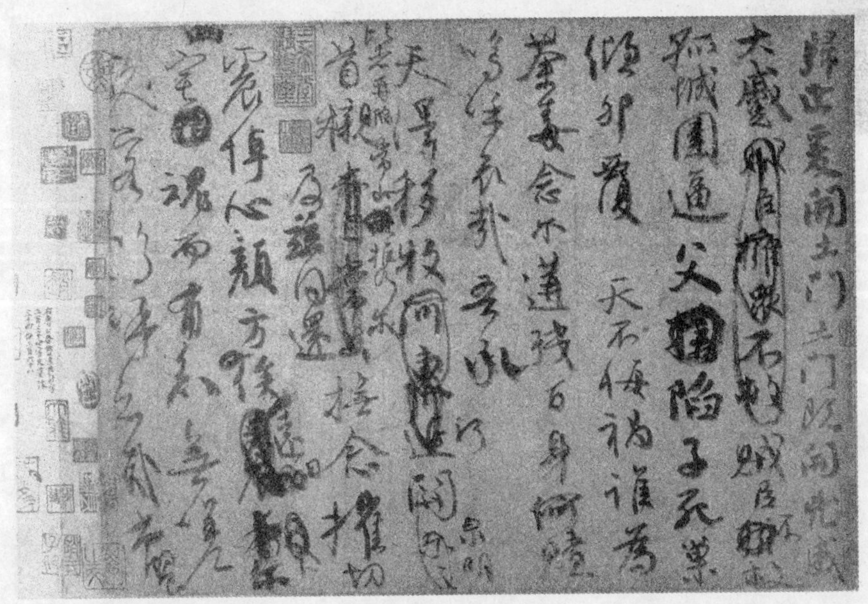

颜真卿《祭侄文稿》（二）

强调修身，认为“身修而后家齐，家齐而后国治，国治而后天下平”，一切都从“反求诸己”开始，并以“反求诸己”为着力点。这个思想很深刻，也很现实。因为客观情况基本上不由个人的意志为转移，只有“从自己骨头里榨油”，是随时随地都可以付诸实施的；而实施以后，个人的素质与本领确实能够提高，从而取得“实至名归”的社会效果。《老子》讲“自知者明，自胜者强”，这是很发人深省的名言。

克己修身思想渗透到书法艺术中，形成了两个重要观念：一是通过提高人品来提高书品；二是只有苦练才能具有真功夫。

第一个观念非常明确，不必多说。关键是学书者由衷地相信人品的确会影响书品，从而在学书的过程中，充分重视精神素质的全面提高。

第二个观念要着重谈一谈。传统书法理论一贯强调苦练，标榜一些大书法家“池水尽黑”、“退笔成冢”。苦练就意味着克己，即克制种种欲望和诱惑，甘于受苦，不求安逸。克己的反面是纵欲，名利欲望很强烈，任性躁动，只想靠意外的机遇，乃至靠歪门邪道成名获利，当然根本没心思苦练，也肯定不会有真正的创造成果。

大约15年前，我因开会与一位著名的老书法家在宾馆中同住一间房，每天都有人来向他请教怎样写好字。他的回答总是这么一句：“我实话告诉你，只有一个字，练！”我感到不解，怎么能这样回答人？我写字写不过他，但我是搞理论的，若让我来回答，至少也要讲个把钟头。后来我先后三次到某地，都有一位同志拿他写的字来要我提意见。我三次提的意见都一样，都是说他的线条质量差。在第三次谈话时，我深深感到那位老书法家只说一个“练”字是有道理的。只有多看多练，才能切实感受什么是线条质量；也只有多练，才能提高线条质量。在线条质量这个问题上，学习理论和发挥想象都没有多大作用，只有练才能解决问题。

我在研究传统书法理论时，突出感到前人特别强调两点，一是笔法的正确，二是线条的有力。这两点其实都是要解决书法的线条质量问题。开头我认为这些理论未免片面，因为书法创作讲究笔法、墨法、结构、布局；在这四者之中，笔法只居其一，为什么要给以特别的强调？后来，我逐渐觉悟书法线条好比建筑所用的材料。无论有多么好的建筑设计，倘若搞成“豆腐渣工程”，就什么价值也没有。倘若你只是用过去北方农村常用的大土坯来建造，那也是一定造不好的。倘若连大土坯都不用，而只用纸和三夹板来糊，那就只能做成舞台上用的布景片，根本成不了建筑物。就算你用上了青砖筒瓦，要造摩天大楼还是不可能，摩天大楼需要更高质量的建筑材料。建筑材料是决定建筑物质量的首要因素，同样，书法线条也是决定书法质量的首要因素。

高质量的书法线条必须洗练有力，有弹性，有内劲，圆健老辣。但是你要感受到书法线条的力度却也很不容易。什么是真正的有力？胡小石先生说得最生动切实，他说：“作书所用之线条，当如钟表中常运之发条，不可如汤锅中烂煮之面条。”但即使说得这样生动，你如果少看少练，也仍然无法区分什么是发条，什么是面条；在你眼中，所有的书法线条无非是用笔墨写出来的黑道道而已。至于要做到自己写出来的线条像发条而非面条，那就只有靠苦练，除此之外别无他法。

再往后我觉悟到书法线条的洗练有力，实际是一个艺术准确性的问题，所以才如此重要。这不妨用打乒乓球来作比喻。初学打球的人小心翼翼，肌肉紧张，动作不准确，用的力气也不准确，只能推推托托，把球托过网去就算行了，那球根本谈不上力度；当然也有人使劲挥拍，把球打得满屋乱飞，就是不落在对方台上，这自然也谈不上力度。经过艰苦磨炼，成了打乒乓的能手，那时动作准确了，力气用对了，每个球都打得洗练有力，不但力度大，而且在对方桌上的落点也随心指挥，非常巧妙，可以得分。有些旋转球像轻烟一样飘过球网，看上去没什么力度，却因旋转而产生强大的内力，使人更难抵挡。总而言之，球击出的力度与动作的准确性、用力的准确性、效果的准确性是高度统一的。准确才能够有力，有力才表明准确。所以，书法线条有力度，有内劲，很洗练，很矫健，实际上就是艺术准确性的具体表现。如何才能有力？只有苦练。谁要像乒乓球国手苦练乒乓球那样苦练书法，想要不成为书法家恐怕不可能。这种练很苦，不大大地克己，是坚持不了的。

下面讲第二个问题，即书法艺术的发展给传统文化提供了什么？这也可以分为“硬件”与“软件”两方面来讲。

“硬件”方面的情况很简单，就是从古至今的优秀书法作品，这已经成为传统文化总的宝库中一宗价值巨大的宝藏（实际上是无价之宝），是中国历代书法家为民族文化乃至世界文化所作的巨大奉献。

所谓“软件”是指表现在创作实践中的精神意识及其理论总结。主要有三点，即重视创造性，强调个性化，发挥想象力。这三点在中国传统文化的发展中是很有积极意义的。

就中国传统文化的整体情况来看，中国人从古至今都是富有创造性和想象力的；而创造与想象又总离不开作者的个性特征，表现出鲜明的个人风格与特色。但是，从理论概括和文化思想的层面来看，传统文化（特别是长期占有统治地位的儒家思想）对创造性、个性化、想象力三者重视不够，比较保守。例如孔子强调“述而不作，信而好古”，就意味着只要传承，不要创新。现在来看，在孔子那个时候，从上古时代传下的文化成果还并不丰厚，有些还相当原始，在那种情况下就已经强调只要“述”而不要“作”了，这种思想如何要得？就是到了今天，也不能“述而不作”，而应大力强调创新；因为以十万年、百万年后所达到的文明境界来反顾今天，那可以说现在的文明成果仍然是相当幼稚的。所以着眼未来，只有始终强调创新，才不致落后，才

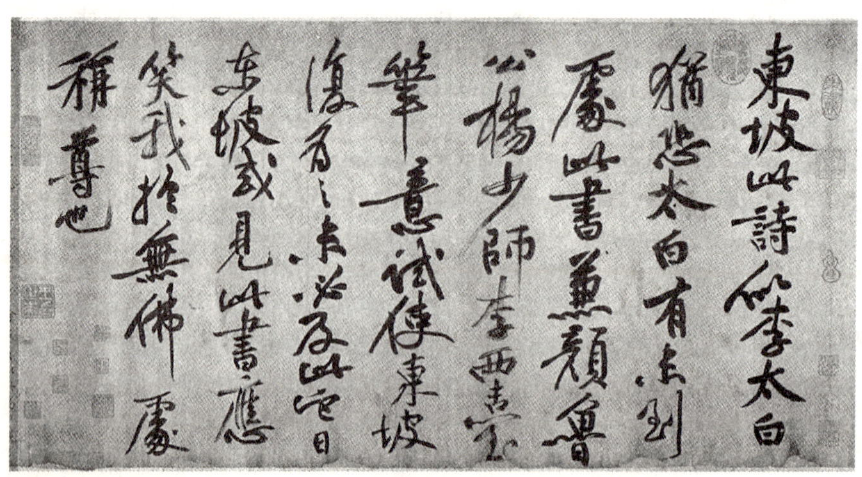

黄庭坚书法

能卓然自立于文明世界的民族之林。

荀 子

荀子是儒家的宗师之一，他的态度比孔子还保守，而且绝对化。他说："学恶乎始？恶乎终？曰：其数则始乎诵经，终乎读《礼》。……《礼》之敬文也，《乐》之中和也，《诗》、《书》之博也，《春秋》之微也，在天地之间者毕矣。"在他看来，有了儒家的"五经"，天地间的一切便已完备，人们自始至终只要学这几部书就可以了，再也不需要提供新的思维经验和发明创造了。这种说法错误至极，后世的人如果照此行事，中华民族不仅不会有如此灿烂的文化，而且恐怕早已在世界民族之林中沦落了。当然，荀子的这种谬论纯属个人一相情愿，不可能完全束缚人们的创造要求和能力，所以中华民族代代都有重大的发明创造，并且遍布各个领域。其中，书法艺术的创造性发展尤其显得突出而持久；它在创造性、个性化、想象力三个方面的自觉追求，的确为传统的文化思想作出了可贵的奉献。之所以这样说，并非因为我们偏爱书法艺术便故意抬高它。书法艺术在创造性、个性化、想象力三方面表现突出，是由一些特定因素决定的，实际上带有某种必然性。

第一，书法艺术在各个历史时期中，都是在实用书法的基础上发展出来的。实用书法一再出现巨大的书体变化（大类就有篆、隶、正、草，小类更多，如篆有甲骨、钟鼎、大篆、小篆，隶有秦隶、汉隶、八分，楷有魏碑、唐楷。篆隶正草之后，现在又要加简化字，将来还会有新发展），这种变化是由社会生活的发展所驱动的。例如，虽然"述而不作"是孔子说的，但秦代的官吏却不能照办，因为公文多，又紧急，用篆书实在写不过来，只能创出大大简化的秦隶，否则误了公事要杀头。尽管孔子说了"述而不作"，秦代的公务人员却非"作"出秦隶不可。实用书法的形体一再大变，这就是说书法艺术的基础在变，于是书法艺术也必然不断地花样翻新，即一再在新的基础上作出新的艺

术创造，形成新的创作主流（如秦篆、汉隶、晋帖、魏碑、唐楷等）。这种创造性从根源上说，是由人民群众集体创造所驱动的，所以实际上具有必然性。

第二，写字的人各有各的性格、气质、情操、趣味、素养和智能特长，甚至各人在机体的生理结构上也各有差异。因此在实用过程中写出来的字就已经是一人一体，各不相同（所以签名的字迹可以经鉴定而确认出于何人之手）；在此基础上，由于更高的美学追求和深厚的写作功夫而形成的书法艺术，就必然更加自觉、更加鲜明地表现出艺术的个性。所以，书法艺术的个性化实际上也具有必然性。但如“馆阁书法”那样，以功利逼迫人去除个性、严格按照模式来写，那就是另一回事，是违背书法创作的正常情况的。

第三，书法的创作手段很简单，不过是白纸上写黑字，而所写的又必然是大家认同的汉字，所以它在创作中所受的限制很大。限制很大而又要力求成为姿彩纷呈的精深艺术，这就不得不依靠坚实的基本功夫和活跃的“创造想象”，才能挥洒自如地写出富有新意和美学价值的书法形象。书法创作的想象，早在学习阶段便已受到训练。学书法要临写多种法帖，对不同的艺术形象在心中进行熟练而巧妙的分解与融合，这便是一种“创造想象”（相对于“再造想象”而言）。到了更高的创作阶段，还要善于吸收万物万象的线条、结构和意态之美，将其融入书法而不露拼凑的痕迹，如王羲之观鹅而有悟于书法，张旭见公主与担夫争路而有悟于书法，前面还说过张旭观公孙大娘舞剑器而有悟于书法，黄庭坚观船夫荡桨而有悟于书法，李阳冰说于天地万物皆有所得，这些都是更加精深的“创造想象”。

中国书法艺术对于创造性、个性化、想象力的强调与提倡的确很突出，既摆出了许许多多实践的样板，又有一定的理论总结。因此，书法艺术对创造性、个性化、想象力的倡扬已成为一种影响相当深远的文化思想，为中国传统文化提供了富有生机活力的精神因素。

（演讲时间：2002年5月3日）

金开诚（1932–2008），江苏无锡人，1955年毕业于北京大学中文

金开诚

系。长期在北大任教。现为全国政协常委，九三学社中央副主席；北京大学教授，博士生导师，中央社会主义学院、中华文化学院副院长。著作有《文艺心理概论》、《屈原辞研究》、《谈艺综录》、《学术文化随笔》、《文化古今谈》等二十多种。

黄晓和

苏联卫国战争时期的交响乐

上次介绍了苏联卫国战争时期的歌曲，今天着重讲一下交响乐。我为什么选用这两种体裁呢?这两种体裁是苏联音乐成就最突出的方面。它们贯穿了苏联建国以来70多年的历史,在十月革命以前,俄国的革命歌曲就有很广泛的流传,然后在整个苏联时期继续发展,这是最底层的、最大众化的体裁。另外一种最复杂的、艺术上最高的、体现作曲家最高成就的,就是交响乐。

交响乐在俄国也是很有传统的。俄国十月革命以前,著名作曲家柴可夫斯基写了很优秀的交响曲。除了柴可夫斯基以外,格林卡、“强力集团”（新俄罗斯乐派）里边的一些作曲家,比如里姆斯基-科萨科夫、鲍罗丁、穆索尔斯基也留下不少交响乐作品。苏维埃时期,交响乐更加发达，因为这种体裁形式更适合表现重大社会变革的内容。很多作曲家，像最著名的米亚斯科夫斯基、普罗科菲耶夫、肖斯塔科维奇、哈恰图良、卡巴列夫斯基等,都在交响音乐方面很有成就。

柴可夫斯基

我今天着重讲的是苏联卫国战争时期的交响乐，这个时期产生了很多交响曲，其中影响最大的是肖斯塔科维奇的《第七交响曲》，其他还有他的《第八交响曲》，普罗科菲耶夫的《第五交响曲》，哈恰图良的《第二交响曲》（《钟声交响曲》）等。肖斯塔科维奇的《第七交响曲》有个标题叫《列宁格勒》。它可以说是已经载入史册的一部音乐杰作，把整个第二次世界大战和苏联卫国战争这样重大的事件，通过音乐形式再现出来了。下面我简单介绍一下肖斯塔科维奇的生平，然后再讲这个作品。

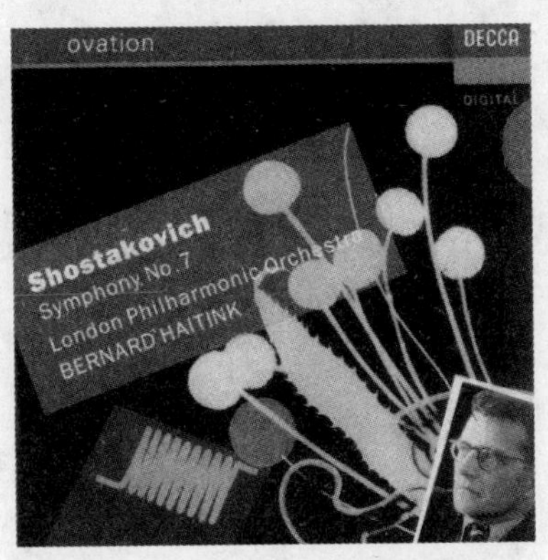

肖斯塔科维奇《第七（列宁格勒）交响曲》唱片封面

肖斯塔科维奇的全名叫德米特里·德米特里耶维奇·肖斯塔科维奇，出生在彼得堡，父亲是个化学工程师。肖氏自幼就显示出了音乐才能，9~11岁就开始作曲，写了一些小型作品。14岁进入彼得堡音乐学院。在校期间，他对现代音乐比较热衷，比如对奥地利现代作曲家马勒和俄罗斯现代作曲家斯特拉文斯基的作品有浓厚兴趣。1923—1925年，分别以钢琴和作曲专业毕业于彼得格勒音乐学院。毕业时写的作品《第一交响曲》就引起了注意。这个作品很快传到西方，由著名指挥家托斯卡尼尼指挥演奏了这个曲子。同时他的钢琴弹得也不错，在1927年波兰举办的第一届肖邦钢琴比赛中获得了荣誉奖。

他的创作可以这样看：从20年代末到40年代初，也就是苏联卫国战争前这段时间，他的音乐创作主要是从探索走向成熟。他写的《第二交响曲》和《第三交响曲》都是有标题的。第二交响曲叫“十月的献礼”，写于1927年。第三交响曲叫“五一节”，是1929年写的。他的这些作品都力求把革命的内容与最新的创作技法结合起来，但当时演出后受到了批评，因为他的手法过于新颖，人们当时不能接受。他还写了一部歌剧，用果戈理的短篇讽刺小说改编的，名叫《鼻子》。后来又写了两部舞剧，《黄金时代》和《螺丝钉》，都是现代题材的。这些作品都没有被接受，都在官方、艺术界、音乐界受到冷遇。他用一种漫画式的手法来描写苏联现实生活的芭蕾舞，被认为是不真实的，受到了批判。最

为严重的是他在1932—1933年，写了一部歌剧《姆岑斯克县的麦克白夫人》，这是根据俄罗斯小说家列斯科夫的一部同名小说改编的。小说原来是以一种揭露性的手法，表现一个农村妇女为了实现自己的幸福，不惜用谋杀的手段来达到自己目的的故事。小说本来是把女主角作为反面角色，作为罪犯来揭露的。但肖斯塔科维奇把这个作品作了重新理解。他认为这个女主角本身虽然是个罪犯，但她自己也是个受害者。他把她比喻成“黑暗王国里的一线光明”。他认为她本是一个很朴素的农村姑娘，由于是在当时的黑暗社会，为了自己的幸福，她不得不采取这样的手段。肖斯塔科维奇这样解释说：“我要为她辩护。”

原著小说叫《姆岑斯克县的麦克白夫人》。借用莎士比亚剧作《麦克白夫人》里一个贵族女人通过谋杀手段来夺取王位的剧情。但肖氏对歌剧里这个人物进行了全新解释，对她着重刻画，给她很多非常抒情的唱段，表示同情。这个歌剧开始演的时候在音乐界的反映还不错，在两三年内都是被肯定的。但是后来斯大林看了，很反感，就批判这部作品。用《真理报》出社论的手段点名批判这个歌剧。社论名叫《混乱代替音乐》，说这个作品一塌糊涂、一无是处，除了内容以外，音乐艺术形式和手段也是很糟的。这对肖斯塔科维奇是很大的打击。紧接着不久，他的另外一部舞剧《清澈的溪流》（是写集体农庄的生活的），也被认为是歪曲了苏联农村的现实生活，同样发了一篇名叫《舞剧的虚伪》的社论，对其进行了批判。在这种情况下，他明白了这些作品是不适合苏联领导意图的，于是想办法“改邪归正”，想办法写许多别的东西，例如他为电影写了许多音乐，像苏联很多著名的电影《马克辛三部曲》、《伟大的公民》、《带枪的人》、《卓娅》等，因此很受欢迎。肖斯塔科维奇从二三十年代到卫国战争之前，经历了两种情况：一方面他受到严厉的批判；另一方面又受到高度的赞扬。

到了苏联卫国战争期间，他写了两部交响曲，一个是在卫国战争初期写的《第七交响曲》，一个是在卫国战争中后期写的《第八交响曲》，这两部交响曲的命运也是很不一样。《第七交响曲》受到了高度的赞扬，社会反映很强烈；《第八交响曲》却遭到了批判，因为他很真实地写了战争的残酷性。结果有人批判他在战争刚开始时写《第七交响曲》,还很有信心,要战胜法西斯,可是到了写《第八交响曲》时,就灰心丧气了(在本应该表现苏联人民的英雄主义时,却刻画战争的残酷性,这就是缺乏信心),因此很长时间不让演出《第八交响曲》。这对他来说,又是一次沉重打击。到了卫国战争结束以后,肖斯塔科维奇又写了《第九交响曲》。《第九交响曲》又遭到批判。因为在这之前他曾讲过,想写一部叫《列宁》或者叫《胜利》的交响曲,可是他后来没有写,而是写了一个《第九交响曲》作品,比较轻松,比较欢乐,与人们期待的不同。人们期待的"第九"是一个歌颂卫国战争丰功伟绩的、宏伟的、庆功性的作品,结果不是这样,所以人们感到很失望。

很不幸的是,紧接着苏联共产党1948年在整个意识形态领域包括电影、话剧、文学直到音乐界开展了一次很猛烈的批判运动,当时苏共中央主管意识形态的老布尔什维克领导人日丹诺夫亲自主持对音乐界的整风,搞了个批判运动。这个批判运动本来是针对作曲家穆拉杰利(他写过一首著名歌曲《莫斯科—北京》)的一部歌剧《伟大的友谊》,该剧本来意图是想歌颂苏维埃政权建立初期,一个老布尔什维克在格鲁吉亚、高加索一带,正确贯彻民族团结政策,使得原来的民族冲突解决了,建立了苏维埃政权。这部歌剧在十月革命30周年的时候在全国很多歌剧院上演,没有想到斯大林看了以后很不满意。因为歌颂的那个人物正是和斯大林之间有矛盾的人,歌颂了这个人,没有歌颂斯大林,斯大林看了以后当然很不高兴。说音乐不好实际上是醉翁之意不在酒,但当真的开展大批判的时候,实际上点名批判的还是肖斯塔科维奇、普罗科菲耶夫和米亚斯科夫斯基等其他作曲家。肖斯塔科维奇受了批判以后, 又写了一些能适应当时党的领导人需要的,或者说适应广大人民群众需要的作品。例如写了著名的清唱剧《森林之歌》,写了《节日序曲》,后来又写了《第十一交响曲》——就是专门描写1905年革命的。同时又为其他很多电影写了一些音乐,如《青年近卫军》、《易北河会师》、《攻克柏林》、《难忘的1919》、《牛虻》等。直到斯大林去世以后,1958年赫鲁晓夫当政了, 才纠正了对这些作曲家不公正的批判。而且他们的作品——当时禁演的作品,也都可以重新公演了。但到了赫鲁晓夫时期,肖斯塔科维奇也并不是一帆风顺的。60年

代时，他写了一部《第十三交响曲》，用了苏联年轻诗人叶夫图申科的诗。里头有点影射斯大林时期的高压政策，尤其是对犹太人的一些迫害。赫鲁晓夫认为他又威胁到党的领导地位了，又对他进行了禁演，禁止演他的《第十三交响曲》。

总的来讲，肖斯塔科维奇生长在苏维埃时代，他深刻地体验到了社会主义时期的各种矛盾冲突，并在自己的作品里作了反映。不管他的主观愿望怎么样，音乐里确实反映出了苏维埃时代的一种悲剧性，一种矛盾性。我们现在可能比较好理解，因为我们经过了“文化大革命”，我们也知道社会主义并不是一点矛盾都没有，也充满了各种各样的斗争，甚至于包括党的领导层的矛盾。

我觉得这个作曲家是一个很有思想的作曲家，到现在都是很有争议的且争论很大的人物。当然我并不同意后来出版的一本叫做《肖斯塔科维奇回忆录》的书中的一些说法。这本书实际上有很多东西是伪造的。在肖斯塔科维奇快去世之前，有一个俄国青年音乐理论家沃尔科夫访问过他。这个人在苏联尚未解体前，于70年代末就叛逃到西方了。在肖斯塔科维奇去世以后，过了3年，他出版了所谓的《肖斯塔科维奇回忆录》（书名发表时叫《见证》）。该书全部用肖斯塔科维奇的口气说话，但是有很多东西实际是沃尔科夫为迎合西方的需要而编造的。因为当时苏联还没有解体，西方对苏联社会主义从来是持否定态度的。比如，关于今天我们要讲的《第七交响曲》，肖斯塔科维奇是在苏联卫国战争时期写的这个作品，反映的是苏联卫国战争时期的艰苦斗争，揭露了法西斯侵略者的丑陋嘴脸，同时歌颂了苏联人民的英雄主义。可是沃尔科夫在他的书中，用肖斯塔科维奇的口气说这个作品不是写苏联卫国战争的，是写反对斯大林的，而且说不是在苏联卫国战争时期写的。这和事实完全是相反的，是不可信的，此书在西方也引起了很大争论。我去年正好去英国参加了一次纪念肖斯塔科维奇的学术会议，会上也专门讨论这本书的问题，也是有各种不同看法，这是和冷战时期的各种思潮有关系的。我觉得应该有必要还历史的本来面目。

今天为什么专门讲《第七交响曲》呢？因为正好在1995年纪念第

二次世界大战和反法西斯战争50周年的时候，在我们国内第一次演出肖斯塔科维奇的《第七交响曲》，专门请了列宁格勒（现在叫圣彼得堡）的一位指挥家来指挥中央乐团演出了这个作品，在国内反响很大，大家听了以后感到很振奋。就在这同时，也有少数人把这个所谓的《肖斯塔科维奇回忆录》中的一些话摘录出来，在音乐厅散发，说这个作品不是写反法西斯的，而是写反斯大林的。针对这种情况，我觉得应该把这个事情澄清一下。我就专门写了一篇文章，谈肖斯塔科维奇的《第七交响曲》。我考察了很多史料，来证实肖斯塔科维奇的《第七交响曲》是在卫国战争时期写的，而且在战争时期引起了巨大反响，完全是正面歌颂苏联卫国战争，同时也是非常透彻地、入木三分地揭露了法西斯的丑恶嘴脸。我今天为什么要专门讲这部交响曲，就是有这个特殊的原因。

肖斯塔科维奇《第七交响曲》唱片封面

现在我们看一段介绍肖斯塔科维奇生平的VCD片（国家卫星电视教材《交响音乐赏析》第14集，中央音乐学院北京环球音像出版社。），然后我再简要地介绍交响曲。（播放VCD）这是电视台作的一套外国音乐欣赏的片子。其中有一段专门介绍肖斯塔科维奇和普罗科菲耶夫的。

首先我讲一下，在卫国战争爆发时肖斯塔科维奇处于什么样的状况。

1941年6月22日德国法西斯军队突然向苏联大举进犯。苏联人民被迫奋起抵抗，从而掀起了伟大的卫国战争。战争爆发的当天，34岁的肖斯塔科维奇正在列宁格勒音乐学院的钢琴系组织考试，战争的消息

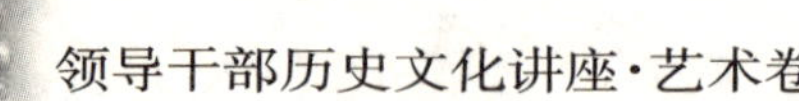

肖斯塔科维奇

普罗科菲耶夫

暂时打断了考试的进程。当天他郑重地提交了参军的申请，当时对他的回答是：“何时需要，我们会召唤你。”当城市开始建立民兵队伍的时候，他立即去报了名。第二次报名申请是在7月2日。报名第二天他在《消息报》上表态：“我要去保卫自己的国家，并准备不惜牺牲生命和力量，完成委托给我的任何任务。”7月5日在列宁格勒《真理报》上还公布了肖斯塔科维奇的一封信：“我作为志愿者加入了民兵队伍，在这之前的日子里我只知道和平、劳动，现在我准备拿起武器。我知道法西斯主义和文明末日是同义词，历史地看，法西斯得胜是荒谬的和不可能的。我知道只有战斗才能把人类从死亡中解救出来……”表示了他自己鲜明的态度。

7月初，肖斯塔科维奇随列宁格勒音乐学院的队伍到城郊去挖战壕，按时完成任务以后，他又参加了消防队，在音乐学院的顶楼上值勤。不久，肖斯塔科维奇担任了民兵剧院的音乐指导，与著名的演员切尔卡索夫等人合作，编排了活报剧等作品到前方去演出。肖斯塔科维奇深受战士们高昂士气的鼓舞，他激动地表示：

"战士的情绪好极了,他们全都绝对相信战争胜利的结局。"后来他找了一份工作,负责挑选和改编一些便于到前方演出的歌曲和乐曲。这件事情他做得得心应手,因为这是他的专业。在7月12日到14日,仅3天他就改编了17首歌曲和浪漫曲,总谱长达111页。其中有贝多芬的《苏格兰饮酒歌》、罗西尼的《阿尔卑斯山的牧羊女》、比才的《哈巴涅拉》、穆索尔斯基的《戈帕克》、勃兰捷尔的《肖尔斯之歌》、杜那耶夫斯基的《海之歌》等,作品改编成很小的编制,即供3个人能演出的乐谱:一名歌手、一把小提琴、一把大提琴,3个人很方便去演出。同时肖斯塔科维奇也动手写一些群众歌曲。苏军红旗歌舞团团长亚历山大罗夫谱曲的《神圣之战》是在战争初期最先出现的一首歌曲,这首歌迅速地在广大群众中间传唱,肖斯塔科维奇深受启发,立即创作了号召团结奋斗、建立功勋的歌曲《向人民委员会宣誓》。这是一首当时十分典型的总动员歌曲,是对当时发生的事件的直接的反映。此外,他还写了歌曲《大无畏的团队在前进》,为民兵第三师写了《近卫军师之歌》。但是肖斯塔科维奇不甘心仅仅做这些事情,他很愿意直接参加斗争,他甚至到列宁格勒郊区的民兵指挥部请求:"哪怕是让我去当一名炊事员也愿意。"在紧张的空袭间隙,肖斯塔科维奇常常到大街上去观察体验,他深深为战火中的城市的庄严美丽而感动,他写道:"带着沉痛的自豪的心情,我观看可爱的城市。它被大火烧焦,在战火中锤炼,它屹立着经受着战争的磨难,但是在自身的威严中它显得更为美丽。怎么能不爱这座由彼得大帝所建立和由列宁为人民而夺取的城市呢?怎么能不向全世界宣扬它的荣耀,它的保卫者大无畏的精神呢?那是怎样的大无畏的精神啊!在这场斗争中隐藏着多么深邃的人性!我散步归来,被强烈的欲望所激动,尽快把自己感受到的东西投入战斗,要把它写作出来。"7月14日肖斯塔科维奇在广播电台里发表讲话,向英国和美国的朋友发出团结起来同法西斯斗争的呼吁。

当他上前线的申请遭到坚决的拒绝以后,他才下定决心以自己最擅长的本职工作——作曲来投入伟大的爱国战争。于是他构思要写一部大型作品。那么在这样严峻的时刻选取什么样的题材内容、采用什么样的音乐体裁和形式进行创作,是肖斯塔科维奇反复思考的问题。

起先他想用圣经中的大卫诗篇写一部大合唱，这与受到斯特拉文斯基的一部《圣诗交响曲》的启示有关系，他的一位好朋友、音乐学家索列尔金斯基，还专门为他从圣经中挑选了大卫向占领者复仇的一些诗句。但当他努力工作几天以后，他深信作品不会成功，因为他感觉到古老的诗句产生不出活生生的音乐。但他又深信面向广大听众的战争题材的音乐作品只有借助诗词的力量才能充分地发挥艺术效应。于是他决定自己来作词，他觉得自己在创作歌剧《鼻子》和《姆岑斯克县的麦克白夫人》的歌剧脚本的时候已经获得了一些经验，觉得有点儿自信。但是工作一段时间以后，他对自己所写的东西非常不满意，最后他觉得还是写纯器乐的交响曲更能表现当代人的强烈的感受。他认为“除了要表达人们的普遍的悲痛外，还要突出个性的悲痛，也许是一位母亲的悲痛，已经连眼泪都流干了的悲痛。同时还应该表现人类对自己同类的真正的爱。”当时有一个画家曾经问他，为什么不寻找新的表现形式?他惊讶地回答说：“怎么这样说呢?要知道，可以在某处寻找某样东西，而在自身是不可能的。我创作自己的音乐是凭我的感觉、凭我的听觉，是发自内心的，出自这儿（指心脏）。”当肖斯塔科维奇紧张地思索着写什么和怎么样写的时候，突然发生了一起令他十分震惊和痛心的事件：他的一位名叫弗列什曼的学生（这是个犹太作曲家，是个很有才华的学生）和另外两名列宁格勒音乐学院的学生，在列宁格勒前线英勇作战中，与德国的坦克同归于尽。这个突如其来的噩耗使他非常难过，他怀着极大的悲痛和愤怒，决心用音乐来表达自己切身的感受和体验，于是他随时把总谱纸带在自己身边，连做消防队员到楼顶上去值勤时也把总谱纸带在身边。他说：“把总谱纸也带到那里去是为了不荒废时间，要知道有时候往往你会中断创作，而那个时候我不能。”

在战前的春天，肖斯塔科维奇曾经想过写一部《列宁》交响曲，并且已经开始动笔，但是战争爆发以后打乱了他的创作计划，不过人们发现战前构思的那部交响曲与《第七交响曲》有某些相同之处，这两部作品相距的时间很近，在作曲家的意识里活跃着列宁的形象，而《第七交响曲》中有鲜明的祖国的形象，对领袖和对祖国的感情，体现出共同的信念和共同的爱。正如当时苏联作曲家协会的主席赫连尼科夫所说："没有这种爱，就不会有肖斯塔科维奇的杰作，其中包括他的《第七交响曲》。这部交响曲既暴露了法西斯的凶恶面目，又成为苏联人民大无畏精神的象征。"

现在我讲一下这部交响曲第一乐章写作的过程和背景，讲完以后我们把第一乐章听一下。

整个第七交响曲最突出的是第一乐章。现在保存下来的若干已经发黄了的手稿，是肖斯塔科维奇创作《第七交响曲》真实情况的最可靠和最珍贵的文献资料，从中能够察觉作曲家的写作过程是相当紧张和急促的：笔迹很重很深，有不少涂改之处，还有一些特别的标记。例如在手稿上常常出现一些小圆圈，小圆圈里面标写了两个俄文字母，一个像英文的"B"，一个像英文的"T"。为什么写这两个字母呢？这是俄文"空袭警报"的缩写。表示当时他正在写作，突然发生空袭警报，他就只好画一个圈，表示空袭警报将他中断，这很真实地反映出他是在战争环境下来写这部作品的。还有在手稿的第一页上标明的开始写作时间是"1941年7月15日"，是他自己标记的。这些最初的乐谱手稿一共有13页，保存在中央国家文学艺术档案馆。只有在特殊场合，在纪念性的展览时才能和观众见面。在手稿的封面上盖有档案馆的红印"孤本"。

这些手稿是用钢琴谱的形式来写的。当时还没有标明页数、页码，小节线不像整洁的总谱那样用铅笔来标记，而是匆匆地用蘸水墨笔标画的。可见当时他很仓促。而且在右边的空白处，潦草地写上了乐队的编制，标明这个声部将来可能用什么乐器，将来变成总谱是什么样子。在第3页第6行上，记录小鼓的节奏音型处出现了一个名称叫"侵犯"——侵略的主题，是描写法西斯侵略的。用小鼓的鼓点，用军队行进的节奏标出来。而在第8页第一乐章的收尾中，又出现了"侵犯"的主题。第8页上尖锐的笔迹，记下了他最后完成的日期是8月29日。也就是说肖斯塔科维奇第一乐章的写作几乎用了一个半月的时间，虽然这个乐章的构思很宏伟，结构很独特，篇幅很巨大，音乐整个持续的时间将近半个小时，但这对肖斯塔科维奇来说，是不短的时间期限，因为以前肖

斯塔科维奇写东西是非常快的。这与在空袭的间隙写有关。

肖斯塔科维奇在积极投入第七交响曲创作的过程中出现了一个花絮:他在7月29日拍过一张头戴消防盔、身穿消防服的照片,在美国的《时代》杂志的封面上刊登出来了。这时有一位美国富翁向新闻记者发表声明:“如果俄罗斯缺乏人力去扑灭燃烧弹的话，我准备用自己的费用,派高度专业化的消防队去那里替换肖斯塔科维奇。”他以为肖斯塔科维奇整天在忙这个事情。这期间战争已经逼近列宁格勒大门口，装备6000门大炮、1000架飞机和1000辆坦克的30万法西斯军队已经扑向列宁格勒,德国的北方军团开始进攻,直达列宁格勒西面的卢加河。8月16日肖斯塔科维奇出席了作曲家协会的理事会,在理事会上建议包括肖斯塔科维奇在内的一共28位作曲家疏散，离开列宁格勒,并且拨了款给肖斯塔科维奇及其他作曲家。肖斯塔科维奇接受了一些物质帮助,但他拒绝撤离。人们一再劝他离去,他表示:“我认为我留在列宁格勒更为有益,关于这一点我同列宁格勒组织的领导人进行了严肃的谈话,他们说我应该离开,但我不急于离开笼罩着战斗气氛的城市。”8月17日德国坦克军团占领了附近的纳尔瓦城,敌军的第18集团军也向列宁格勒运动,企图割断城市同莫斯科的联系。8月21日前线军事委员会在广播中向列宁格勒人发出公告:“德国法西斯军队的侵犯直接威胁着我们亲爱的城市，我们能够和必须用组织性、克制、勇敢和无情的消灭法西斯强盗的方式来制止血腥的屠杀,我们将不惜生命同敌人作战。”城市实行戒严，晚上十点至早上五点禁止上街。

左琴科像

在这些日子里，肖斯塔科维奇同诗人左琴科相遇。诗人立即发表文章说:“城市成为前线，人们进行着最后的准备,城市准备作战,每走一步都能感觉到前线的临近。我在街上遇到了作曲家肖斯塔科维奇，我们走进咖啡馆一起去喝咖啡，肖斯塔科维奇讲了怎样干了6天挖土方的活儿，以及在消防分队的工作。他问我在写什么，我回答：‘为报纸、杂志、电台写杂谈。’轮到我向他提问题的时候，他出乎意料地说：‘正在写《第七交响曲》。我不知道怎样，看来还不错。’‘主题呢？’——‘也许没有准确的主题，而总的主题是战争，是斗争，是苏联人民的英雄主义。’——‘我听说你特地为民兵战士写作，是这样的吗？’——‘是这样的，我写了对句歌、《近卫军之歌》和用萨扬诺夫的诗词写的《向人民委员会宣誓》这样的歌曲。’”

自9月1日起空袭日益频繁，肖斯塔科维奇护送妻子和孩子进入避弹所以后，自己尽快返回住所，直奔书房，急着誊清第一乐章的总谱，仔细地用绿墨水确定配器的织体，精心地标记细微的演奏法。总谱同手稿比较，没有多少实质性的改动和变化。作曲家预先的构想以异常鲜明、充实和迅速的笔迹记录下来。事后在《音乐是怎么诞生的》这篇文章里他概括了自己的创作过程，他以《第七交响乐》为例，表明创作是内心的冲动、不可抑制的创作灵感和将其如实地体现的同步活动。他说道：“我写得很快，仿佛是一气呵成，我不可能不写它。”9月3日他结束了第一乐章总谱的誊写，同时决定把它继续写下去。

我要说一下，他开始时并没有想到要把这部作品写成一个完整的大型的4个乐章的交响曲，他只是带有很强的愿望写作，实际上把这个第一乐章写得非常的完整，就像一个独立的交响诗一样，结构很庞大。它里头很清楚的是：一方面从正面歌颂了苏联人民的英雄气概，同时也描写了苏联战前的和平幸福的生活。作为一种对比，作为与苏联欣欣向荣的和平建设时期的对比，作曲家用很大的篇幅，一个庞大的插部，用一种变奏的形式，找了一个很典型的德意志普鲁士古老的军队进行曲的旋律和节奏，把优美的曲调都抽掉，只留下好像是干瘪的一条筋，构成完全毫无人性的主题。这样一个主题进行了11次变奏，充分地调动了整个交响乐队的手段。从很轻的、很少的乐器开始，从头至尾的军鼓的节奏贯穿，然后配器不断地增加，一次一次地变奏，把法西斯丑陋的、凶恶的、残暴的强盗嘴脸刻画得入木三分。同时也描写了反抗的力量和它进行搏斗，针锋相对犬牙交错的搏斗。代表苏联人民的反

抗主题跟法西斯主题进行针锋相对的对抗，使法西斯的主题碰得头破血流、支离破碎，最后那个主题拼命地挣扎，形成了戏剧冲突的高潮。然后在重新出现苏联人民的主题的时候，构成的是很悲壮的形象。经过一场战争以后带来的是灾难，无尽的痛苦，巨大的牺牲。原先宏伟雄壮的主题变得很威严，悲壮，而最开始描写苏联人民的那种和平幸福生活的主题也改变了性质，变成仿佛一个老人在废墟上沉思，在思考人类的灾难，音乐带有一种送葬的气氛。这段音乐过后，又开始化悲痛为力量，重新恢复一种光明的前途，进入乐曲的尾声。音乐渐渐安静下来，又隐约地听见了小号吹奏的法西斯主题，音乐断断续续，给人一种警示，意思是战争并没有结束，更艰苦的斗争还在后头呢。第一乐章就给人留下这么一种印象。我们把这个乐章从头到尾听一遍，伴随音乐的进行，出现相关的主题和段落时，我提示一下。

（音乐）现在听到的是第一主题，音乐宏伟雄壮，表现苏联人民从事和平劳动，朝气蓬勃地建设国家……

随后逐步过渡到抒情的第二主题，它表现苏联人民幸福、和平、宁静的生活。

音乐很温柔，像摇篮曲似的，很清新、透明……现在到了呈示部的结尾，音乐使人联想到夏日美好的自然风光，人们过着幽静平安的生活。

好像慢慢地夜静了，人们逐渐进入了梦乡。

就在一片宁静的时候，远远地听到小鼓声音。象征法西斯入侵的主题开始了，这是悄悄地偷袭。小鼓的节奏从头到尾重复了175次，贯穿这个插部的始终。主题陈述之后，接下去是11次变奏。第一变奏，由长笛主奏，大提琴作为背景。第二变奏是短笛和长笛两个声部领奏，大提琴是一种蠕动音型，好像战争怪物，整个力度由轻而强，逐渐加强。第三变奏是双簧管和大管交替地、错位地互相模仿，大提琴和第一提琴和弦陪伴。第四变奏是由小号和长号、巴松、铜管演奏。第五变奏是木管。第六变奏是小提琴、弦乐。第七变奏是弦乐再加上木管。从第八变奏开始，音量逐渐加大，走上高潮。第九变奏更加疯狂了，简直像鬼哭狼嚎一样，在这个变奏的最后，出现了反抗的主题。就是这个主题，逐渐逐渐地渗透进去，构成犬牙交错，两军相对。到了第十变奏，音乐进入高潮区，敌人的嚣张达到了顶点，突然，好像撞在铜墙铁壁上，法西斯主题一下子好像被折断了一样。反抗的主题更加坚不可摧，法西斯的主题则变得支离破碎。

音乐进入再现部又重新恢复了苏联人民的主题，它变得异常悲壮。然后有一段大管独奏，给人的感觉好像是一个老人坐在废墟上，思考这场战争的残酷性，怀念、悼念死去的英雄。有一位苏联作家听了这段音乐以后这样说："这是为祖国而战的牺牲者的纪念碑，是葬礼进行曲。它并不呼唤眼泪，悲痛太深重，呼唤眼泪就是软弱的征兆。不，现在不应该软弱！而以安魂曲悼念我们的英雄、我们的兄弟、我们的儿子和父亲的时候，眼睛是干燥的，拳头是紧握的。"

然后进入这个乐章的尾声，音乐的意味好像是化悲痛为力量。人们从噩梦中醒过来，又振作起精神，又一闪念式地回顾刚刚经历的战斗，然后很快又安静下来，又恢复到和平、宁静的气氛，但是色彩有点暗淡。再后轻轻地、间断地有小鼓声，小号断断续续奏出法西斯的主题。这样一个结尾很意味深长，暗示了斗争还没有结束，提醒人们不要放松警惕，未来还有艰苦的斗争，第一乐章就是这样一个结局。

肖斯塔科维奇后来又写了3个乐章，这3个乐章从各种不同的侧面，基本上就是把第一乐章包含的战争与和平这样两个尖锐对立的内容，作进一步的展开表现。

由于时间关系，后面3个乐章，请大家自己去欣赏。下面我讲一下这个作品引起的社会反响。

肖斯塔科维奇的这部作品，是在1941年7月中到12月末期间创作的，前3个乐章是在被包围的列宁格勒写的，第三乐章写完以后，组织上决定让肖斯塔科维奇疏散到后方去，因此他离开了列宁格勒。先到了莫斯科，后来又让他再往后撤，本来要让他撤到哈萨克斯坦一带，但他不愿意离前线太远了，于是就到当时的临时首都古比雪夫，在那儿把最后一个乐章完成了。12月份完成作品以后，1942年3月5日，在苏联临时首都古比雪夫由指挥家萨莫苏德指挥莫斯科大剧院乐队首次公演，立即在苏联国内外引起了强烈反响，后来这个作品获得了斯大林

奖金一等奖。

当作品问世以后，肖斯塔科维奇进一步表白，他说："在写这部作品的时候，我想到的是我们人民的伟大及其英雄主义，想到的是人类最美好的理想和人的美好的素质，想到的是我们美好的大自然、人道主义和美，想到的是同法西斯的斗争和我们即将来临的胜利，想到的是我亲爱的城市列宁格勒，我把自己的《第七交响曲》献给它。"所以这部作品叫《列宁格勒交响曲》。

这部交响曲在国外的首次演出是1942年的7月19日，在纽约，由著名的意大利指挥家托斯卡尼尼指挥美国国家广播交响乐团演出。当时战争情况非常紧张，为了实现这次历史性的演出，把交响曲总谱摄制成了微型胶片，通过军用飞机飞越伊朗、北非、南美最后运抵美国。这次音乐会演出的实况美国全国和南美成百家的广播电台同时转播，影响波及了整个西半球。除了托斯卡尼尼以外，其他的著名指挥家如库谢维茨基、斯托科夫斯基、奥曼迪这样的著名指挥家先后都在美国指挥演出了这个作品，仅1942—1943年这一个年度，这部交响曲就在美国演出了62场之多。美国音乐评论家施瓦茨写道："交响曲在美国、澳

莫斯科大剧院

大利亚、拉丁美洲等世界各地演出都已经不是一般的音乐会了，它成为向伟大人民为争取生存而斗争的不屈不挠的精神力量致敬的颂歌。这种精神力量是由他的一个儿子，用一种世界的语言——音乐表现出来的。”《美国工人日报》(美国共产党的报纸)有一篇文章说：“交响曲给我们以精神力量和和平必将来临的希望，我们应该以紧急援助我们伟大盟友的方式来表达我们的感激。”美国还有一份报纸这样评论：“如果一个国家的艺术家在这样严酷的日子里创作出了具有不朽的美和崇高精神的作品，那么这个国家就是不可战胜的。”甚至有一位美国听众惊讶地表示：“有什么样的魔鬼能够战胜创造了这样音乐的人民呢？”

这部交响曲在自己的诞生地列宁格勒演出，是在1942年的8月9日，在被围困的列宁格勒演出。当时很多音乐家要么就牺牲了，要么就往后撤了，所以乐队就不齐全了。为了要实现这样一次列宁格勒演出，要拼凑出一个乐队来，有的音乐家就从消防队军乐队抽来，前线战士里面的音乐家从前线调回来。这次在列宁格勒的演出也是盛况空前的，当时有一个著名的音乐学家做了日记，记录下了首演的情况：“大厅的情景令人激动，这里仍然像从前那样充满了节日的气氛。听众全部或几乎全部是被围困的列宁格勒音乐生活的代表，里面有作曲家、歌剧演员、教师以及许多带着自动武器从前线直接赶回来的战士和工作人员。乐队还得到了临时从一些部队抽调来的音乐家的支援，总谱中需要8只圆号、6只小号和1个庞大的打击乐器组。人们不是一下子就能够说出听了这部交响曲的印象的，这不是什么印象，而是一个使人震惊的体验。这种体验不仅使听众感受到了，演奏者也感受到了，他们看着乐谱演奏时，犹如在回顾他们亲身经历的活生生的历史。”有一位苏联音乐评论家写道：“肖斯塔科维奇的《第七交响曲》的深远意义超出了仅仅是音乐世界的范围，它已经成为我们人民的所有的文化的实体，一个具有重大政治、社会意义的真理，一个进行斗争夺取胜利的动力。”这部交响曲的演出也深深地触动了苏联音乐界以外的广大人士，著名的苏联党和国家领导人雅罗斯拉夫斯基曾经以《战无不胜的大无畏精神的交响曲》为题，在报刊上发表了文章。著名作家阿列克塞·

托尔斯泰在文章中写道："《第七交响曲》是从俄罗斯人民的良心中呈现出来的，他们毫不动摇地接受了与邪恶势力的拼死搏斗。"他称这部交响曲是"人性的凯旋"。的确，肖斯塔科维奇的这部作品以其逼真的写实手法和震撼心灵的艺术力量，既揭露了法西斯敌人的凶恶和残暴，同时也表达了苏联人民捍卫祖国的钢铁意志。它就像一座不朽的音乐纪念碑，永远铭刻在人们的记忆里。这部作品反映的是真实的情况，它的历史状况就是这样。有些后人把它歪曲成是反对斯大林的，是完全无中生有，是完全歪曲历史的。现在我们放一段录像，就是当时我同电视台合作准备的录像，前面有几位音乐界人士对这部交响曲的简单评述。

（录像片内容）画外音：

著名作曲家吴祖强说：肖斯塔科维奇的这部交响曲是很有名的一部作品，可以说是第二次世界大战，特别是反法西斯战争里最重要的一部管弦乐作品。整个交响曲共有4个乐章，从这一点看还是传统的结构。但他这4个乐章的写法在过去交响曲作品里是罕见的，特别是第一乐章，完全是一种交响诗的写法。它可以独立地作为一个作品存在，但是为了体现他全面的构思，他还是把它写成了4个乐章的交响曲。因此第一个乐章的结构特别庞大，独立演奏要半个小时左右。他里边虽然用的是传统的奏鸣曲式快板的写法，但是在展开部这一部分的写法，很不一般，用了一个非常庞大的插部。也不能说代替，因为他后头还是有很多的乐思发展，像传统展开部的一些功能的体现。但是庞大的插部作为展开部的开始，是很少见的做法。而且他用的是一个完全新的主题，他的这个主题非常有特色，很容易让听众记忆，是作为表现法西斯对于苏联的入侵。所以这个主题后来常常被人叫做"入侵"的主题或者说"侵略"的主题，代表法西斯的形象。

（音乐）……

著名作曲家杜鸣说：对这种邪恶力量的很大气势的表现是反映了当时第二次世界大战实际的情况。从音乐上来看，这11次变奏，一次比一次更加强，而且运用了整个乐队里的管弦乐法的各种手段。我觉得，同时肖斯塔科维奇又是一个非常出色的、表现戏剧性对比的音乐大师。他在这部交响曲中，既表现了敌人的进攻非常残忍、冷酷，同时在后边的广大篇幅中，也表现了苏联人民对未来充满了信心，对未来充满超凡的乐观主义的精神。

双簧管表现一种悲伤，田园性质的、歌唱性的音乐，似乎是对过去美好生活的回忆，同时对今后的和平与幸福生活的憧憬，这方面我觉得表现得惟妙惟肖。

双簧管

音乐学家黄晓和说：

这个作品，肖斯塔科维奇在写作时写得很快，战争刚开始的两个月左右，9月底，他就急急忙忙地完成了3个乐章。后来迁到临时首都古比雪夫后，他最后在1941年12月底把这个作品完成。完成以后，第二年3月5日，就在古比雪夫首演，马上在全苏联引起了强烈反响。很快地就把这个作品摄制成微型胶卷，用军用飞机经过伊朗、北非、南美最后把它运到了美国。后由当时著名的指挥大师托斯卡尼尼亲自指挥美国国家广播乐团演出。当时整个美国几百个电台同时转播，不仅美国能收到，整个的澳洲、南美洲，可以说世界各国都能收到。这场演出以后，反响极其强烈，而且这个作品不仅由托斯卡尼尼一个人指挥，后来紧接着库谢维茨基、斯托科夫斯基、奥曼迪等很多世界第一流的指挥家都纷纷演出这个作品。就光是1942—1943年这一个年度内就演了62场，可见这个作品的这种轰动效应。这部作品确实可以作为不朽的音乐纪念碑，永远铭刻在人们心中。

（音乐继续直至结束）

（演讲时间：2001年9月23日）

（录音整理：韩宁）

黄晓和

黄晓和，中央音乐学院外国音乐史教授，音乐教育家，博士生导师。1954年入苏联莫斯科音乐学院，1961年以优异成绩毕业，被授予“音乐家、理论家”资格。著作有《苏联音乐史》。论文有《旧制度灭亡的丧钟，新世纪诞生的凯歌——俄国无产阶级革命歌曲评价》、《时代·生活·思想·创作——纪念柴科夫斯基逝世一百周年》等。

杨伯达

古玉鉴赏

我在故宫博物院工作了将近46年，在这个过程中，接触了很多中国古代的工艺美术品。我对各种工艺美术品的材料非常感兴趣，这里包括天然的材料，还有人工合成的材料。材料本身就有它的美感，再加上从古代辗转流传到今天经历了几千年的时间，更增添了一种特殊的美感，比如我们在美术上说的残缺美。文物都有残缺美。文物都有残缺美，古玉也有残缺美。各位听到会感觉很奇怪，残缺何以有美？其实不然。新的艺术品和古代文物比较起来，就缺乏古色古香的残缺美。古代的艺术品本身就涵盖着历史，涵盖着古人的生活、古人的思想、古人的感情，这是现代艺术品所缺乏的。

我认为在中国的工艺美术品里面，所有的材料都没有玉——这种天然的材料——有着很丰厚的文化内涵，就是说它的美有两个侧面，既是自然的，又是人文的。自然的美，各种物质材料都有，但是，玉除了自然的美之外，还有文化的美、精神的美，这是我们中国其他物质材料所缺少的。古玉之所以有鉴赏价值，大家都很喜欢，就是由于材料本身有特殊的鉴赏价值。

玉是形成我们中华民族文化的遗传基因。我在跟外国朋友接触的时候，也谈过这个问题。最近，我刚刚看过一批从俄罗斯进口的玉料，也遇上一位俄罗斯朋友，俄罗斯人对玉没有什么太强烈的好感。中国人偏偏冒着严寒和风雪到东西伯利亚，把那里产的玉料历经艰险运到中国来，为什么？当然，这里面有经济原因，商人嘛，总要赚钱，不赚钱就不叫商人。那他为什么要选择俄罗斯的玉料，不选择其他更好的材料呢？俄罗斯工业很发达，为什么不进口工业品？这说明玉本身在中国

人中有市场。那么，中国人为什么喜欢玉呢？我反复思考这个问题，认为玉这种物质材料跟我们中华民族的性格有许多吻合之处。所以，中国人不管是懂的也好，不懂的也好，见了玉以后，慢慢由不了解到了解，从没有感情到有了感情，甚至感情非常深厚。深厚到什么程度呢？就是日夜相伴，形影不离，白天身上佩带着玉，晚上枕着玉、抱着玉睡觉，反正是一天24小时离不开玉。这些人有一个美称——“玉痴”。玉可以引导一个人进入痴迷状态。为什么？我没听见说有人会对青铜器进入痴迷状态，每天抱着青铜器过日子。玉可以佩在身上，晚上还可以带着它一起睡觉，像情侣一样。这种状态反映了中国人对玉有特殊的爱好，说明玉已经成了中国的一种民族的、传统的、文化的、精神的遗传基因。俄罗斯人不过就是把玉作为一种原料，你中国人需要，我就卖给你中国人，美国人需要，我就卖给美国人，他并不理解中国人为什么要买他的玉。我认为，玉对中华民族的形成，对华夏文明的形成，对我们民族的团结凝聚发挥了非常重要的作用，而这个作用不是很容易为人觉察的，甚至于是意想不到的。也就是说，玉是我们中华民族精神的和文化的载体，玉代表着我们这个民族的精神形象。

西方文明和中华文明主要的区别在哪里？当然区别有很多很多，最根本的一点，分水岭就是玉和宝石。中国人喜欢玉是中华民族性格的体现，欧洲人、西方人（今天来讲的话，就是指印度以西）以宝石、钻石为他们文化的代表。这个问题不是我个人的见解，我也跟一些朋友交换过意见，我说中西文化的分水岭究竟放在哪里？交谈的结果，大家说可以放在玉和宝石。反过来讲，中国人为什么对宝石的信任感不足？一方面是商业上的问题，假冒伪劣太多；另一方面，宝石的美毕竟不能跟玉的美相提并论。为什么我们说玉有欣赏价值？这一点是最根本的。另外，玉有造型，有装饰，这对我们的视觉会有吸引作用，经过我们头脑的反射，会觉得它美或者不美。

我们现在已经发现的最早的古玉距今有8200年。各位朋友要了解这一点，我们中国的玉器史，大概从解放后六七十年代开始提起，由4000年上溯到5000年，由5000年又上溯到6000年，由6000年再上溯到7000年，终于由7000年上溯到8000年。现在我们又说万年玉器史，为什么?就是我们有根据。我们迄今发现的最早的玉器已经有8000—8200年的历史,所以足以推断:我们的玉器史足足有一万年。一万年只是一个整数,并不意味着不能突破万年。

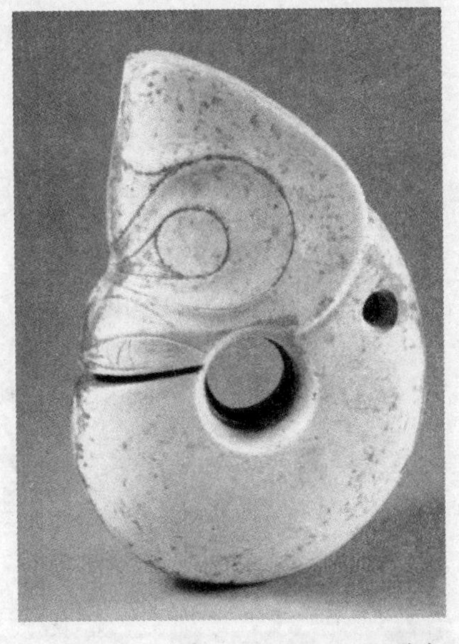
玉猪龙

我们的玉文化是非常古老的,用考古学的语言来讲,进入新石器时代,母系氏族社会的中后期到父系氏族社会这一阶段玉器出现了,它在生活中扮演着一个非常重要的角色。原来在地下埋着,经考古工作者挖掘出土以后,玉的美就不单纯是原来的一种美,它有一种历史上长期不为人知的文化积淀,还有我刚才讲过的残缺美。玉还有一种沁色美,在地底下埋藏以后,地下矿物质的化学元素作用于它和影响于它,表面上的颜色发生了变化。从清代到现在,人们非常看重沁色。沁色,青铜器上有,瓷器上偶然也可以遇到,对玉器而言,沁色现象比较多而且比较受到注重。玉的美有多面性,是多元的,它不是单一的。不光是因材料稀有珍贵而值钱,或因为它值钱我们就喜欢,中国人不完全是这样一个目的,也不完全是因为它有美丽的造型、美丽的纹饰,也不仅仅由于它埋藏后的变化。对古玉的鉴赏是多元的,带有综合性的特征。

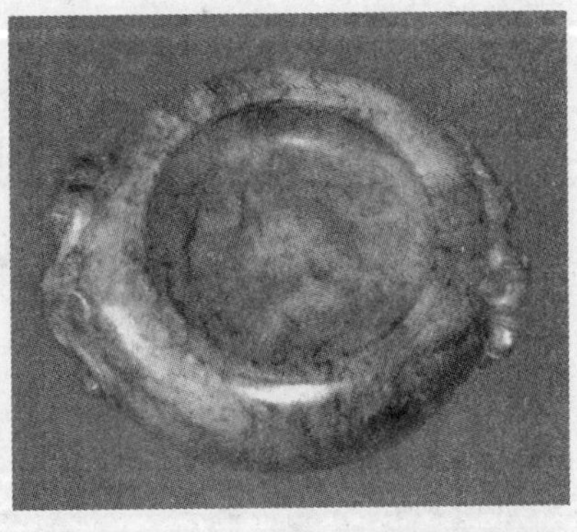
和田玉沁色水盅

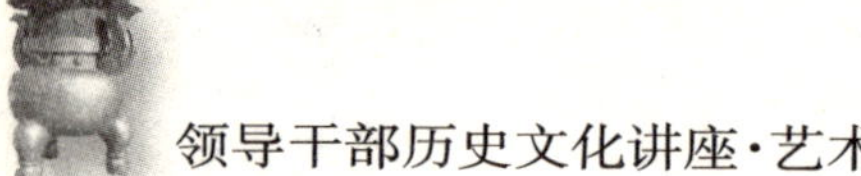

我今天简单地讲三个侧面供大家参考。第一个侧面是玉料。我们的前人认识玉料有一个很长的历史过程。大家都知道，中国的考古学者讲到中国有石器时代，分为旧石器时代和新石器时代，什么意思呢？就是在这个阶段古人是用石头来做工具，依靠工具获取维持生命的生活资料，或者保护自己。慢慢地就在部落里面形成了一种专业化的社会分工，出现了专门寻找适合做工具的材料的人，出现了专门做石器的人。石器时代造就了一批对石头有深刻理解的人。他们在寻找石头的过程中发现了一些材料适合做工具，做工具除了要硬度高，还要有韧性。没有韧性的石头是不能做工具的。再硬，它没有韧性，一打击物品，它自己本身就爆裂了。另外有一种石头非常漂亮，后来古人就给它起了一个名字——玉。这个历史过程有多长？我看几万年、几十万年都有可能，总之是很长很长。从考古学上来看，旧石器时代个别遗址已经发现了玉质工具。辽宁海城县有个仙人洞旧石器遗址，遗址里发现了三件砍斫器是用岫岩老玉做的，距今12000年。由此可以了解到，仙人洞遗址的原始居民已经发现了玉，并用玉来做工具。我们还没有深入研究玉工具与石工具有什么区别，对这个问题旧石器时代的研究者没有投入力量。总之，在石器时代已经发现了玉料，就开始使用玉做工具了。从整个东亚来看，大体上从距今3万年到4万年开始使用玉质工具，各个地方都在选玉，都给了它特殊的名字，最后统一为“玉”。据记载，中国古玉的玉名就有100多个，这说明东西南北方各个原始部落都在

仙人洞旧石器遗址

找玉。玉是从石头里分化出来、筛选出来的，这就是玉石分化的过程。从这一点来讲，如果我们的先人没有特殊需要的话，绝不会下这种功夫。

美玉

玉和石头怎样区别是个非常难办的事情，我在工作中对这个问题体验得很深刻。我们现在区分玉、石都很难，古人却可以分得很清楚。矿物学家对此感触非常深刻，有的地质学者感慨地说：新石器时代的人是很出色的地质学家，他们在认识石头这一点上，不知道要比我们现在的人高明多少倍。他们有这个需要，因为玉的自然美吸引着他们。孔夫子对玉的美有着重要的论述，其中最重要的两点，第一是“温润而泽”。各位要遵循孔圣人的遗训来认识玉，为什么？因为我本人走过了一个曲折的道路，最后认识到这一点，你们不要再走弯路，我就想通过学术演讲把我的直接经验转达给各位。在评价玉之美的问题上，我认为孔子的见解已经到了尽头，我们现在也离不开“温”、“润”、“泽”这三个字的标准。如果这块石头不是温的，不是润的，没有光泽，就不是玉。但说起来简单，掌握起来很难。孔夫子在讲玉的美时，把儒家的观点融合进去了。“温”字也不仅仅是温度的问题，他把玉当做是一个温文尔雅的谦谦君子。“润”确实是玉的一种物理特性，给人以一种不干的、湿润的感觉。“泽”是与“晦”相对而言，有一定的光泽，用矿物学来讲，泽可以解释为光泽，和田玉确实有玻璃光、蜡光的光泽。关键是对这个“温”的理解。我有一次在培训班上讲课，我问同学你们手里拿着的玉有什么感觉？没有两秒钟，一个学生说是冷的、凉的。我说你这个感觉和孔夫子完全相对，孔夫子说是温的。但你的感觉也对，谁拿到玉的第一感觉都是冷的、凉的，为什么说玉是温的呢？这里面有中国人对玉的

体会。你拿着玉以后不要几秒钟，玉就开始温起来，拿在手中的温度跟过去就不同了。玉为什么叫“通灵宝玉”呢？它确实比较通灵，在此所说的这个“灵”不一定是迷信的“灵”。你看着它是一个固体，它传热、导热性能非常好，这是从自然科学角度来讲。从孔子的儒家哲理来讲，玉代表士大夫的为人、士大夫的品格、士大夫的日常行动是“温”的。孔夫子讲的玉的第二个特性是“镇密以栗”。孔夫子以栗木之坚实比喻玉之质地细腻而结实坚硬。和田玉的质地非常镇密，看起来感觉好像上了年纪的人把孙子辈的小孩抱在怀里时手臂上的肌肉那般可爱。玉就是这样子，看多了就会理解。孔夫子对玉的认识不是平常人所能理解到的，确实有深度和高度。

玉的硬度大体上是6度，密度2.9—3.1，这是自然科学的东西，它能给你什么感觉呢？玉确实是美的，给人以美感，表面上看起来是温的，有光泽，你们自己经见多了以后，会有自己不同的认识和体会。由于材料是美的，因此从石头中分化出来以后，我们的古人很快就把玉跟神灵联系在一起。如果玉处在一种纯物质、纯感觉的状态，没有得到升华的话，它绝不会在我们民族文化中起这样大的作用。古人讲玉是神灵，马上使玉的身价发生根本性的变化。它已经不是普通矿物，也不是比普通石头高一点、美一点的石头，它是神物。有了这样的一种内涵以后，就为玉器的制作和发展开辟了新的领域，而且推向了高峰。

从考古学的发现来看，我们现在看到的古人用玉制作的神器、祭器、法器的时代，最晚在红山文化和良渚文化时期。不同的部落、不同的原始文化用玉来表达自己对神灵世界的观念的起点在哪里？大家知道，在红山文化遗址发现了玉龙。玉龙是什么？玉龙是以玉琢磨而成的图腾。那个时代玉已经进入神的领域，有了民族神、部落神，图腾是若干部落联合以后形成的徽号，后来就转变为自然神，也包括祖先神在内。这个时代就是红山文化时代，距今5500年上下，这时玉已经不是美不美的问题了，美不美的问题早已解决了，而是已经进入原始宗教这个新的领域了。良渚文化高潮时期距今5300年—4200年，出土的神器、祭器比红山文化就多得多。所以，我们说的进入神的领域的论断在考古学上完全可以得到证实。

良渚文化里最重要的祭器就是琮和璧，这两种器物与神灵、祭祀、神器均有密切关系。向大家说明一点，发掘出土的玉器的功能问题，到目前为止，与文献记载还有相当大的距离，这需要我们慢慢来探索，来证实。我想也很简单，因为中国人有一个特点，一个名称往往有多种用法，一个器物也有多种用途，这是一个道理。一种原料有几个名称，一种器物有多种用途，中国古代就是这样。当时流行泛神论，什么都是神，另外还有一个现实世界。那么人间用玉叫什么？叫瑞信，它就是身份的标志。在红山文化时代，牛河梁的五座石造的墓葬的主人是什么身份，目前还没弄得非常清楚，一般的来讲是酋邦的首领，他们用玉，如脑袋后面有发箍，胸部佩勾云形玉器，肩两侧垂下来有圜曲形玉器，两手还拿着龟，或者鳖，这是最高统治者用玉的一种完整的组合。那么到了良渚文化时期，它的组合关系更复杂化。从良渚文化出土的玉器来看，墓葬主头发上是玉梳，或用玉背梳子，这肯定是在人的头部的正中上方，胸前有项链，腰上饰有带扣。还有钺，就是大的玉斧，钺柄嵌玉片。还有玉钺柄上安玉帽，柄下饰有玉镈，这种完整的组合都是代表墓主人生前的身份尊卑高低，这些墓主人一般的都是巫，就是掌管原始宗教的人，当时还兼任政治统治者酋长或军事指挥员，在当时是地位最高、最尊贵的人物。

玉大致在远古或史前，就已经离开了生产，离开了工艺领域，也离开了普通的审美范围，而进入神灵的境界和现实生活中最高统治者的圈子里面。所以，我认为玉实际上是被慢慢地从普通的公社社员手里

良渚文化玉器

玉钺

转移到最高统治阶级手里。为什么会形成这种局面?从矿产的角度来讲，玉是稀有的矿物,物以稀为贵的观念还是非常重要的。比如现在的粮食谁看得重,在一般人的观念里,粮食就是指最便宜的东西,最多的东西,其实粮食对人来讲最重要,不吃就活不下去。反而少的东西,比如玉、金、钻石、宝石都被大家看重,因为它少。在今天的中国,玉主要产在西北和东北这两个地方,产量非常有限,年产几十吨、上百吨或者更多些。国内来源不足,就到外国去找。大家知道,近年中国人买过韩国白玉,买过加拿大碧玉,现在买俄罗斯的白玉,俄罗斯白玉用光了怎么办,就到更远的地方去找。总之,中国人离不开玉,他总要用玉来做伴侣,所以它珍贵是因为它稀有,这一点我觉得也非常重要。

玉不是一种普通的物质,大家必须要清楚,它有几个基因,一个是美的基因,一个是神学的基因,即原始宗教的基因,一个是瑞信的基因。这就促成它在整个社会生活中不同于石头,也不同于其他材料。我们称它为东西方文明的分水岭,也可以说它是我们中华文明最古老的奠基石,就是这个道理。你研究中国的历史,史前的历史,在东方来讲,你不懂得玉,我想你就没办法研究。中国的东部地区,从东北一直到广州这一带,在远古文化中占据主要的最高的地位就是玉文化。中部是空白区,西部玉文化发展得比较晚。所以我讲大家要了解中国的玉文化,除了要了解它的美的基因、神学的基因、瑞信的基因之外,还要了解中国的史前期玉文化基本上的三个大板块。

我们中国古代的玉分为三个大板块,从玉的产地、从玉文化或者从玉器史来分析，也是如此。第一块就是珣玗琪，我刚才讲的距今8200年的玉器就是珣玗琪系统的。地区包括东三省、内蒙古的东部、河北甚至到山东这么一大块地方，那么玉的主产地在哪里呢？今天能查明的是岫岩。我们现在要重新来考虑俄罗斯玉的问题，我看叫俄罗斯玉，不如叫布里亚特玉，因它就产在贝加尔湖的南端和贝加尔湖的东北，按今天的行政划分就是布里亚特自治共和国。各位可以想一想，贝加尔湖地区与我们东北地区的蒙古族、内蒙古自治区原始居民的关系，因为距离非常非常近，所以现在珣玗琪的划分也可以与贝加尔湖南端与东北的产玉联系起来。我们没有领土野心，不牵涉政治问题，从纯学术角度讲，就是这样一个情况。珣玗琪的产区及流通区主要的文化是红山文化。它是我国玉文化史、玉器史上的第一个高峰。第二个板块是东南地区瑶琨，就是中国东南地区越族居住的地方，瑶琨这两个字很可能是越语，包括今天的长江以南这一片。玉的主产地在太湖北岸的溧阳县小梅岭，再有就是江苏句容县茅山，在瑶琨盛行的空间和时间，其主要文化代表就是良渚文化。它是史前玉文化史、玉器史上的第二个高峰。最后的一个板块也是最大的板块就是球琳板块，包括今天的整个西北地区，球琳板块用今天的语言讲就是和田玉。和田玉代表的玉文化是比较晚的，已经到了龙山时代的齐家文化。齐家文化的玉文化高度发达。这三个玉板块互相碰撞，迄今4000年前后在中原地区融合。这与我们整个历史发展的脉络完全相符，所以我说它是我们中华文明的奠基石，就是这个道理。中华文明、中国的文化离不开玉。

俄罗斯的玉与中国的和田玉非常接近，大家到市场上要警惕，不要把俄罗斯玉说成是和田玉。现在俄罗斯玉从东北进口以后，绕道河南，或者直接到新疆，到了新疆就说是和田玉。还有一个最大的弱点就是经过化验，我们的化验师不能区别和田白玉和俄罗斯白玉，便造成目前这种误导局面。俄罗斯玉进来差不多也有20年了，现在大量地进，各位买玉的时候千万要警惕。那么俄罗斯玉与和田玉的区别究竟在哪里？俄罗斯的地质学家完全承认俄罗斯玉不如和田玉，这是从矿物学角度上来讲，矿物学不能解决鉴定任务。具体的区别我觉得俄罗斯玉比和田玉总的来讲感觉嫩一些，用两个字来区别，一个是感觉透一些，

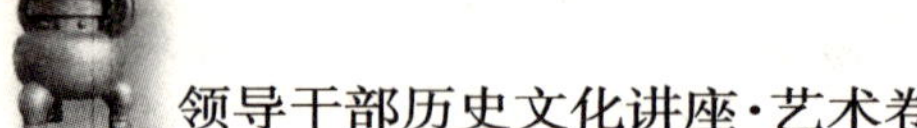

另一个是似冻，就是娃娃吃的果冻，总的感觉是比较嫩一些，不够成熟。只能从这一点来看。至于有糖没有糖则另当别论，和田玉也有糖，有糖与否不能作为绝对标准。

第二个侧面是形式的问题。鉴赏第一个突破口是玉料，不从玉料入手，你就不会懂得玉器。各位想欣赏、收藏玉器，就得从玉料入手。我建议收藏家，不要收藏古玉，可以收藏清代玉或现代玉，材料好就行。其实这也很难行得通，每个收藏家都有自己的爱好，你不能让他一定如何如何。以上是讲玉本身的问题。下面讲玉器，玉器主要是它的器型与装饰，附带说一下做玉器的特殊工具和方法。这个特殊方法简单讲是砣机。它是旋转性的工具，带着蘸水沙子磨玉。玉是磨出来的，不是刻出来的，它的最细的线也是磨出来的。这工具是什么样子呢？它与牙科医生使用的钻头，原理是一样的，旋转、摩擦。不旋转、不摩擦就不能做成玉器，不是用刀子刻出来的。像这样的玉，用刀子在玉上划一条浅浅的细线还可以，要改变它的形状就费劲了。玉器都是磨出来的，因此它的身上就有一种旋转性工具带来的特点，与刀子刻的不同，刀子刻的比较刚健利落，砣具做出来的玉器比较婉转柔和，确实不一样。型也是磨出来的，切出来的，造型历代都有变化，纹饰、造型都有时代的特点，地区的特色。长达8200年的玉器风格的变化，据我的统计至少有十几次，不是一成不变的，随着时代发展而变化。你拿古代玉与现代玉相比，变化大得不得了，但这段历史很不容易吃透。

第三个侧面是玉器鉴赏的一个特殊领域——沁色。现在一般都用“沁”字，古人“沁”、“浸”两个字都用。沁色就是玉器埋藏到土里以后，由于土里的各种化学元素的影响和渲染，在表面上出现的一些颜色，玉的物理性能也随着发生这样那样的变化。但其本质不变，依旧是透闪石。沁色是客观存在的，大体上有红、黄、黑、白四色。清人说玉沁有十三彩，其实文献所载绝不止十三彩，沁色是丰富多彩的。欣赏沁色是从什么时候开始的呢？我认为大概从宋代就已经开始了，宋代人就已经知道沁色。但真正强调沁色的，我看还是清代收藏家，一直影响到现代，现代收藏家也是重在欣赏沁色。对沁色应该怎么看呢？首先沁色是客观的，自然的；另外它确实有一种跟其他的颜色、其他的质感不同的内涵，这也是客观存在的，不承认也不行。但是按照儒家的观点来讲，中国人对待古玉器应该是“首德次符”，“德”就是玉质，我们收藏也好，评论也好，首先要看它的玉质如何。“符”就是颜色，品质是首要的，其次才是颜色。沁还不是符的问题，符是天然的，是玉在生成过程中形成的一种颜色。比如说，白玉是最纯粹的、无色的，青玉带有一种灰颜色，绿玉带绿颜色，黄玉带黄颜色。这些颜色均与玉内所含氧化铁的分量有关。大家一定要记住，玉里面绝对没有红玉，要是有红玉，那你最好不要理它。到现在为止，我们研究古玉的人、玉的收藏家和矿物学界研究玉的人都承认没有红颜色的玉。

那么，和田玉好在哪里呢？黑如纯漆，黄如蒸栗，白如羊脂，还有红如鸡血，这都是美的最高标准，这是符。古人也争论过质是第一位还是符是第一位的问题，到了宋代以后，人们开始欣赏沁色了，沁不是符，似乎不在古人讨论之列。我个人认为，应该承认古玉的沁色美，但也必须认识到清代人和现代人在欣赏古玉时已经有些不太正常了，思想状态不太健康，过于重沁了。欣赏沁色不能误入歧途，这个要不得。沁有美感，你可以喜欢，但不能够沉溺于沁色。造假古董的人首先就造假沁，让你看这个红的是血沁，黄的叫橘皮沁，很漂亮的，以此来吸引你。所以，你爱沁，他就给你做假沁。为什么要讲这个问题呢？大家对沁的问题不能回避，我们要正确认识。我的看法是，如果一块古玉的沁色非常的美，应该说它提高了鉴赏价值，也是可以增值的，比没有沁的古玉经济价值上稍微高出一点儿，仅此而已。你不能够唯沁为美。所以，沁色是中国古玉欣赏上一个不能回避的问题，但现在已经步入不太健康的反常的状态，也是必须引以为戒的。

那么，归纳起来，第一，我们中国的玉器有万年的历史，最低也是一万年。有人说中国的玉器史何止万年，但又拿不出证据来，那就还是一万年。你要能拿出证据来证明中国的玉器史有13000年，我们就说有13000年。新中国成立后，玉的历史不断被向上升级，不是谁脑袋里想当然的产物，是以发现了升级的材料为依据的。第二，它是中华文明的奠基石。中华文明离不开玉。中华文明的熔炉在中原。玉的演变非常迅速，我们对玉的认识，不能够只是矿物特性，还要同我们中国的传

曾侯乙墓出土玉器

大禹治水图玉山

统文化结合起来。中国的玉器、中国的玉文化是真正的国粹，是第一个国粹，没有比玉文化更早的国粹了。

为了使大家对玉器的认识更加直观，下面配合幻灯片进行讲解：

左上图是曾侯乙墓出土的，雕着镂空的龙。曾侯这个国家就是现在四川随县专区这么大，国家很小，有这样漂亮的玉。可见当时除周王室以外，诸侯国家也掌握了大量的玉。

左下图是清代乾隆皇家玉器的代表作“大禹治水图”，山高224厘米，原重10700斤。新疆叶尔羌密勒塔山玉，它表现夏代大禹率领部队开山治水、宏伟壮观的劳动场面，以彪炳大禹“功垂万古德万古”的丰功伟绩。画院根据宋人名画设计，送扬州雕琢6年，由苏州玉匠朱永泰镌字，加上从新疆运出的时间，前后耗时整整十年，是我国玉器史上的一座令人叹为观止的丰碑和空前的杰作！

（整理者：张志军）

杨伯达，1927年生于辽宁旅顺市，1948年华北大学美术系毕

杨伯达

业。曾任故宫博物院副院长、中国博物馆学会副理事长，北京市人民政府专家顾问团顾问、北京大学考古系玉器硕士研究生导师。现任故宫博物院研究室研究员、国家文物鉴定委员会委员、中国文物学会名誉会长、玉器研究委员会会长、中国宝玉石协会顾问、香港中文大学文物馆荣誉顾问、香港徐氏艺术馆顾问、新加坡收藏学会海外高级顾问、新加坡国立大学李光前中华文物馆客卿顾问、国际博物馆协会（ICOM）会员、玻璃委员会会员。40余年来专攻艺术文物及美术史。研究领域较宽，侧重清代院画、玉器、金银器、玻璃器、珐琅器等专史。曾赴中国香港、中国台湾以及苏联、保加利亚、罗马尼亚、古巴、美国、加拿大、英国、法国、德国、澳大利亚、日本、新加坡访问考察或出席国际会议及国际学术讨论会。出版专著：《埋もれた中国石佛の研究》（松原三郎译，东京美术1985年版）、《清代广东贡品》（1987年香港中文大学文物馆版）、《古玉考》（香港徐氏艺术馆研究专刊1992年版）、《中国古代工艺美术史》（与田自秉教授合著，台湾文津出版社1992年版）。《清代院

画》(紫禁城出版社1993年版)、《珍玩雕刻·鼻烟壶》(台湾幼狮出版社1993年版)、《清玉掇英》(美国中华艺文基金会1995年版)、《清代官窑瓷器》(香港徐氏艺术馆研究专刊1996年版)、《古玉史论》(紫禁城出版社1998年版)、与美国翁万戈先生合作主编学术著作《故宫博物院》(已出英、意、德三种文版)。主编《中国美术全集》之《玉器》、《金银、玻璃、珐琅器》、《元明清雕塑》三册并任《明清绘画》(共六册)顾问。主编《中国大百科全书·美术·工艺美术》卷,担任《考古学》、《轻工》、《文物博物馆》册撰稿人。任《中国鼻烟壶珍赏》顾问并撰玉、玻璃两类论文。主编《中国玉器全集》(共六册)及其《5.隋唐—明》册,主编《中国金银器、玻璃器、珐琅器全集》共六册,主编《华夏古玉——鉴赏篇》(共十二册)并编著其《9.隋唐五代宋》、《10.辽金蒙元明》二册。还主编《传世古玉辨伪与鉴考》(《中国传世古玉鉴定学术研讨会论文集》)。曾经主持参与金玉珠宝大佛、不空羂索观音、翡翠"蓬莱仙境"以及珍贵宝玉石的鉴定评估。享受政府特殊津贴。载入英国剑桥国际传记中心1992年出版的*Men of Achievements*(《有成就的人》)第15版及同年出版的*Dictionary of International Biography*(《国际名人传记词典》)第22版、*The International Who's Who of Intellectuals*(《国际著名知识分子录》)第10版。被英国剑桥国际传记中心选为1992—1993年国际名人。

近期课题为《清代工艺美术史》、《中国玉文化史》(与美国屈志仁先生合作)。

杜迺松

青铜器的考古分期和赝品鉴别

中国古代数千年的历史进程为我们留下了大量的文物。文物是历史的载体。在各类文物中,中国古代青铜器可以说是世界文物宝库中一颗璀璨的明珠。它有很高的历史价值和文物价值。我主要谈论两个方面的问题,一个是时代鉴定,分期的目的是为了时代鉴定;一个就是真伪辨别。这是青铜器研究中的重要内容,对于学习、研究、收藏青铜器,做好考古工作、博物馆工作都是很重要的。

我们现在就开始讲第一个大问题:青铜器的考古分期和时代鉴定。我们说,青铜器有很重要的价值。但是利用青铜器为我们的工作、事业服务时,它就是一种工具。由于青铜器的发展时间很长,究竟在这么长的时间里怎么分期?所谓分期,我领会就是给它在发展过程中分成几个阶段。还有一些青铜器,它的相对年代和绝对年代究竟定在什么时间,是商代、西周、春秋、战国,还是伪造的。伪造的也要知道是什么时候伪造的。所以,确定青铜器的分期很重要,这对青铜器的划分段落也有着重要意义。由于时代的局限性,古人对于青铜器的分期还没有提到日程上,直到近现代这个工作才开始展开。最重要的时候是在20世纪30年代,郭沫若同志在他的《两周金文辞大系图录考释》著作中就提到青铜器应该怎样分期以及分期的方法。他主要把青铜器分为五个时期:滥觞期,即殷商前期;勃古期,即殷商后期到西周早期;开放期,即西周中叶到春秋中叶;新式期,即春秋中叶到战国末期;衰落期,即战国末期以后。我们今天学习、研究青铜器,感到郭老很早以前就提出分期的内容,是难能可贵的。一直到今天,仍然是我们研究和学习青铜器分期断代的一个重要的参考理论,所以它的价值很高。近年来,由

古代青铜器

于文物考古工作的开展，在科学考古工作中，发现了很多青铜器的窖藏、具有青铜器的墓葬以及一些遗址。通过科学考古，基本上能够断定这些遗址、墓葬、窖藏的时代。现在有科技考古的手段，用碳14年代测定，用陶片的热释光法，就可以确定相对年代。这对于鉴定科学考古发现的遗址、墓葬、窖藏等，确定其相对年代和绝对年代，有很大的帮助，并有很大的指导意义。在这些有科学价值的考古发掘中，比如说1976年在河南安阳小屯，也就是商朝后期的国都，发现了妇好墓，时间属于殷墟前期。如果要按照王世讲，就是商王武丁到他的两个儿子祖庚、祖甲时期。这个古墓葬没有被盗过，出土了200件青铜礼乐器，价值相当高，对于研究殷墟的青铜器提供了大量的资料，对于分期断代都有很大的帮助。再比如，1977年在陕西省扶风县庄白村，发现了一个西周时期的窖藏，出土了103件青铜器，都是大件，价值相当高。当时出土后，我也到那边考察摩挲过。春秋时期的青铜器，比如说安徽寿县20世纪50年代发现了一座大型的墓葬。根据墓葬内涵来看，属于春秋时期蔡侯的墓葬。里面出土青铜器500件，数量相当多。这对研究春秋中期的青铜器，提供了重要的标准器。战国的青铜器也出土了一些，比如说湖北随州曾侯乙大墓出土了编钟，这是很有名的，出土的青铜器也非常多。这个墓葬是战国时期公元前433年或稍晚一点，为分期断代提供了很多标准器，也为研究这个时期的青铜器的风格、特点提供了大量的、重要的材料。再有离我们比较近一点的，是1974年在河北省平山县发现了战国时期中山国王的墓葬，出土了大量的青铜器，这是公元前310年的墓葬。

郭沫若

上述青铜器为我们今天研究青铜器的考古分期、断代、风格提供了重要的资料，提供了大

古代编钟

量的实物标本。同时，它们还是每一个时代的重要界标。如果没有这些重要材料作为依据进行比较的话，我们研究青铜器就没有根据。确定一个传世品究竟是什么时代的，也就没有一个对比的资料。正因为有了这些实物资料，通过对比，我们就有了可靠的依据，就可以定出传世或不易确定的青铜器究竟属于哪个时代、哪个时期。另外，有些器物，特别是西周时期的一些器物，因为上面镌有铭文，它自己就会说话，自身就能反映出自己的时代。比如说，上个世纪70年代在陕西临潼发现的一个簋，叫利簋，带有方座，是西周时期的青铜器，像一个大碗似的。它里面就有铭文32个字，有“唯甲子朝，戉鼎克昏夙有商”。这个甲子朝与《尚书》等古文献记载周武王伐纣的时间是相一致的。所以它的历史资料价值就非常重要。它本身的内容也反映了自身是在武王克商以后的第7天铸造的。这是西周早期最重要的标准器。再比如说，近年来发现了周厉王铸造的青铜器，陕西发现了厉王胡簋。这个簋就是厉王胡用来祭祀祖先的，因而可以确定这件器物就是周厉王时期的。由此我们也就可见周厉王时期簋的主要风格及其特点。还有一些青铜器，出土时是群体，像刚才我们说的103件铜器，它们都是几代人的器物，由后代把它们埋藏起来。所以根据这些铭文的内容、事迹、人名称谓就可以一代一代排列出来，甚至属于哪个王世的都可以确定下来。有了这么多大量的、科学的考古发现，就可以作为今天我们分期断代的一个依据。我们今天一般对青铜器的断代分期，主要就是按照时代来划分，前人经常在两个时代交错时，就会视为一个时期。我们是完全按照朝代来划分的。这样做有利于和时代背景相联系，有利于避免犬牙交错的现象。实际上我们要讲到时代的鉴定，也就是青铜器发展的一个概貌。我们把青铜器发展的情况了解了，它的时代风格和时代特点也就掌握了。

陕西临潼出土的西周利簋

下面我们就开始按时代探讨一下每一个时代、时期的主要青铜器的风格和特点。因为青铜器的种类很多，只能抓住几个主要的方面看看大体上的发展变化、发展轨迹等情况。

从目前的考古发现来看，新石器时代中、晚期已经出现了青铜制品和红铜制品。这个时期，出现了青铜制品和红铜制品同时并存的现象。在青铜制品里面，马家窑文化和马厂文化已经有了青铜制品，但是青铜制品是很少的。其中发现了两件青铜制作的小刀。小刀的制作比较简单、粗糙，刀和刀背没有明显的分界，刃部稍微内凹。总之是比较简单粗糙。目前仅发现两件。

夏代的青铜器主要以河南偃师县二里头遗址和墓葬出土的青铜

器为标准器。二里头文化是夏代文化。当然学者间的看法也不一样。对其中一些有机物进行碳14的测定，遗址年代是公元前2090—公元前1680年之间，基本上和夏代的纪年时间相吻合。所以我们认为二里头是夏代文化，出土的青铜器是我们现在研究夏代青铜器主要风格特点的标准器。但是夏代的青铜器目前发现还不够多。可是，它已经有了容器。其中出土了一种饮酒的铜爵。夏代的爵的风格主要是流和尾比较长，有的更长一点的都成了一条直线，最长的一件达到了31.5厘米。这件器物现在保存在河南省偃师县博物馆。前几年国家文物局将它定成国宝级文物。这是最早的青铜容器。它的造型非常优美，它的腰部往里收缩，平底，三个锥足细直。整体风格就是这样。个别的器物上还有装饰。就我刚才说的器物而言，它有两道弦纹和乳钉纹。还有就是乐器铜铃，可以说是最早的青铜乐器。铃铛侧面有一个把手，呈半圆形。前些年，我到安徽去，当时，安徽省在合肥附近发现了一件铜铃，他们不太确定它的时期，我据此认为这里的青铜文化是比较早的。他们问我的根据是什么，我说我就是根据这个铜铃断定的，因为它就是夏代的铜铃。

商代的青铜器可以分为两个大的阶段：一个是商代前期，一个是商代后期。商代前期以河南郑州二里冈遗址为代表。它的时间基本上是公元前16世纪至公元前14世纪。这个时期的青铜器比二里头时期的要有很大的发展。总的来说，这个时期青铜器的造型准确，器壁匀薄，铸造技术也达到了很高的水平。郑州先后出土了四件大鼎，其中最大的高度已经达到了一米，重量达到了近100

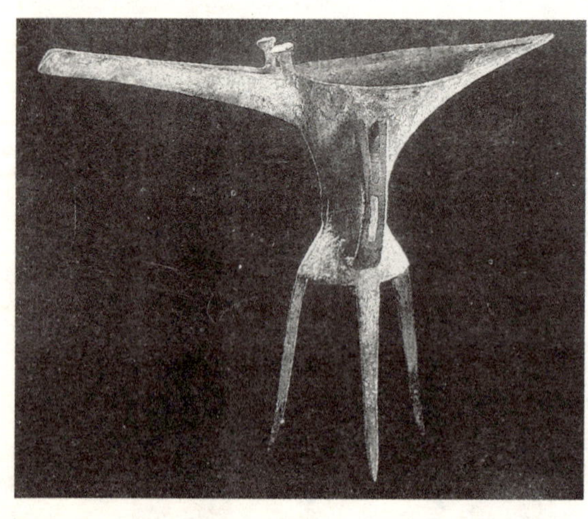

偃师二里头出土的夏代铜爵

公斤。这个时期器物的种类比较丰富，有水器、酒器、食器等。在这个时期中，鼎的腹无论是方形还是圆形，一般都比较深，鼎腹的下面有三只锥形足，鼎耳外侧有凹槽。爵已经没有细腰了，即不收缩，并且普遍有爵柱。而在夏代，爵极少有两个小柱，即使有也不明显，很短很短。这个时候的觚都是比较短粗的。它的口部到颈部、腹部，一直到足，中间没有凸起的棱。装饰方面很简洁，主要就是由两个夔纹组成的兽面纹，粗疏简洁。这个时期器物上很少有铭文，个别器物上开始有简单的图形。比如说，河南郑州白家庄出土的罍，器肩上有三个龟状的图形。有人认为这个就是图形文字。中国历史博物馆收藏有一件传世品鬲，上有一个家族的标志。无独有偶，保利艺术博物馆近年来在从海外收集的青铜器中，个别的也有这种家族的标志。

商代后期的时间从公元前14世纪到公元前11世纪。它以河南安阳殷墟出土的青铜器为代表。该地出土的青铜器相当多。大型的器物，比如说司母戊大方鼎，就是1939年河南安阳殷墟出土的。出土的青铜兵器如戈、矛等都是成捆成捆的。这个时期的鼎足开始由锥形变成柱形。簋一般都有两个耳，大耳下面还有小耳。也有个别的簋有三个耳。爵已经不是平底了，而是圜底。觚也与以前不一样。这个时期的觚比较细长，似喇叭，中间有凸起的觚腰。此时的花纹内容丰富，以兽面纹和夔纹为主。另外，还有一些诸如鸟纹、蝉纹、蚕纹、象纹等写实的动物的花纹，以及一些诸如云纹、雷纹等几何装饰的花纹。常是主题装饰的衬托花纹。这个时期的铭文开始增多，但是一般来讲是一个字或几个字，个别有一

司母戊大方鼎

二十字，更多一点的达到四十几个字，但非常少见。这些铭文有的是家族的族徽，有的反映祭祀的情况，有的记载国王对臣下的赏赐，也有极个别的铭文反映战争。

西周是公元前11世纪到公元前8世纪。我们说武王灭商以后，从历史记载来看，它的很多文化是继承商朝的一些内容。所以西周前期从周武王到穆王，这个时期的青铜器与商朝末年没有截然的不同。但是也出现了一些新的创造、创新。这个时期，因为周朝吸取商朝灭亡的教训，所以酒器大量减少，贵族不许随便饮酒。可是，这时乐器钟开始有萌芽。在商朝短剑的基础上，西周剑进一步发展，主要在西北地区，但是在北京房山县琉璃河燕国墓葬中也曾经发现有西周时期的剑。此时就器物的形制来讲，鼎的足开始变成马蹄形，中间细、两头粗。另外，无论是鼎也好，还是簋也好，它们的下部多下垂，凸出，鼓起。爵的流尾往上扬，比以前都要明显。这时期的花纹与商代后期没有更多的区别。鸟纹冠也很长了，尾也华丽了，我们一般把它们叫凤鸟纹，是西周前期开始发展起来的。另外还有一种装饰多起来了，那就是一个头、两个身子的龙纹。铭文上百字的也开始有了，有的记载战争、训诰、赏赐等都很详细。

西周后期从共王到厉、宣、幽王。这个时期，西周的青铜器开始出现了它自己的完全创新的时代风格。器物的种类中，出现了几种新的器物，包括有器身、器盖、呈方形的簠，盛食物的盨以及水器匜，这些都是西周后期出现的。从这个时期的器形来看，鼎的足更似马蹄形，簋在圈足下面有三个小足，上面常常有盖。壶以往是贯耳，现在是套环耳。此时，爵等酒器基本消失，酒器里主要是青铜鸟兽尊等。器物的装饰比较简单，多是潦草的几何纹。但是很注重铭文，长篇铭文多出现在西周后期。铭文最多的器物是至今保存在台湾省的西周晚期厉、宣时代的毛公鼎，共497个字。重要铭文的内容，相当于《尚书》一篇。铭文内容除了反映祭祀和赏赐以外，更主要的是反映用物品和田地进行交换，它的历史价值非常高。由此反映西周后期国有土地制度的破坏，奴隶制开始逐步被封建制所代替。因为在奴隶制社会中，“溥天之下，莫非王土”，土地都是国王一个人的，诸侯都没有权力，只有使用权，没有所有权。这个时期可以交换土地了，说明奴隶制开始解体。比如说有一件器物叫格伯簋，铭文说“格伯付良马乘于倗生，厥贮三十田，则析”，就是贵族格伯用四匹好马换取了贵族倗生三十田。上面的铭文就说明当时国有土地制度已经不行了，土地逐渐私有化。在中国历史博物馆保存了一个盘子，这个盘子叫虢季子白盘。这是清代发现的，有铭文111字，反映周王朝与少数民族玁狁即后来汉代的匈奴之间的战争，天子派虢季子白去和玁狁打仗，胜利了，受到嘉奖等等。这个铭文的字体书法很优美、漂亮，有点像以后的小篆一样，而且读起来朗朗上口。这个时期，列鼎制度很盛行。所谓列鼎就是名位不同，礼仪也不同。就是什么等级使用多少鼎。所以这个时期发现的墓葬有七个、五个、三个甚至一个鼎的，我们根据鼎等青铜器的随葬不同就可以分析墓葬主人生前的等级。

西周之后就是春秋战国，笼统来讲就是东周。此时天子势力衰落，诸侯强大起来。许多诸侯国都铸造了青铜器，多能反映各自的特点，由此我们就能界定它们的国别与地区做器风格等。比如近年来山西出土的青铜器很多，我们就能知道山西的青铜器是以蟠螭纹为主。有些青铜器圆雕的动物比较多。这些都是它的地方特色。此时青铜器的种类开始向实用轻便方向发展。带钩、铜镜等等就是如此，比较实用。这时的兵器非常多，戈、矛、戟、剑、弩机等都发展起来。器物的形制，鼎一般有盖，盖上有三个钮，做成环钮或小兽钮，鼎足比较细长。装饰上的突出感觉是器形上多有莲瓣。这个时期的花纹很少见夔龙纹、兽面纹、波浪纹、鱼鳞纹，代之而起的是蟠螭纹、蟠虺纹。青铜工艺很发达，多用红铜等镶嵌器物，也出现了鎏金器物。

秦汉时期，青铜器进一步走向生活化。其中有简单的，也有非常精美的。以后，青铜器逐步衰落。以上就是根据科学考古资料对青铜器所进行的分期断代，以及器物发展的脉络。

战国青铜剑

下面我们讲第二个问题，简单介绍青铜器的辨伪，也就是赝品的鉴定。

赝品的鉴定近年来成为热门。首先我们必须搞清楚两个概念，那就是伪品与仿品。伪品和仿品是有区别的。伪品是为了牟取暴利。仿品是大体上仿照古代的风格，又加入了时代的风格。过去，常常有以假乱真、以真误假的现象发生。清乾隆时期做了一件晋侯盘，550多字的铭文。这个铭文本来就是作伪者在乾隆时作的假字，编的假内容，被英国人买走。英国人的后代到现在还强调它是真的，实在让人啼笑皆非。这就是把假的当成了真的。有时也会把真的当成了假的。比如说，前些年，本来有一件非常好的盘子，战国时期的，可以说是国宝级的器物。但是有人硬说是明清时期仿造的，一直放在库房里压着，经过进一步审查鉴定，确定是战国时期的，而且是国宝级的。这种例子很多。甚至学者之间、专家之间对同一件铜器也有不同的看法。例如湖南发现一件铜戈。它不是考古出土的，而是从冶炼厂、废品收购站拣选出来的。戈上有铭文"楚公冢秉戈"。有人说这个器物从器到文字都是假的，有人说两者都是真的，有人说器是真的，文字是伪的，有人说器是真的，文字是当时或稍后时期刻上去的。情况多种多样。

青铜器的作伪很早时期就开始了。春秋时期齐国伐鲁国，索取一件叫谗鼎的青铜器。齐国胜利了，派使者到鲁国索取该鼎。鲁国国君舍不得，做了一个假谗鼎给齐国。齐国就叫该国善于鉴别青铜器的叫乐正子春的人来鉴定。乐正子春来后，认为是假的。真正仿造青铜器是从宋代以后开始的。所以又叫做宋仿，这就成了以后的专门术语。到元、明、清甚至到民国，仿造青铜器以牟取暴利是非常普遍的。很多博物馆，特别是老博物馆常有这些宋仿青铜器。为什么会出现这么多假的青铜器呢？因为从宋以后，都搞复古，崇仰三代夏商周，崇尚三代的礼乐制度，认为那时是最好的。宋人吕大临在《考古图》一书的序言里提到："观其器，诵其言，形容仿佛，以追三代之遗风，如见其人矣。"所以当时作伪现象很普遍。与此相对的是，辨伪也非常普遍。当时的辨伪主要从色、声、味三方面进行鉴定。色就是看它的颜色，声就是敲打器物以听它的声音，味就是闻闻它的气味，当然这一点对我们现在来说未

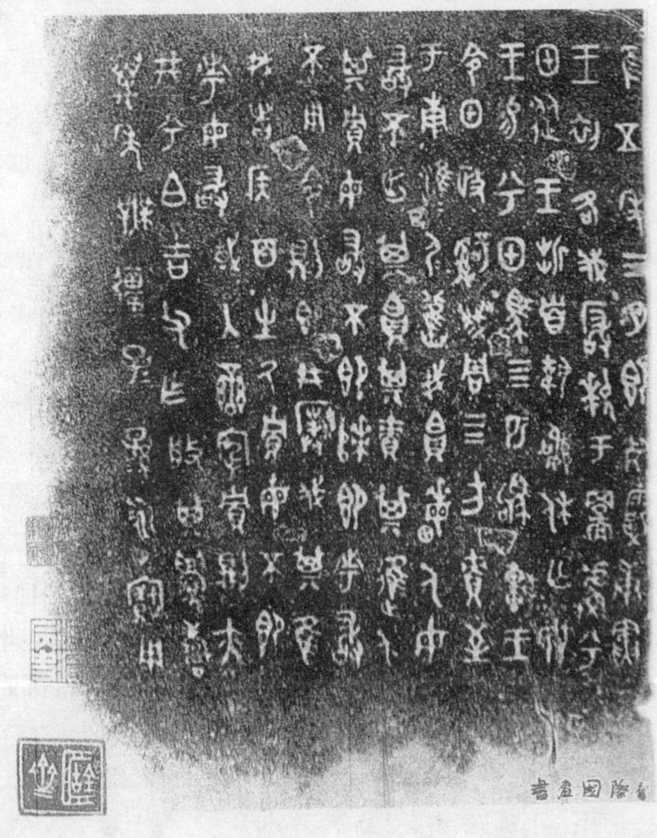

周宣王兮甲盘铭文

必合适。

下面我们举例讲讲伪作青铜器的几种重要表现。一种是整个器物都是假的，是商人按照器物图录的样子来造的。以前古董商欺外国人不懂得铭文，利用他们喜欢优美造型的特点，造一些鸟兽型的器物。所以现在法国或美国等国的博物馆常常有这种赝品。有一种器物是拼凑的，现在北京某研究所收藏有一面铜鼓，两面都可以敲打，它是仿造日本所藏的商代铜鼓。细看铜鼓，它整个都是拼凑起来的。它是古董商用春秋时期的铜器碎片做成的，里面的破绽就是它上面的花纹是蟠虺纹，这种花纹在春秋时期非常流行，但是商代时期则没有这种花纹。还有一种情况是，器物本身是真的，铭文或花纹是假的。器物上有无铭文，其经济价值相差很大，尤其是重要的长篇铭文，那就不得了。在旧著录里有一件盘子叫兮甲盘，古董商人仿照盘中的铭文，在真盘上刻

假铭文。并用腐蚀法来造字,由于技术不过关,有的笔画出不来,有的笔画则太过了。现在这个器物收藏在香港。有的真器上刻假花纹,也有真器上已有花纹、铭文,但是作伪者又加了一些花纹和铭文。有些器物是真的,作伪者将一些别的物质嵌入真器中。总之,器物的作假是很复杂的,必须细心考察、研究,才能发觉。

关于青铜器的鉴定过去古董行当有几句话:"先看形,后看花,拿到手里看底下,紧睁眼,慢开口,铭文要细察,铜质是关卡。"这是过去古玩行总结出来的一套顺口溜。那么怎样看假铜器,识别假铜器呢?辨伪的方法我们也简单地介绍几句:从铜地或铜锈来看是主要的,如果是真器经历了几千年,它有自然的光泽,发亮,宋以后伪造的则发暗。真锈经历几千年是硬的,抠不下来,很难拧碎,成硬的疙瘩。假锈是软锈,一抠就一层下来了,伪铜色也就表露出来了。从造型来看,真器有古朴自然的时代特点、有规律,伪器做得再好,也有破绽,缺乏时代特点。花纹这方面,真器的花纹很平整,很均匀。伪器的花纹很鼓凸,也不自然、不清晰。铭文也是这样,真器有时代的内容,字体匀整,结构反映时代特点,字的大小、深浅也相同;伪器则相反。辨伪的关键是把握器物的时代风格、特点,同时要多看真器、多看伪器,多进行比较。从实践到理论,用理论再指导实践,不断升华,善于总结规律,总结经验,同时谦虚、谨慎,由此经过一段时间,青铜器的鉴定能力就会提高。我再强调一下,鉴定青铜器要多实践,绝不是看几本书就能达到的。

(整理者:谢冬荣)

朱家溍

昆曲古今谈

中国昆曲在2003年5月的联合国大会上被正式宣布列为世界人类口头非物质文化遗产，并且是全票通过。列在这次通过的几个国家的非物质文化遗产的第一名，所以现在我们要把它当遗产来对待。

“昆曲”这个名称在不同时代、不同阶层有不同叫法。明代有四个剧种：南方的昆山腔，以前叫什么腔是指一个剧种的意思，江南昆山这个地方出现的剧种叫“昆山腔”；江西弋阳地方出现的叫“弋阳腔”，浙江有“海盐腔”、“余姚腔”，这是当时的四个剧种，昆山腔是其中的一种。中国戏曲宋、元时期已经很成熟了，即宋代的院本和元代的元曲。从戏曲文物这个角度来看，有很多传世作品反映着戏曲的发展，如传世的宋人的画里有个叫“眼药酸”的，是描写卖眼药的，把他的故事画成画，从画中可以看出他的舞蹈姿势及面部表情，表现了宋代院本戏曲表演的实际情况。当时的文物现在出土的也很多，如壁画里有元代“朱帘秀在此做场”，从中基本可以分出生、旦、净、丑、山西侯马出土的戏曲角色的俑，都说明中国戏曲早已形成。过去怎样演出？拿院本和元曲来说，遗留下来的只有白纸黑字的书，即印好的书和手抄本书两种。从元曲的文字角度来讲，遗留下来的戏剧怎么演呢？想唱既没有律谱，也没有音符。其实，如何表演的方法已经消失了，只留下有文字的剧本。当然，在嘉靖朝以前就已经有了剧本，嘉靖朝是16世纪，在那以前剧本已经有了。为什么特别提到嘉靖时代的昆山腔呢？因为此时是昆山腔历史性变化的时代。当时有一个昆山人，名叫梁伯龙，是个文学家。他编了个剧本，名字叫《浣纱记》，“浣纱”两个字是指“西施浣纱”的故事，意思是西施到河里洗纱。为什么起这么个名字呢？因为，剧

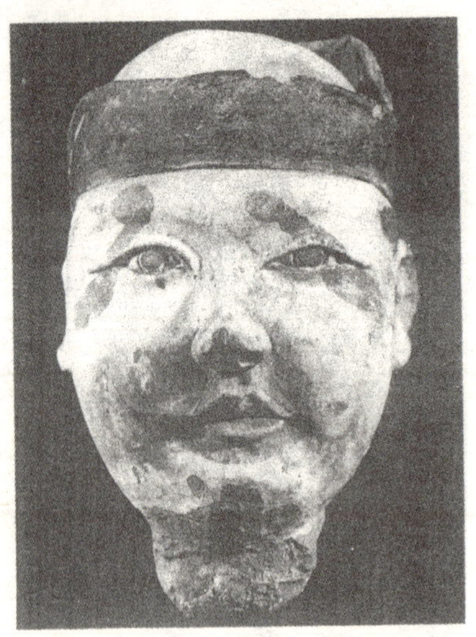

侯马戏曲俑

本里写的内容是吴越两国之间的斗争。吴国先把越国灭了，越王勾践在吴国当了俘虏，越国有个大夫叫范蠡，他向越王献计，要他想办法给吴王夫差送个美女去，勾践就在越国挑选了一个叫西施的女子，她是越国最美的美人，把她送到吴国去以后，吴王夫差非常高兴，从此，吴王夫差沉溺于酒色，不理朝政。越国大夫文种也天天贿赂吴国太宰伯嚭。这些人物都是戏里的角色，伯嚭是个丑角，范蠡是老生，文种是老生，也是末，吴王夫差是净，花脸。在戏里伯嚭因为受贿，自然就在吴王夫差面前说越王的好话：越王勾践很顺从，给吴王您洗马，把他放回去吧。同时，也因为受贿，就劝吴王讨伐齐国，夫差听信了谗言，放回了越王勾践，并出兵伐齐。就在他倾全国之兵讨伐齐国时，越王勾践动员越国力量进攻吴国，一下子把吴国灭掉了，西施也回去与范蠡结了婚，《浣纱记》就是描写这样一个故事。这个故事被梅兰芳先生改编成京剧，也有不少京剧爱好者知道这个故事。《浣纱记》原来就是为昆山腔这个剧种写的，有鲜明的时代性，也是一个历史性产物。梁伯龙在江南写了这个剧本，他同时又是江南的文学家，因古代昆山属于苏州，太仓也属于苏州，太仓有个音乐家，名叫魏良辅，用自己创造的“水磨调”为梁伯龙的剧本制了谱。“水磨调”的本义即配乐。此后，昆腔显得更细致、更精致了，这种创造使昆山腔更加合乎音乐规律，在音乐结构上更加和谐动听。以后，昆山腔更加发展，一直从明嘉靖朝盛行以至于后来，这就是保留下来被称之为非物质文化遗产的昆曲。过去演员们都把它称之为“昆腔”。北京老演员都讲是“昆乱不挡”，这才是最高的演技水平。所以，昆腔经梁伯龙创作，魏良辅为其剧本作了“水磨调”配谱，一下子，昆腔的水平大大提高，从明嘉靖朝盛行起来，为后来

《浣纱记》

的不断兴盛打下了坚实的基础。

从《曲海总目》看，昆腔编剧制谱的有几千出，我们统计一下，真正能演的剧本并不多。从各时代的演出看，即明代到清朝末年，昆腔一直是全国戏台上的主要剧种。我们最后的统计结果是，从1922年整理出版的《集成曲谱》分析，加上新中国成立后的戏，能够上演的前后只有400多出。实际上，昆腔剧目数量要比这个数字多，这只是前前后后历史上整个剧本创作里的一部分。但这些戏确实有词、有白、有谱，能唱、能演。根据《集成曲谱》统计，比较全面的创作有400多出。所以，我们在这次讲座里重点提出梁伯龙编的《寄子》，以及魏良辅创作的水磨调，正是《寄子》这出戏和魏良辅创作的水磨调使昆腔水平真正提高。

《寄子》是怎样一出戏呢？在《浣纱记》中有这样一段情节：伍子胥是楚国人，楚平王派人杀了伍子胥的全家，只有他只身跑到吴国避难，他投奔了公子光——夫差的父亲姬光。吴国利用他报仇的心理，派他带兵把楚国消灭了，他把楚平王尸首刨出来后，打了三百鞭子，报了家仇。非常感谢吴国对他的恩惠，对姬光儿子即位，也就是吴王夫差继承王位，伍子胥出了大力，并且对吴王夫差很忠心，后来，吴王夫差听信伯嚭的谗言，把越王放回国去，并且要出兵伐齐，他都持反对态度。因为他知道吴国伐齐，越王一定会进攻吴国，吴国一定要遭到灭顶之灾。所以，他预备拼死也要谏阻这件事，他知道谏阻的后果，他认为自己可以死，但要留下个后代。所以，他先把儿子寄放到齐国他的朋友那里去。《寄子》这出戏就是讲伍子胥送儿子去齐国一路的故事。

昆腔这一剧种达到一个完善水平的历史阶段应是以这出戏为代表的。元代的剧本叫杂剧，明代剧本叫传奇。这有什么分别呢？杂剧的格式一本剧叫一“出”，过去也叫“折”，但“折”没有“出”更确切。因为有人把一出戏叫“一折”，有人把一支曲也叫“一折”。所以，平常大的戏叫一部，一部戏里有几本，每本有多少出，传奇的形式都是这样的。现在流行叫“折子戏”，这不是历史语言，这些年报纸上总喜欢说“折子戏”，其实没有这么一个名词。一部传奇可以有若干“本”，每本有若干“出”，杂剧形式一般就是四出。前面说了，元杂剧只留下白纸黑字的剧本，但不知怎么唱。昆曲经过很多文学家创作剧本，又有很多名演员演唱、积累，还有许多音乐家为其制谱，使得昆曲一天天兴盛起来。大文学家关汉卿创作的元杂剧《窦娥冤》、《单刀会》，后来也被传奇化了。当然，在元朝是怎么演的，不知道，只是留下一个剧本而已。

关汉卿

明朝在昆腔盛行以后，仍保留有很多元杂剧，例如吴承恩的《西游记》一天天盛行，还有些作者将有名的元杂剧重新编剧，以传奇的形式出现，以昆腔的表现手段来演，所以，元代人的文学作品在昆腔剧种里保留了很多。如关汉卿的著名作品《单刀会》就保留下来了。今天既然是古今谈，说了古的也说今的。《单刀会》这出戏在现代、近代的苏州、上海都是保留剧目。昆曲原来在北京遗留下来的剧目，在乱弹班里，也就是在京戏班里也保存下不少出戏。据我小时候看过的，我统计了一下，约有84出。就以关汉卿这出《单刀会》来说，剧本是一样的，没什么南、北分别。现在社会上对昆腔有个误解，认为有“南昆”、“北昆”之分，其实这是个地域称呼，“北昆”只是北方昆剧院的简称，其实昆腔不分南北，演的都是昆腔这一个剧种，是一样的。从前

昆曲《单刀会》

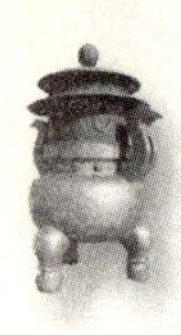

《游园惊梦》剧照

文艺界也有个别领导人在报告里讲过："南京、上海等城市的南方人唱的是南曲，北京人唱的是北曲。"不是这样，这是误解。其实，昆腔这一剧种的表现手段融合了宋、辽、金、元戏剧的特点，南戏在元大都也是这样演，昆曲没有南、北昆的区别。例如北京京班的梅兰芳唱《游园惊梦》曲牌都是南曲，南北都一样。另有出戏叫《夜奔》，杨小楼常在北京唱这出戏。南方人唱《夜奔》，也是同样的，其实此戏是北曲。北曲和南曲在昆腔里都只是一个曲调，拿昆腔的音符来说"上、尺（chě）、工、凡、六、五、乙"，就是相当于简谱的1、2、3、4、5、6、7。

北曲和南曲唯一的区别，是南曲里没有"乙"和"凡"两个音符，北曲是全的。北曲的格律唱出来是比较豪壮的，豪壮的题材一般用北曲。多情、婉转的题材往往用南曲来填词。就以这出《单刀会》来说，这是元杂剧有名的作品，也以昆腔的形式演出了。遗留在南、北昆腔的剧目里都有这出戏。流派可以说是不一样的，其实戏都是一样的。例如北方昆戏班的前身——昆弋班的陶显亭演的关公，在北京戏班里，我没看过有谁演过，但是，我看过一回红豆馆主溥西园先生主演的《单刀会》，戏的配角儿都是戏班里的专业演员。钱金福饰的周仓，方宝泉饰演的鲁肃。我记得是在一次义演里看过他演的戏，我学这出戏时，就是跟为他演配角儿——鲁肃的方宝泉先生学的，唱曲子是跟迟景荣先生——即我的先生迟月亭先生的儿子学的。迟景荣先生是吹笛子的，曾给杨小楼吹过笛子，也给梅兰芳吹过，《单刀会》的曲子是我跟他学的。所以，我演的方式也是京戏班里的路子。与北昆陶显亭等表演的稍有不同，唱的音符也有不一样的地方，其实是一个剧本。所以，刚才我谈到的《浣纱记》是为昆腔专门写的剧本，并提高到“水磨调”以后的代表作品。现在演出的《单刀会》是从元杂剧里继承下来，而且又以昆剧形式演出并保留下来的遗产。

后来从元杂剧改为明代传奇形式的戏剧还有很多，例如《游归记》、《西游记》、《东窗事发》，还有《疯僧扫秦》早期的戏词，至今还保留了明代传奇的形式。再如明代高德成重新编写的《琵琶记》，在明代是脍炙人口、风靡一时的戏剧；又如《荆钗记》，这些都是明代有名的传奇。在这里我们只是举例，其实明代的传奇还有很多。大文学家为昆腔写剧本也不乏其人，在当时，除了写历史题材的剧本，还有一种是写当代剧，例如《鸣凤记》。此剧是描写严嵩与忠臣杨椒山，也就是杨继盛之间的故事，是写忠奸斗争的剧本。为什么此剧叫《鸣凤记》呢？是因为剧本里描写了几个御史，他们是一些敢说真话的人，是仗义执言的人，隐喻“五凤齐鸣”之意，所以叫《鸣凤记》。《鸣凤记》在明朝时也曾风靡一时，此戏在明人的笔记《陶庵梦忆》中有详细记载。在《鸣凤记》中饰演严嵩的演员知道夏言和严嵩二人都是嘉靖朝的宰辅，宰辅即大学士的首辅，是“份儿”很大的人。演员演了一段时间以后，自己感觉

《鸣凤记》

《连环记》

演得不错了，希望有所提高，也就是希望到真实生活中去体验一下，他就来到北京，托人推荐到当时的一品大员顾秉谦家里当一名仆人，去实际体验一下生活。当然是瞒着顾，并不说出演员的真实身份，老老实实地侍候主人。这个演员非常聪明，把一切都搞得让主人喜欢。他在主人家里待了大约两年的时间，一边侍候主人，一边将主人在生活中的一举一动细细加以揣摩，最后搬上舞台去，严嵩的“份儿”就出来了。《鸣凤记》成了当时的热门戏，演员演得惟妙惟肖，一下子红了起来。《鸣凤记》演了很多场，观众都很喜欢看。我在很多场合都举过《鸣凤记》这个例子，说明当时昆腔是如何受到人们喜爱，是如何深入人心。

我曾演过《鸣凤记》中“吃茶”一段，我在剧中饰演杨继盛。杨是当时的一名清官，他与严嵩的走狗赵文华之间发生矛盾纠葛。有一次，他到赵的家里去拜访，明说我有一个奏本要参奏总兵仇鸾，仇鸾私通蒙古开马市，根本不进行防御工作，也只会向严嵩行贿。所以，我要向皇帝参他。赵文华在戏中说：“你不要参他，我给你们进行说合，我来打通关节。”杨继盛是正人君子，不懂官场什么叫“关节”，就问：“何谓打通关节？”赵文华回答：“打通关节就是我给你们通融一下，我派人写封信送到仇总兵那里，告诉他有个奏本要参奏他，让他赶紧送些金银珠宝来，我劝你就私了了吧，别上奏本了。”杨继盛说：“这哪行呀，我从来不受这个。”赵文华想躲开杨继盛，就让家人假称：严府人来找赵文华，让他马上去，已经来了三次了。杨继盛问：“你口口声声说严府,就不怕人笑骂你吗?”赵文华说:“笑骂由他笑骂,好官我自为之。”这句话一直流传到现在,人们常用这句话诠释贪官污吏的劣行。明朝许多戏剧的语言已经成为成语或典故,《连环记》中也有这样一句话,王允定连环记,想利用曹操来刺杀董卓,正在说着曹操,曹操从外边进来了。王允有句念白:说着曹操,曹操就到了。这句台词也一直流传到现在。已成为人们正念叨、想念某人,这个人就马上出现在面前的同义语。

以上都说明昆腔在当时表演的次数之多,观众之多,以及深入人心的一面。其中《鸣凤记》是属于比较流行而且有代表性的一出戏。

明代传奇很多,我只列举了其中较有代表性的几出戏。另外,《牡丹亭》也是有代表性的作品,《牡丹亭》上演很多年,久演而不衰。我常常在各种会议上宣传《牡丹亭》是一部非常好的剧本,不宜改动。很多人认为我是保守派。我坚持不宜改动的理由是,著名的文学剧作演出来,一般要经过很多名演员演绎积累,现在已经完善到了饱和点,不宜再进行改动。是不是一点都不能改了呢?那倒也不是。动是可以动的,但不是人人都能动的,得有资格的人去动,演员自己是最有资格动的。

昆曲·青春版·牡丹亭

这还要看你是否演了许多遍，如果你演若干次，你就有资格对名剧不足的地方进行改动，这不像一出新戏，关键是你有没有资格改动，这才是主要问题。拿《牡丹亭》“游园惊梦”这个剧本来说，或者更进一步拿汤显祖的临川四梦来说，都存在同样的问题。再有，各个时代的版本流传到现在有很多，我们系统核对一下，演员改动的地方很多，京戏班把《牡丹亭》中的“游园惊梦”叫做《春香闹学》，原名叫《学堂》。《学堂》后来增加的曲子、念白都不是汤显祖原作固有的，原作只有一个“闺塾”，后来演员演着演着把“闺塾”扩大了，增加了内容，就变成“学堂”了，即“春香闹学”。在杜丽娘表演的段落里，“游园”下去是“惊梦”。当然曲子里都有衬字，过去昆腔曲牌格调中的句子长短，几字一句都有严格规定，是否能加衬字，以及衬字加得好不好是非常重要的。加得不好，自然就消失了。加得好，就保留了下来。例如《牡丹亭》中杜丽娘“游园”之后开始“惊梦”了，她坐在那里有这样一段独白：“默地游春转……春去如何遣……” 汤显祖的这段念白原作为小令，并且是有格调的小令，小令念完以后，下面还有一大段念白，“想我杜丽娘……”她把自己的身世如何如何地表白了一番，原来占了差不多一页书的样子。可是经过演员不断修改，许多独白都没有了。是不是现在改的呢？不是，可以看出是早已改过的。据故宫收藏的乾隆年间南府的抄本记载，杜丽娘这段独白已经与原作不一样了。与身世多余的表白都不念了，就念“默地游春转……春去如何遣……”这段小令。这说明从汤显祖编出剧本到乾隆年间这100多年时间里，剧本早已进行过改动。这样的改动好不好呢？这完全是经过演员在台上细细体会以后的改动。念完这段小令，叫起板来唱，连动作，都是表现少女的幽怨，少女的情怀。也就是说删去那些多余独白仍能把事情表达得更清楚，这就足够了。而且，念完这段小令，叫起板来感觉是很顺的。“恁般天气好困人也……”叫起板来：“没乱里春情难遣……”这样的改动都是非常成功的。所以，我说类似的改动已经到了饱和点，尤其是名作。名作一般都经过很多名演员的再创作和积累，他们改动了必要的地方，又不损伤剧本的原意，改完以后让一般观众看不出来不妥之处。即使同行人看出来了，也不能让人看了眼生。如此的改动就是非常之好的改动。可以说，我不是什么保守派，我只是比较慎重而已。我对文化遗产有自己的看法，在台上演出时，我对昆腔也进行过小的改动。我曾经整理过一出老生戏，是苏武的《牧羊记》。《牧羊记》中有一出戏名叫《告雁》，说的是苏武与雁说话的故事，是独角戏。因为南、北戏班都没有这出戏，根据我自己的演出经验，可以按身段、曲谱、地方进行，不过《告雁》中苏武有好大一支曲子，唱得太多。其中有一段是“下山虎”，我把它剪掉了，改了。在剧中，苏武看见雁了，就与雁说话，托雁带封信到中原去。我想，要给皇帝写信，应该是上表的形式，我按照简单的表的体裁把内容加上去，还得让戏词能上口，就把整段唱腔改成念白，念白只有十句八句，独白念完，台底下的观众就已经清楚剧情了。

另外，昆剧在唱腔里常有一个“高”，即一个高音。在曲谱上是加一个“亻”，例如“尺”字加“亻”就是一个高音，就像是京剧的“嘎调”一样。其中有一个“向”字，向是去声字。过去，“向”字转成原来的谱要用“尺”，即高音的“尺”。后来，我在这里加一个字，就是加一衬字“他”，把衬字加在嘎调这儿，也就是用一个“香”字。这样一处小小的改动，收到很好的效果。我仔细询问别人的意见，都说改得很顺溜。所以，我觉得不是一点不能改动，需要极其慎重地改动。《游园惊梦》这出戏的演变也说明这个道理，从汤显祖时代到乾隆年间，其中大段的念白被去掉了。原本不大的“闺塾”却扩大成“学堂”，说明戏演得次数越多，经过优秀演员积累的东西也越多。就是说该改动的地方已经改动过了，再要动，就要

昆曲《十五贯》剧照

格外谨慎小心。又如“游园”和“惊梦”中间曾加过大段的念白，而原来中间只有柳梦梅的唱“山桃红”，“则为你如花美眷，似水流年……”这支曲子。在汤显祖的原文里也只是上一个花神，唱“单则是”这支曲子。然后下去，他们两个一生一旦再上来，又一支“小桃红”。后来，也就是在乾隆年间，剧本上已出现上12个花神的记载，然后，大家合唱“娇红嫩白”这支合唱曲。此处加得好不好呢？我说加得很好。既体现春光明媚、百花齐放的春天景色，又衬托出杜丽娘幽怨的心情，是一个鲜明的对比。自然的环境是如此五彩缤纷，而杜丽娘的幽怨心情却愈发沉重。所以，这里的曲子加得好，虽然已经不是汤显祖的原本了。加上这段曲子的人本事是很高的，绝不是普通人。

以上列举的是明代传奇的例子。进入清朝以后，大文学家的创作当然还是很多的，昆腔仍然处于上升的趋势。清代也有不少大文学家写昆腔剧本，如李玉的《一捧雪》、《占花魁》、《麒麟阁》和《人兽关》、《风云会》等。《风云会》一直流传到现在，但是能演的人却不多了。《占花魁》现在还在演，《一捧雪》却没有人演了。《麒麟阁》我演过两次，是在恢复传统剧演出以后。再如朱素臣编的《十五贯》，是一出大家爱看的剧目，20世纪50年代，就因为这一出戏而救活了一个剧种。这些都是清朝初年创作的作品。另外，还有李渔编的许多戏，《曲海总目》里有他编的十八出剧目，如《风筝误》和《烂柯山》等。再有就是《铁冠图》，《铁冠图》是清代比较突出的一出戏，是描写李自成与明朝政府打仗的事。此戏是作者以亲身经历作为蓝本创作的，署名为“逸民外史”，他实际上姓曹，叫曹子清。还有旦角戏，如《刺虎》；老生、武生戏，如《别母乱箭》和《对刀布战》。我演过《别母乱箭》，没有演过《对刀布战》。南、北昆腔演员都演过《刺虎》这出戏。另外，清朝最有名的戏是《长生殿》和《桃花扇》。《长生殿》的作者洪昇，《桃花扇》的作者孔尚任，他们都是清代著名的戏剧作家。过去的作家不喜欢署名，他们认为戏曲是小道，不是正经事，不愿留下真实姓名。所以，流传下来的剧本很多都没有姓名，至少有三分之一是没有作者姓名的。大家非常熟悉的戏剧《雷峰塔》即为无名氏编，它使人们对青蛇和白蛇的故事家喻户晓。《蝴蝶梦》、《满床笏》也是很好的戏。

前面说了,昆曲进入清朝以后,仍然是处于继续上升的趋势。在明朝时期,政府设立“教坊司”,管理宫内演戏、音乐等事宜。顺治年间也称之为“教坊司”,“教坊司”于雍正年间才撤消,没撤以前,也就是在康熙年间,又成立了“南府”和“景山”等管理戏曲和表演的机构。清朝有个通例,凡非军事和行政机构,或政府认为是管理小事情的单位,都不予正式命名。而只以地名冠名,例如“南府”和“景山”就是以地名冠名的管理戏班的机构,在康熙年间规模是很大的,也演了很多戏剧。然而,“南府”成立的时间,在昆剧史上一直是个疑问。很早以前,有个叫王芷章的人写了一本书,名字叫《升平署志略》,书中引用了一段碑文,碑文是从恩济庄的石碑上抄来的。恩济庄在北京的郊区,当时属于内务府管辖,是专为退休告老又无家可归的太监设立的居住之所。乾隆年立的碑,碑文上记载了“南府”如何如何。这里提到“南府”,不等于说就是乾隆年间设立的“南府”,但此时已经提到“南府”这个机构了。我后来在故宫发现懋勤殿收藏很多档案,其中有一个大包,包的外面写着“圣祖谕旨”字样,但没有年月,是清圣祖康熙的谕旨档案,里面是一些康熙皇帝亲征噶尔丹时在蒙古等地寄回的信件和上谕,里面夹着几沓给南府总管太监魏珠的传旨。这说明康熙年间确实已经设立“南府”。故宫保留的剧本、戏衣上的印记也有“南府”和“景山”的字样,还有诸如“头学”、“二学”等字,“头学”、“二学”实际上是戏班的名字。还有一个档案里记载:演员分两种,一种是太监演员,另一种是从南方抽调来的优秀演员。太监演员叫“内学”,普通演员叫“外学”。康熙皇帝有一道圣旨,是对演员下的,说“昆山腔,当勉声依咏,律和声察,板眼明出,调分南北,宫商不相混乱,丝竹与曲律相和而为一家,手足与举止睛转而成自然,可称梨园之美何如也”。这些是鼓励演员的谕旨,也说明康熙皇帝很懂戏剧。现存的档案里有四件是关于南府演戏之事的,这也说明“南府”在康熙朝时确实已经存在了。

当时演戏的情况在《康熙万寿图卷》里有详细的描绘,此书记载了康熙皇帝过六十岁生日时普天同庆的场面。画家王原祁是当时的大官,他奉命画一张写实的画卷,描绘从神武门一直到西郊畅春园的街

《康熙万寿图卷》局部

景，画卷上画有许多搭好的戏台，数一数共计有49座戏台。而且，从画中可以清楚看出正在演什么戏的有20多座。其中一个正在演《安天会》中的“北饯”，故事说唐僧要到西天去取经，皇帝正在给他饯行。还有一台戏正在演《白兔记》的“出猎”，说的是李三娘去打水，碰到儿子咬脐郎正在打猎。另一出是“回猎”，说的是咬脐郎回来见他的父亲，说见到自己的母亲了。还有一台戏正在演《浣纱记》里的《回营》片段，是个丑角演太宰伯嚭。还有一出戏是《邯郸梦》，演的是《扫花》，吕洞宾与何仙姑相见。还有一个戏台上正在演当时流行的开场小戏《上寿》，大家在《红楼梦》里也能看到“夜夜怡红，群芳开夜宴”，说的是芳官正唱一支“寿筵开处风光……”的曲子。画中还有正在上演《单刀会》的场面，台上的关公、周仓和鲁肃都能看清楚。还有一出《金貂记》“北诈”说的是尉迟敬德装疯的故事。还有一出戏叫《问探》，是吕布正向探子询问军情。还有一台戏正在演《醉打山门》，从画中可以清楚地看到鲁智深踩着一个人的脚，自己正在端起酒桶喝酒。还有一出戏也是《邯郸梦》中的吕洞宾的故事，名字叫“三醉”。你还能看到《玉簪记》里的“问病”和《西厢记》里的“游殿”。还有《双官诰》,从画中你都能看得清清楚楚。还有《鸣凤记》“吃茶”片段。另外,还有一幅记录为乾隆母亲过生日的情景的《崇庆太后万寿图卷》,这幅画我没看完,我只看到里面有《访普》,说的是宋代皇帝赵匡胤访问赵普的故事,戏中三个人物:赵匡胤、赵普和门官儿能看得很清楚。还有一出《定天山》,能看到薛仁贵正在台上。以上都是从传世的文献里所看到的戏剧历史,也说明了明、清两朝昆剧的兴盛局面。

关于昆腔演出的历史,民间的戏班是不会存有档案的,我们只能从官方档案,即从“南府”、“景山”等机构的记载中看到。“南府”、“景山”等机构于道光七年变为升平署,升平署也有自己的档案。后来,民间的戏班也由政府来管理,成立戏班必须政府批准,要写呈文,如同现在写报告一样,是需要呈报的。

所以,要想知道民间都上演什么戏的情况,谁也不能准确地罗列出所演戏的清单来。但是,可以从档案里了解到宫里的昆腔演出与宫外的同步变化,我认为是同步的。宫里演戏兴盛的时候,也是外头兴盛的时候。以康熙时代的《万寿图卷》上所表现的戏与乾隆母亲的《万寿图卷》相比较看,乾隆年间的戏就开不出同样的戏单来。都演了什么?只有通过一种档案叫做《穿戴题纲》来看,《穿戴题纲》就是管戏箱人的手册,通过它可以知道当时都演什么戏。一出戏从主角到配角,穿什么,戴什么,手里拿什么都有记载。但是,只看《穿戴题纲》怎么知道是哪个朝代的呢?上面并没有明确写上皇帝年号,只写“二十五年几日立”。我们要考证会不会是康熙二十五年呢?不会的。因为确有证据乾隆年间编的大戏,不会是康熙二十五年。排除康熙朝,雍正朝没有二十五年。会不会是乾隆朝呢?也不是乾隆二十五年,因为里面还有嘉庆年间编的戏。往下只有道光朝有二十五年,再下面的皇帝都没到二十五年。那是哪位皇帝呢?可以断定是嘉庆皇帝。如果说是道光二十五年,的确有疑问,因为手册里还有避讳字。其中有一出戏叫《十八学士登瀛洲》,里面一个人物角色叫于志宁,“宁”字不避讳,说明不是道光朝。所以断定是嘉庆二十五年。嘉庆朝演的戏有三类,一类是节令开场,一类是昆腔杂戏,剩下是弋腔,共有320出戏,这320出戏也不是皇

宫里特有的。民间当时有什么戏?都演什么?应该说常演的有300多出。1922年出版的《集成曲谱》中有400多出戏保留到现在,这400多出戏包括以上所说的300出戏。

关于昆腔演出的历史,清代编的大戏如全本的《三国演义》,《三国演义》又称《鼎峙春秋》,此戏共计12本,每本10出,总计120出。这样的戏还有《升平宝筏》,《升平宝筏》就是《西游记》,还有《劝善金科》,说的是目连救母的故事。还有关于杨家将的戏,都是100多出一本。这样的大本戏还有很多,在这里不一一列举。这些戏是平常演的戏,是宫外常演的戏。如我所说:是宫内、宫外同步发展。除去以上的大本戏还有300多出戏。关于昆曲的演出史,过去戏曲界有个误区,《中国大百科全书·戏曲卷》第186页里说:"乾隆末年,昆曲在南方虽然仍旧占优势,但在北方却不得不让位给其他剧种。""到了嘉庆末年,北京已无纯演昆腔的戏班了。"这是个错误。但我认为,责任不在《大百科全书》编者,《大百科全书》写作应是根据各个专门领域提供的材料进行编辑。这些年戏曲史研究者们总是这样说:乾、嘉的时候,徽班一进京,昆腔就没有了。又说到:连昆腔戏班也没有了,让位给其他剧种了。这就是《大百科全书》上如此记载的来源。所以我说,责任不在《大百科全书》编者,应该由提供材料者负责任。我的说法也是有根据的,因为过去他们谁也没有见过档案,所以,他们的观点就错了。第一历史档案馆和故宫档案馆是在一起的,其中的部分档案记载说明昆腔让位给其他剧种的时间不在嘉庆年间,而是在光绪末年。为什么这样说呢?升平署档案里记载说:为管理外面的戏班,每一个皇帝死了,全国都要穿孝,三年之内,任何娱乐活动都不准举行了。戏班不准演戏,都散了。等第二个皇帝登基,孝期一定要满27个月之后,一切喜庆娱乐活动才可以恢复,戏班也就又恢复了。所以,根据升平署档案里保存的戏班报上来的呈文,我们可以看到咸丰皇帝死了三年之后,直到同治二年时候的档案。其中有一篇呈文写道:"据甘结人王允和、曹法林……大兴人,自攒有奎庆昆腔戏班,因在班角色俱系大兴县民人,并无从别班邀来角色,以及来历不明之人在班演唱,自挂牌以后,倘犯有前项情事,有奴才王允和、曹法林等领罪,伏请大人台前恩准奴才等挂牌演唱,以后奴才得食糊口，则感戴鸿慈无既矣，同治二年十月有奎庆领班奴才王允和、曹法林画押具结。”这是成立一个昆腔戏班的申报材料，是在同治二年。同治三年，又有呈报：“今攒吉生昆弋戏班……”底下还是那些套话。在同年八月，张金荣呈报：“今攒镒胜昆腔戏班……”同年十二月，张士元呈报：“今复出……”这是本来就有的戏班，因为国孝期间散了，现在又复出，也是昆腔戏班。同年八月，王玉年呈报：“承起普敬昆腔戏班……”还有刘万仪呈报：“自攒崧祝成昆腔戏班……”同治四年王月章呈报：“自攒庆华昆腔戏班……” 宋德宽呈报：“自攒全顺和昆腔戏班……”刘玉秀呈报：“自攒今复出庆来昆弋戏班……”同治五年关瑞祥呈报：“自攒祥泰昆腔戏班……”共有11个昆腔戏班。北京除了这11个以外，还有“三庆”、“四喜”6个戏班，是乱弹和秦腔戏班，即梆子等。从以上比例可以看出，至同治朝时还有11个昆腔戏班，而剧种只有4个，所以说结论是错误的。同治四年离嘉庆已有很长时间。而且到了光绪三年，同治皇帝又死了，还得举行国丧27个月。光绪三年，戏班又开始成立了。当时，北京共有11个戏班，其中4个昆腔戏班，占全部戏班的三分之一强。以上说明乾、嘉时代昆曲让位给其他剧种，是不对的。

根据调查，近、现代可以演唱的昆曲并不多，但有条件演出的，有谱、有本可以排演的达400出，有的昆曲只有老演员自己会演。我认为我们现在面临的是如何对待文化遗产问题，而不是让每个戏班都去编新戏，编新戏是戏曲繁荣时代自然的产物，想拉都拉不住。梅兰芳先生在京剧最兴盛时期，他一年编九个戏，全都编得很好。昆曲前后数千出，越兴盛越出活儿，拉都拉不住。奖励编新戏要花很多钱，不如用这些钱去保护好文化遗产。又如戏班进博物馆。过去常有人讽刺说：“这戏别唱了，应该进博物馆啦。”我认为，戏曲进博物馆是好事，就怕戏曲博物馆是空的，没有东西可藏。戏曲博物馆不应只有照片、史料、遗物，还应有活人大戏，不仅昆曲如此，京戏何尝不是这样。死了一个老艺人，能带走百十来出戏。我认为，非物质文化遗产一定要抢救、保护，刻不容缓。编新戏是好事，但人力、物力不能两全，当前首要任务就是保护好遗产。去年我参加苏州昆曲节，北昆演出《琵琶记》，上海演出《牡

丹亭》，江苏南京演的是《桃花扇》，都是使用话剧手法，如暗转、大乐队、大布景。举例来说，《游园惊梦》是最突出的例子，柳梦梅和杜丽娘在梦中相会，过去在台上表演的就是这两个人，两个人的身段占了整个舞台。花神上来之前，他们下去，花神下去，他们又上来。现在的场面是大布景，又是山，又是水，又是森林，戏曲人物掉了进去，剩不点儿啦，做什么身段也白做，都淹没啦。南京演的《桃花扇》也是这样，舞台背景是南京城着火，远处的城池、长江历历在目，景都出来了，人却看不见了。我认为，保护遗产就要原样保存，你要用话剧手法表现，用大布景、大乐队，遗产的形式变了，因为表现手段变了，那还是遗产吗？不是了，那是您自己的创作。好是挺好的，但我觉得不是遗产，我认为遗产就得原样保存。

朱家溍

朱家溍（1914—2003），字季黄，浙江萧山人。幼承家学，国学基础知识坚实。抗战胜利后回到故宫博物院任职，在故宫工作长达半个多世纪。朱先生以其渊博的学识和过人的鉴别力，为故宫历史文物的研究作出了卓越贡献。曾编著有《国宝》、《历代著录法书目》、《故宫珍藏本图书丛刊》、《中国美术分类全集》等书。朱先生兴趣广泛，多才多艺，是京剧名家，曾示范演出绝迹舞台的许多京昆剧目。

叶　朗

《红楼梦》的美学意蕴

很高兴今天有机会到这里来和大家谈谈《红楼梦》。我本人是学哲学和美学的,不是专门研究《红楼梦》的。今天就谈谈我自己对《红楼梦》的一点儿体会,肯定很肤浅,有谈的不妥当的地方,请在座的朋友们指正。

我讲的题目是"《红楼梦》的美学意蕴"。大家都知道,自从有了《红楼梦》,就有人研究《红楼梦》,200多年以来研究的人越来越多,形成了一门专门的学问,叫"红学"。近20年来,研究《红楼梦》的论文和专著像雨后春笋一样,多不胜收。那么,一部《红楼梦》说了200多年,又有那么多人在说,难道还没有说完吗?我的回答是没有。为什么呢?因为《红楼梦》是说不完的。

文学艺术作品的内容,我们一般称之为意蕴,而不称之为意义。理论作品的内容我们一般称之为意义。意义是确定的,因而是有限的。比如我写一篇社论,那么我这篇社论的意思是确定的,因此,它是有限的。我们经常讲的标语口号也是这样,它的内容是确定的,因而是有限的。而文学艺术作品的内容,就是我们讲的意蕴,它带有某种宽泛性,带有某种不确定性,因而带有某种无限性。我举个例子,过去我们北京大学南门外面有一个标语牌,上面画着一个母亲带着一个小孩过马路,下面写了一句标语,叫做"行人过马路要走人行横道"。它这个意思是确定的,就是让你过马路走人行横道,因而它的意思是有限的。不管是大人小孩张三李四一看就明白了,你不用站在那里看半天,你看半天看什么,它就是这个意思,它是有限的。可是一幅画呢?那就很难说了。你说这幅画是什么意思?它带有某种不确定性。我们经常提到

达·芬奇的名画《蒙娜丽莎》，讲她的微笑是谜一般的微笑，她的微笑到底是什么含义呢？每个人的体会不一样，每个人的感受不一样，它带有某种不确定性，因而就带有某种无限性。无限性就是我今天来看可能有一种感受，我明天来看可能又有新的感受。就像我们读诗歌，比如说读陶渊明的诗，我小时候读是一种感受，等我岁数大了，经历了人生的酸甜苦辣，再来读陶渊明的诗，我的体会就不一样，我又有了新的体会，它的意蕴带有某种无限性。从文学艺术作品带给人们的美感来讲，这就是一种差异性。什么叫差异性？就是我的感受和你的感受不一样，就是我小时候的感受和我岁数大了以后的感受不一样，这就是美感的差异性，或者叫美感的丰富性。

清代大哲学家，也是大美学家王夫之曾经说过，文学作品之所以可贵，它的意蕴的这种无限性是一个很重要的原因。王夫之举了一个例子，魏晋南北朝的时候有位司马昱写了一首诗，题目叫《春江曲》，

《蒙娜丽莎》

王夫之

是一首小诗，写家里有人要出门，大家到渡口去为他送行，诗一共是四句：“客行只念路，相争渡京口。谁知堤上人，拭泪空摇手。”“客行只念路”，“客”就是要出门的人，出门的人只想着赶路，“相争渡京口”，就是渡口上的船很多，就像我们现在汽车很挤，堵车，大家争着往前赶；“谁知堤上人”，出门的人就不考虑在堤岸上送他的人；“拭泪空摇手”，送行的人擦着眼泪跟他招手告别，但走的人已经顾不上这些了，所以叫“空摇手”。这四句诗描写的渡口送别的情景，我们也会碰到。现在北京出租车很多了，过去就是靠公共汽车，比如到朋友家去做客，吃完饭了，朋友往车站送我们，车来了，赶快挤上去，找一个地方站下，那个时候车下的朋友跟你摇手，你就顾不上了。这首诗写得不错，就像我们今天用照相机把渡口送别的景象拍下来一样。那么这首诗的含义是什么呢？它有各种各样的解释。王夫之说这首诗对那些在名利场中迷恋忘返的人，对那些追名逐利、功利心特别强，身陷其中不能自拔的人来说，好像是深夜的钟声。就是夜深人静的时候远远传来的一阵钟声，使你突然醒悟到为了追逐名利，自己把人生很多宝贵的、最有价值的东西给忽略了，什么亲情、友情、爱情啊，这些都不重要了，重要的就是升官发财。等你晚年回过头来一看，发现自己这辈子很多最宝贵的东西都被抛弃了，但后悔已经晚了。这首诗就像深夜的钟声使你醒悟。这本是一首写渡口送别情景的诗，可是对名利场中的人来讲，会有这么一个作用。有一次我到台湾去访问，朋友请吃饭，在座的有政界的、教育界的、文化界的，各种人都有。很偶然，我提起了这首诗，在座的朋

友就说，哎呀，这首诗对我们台湾人很重要，因为台湾人的功利心太强了。王夫之举的这个例子说明文学艺术作品的内容，就是我们讲的意蕴，带有某种不确定性，带有某种宽泛性，因而就带有某种无限性。

理论作品的意义必须用逻辑、判断和推理的形式把它表达出来，我们写论文当然要符合逻辑，用概念判断推理。而意蕴很不容易用逻辑判断命题的形式来表达。比如说我今天看了一场电影，你问我，今天的电影怎么样啊？我讲了半天，可能也没有把电影的内容讲清楚，你还得自己去看，我用逻辑的形式几句话把它说出来，说不清楚。意义，是逻辑认识的对象；意蕴，是美感的对象。换句话来说，文学艺术作品的内容，你只能在直接欣赏作品的时候去感受和领悟，很难用逻辑、判断、命题的形式把它明确表达出来。如果你一定要用逻辑的语言把它“说”出来，你实际上是在把意蕴转变为意义，把文学艺术作品的内容转变为理论作品的内容，那么，作品的意蕴就会有部分的改变或者全部的改变。一首诗，我用逻辑的语言来向你表达它的意蕴，那诗的意蕴就丧失了，改变了。你必须直接去欣赏它，感受它。所以，宋代的哲学家朱熹总是劝人家，对诗歌你要反复地吟咏，在反复地吟咏中你才能感受到作品的意蕴。你少用外面的一些道理和语言来分析它，一分析就很容易把诗歌内在的血脉卡断，因为你已经把诗歌的意蕴转变为意义了。有人问爱因斯坦，你对巴赫怎么看？爱因斯坦说，热爱他，静静地听他，同时闭上你的嘴巴。就是说巴赫的音乐你只能在听的过程中去领悟，不要用逻辑的东西去分析它。所以，我们强调要直接地去感受文学艺术作品的意蕴，强调直接性。这就是我们为什么要去博物馆、为什么要去音乐厅的原因。大自然的美也要通过直接的感受。现代社会生活一个很大的问题就是直接性越来越少了。我们很少到音乐厅去，我们自己有唱片，可以在家里听，在家里听跟在音乐会听的感受就不一样。我很少到海边去看大海，因为我忙得要死，我哪有时间去感受大海。我们都住在大楼里面，人和人、人和自然都隔绝了，这是一个很大的问题。

但是，这并不是说对文学艺术作品就不能“说”了。所谓说，就是用逻辑、判断和命题把它的意蕴给“说”出来。实际上，我们现在对文学艺术作品的评论和研究，差不多人人都是在用逻辑、判断和命题的形式对作品进行解释和阐释，人人都力图把作品的意蕴说出来。如果说得好的话，对读者会有很大的帮助。大家都知道明末清初有一个大文学批评家叫金圣叹，他是个天才，对文学作品有很深的感悟，他对《水浒传》的评点、对《西厢记》的评点有很多很有价值的东西。可是过去（我是指五六十年代），我们一般搞文学史的人，往往对金圣叹是全盘否定，我认为这是不妥当的。他对《水浒传》的评点有很多精彩的东西，清代后期就有人认识到了金圣叹评点《水浒传》的价值。价值何在呢？那就是"开后人无限眼界、无限文心"，很有启发，关于这一点今天在这里就不多讲了。

因此，阐释是不可避免的，也是有价值的。但是，当我们这样做的时候，我们应该记住两点：第一，你用逻辑、判断、命题的形式表达出来的东西，说得再好，也只能是对文学艺术作品意蕴的一种近似的概括和描述，这种概括和描述同作品的意蕴并不是一个东西。比如我能把我看过的一部电影很生动地讲述给你听，我讲得再好，跟电影本身的意蕴还是两回事。第二，有一些伟大的文学艺术作品，比如像《红楼梦》，它的意蕴极其丰富，极其丰美。就像我们中国古人讲的"横看成岭侧成峰"，你从不同角度看，它就显示不同的面貌。因此对这样一些文学艺术作品的阐释，就可以无限地继续下去。

从脂砚斋以来，有许多人对《红楼梦》做过阐释。《红楼梦》刚开始在社会上流行的时候是手抄本，叫过录本，当时没有印出来。比如谁家里有一部《红楼梦》，当时叫《石头记》，那么我把它借过来，请一个人把它抄一遍，抄下来就是我的了。一开始流传的时候，上面就有一个叫脂砚斋（其实不完全是一个人的评语，有好几个人的评语，但主要是脂砚斋的）的评语。过去在书页的上面或文字的中间有很多的批语，我们叫眉批、行批、夹批，每一回在前面的回首或者回末有个总批。脂砚斋是什么人？红学家有不同的看法和争论，但大概有几点大家还是相同的，就是脂砚斋是曹雪芹家族的人，而且辈分可能比曹雪芹高一点，可能是曹雪芹的叔叔。因此，脂砚斋对曹雪芹的生平、思想和创作很了解。在某种意义上，可以说他也参与了《红楼梦》的创作。比如

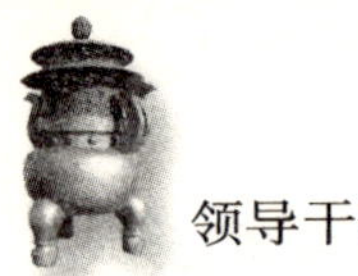

《红楼梦》中有一段关于秦可卿的描写，脂砚斋自己说，我命曹雪芹把它删掉，曹雪芹就真的把它删掉了。所以秦可卿的故事现在就退到后面去了，前几回没有很明确地来写她是怎么回事，他就暗写了。过去红学家认为脂评很有价值，主要就是它里头透露了很多曹雪芹生平的事情，对研究曹雪芹有帮助。另外，还有一点，我们现在看到的《红楼梦》，前面八十回是曹雪芹写的，后面四十回是别人续的，谁续的？现在有不同的看法。总而言之，不是曹雪芹自己写的。但是，据脂砚斋说，曹雪芹其实也写了一个初稿，而且他还看到过，可惜“迷失了”，脂砚斋用了“叹！叹！”这样的词，说是很可惜。脂砚斋在前面的评点中往往会涉及后面，这对我们研究原来曹雪芹设计的结构很有帮助。我认为，除了这些价值，脂砚斋对《红楼梦》的评论，从美学的角度看，也有很多有价值的东西。而过去一般对此予以否定，我认为这是不妥当的。脂砚斋可以说是第一个红学家，第一个评论《红楼梦》的人。从脂砚斋以后有许许多多的人来评论《红楼梦》，包括像王国维、蔡元培、胡适、俞

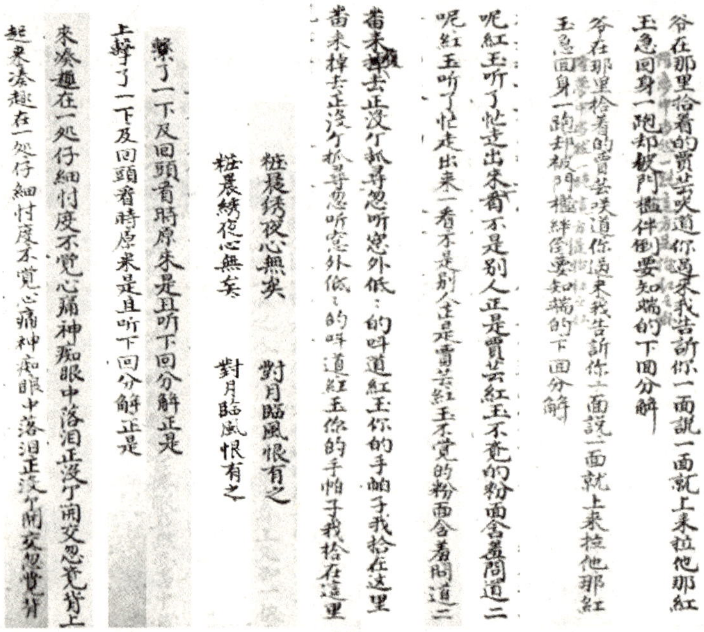
爷在那里拾着的賈芸哭道你过来我告訴你一面說一面就上来拉他那紅
玉急回身一跑却被門檻絆倒要知端的下回分解
爷在那里拾着的賈芸哭道你过来我告訴你一面說一面就上来拉他那紅
玉急回身一跑却被門檻絆倒要知端的下回分解
呢紅玉听了忙走出来看不是别人正是賈芸紅玉不覺的粉面含羞問道二
呢紅玉听了忙走出来一看不是别人正是賈芸紅玉不覺的粉面含羞問道二
爺来到去正没个抓寻忽听窗外低低的叫道紅玉你的手帕子我拾在這里
爺来棹去正没个抓寻忽听窗外低低的叫道紅玉你的手帕子我拾在這里
粧晨绣夜心無矣　對月臨風恨有之
粧晨绣夜心無矣　對月臨風恨有之
驚了一下及回頭看時原来是且听下回分解正是
驚了一下及回頭看時原来是且听下回分解正是
來湊趣在一処仔細忖度不覺心痛神痴眼中落泪正没个開交忽覺背上
起来湊趣在一処仔細忖度不覺心痛神痴眼中落泪正没个開交忽覺背

《石头记》手抄本

平伯这样一些大学者。

尽管有这么多人对《红楼梦》做了解释，我们今天还可以对《红楼梦》进行解释，就是对《红楼梦》还可以继续说下去。《红楼梦》是说不完的，一种解释只能照亮它的某一个侧面，而不可能穷尽它的全部意蕴。而且我认为，尽管这么多人在研究《红楼梦》，但是《红楼梦》意蕴的某些重要层面好像没有说得很清楚，某些很重要的层面被忽略了，至少被多数人忽略了。我想谈谈我个人的看法，我说过我并不是红学家，只是谈一点儿自己的感受，也不一定很正确，仅供大家参考。

《脂砚斋重评石头记》

我认为《红楼梦》的意蕴大致可以分析为三个层面。第一个层面过去讲得比较多，就是《红楼梦》以前所未有的广度和深度，真实地反映了清代前期的社会面貌和人情世态。大家看《红楼梦》都知道，它描写了贵族家庭贾府内部和外部的各种很复杂的社会关系，包括经济关系、政治关系、家族关系等等，描绘了各种各样的人物，极其真实，极其深刻，在读者的面前展示了社会生活的广阔图景。这在中国小说史上是空前的。大家知道，中国过去的长篇小说有几种：一种是神魔小说，比如《西游记》；一种是英雄传奇，比如《水浒传》；还有一种是历史演义，比如《三国演义》。到了《金瓶梅》，出现了一个转折。《金瓶梅》在中国小说史上地位非常重要，它通过描写一个家庭——就是西门庆这个暴发户的日常生活，怎么吃饭啦，怎么买东西啦，怎么做生意啦，等等，真实地反映了当时的社会生活。清代有一位小说批评家叫张竹坡，专门批评《金瓶梅》，他把《金瓶梅》称为“市井文字”、“市井小说”，而鲁迅把它称为“人情小说”、“世情小说”，就是描写人情世态。张竹坡在《金瓶梅》的批评里有一句话说得非常好，他说，“作金瓶者，必曾于患难穷愁、人情世故，一一经历过”，就是说他的社会经历很丰富，“入世最深，方能为众角色摹神也”。《金瓶梅》里为什么各种人物写得那么传神，那么真实？因为作家入世最深。这句话讲得很好，讲得非常正确。《红楼梦》的作者曹雪芹正是如此。他继承了《金瓶梅》的路线，又有一个很大的飞跃，把中国古典小说推上了一个登峰造极的境界。这是《红楼梦》的一个重要层面。这个层面，我们国内研究《红楼梦》的学者过去谈得比较多，从50年代到80年代，讲得非常多，有很多提法，例如有人说《红楼梦》是四大家族的兴衰史，是封建末世形象的历史，是中国封建社会的百科全书等等。《红楼梦》之所以伟大，它的意蕴中有这个层面，我认为是一个很重要的原因，当然并不是全部的原因。前几年，我们国内把《红楼梦》改编为电视连续剧，也改编为电影。大家知道，把文学作品改编为电视剧或电影，也可以看作是对文学作品的一种阐释。就《红楼梦》的这个层面来说，我认为电视连续剧和电影都表现得比较充分，比较好。因为这个层面过去的学者谈得比较多，我就不多谈了。

下面讲《红楼梦》意蕴的第二个层面。第二个层面是《红楼梦》的悲剧性。大家都承认《红楼梦》是一部伟大的悲剧，但是《红楼梦》的悲剧性是什么？红学家有不同的看法。我认为《红楼梦》的悲剧性并不在于贾史王薛四大家族的衰亡，也不简单地在于贾宝玉和林黛玉两人的爱情悲剧，而在于作家曹雪芹提出了一种审美理想，但这种审美理想在当时的社会条件下必然要被毁灭，简单一点也可以说是美的毁灭的悲剧。

什么是曹雪芹的审美理想呢？这要联系到明代的大戏剧家汤显祖，他写过《牡丹亭》。曹雪芹的审美理想就是从汤显祖那里继承下来的。汤显祖美学思想的核心就是一个“情”字，“情”这个概念自古以来很多人都在用，但是汤显祖讲的这个“情”跟古人讲的“情”的内涵有所不同。有什么不同？它包含有突破封建社会传统观念的内容。大家知道，概念具有一种历史性和具体性。同样一个词，同样一个概念，不同时代、不同思想家用起来内涵是不完全一样的，所以我们研究历史要注意这一点。你不要看到这个人讲“情”,那个人讲“情”,就把它们弄到一起,那就容易出问题。汤显祖讲的“情”包含有追求人性解放的内容,他说,我的“情”一方面和“理”相对立,一方面和“法”相对立。他所说的“理”就是封建社会的伦理观念,他所说的“法”就是封建社会的社会秩序、社会习惯。汤显祖认为这个“情”是人人生而有之,也就是说一种人性,人的天性,它有自己存在的价值,而不应该用“理”和“法”,不应该用封建社会那一套伦理观念、社会习惯去限制它,去扼杀它。所以,我认为汤显祖的审美理想可以这么来概括,就是肯定情的价值,追求情的解放。汤显祖把人类社会分为两种类型:一种叫做“有情之天下”,一种叫做“有法之天下”。他追求的是“有情之天下”,“有情之天下”在汤显祖看来就是春天,所以,追求春天就成了贯穿他全部作品的一个主旋律,他的诗歌、戏剧、散文有一个主旋律,就是追求春天。看过戏曲《牡丹亭》的,可能都记得开始时有一个场面。有一天,老师不在,丫鬟就引诱主人公杜丽娘到后面的院子里去玩。在古代,对女孩子管得很死,家长是不允许女孩子出门的,不仅不能到大街上去,连自己家里的后院都不让去。杜丽娘一进后面的院子,看到春天的景色那么美好。她说了一句话:“不到园林,怎知春色如许?”就是不到园林,怎么知道春天那么好,这就是追求春天。但是,现实社会不是“有情之天下”,而是“有法之天下”,现实社会没有春天,所以要“因情成梦”,在梦里面有了春天,在梦里面“有法之天下”成了“有情之天下”。再进一步,“因梦成戏”,我用我的文学作品,用我的戏曲把

戏曲《牡丹亭》剧照

这个梦写出来，汤显祖的戏曲“临川四梦”，都是写梦的。因情成梦，因梦成戏，所以汤显祖的戏剧作品是他的理想主义的一种表现，表现他的一种审美理想。“因情成梦，因梦成戏”这八个字，可以看做是汤显祖美学思想的一个概括。

曹雪芹深受汤显祖的影响，曹雪芹美学思想的核心也是一个“情”字，他的审美理想也是肯定情的价值，追求情的解放。曹雪芹在《红楼梦》一开头就说，我这本书“大旨谈情”，曹雪芹跟汤显祖一样，认为情是人的自然本性，情就是性。在《红楼梦》中，曹雪芹写了很多情种、情痴，贾宝玉是一个情种，他的情是天分中生成，生下来就有的，是跟人的生命连在一起的。和汤显祖一样，曹雪芹也要寻找有情之天下，要寻找春天，要寻找美的人生。因为现实社会没有春天，他就虚构了、创造了一个有情之天下，就是大观园。这个大观园是一个理想世界，也就是小说开头提到梦中的太虚幻境，关于这一点脂砚斋早就指出过。当代的很多研究者，像俞平伯等也都谈到过。大家看《红楼梦》都记得，这个太虚幻境是一个清净女儿之境，没有男的，都是一些女孩子，大观园同样也是一个女儿国（除了贾宝玉），是一个有情之天下。大观园一开始的时候是春天的景象，我举两个例子，大家都会记得。比如，第六十二回写史湘云喝醉了酒，去院子里找一块石头睡觉。她是怎样睡觉的呢？拿了块手绢包了一包芍药花的花瓣当枕头，躺在那里，小说里写她脸上身上落满了花，扇子掉在地上，埋在花堆里头，还有很多蜜蜂、蝴蝶围着她飞来飞去。然后，史湘云还说梦话，说得也是很美的酒令，这就是一个春天的世界。再比如，第六十三回写怡红院群芳开夜宴，大观园的少女聚集在怡红院给贾宝玉做寿，大家等外面巡逻的人都走了，都静下来了，把大门一关，就开始喝酒、行酒令、唱小曲，最后都喝醉了，横七竖八地睡了一地。在当时是不能这样子的，这已经违反了理和法的规定。第二天醒过来一看，大家都很吃惊，袭人就说：“昨儿都好上来了，晴雯连臊也忘了，我记得他还唱了一个。”大家听了以后都红了脸，笑个不住。那是一个春天的世界，是一个美的世界，是一个诗的世界。那里处处是对春天的赞美，是对情的赞美，总而言之，是对少女人生价值的肯定和赞美。大观园这个有情之天下好像是当时社会

太虚幻境图

的一股清泉，一缕阳光。小说写贾宝玉在梦里游太虚幻境的时候，曾经想到，这个去处有趣，我就是在这里过一生，纵然失去了家也愿意。这句话非常重要，这说明现在这个家并不是他的归宿，太虚幻境才是他的理想世界。搬进大观园，可以说是实现了他的愿望。所以小说就写他心满意足，再无别项可生贪求之心，大观园是他的理想世界。

但是，这个理想世界，这个清净女儿之境，这个有情之天下，它是被周围恶浊的世界，汤显祖所谓的“有法之天下”所包围，它并不是孤立的，它被周围世界包围住，不断地受到打击和摧残。大观园这个春天的世界一开始虽然很好，是春天的景色，但是隐隐约约地就笼罩着一层悲凉之雾，很快就呈现出一种秋风肃杀、百卉凋零的景象。林黛玉有两句诗，“一年三百六十日，风刀霜剑严相逼”，这两句诗不仅是写她个人的遭遇和命运，而且是写所有的有情人以及整个有情之天下的遭遇和命运。因为在当时的社会，情是一种罪恶，美也是一种罪恶。大家都记得，为什么王夫人不喜欢晴雯，对她进行迫害？就是因为她长得比较好看，比较美，王夫人说，她长得跟林妹妹似的，我一看就知道她不是好人。首先是贾宝玉被贾政一顿毒打，差点打死，接着，大观园的少女一个一个走向毁灭，金钏投井，晴雯屈死，司棋撞墙，芳官出家，鸳鸯上吊，尤二姐吞金，尤三姐自刎……一直到林黛玉去世。林黛玉的死跟她们不一样，很独特，她是眼泪哭干了，“泪尽而死”。这是一个宏大的交响曲，可以叫做是“千红一窟，万艳同杯”。贾宝玉到太虚幻境，人家

给他喝饮料，什么饮料呢？人家告诉他这叫“千红一窟”，这叫“万艳同杯”，这个“窟”就是谐“哭”，“杯”就是谐“悲”。大家看《红楼梦》，觉得这个交响曲一层一层地往前推进。我过去听俄罗斯一个交响曲，它开始时是很轻的，慢慢逐渐地加重，越来越重，结果是变成排山倒海的一个气势，震撼人心。林黛玉有句诗叫“冷月葬花魂”，可以用来作为这个悲剧的概括，就是有情之天下被吞噬了。脂砚斋有一句话说，《红楼梦》是让天下人共同来哭这个“情”字，他把《红楼梦》的悲剧性和“情”字联系在一起，我认为脂砚斋很深刻，很有眼光。所以我一开始就讲，我认为他的美学思想里头有很多有价值的东西。如果离开“情”讲《红楼梦》的悲剧性，我认为是没有抓到点子上。这就是我讲的《红楼梦》意蕴的第二个层面，悲剧性的层面，有情之天下的毁灭，也就是曹雪芹的审美理想的毁灭。在当时的社会条件下，它必然要被毁灭的。

为了要表现这个悲剧性的主题，曹雪芹创造了一系列有情人的典型，最突出的当然是贾宝玉、林黛玉了，但是不限于他们两位，像尤三姐、司棋都是。中国的小说最后都喜欢有一个榜，比如“封神榜”，最后大家都封神了，封各种人当各种各样的官。《西游记》最后实际上也有一个榜，最后也都是封了神。据脂砚斋说，《红楼梦》最后也有一个榜，叫情榜，就是说对每个人都用情这个标准、这个价值尺度来量一下。我虽然没有看到，但我相信脂砚斋讲的有道理，因为这跟《红楼梦》的主题大致相符合。脂砚斋说，林黛玉的评语是两个字“情情”，贾宝玉的评语是三个字“情不情”。什么意思呢？我的理解是，这两人当然都是有情人的典型，都是情种，但是这两个人的情有所不同。林黛玉的情是比较专注的，就是说我们两个人性情相投，你对我有情，我对你有情，叫“情情”。第一个情字是动词的话，第二个情字就是对象了。而贾宝玉的情是比较普泛的，就是一种博爱，大观园里的少女，不管对贾宝玉有没有情，他都是“一腔体贴”地去对待，甚至对花草树木也是如此。“一腔体贴”是脂砚斋的话。比如，有一个少女趴在地上划字，其实这个少女划的是她的情人的名字，贾宝玉远远地看得发呆，觉得是一幅很美的图画。一会儿下雨了，贾宝玉提醒她，这个姐姐，这么大的雨，你还不躲一躲。他自己被雨淋了,却一点儿没有感觉,所以脂砚斋说贾宝玉是绝代情痴。那么,这两种有情人的典型,哪种人的情更高点儿?有的学者认为,在曹雪芹看来,贾宝玉的情更伟大,是一种大爱,他爱的不是一个人,而是一个异性的群体,对这个群体中的每一个人,他都给予支持,给予同情。有的学者认为,这是一种纯美高贵的情怀,他是平等看人,尽量去帮助她们。《红楼梦》里面一系列情节和细节的描写,都是为了刻画这两位及其他许许多多有情人的典型,最后都是为了表现我们前面所说的悲剧性的主题。

我觉得,电视连续剧《红楼梦》的编导没有很好地把握《红楼梦》的悲剧性这个层面。所以,许多在小说中本来包含有丰富意蕴的情节,电视剧把它们照样搬到了电视屏幕上, 但是它们的意蕴被抽掉了,没有意思了。我举一个小例子。《红楼梦》中写贾宝玉有一次在宁国府吃饭,他想到有间房子里头挂了一张美人图,现在大家都在这吃饭,那个美人一定会感到寂寞的,需要我去看望安慰她一番。这个就是"情不情"了。想到这儿,他真的就溜下了饭桌,跑到了那个房间门口,屋里真的有女孩子的声音,小说就写贾宝玉吓了一跳,难道说美人真的活了?他推门一看,原来是他一个跟班的小厮和宁国府的丫头在调情。这两个当然吓得要死,就跪在地上,这时小说写贾宝玉一跺脚说:"还不快跑!"那个女孩子赶快就跑,贾宝玉还远远地喊道:"你放心,我不会告诉人的。"然后,他就问那个小厮,这个女孩子叫什么名字,多大岁数啦。那个小厮说,我不知道她多大岁数。贾宝玉就非常恼火,说"可见她白认识你了"。这段描写是很典型的情节。在贾宝玉看来,你们两人在这儿调情是可以原谅的,但是,你既然跟她那么好,居然连她多大岁数都不知道,这是不能原谅的,这就是情痴的一种性格。但是到了电视连续剧里头,观众就看到贾宝玉跑到门口一脚踢进去,两个人就跑了,也不知道写这一段干什么, 最多就是说贵族之家是何等的乌七八糟,只有门前的两个石狮子是干净的。这么来解释,这么来阐释,就把本来包含有很深意蕴的东西搞得很肤浅了。

《红楼梦》的第三个层面是,《红楼梦》处处渗透着作家曹雪芹对整个人生的很深的感悟。我这里强调的是对整个人生一种哲理性的感悟，或者叫感叹，它引导读者去体验整个人生的某种意味，这个就是《红楼梦》的意境。意境是我们中国古典美学里一个非常重要的概念，它反映了中国美学中国艺术的特点。中国古代的艺术家和文学家都追求作品的意境，但究竟什么是意境，大家的理解不完全一样，我觉得很多理解不是很准确。我们一般就是讲这首诗很好，有诗情画意，就叫有意境，这个理解是不准确的。作品，诗或者画，可以是很好的，也可以是很美的，但是不一定有意境。那么，什么是有意境呢？我们的人生不仅是一个物理的世界，而且是一个有生命的世界，是一个有意味的世界，文学艺术作品就是要去发现、要去体验人生的意味。陶渊明的诗“此中有真意，欲辨已忘言”，就是讲人生是一个有意味的人生。艺术作品都是要去发现、要去体验人生的意味，但又有不同。一般作品就是表现生活中的某一个场景或某一个事件的意味，比如说表现一场爱情故事的意味。而有一种作品，它不仅是表现生活中某一个具体事件的意味，它是要从某一个侧面去表现整个人生的意味。这样的作品就有一种哲理的味道，带有一种形而上的味道，这才能称之为有意境的作品。所以苏东坡就说，像唐代王维的画就有意境，而“画圣”吴道子的画有意境的就不多。《红楼梦》的意蕴里有这种形而上的层面，这是《红楼梦》意蕴中最高的一个层面，也是一个过去被人们忽略的层面。

“画圣”吴道子

《红楼梦》这种对整个人生的感受和体验，我们叫做人生感，它表现为两个方面：一个是对人生或者生命的终极意义的追问，一个是对命运的体验和感叹。当然这两个方面是连在一起的。大家知道，人的个体生命是有限的,而宇宙是无限的。这就产生了一个问题,人的有限的生命存在的意义何在?这是个自古以来哲学家思考的问题,也是自古以来的文学家、艺术家所咏叹的一个主题。孔子站在江边,看着滔滔的江水,他发出了“逝者如斯夫,不舍昼夜”的感叹,人的一生就像江水似的不断地向前奔流,永远也不会停止,这就是一种人生的感叹。庄子也说:“人生天地之间,若白驹之过隙,忽然而已。”人生很短促,就像骏马在缝隙之间疾驰,一闪而过。这就是我们经常用的一个成语“白驹过隙”。

读《红楼梦》,我们都会感受到小说中渗透着对人的有限生命和人的命运的最深沉的一种伤感,它就像一声悠长的叹息,使整部小说充满了忧郁的情调。我认为,正是这种叹息、这种忧郁,使《红楼梦》弥漫着浓郁的诗意。这种人生感集中地体现在小说的两位主人公贾宝玉和林黛玉的身上,他们俩是对生命、对命运最敏感的、体验最深刻的人物。他们常常惆怅落泪。他们的落泪,不仅仅是感叹他们爱情生活的不幸,更重要的是对生命、对人生、对存在一种带有形而上意味的体验,一种生命的体验,人生的体验。

读过《红楼梦》的人都知道,贾宝玉有一个神话的背景,他起初是女娲补天时被遗弃的一块石头,这意味着贾宝玉的存在是一个被抛弃的结果,被天抛弃了。天是什么?天是无限,天是永恒,被天抛弃就意味着脱离了无限和永恒,而掉进了一个短暂的有限的人生,这就是小说一开始说的“幻形入世”。这是作者在小说一开始给了贾宝玉一个形而上的起点。小说写一僧一道看到这块石头,说要带它到温柔富贵之乡去走一遭,石头听了大喜,表明它急切地渴望入世。但是一旦入世,贾宝玉又和这个世界格格不入。贾宝玉是他那个贵族家庭的中心,贾母、王夫人都特别地宠爱他,大家也都关心他,捧着他,怕他被碰坏,但是在他的深层意识里头,他感到这个世界是他存在的一个暂时的形态。所以小说写他经常闷闷的,或者突如其来地感到厌倦,感到不自在,这也不好,那也不好。年轻时看《红楼梦》,我觉得贾宝玉很怪,生活得很好,没有人惹他,怎么突然不自在啦?其实,这种情绪正揭示出现在这种存在对他是一种负担,就是他跟他的姐妹们在温情的时候,

仍然不能消除他对生命、对命运的一种忧患。他是一个情种，但是他的情总是带着一种忧郁的调子，带着一种对未来的恐惧和忧虑，带着一种何处是归程的忐忑不安。比如他有一些话，“只求你们同看着我，守着我，等我有一日化成了飞灰——飞灰还不好，灰还有形有迹，还有知识——等我化成一股轻烟，风一吹便散了的时候，你们也管不得我，我也顾不得你们了。那时凭我去，我也凭你们爱到哪里去就去了。”“活着，咱们一处活着，不活着，咱们一处化灰化烟，如何？”“比如我此时若果有造化，该死于此时的，趁着你们都在眼前，我就死了，再能够你们哭我的眼泪流成大河，把我的尸首漂起来，送到鸦雀不到的幽僻去处，随风化了，自此再不托生为人，就是我死的其时了。”诸如此类的话很多，这些话都是关于未来、关于死亡的一些话语。大家知道，贾宝玉很年轻，不到18岁，这么一个少年，对死亡有这么强烈的自觉，这跟他入世时的大喜形成了鲜明的对照。贾宝玉对死亡有一种强烈的恐惧，因为死亡意味着他和他爱的那些姐妹们要分离，意味着有情之天下的毁灭；但另一方面，他对死亡又似乎有一种渴望，因为他想死亡有可能使他摆脱短暂的有限的痛苦的人生而回到无限和永恒。他为自己设计了一个富有诗意的死亡，他所爱的这些女孩子眼泪流成一条大河，把他的尸首漂起来，最后随风化了，这个就是他向往的归宿。贾宝玉曾经写了一个偈，偈就是佛经里的唱词，末尾有两句“无可云证，是立足境”。什么叫“证”呢？就是佛教讲的觉悟、悟道，贾宝玉认为等到你没有可以觉悟的时候，才是你的立足点。他认为自己对佛教的东西已经领会得很深刻了。结果，林黛玉说你这个还不够深刻，我给你加两句话，“无立足境，是方干净”。因为贾宝玉最后还要找一个立足点，林黛玉说，等到你没有了立足点，你才是一个干净的境界。那么，现在贾宝玉想化成青烟，随风吹散，可以说是这种干净的境界了。所以，恐惧和渴望，爱情和死亡在贾宝玉的内心互相碰撞，发出了一种巨大的声音。贾宝玉这个被抛到人世间的石头，这个孤独的情种，他时时刻刻都摆脱不了对人生和命运的一种形而上的思考和体验，所以他内心充满了忧伤，时刻都有一种孤独者的内心体验，就是在最热闹的场合，他的内心也会突然袭来一阵悲凉。比如第二十八回，贾宝玉、薛蟠他们在冯紫英家里喝酒，那是一个胡闹的、乱糟糟的场面，可是就是在这样一个热闹场面，贾宝玉唱的《红豆曲》依然充满了惆怅，充满了忧伤，“滴不尽相思血泪抛红豆，开不完春柳春花满画楼，睡不稳纱窗风雨黄昏后，忘不了新愁与旧愁，咽不下玉粒金莼噎满喉，照不见菱花镜里形容瘦。展不开的眉头，捱不明的更漏。呀！恰便似遮不住的青山隐隐，流不断的绿水悠悠。”就是春天的一株大杏树也会触发贾宝玉对整个人生的一种感叹。第五十八回写贾宝玉病了一段时间，病好了，他想去看看林黛玉，书上写他“从沁芳桥一带堤上走来，只见柳垂金线，桃吐丹霞”，柳树发芽了，桃花开了，“山石之后，一株大杏树，花已全落，叶稠阴翠”。贾宝玉想，能病了几天，竟把杏花辜负了，不觉已到“绿叶成荫子满枝”了。他舍不得离开这棵杏树，因为触发了他一种人生感受，他又联想到邢岫烟已经择了夫婿这件事，虽说男女大事，不可不行，不过未免又少了一个好女儿。贾宝玉的人生观认为女孩子出嫁以前都是很可爱的，但一嫁了人以后就变得不可爱了，他说，大观园里的那些老婆子，一个一个那么讨厌。他想邢岫烟再过两年，便也要“绿叶成荫子满枝”了。这就是一种人生的感叹，一种对时间和生命的忧患，也就是人生无常的一种感叹。这段描写，诗的味道非常浓，作者把杜牧的诗“绿叶成荫子满枝”和苏东坡的词“花褪残红青杏小”加以融化，融进了贾宝玉对人生的一种哲理性的感受之中，创造了一种新的意境。读者读到这里，也会跟贾宝玉一样对人生充满惆怅。

我前面谈到艺术的意境。有意境的作品给人的美感有它的独特性。美感这个词我们用得很广泛。其实不同的美感是不一样的。比如我看到一朵花，我看一个悲剧，都有美感，但美感不一样。有意境的作品给人的美感有什么特点呢？康德曾经讲，有一种美的东西，给人的感受是一种惆怅，就像多年出门的旅客思念自己的家乡那样的心境，若有所失。比如，我出门在外多少年，突然想起自己的家乡或者想起我的儿童时代的那些情景，就是若有所失，一种惆怅。这种惆怅跟刚才讲的悲剧感不是一回事，它包含一种人生感。我们中国古代的诗人都喜欢登高望远，写了很多这样的诗歌。为什么呢？因为一登高望远就引发他的一种人生感和历史感。昆明的大观楼有一副对联，是中国最长的对

联。上联开头就是“五百里滇池奔来眼底”，然后下面描述东南西北的景色，下联一开头就是“数千年往事注到心头”，一种历史感、一种人生感油然而生。这种历史感和人生感带给诗人的是一种惆怅。南朝的诗人何逊有两句诗“青山不可上，一上一惆怅”，李白有两句诗“试登高而望远，咸痛骨而伤心”。唐宋的很多词很有意境，我们读的时候，我们的感受也是一种惆怅。比如相传李白的词“何处是归程？长亭更短亭”；李后主有名的词“问君能有几多愁?恰似一江春水向东流”；再比如“流光容易把人抛，红了樱桃，绿了芭蕉”。这种惆怅，也是一种美感，这种美感里面包含一种人生感，可以说是比较高层面的一种美感。读《红楼梦》，我们经常也会有这种感受。

《红楼梦》的另外一位主人公林黛玉同样富有生命的忧患感，她也总是在繁华中感受凄凉。对林黛玉来说，“冷月葬花魂”这句诗昭示着生命的真谛，同时也概括了她对人生的体验，所以，林黛玉的多愁善感是一种人生感。生活中的美不是使她陶醉欢乐，而是使她伤感，使她泣不成声。最集中地表现她的人生感的当然是她的《葬花词》，这首诗的主题是：美、生命、春天都是脆弱的、短暂的、容易消逝的、无所归依的，“一朝春尽红颜老，花落人亡两不知”。

这就是《红楼梦》的人生感和意境，《红楼梦》意蕴的第三个层面，是最高的一个层面。我认为，这是《红楼梦》之所以伟大的重要原因。过去没有一部小说能够像《红楼梦》这么深刻地提出这样的问题。人生终极意义的问题和命运的问题是自古以来哲学家思考的问题，他们都要进行回答。我们今天还是照样要思考这个问题。曹雪芹的思考不能代替我们的思考，曹雪芹的回答不能代替我们的回答，我们有我们的思考，我们有我们的回答，每个时代都不一样。但是曹雪芹能够在这么深的程度上提出这个问题，我认为是非常了不起的，而且，过去是没有过的，这是《红楼梦》之所以伟大的一个很重要的原因。

《红楼梦》意蕴的这三个层面是层层递进的。它的人物和情节构成了一个历史的、生动的、具体的社会生活画面，这是第一层；作家的审美理想突破了这个现实，这是第二层；再进一步，从根本上追问和体验人生的终极意义和价值，这是第三层。《红楼梦》意蕴的第一个和第二个层面都是和特定的历史时代相联系的。第一个层面是对当时社会生活和人情世态的反映，第二个层面是悲剧性。第三个层面也是和特定的历史时代相联系的，但是它又超出一定的历史时代，它写出了不同时代的人所共有的体验和感受，我认为，这是艺术作品中带有永恒性的东西。

林黛玉画像

《红楼梦》的第三个层面，无论在电视剧或者电影中，基本上都没有得到表现，我想这跟编导者对《红楼梦》的理解和把握可能有关系。但是，我要补充一句，就是电视剧《红楼梦》的许多插曲写得很成功，因为它把《红楼梦》诗词原有的意境表现出来了。比如《葬花词》、《红豆曲》、《枉凝眉》，它们的诗意就在于它们蕴含的人生感，而电视剧《红楼梦》里谱的曲，把它们的人生感和诗意很好地表达出来了，使人听了无限地惆怅。所以，我认为对这位作曲家，很值得表示我们的敬意。

以上就是我对《红楼梦》意蕴的一个很粗糙的解释。我在一开始就讲过，《红楼梦》是说不完的。我相信，我们中国人对《红楼梦》的阐释会一代又一代地继续下去，也正因为这样，《红楼梦》才永远是一部活的作品。

今天我就讲到这儿。下面还有10分钟时间，在座诸位还有什么问题可以和我交流一下。

问：叶教授，有两个问题。第一个是您讲的意蕴和意境有什么相同点和不同点？请您解释一下。第二个是《红楼梦》的结尾，宝玉出家了，不管这是不是曹雪芹的原意,但是不是可以说他已经近似地回到了那种无限的永恒当中去了?

答:《红楼梦》里头的问题太多,这两个问题我还可以说一点儿,有些问题我就说不了。有一次我到中山大学去讲《红楼梦》,一个同学就问我,你对王熙凤和探春的管理哲学有什么看法?这是一个很有意思的问题,因为我们现在管理很重要,能从《红楼梦》里头发掘一点儿管理的东西也很好。但是我缺乏研究。

第一个问题是意蕴和意境。我们中国的美学认为文学艺术作品的本体是意象。什么是意象呢?用我们现在的话来说,就是一个有意蕴的感性世界;用中国古人的话来说,就是情景交融的一个美的世界。王夫之有一个以意象为中心的美学体系,他说诗歌就是意象,意象就是情景交融。王夫之划了两条界限,一是诗和"志"的界限,他说"诗言志",但"志"不等于诗。也就是说,诗歌要表现我的思想情感,但并不是表现我思想情感的就是诗歌。这个话是对的。我有一个很好的思想,我可以写篇文章,但不见得我能写一首很好的诗歌。我这个人情感很丰富,不等于我就是一个诗人。80年代,我们国内有过讨论——什么是艺术?有一些作家就主张,情感的表现就是艺术。为什么呢?因为"文化大革命"时不让表现自己真实的情感,所以这个时候强调表现真实的情感,当然可以理解。但王夫之认为,情感的表现不等于诗歌。第二条是诗和"史"的界限。这个问题是怎么来的呢?宋代人给杜甫头上加了一顶桂冠,叫"诗史",就是杜甫的诗歌可以当历史来读。王夫之不同意这种看法,他认为诗歌和历史的性质、功能不一样,我国古代有《诗经》,有《尚书》,《尚书》是历史,《诗经》是诗歌,诗不可以兼史。如果诗歌可以代替历史的话,那么,有了《诗经》就可以不要《尚书》,有了《尚书》就可以不要《诗经》。诗歌和历史是两回事,当然,我们今天认为诗歌从总体上可以反映时代面貌,但诗歌和历史实录还是有一个距离。王夫之分析了意象的很多特点,包括我刚才讲的多义性,就是带有某种宽泛性,带有某种不确定性等等。

所有的艺术都要创造意象,所有的艺术都应该情景交融。如果有的作品表现了作家对整个人生的一种感受,哲理性的感受,这就是我讲的意境。意象和意境是一种包含的关系，意境是意象里的一部分，意境的外延比意象小，它的内涵比意象多。为什么说意境的内涵比意象多？所有的意象都要情景交融，但光是情景交融还不足以构成意境，意境必须要有包含哲理性的人生感、历史感乃至宇宙感。我刚才讲的《红楼梦》对整个人生的那种感叹，这就是它的意境。而意蕴呢，是指文学作品的内容。

第二个问题是贾宝玉的出家。这个是后人续的，也不知道是不是曹雪芹原来的描写。我觉得不能简单地说他是出家，他是跟和尚走了，不一定就是出家，因为你要知道是和尚把他带来的，现在也可能把他带回去，回到他那个自然里头去。如果从这个意义上讲，也可能是一种回归，有人讲《红楼梦》是一种回归的结构，来了以后又回去了。结局写得很模糊，是不是出家也不可能确证。这个回去，我想不能跟出家等同起来，可以理解为一种回归。

问：俞平伯在去世之前，他对自己进行了否定，他说，高鹗续后四十回有功，俞平伯腰斩红楼有罪。请问您对前八十回和后四十回的评价。

答：对这个问题我没有很深入的研究，但是一般的感觉，我可以谈一谈。我同意多数红学家的看法，后面的确实不能证明是曹雪芹写的。高鹗说，我是找到了本子，是有依据的，是收购了很多本子，把它综合起来的，这个我们就不知道了。我想，第一点可以肯定的就是，现在的后四十回，至少到目前来讲，我们不能肯定是曹雪芹自己的东西或者主要是依据他的原稿，这个没有根据。这意味着，如果是曹雪芹自己写，可能不是这个样子。第二点，因为现在没有曹雪芹原来的东西了，那么，高鹗的后续使《红楼梦》成为完整的东西，多少年来就是按一百二十回本流传的。就《红楼梦》的流传来讲，他是有功的。后四十回，确实有些地方写得还是不错的，比如林黛玉之死，写得还是很精彩的。所以，也不能说后面完全违背了曹雪芹的原意。俞平伯先生后来的看法可能比较公允一点儿。

(张志军整理)

叶　朗

叶朗，美学家，北京大学哲学社会科学教授。1960年毕业于北京大学哲学系。1993—2001年任北京大学哲学系主任，1997—2001年同时兼任北京大学宗教学系和艺术学系主任。现任北京大学哲学系教授、博士生导师，兼任北京大学艺术学院院长、美学与美育研究中心主任、文化产业研究院院长，北京市哲学会会长，国务院学位委员会哲学学科评议组召集人。九届、十届全国政协常委。主要著作有《中国美学史大纲》、《中国小说美系》、《现代美学体系》、《胸中之竹》、《欲罢不能》等。

孔祥星

中国古代的铜镜

今天讲座的时间有限，所以我讲的铜镜文化只是一个概况。我们目前发现的最早的铜镜是甘肃、青海齐家文化墓中出土的，相当于我们中原的夏商时代，距今有4000年。传说玻璃镜明代已经进来了，但是比较多地进入中国应该是明末清初。大家知道，《红楼梦》里面那个刘姥姥一见到玻璃镜子觉得非常稀奇，说明当时玻璃镜子不是很普及的。

铜镜

我先讲一讲中国铜镜应该怎么分类。铜镜在中国古代属于青铜器类，主要的功用是日常生活用品。新中国建立以来，铜镜出土的比较多，研究的人也比较多，尤其是日本学者研究的更多。所以，著名的文物历史学家、古文字学家李学勤先生就提到，从工艺技术角度来说，铜镜可以自成一个体系。因为青铜器自汉代以后就衰落了，但是铜镜从齐家文化一直到清代延续了4000年都没有断线，所以它可以自成一个体系，有4000年的历史。在世界上，铜镜可以分成东西两个大系统。第一个系统是以我们中国为首的圆板具纽镜系统，镜是圆形的，背面有一个纽，这是我们东方的一个系统；第二个系统是西亚、埃及、希腊、罗马这些地方流行的圆板具柄镜，就是带把儿的。这完全是两种不同风格，中国是系纽的，西方是带把儿的。从目前世界范围来看，最早是在

圆板具纽镜

圆板具柄镜

土耳其发现了距今6000年的黑曜石镜子,石头的镜子。然后在西亚这一带,像现在的伊拉克、伊朗等地，都发现了公元前2000多年以前的青铜镜。在埃及第十一王朝时期的石头棺材浮雕纹饰上面，有拿着有把儿的镜子整容的妇女形象，距今也有4000多年。所以,从世界范围来说，西方铜镜要比中国出现得早。在铜镜产生之前,中国人用什么来做镜子呢？大家看了古书就知道了，一般来说是“水镜”,普通老百姓是用一个瓦盆,瓦盆里面装了水来照容,有钱的人是在铜盆里面装了水照容的。我为什么要说这么一句话呢？就是现在有些专家们老在说这个问题——铜镜是怎么起源的?是怎么变化过来的?像著名史学家、文学家郭沫若先生认为铜镜是这么变来的：先是铜盆装了水可以照容,盆脏了以后就要擦净，一擦铜盆就亮了，铜盆一亮以后就发现不用水也可以照人，慢慢地不要铜盆了,就用一个铜片。一般的青铜器,外面是花纹,里面是光面的,所以,演变以后,我们现在看到的铜镜镜背的花纹就等于是青铜器的外面，镜面就等于是青铜器的里面。因此他认为铜镜是从青铜器慢慢演化来的，是人们从生活中发现的。一开始是素面的，没有任何纹饰，后来加了一些纹饰，再后来加了一些铭文，郭老认为铜镜就是这样起源的。当然，有的人反对。也有人说铜镜是从阳燧起源的，阳燧就是聚光取火的凹面镜。还有人认为是受小刀、斧、铜泡等多种早期金属光洁表面能映像的启发发明的。现在关于中国铜镜究竟是从什么地方起源的，有一元论，还有多元论。一元论认为，中国铜镜是从传统的中国文化发源的地方——中原，也就是河南、陕西地区起源的。另外，还有三种意见，第一种是甘青说，因为中国最早的几面铜镜就是在甘肃、青海齐家文化墓葬里面出土的，距今4000年。而且，从目前发现的早期青铜器（包括青铜刀和青铜武器等，不包括青铜彝器）数量来看，最多的还是甘青地区。所以有一部分学者认为中国青铜器起源于甘青地区，青铜镜也是甘青地区起源的。第二种意见认为中国铜镜是从长城以北的北方地区起源的。第三种意见是近年出现的，认为中国铜镜是通过新疆，从西亚、中亚传进来的。所以，关于中国铜镜的起源有中原说、甘青说、北方说、新疆西域说这四种说法。

中国青铜镜已经有4000年历史了，那么学者们一般怎么对铜镜进行分期呢？严格说起来，艺术史和文化史的分期不能与历史的发展等同，但是，现在我们还是按照历史年代来分，这样能看到各个历史时期铜镜发展的特点。中国青铜镜的发展一般分为五个阶段：第一个阶段是早期铜镜，从齐家文化到春秋初期；第二个阶段是春秋战国；第三个阶段是秦汉、魏晋南北朝；第四个阶段是隋唐五代；第五个阶段是辽宋金元明清。这五个阶段中，应该说战国、汉代、唐代是中国铜镜发展的三个主要阶段，也可以说是中国古代铜镜发展的三个高峰时期。铜镜是我们中华民族引以自豪的文化遗产。虽然铜镜是青铜器里面的一个类别，但是，它能够自成一个体系。铜镜怎么能够自成一个体系呢？应该说有三个方面的原因。第一，铜镜背面有纹饰；第二，很多铜镜有铭文；第三，就是铜镜的铸造技术。我们可以说，铜镜图纹华丽，铭文丰富，铸造精美。纹饰、铭文、铸造技术这三个要素就成了我们现在研究铜镜和收藏铜镜的重要原因。我刚才说了为什么要分成五个时期，因

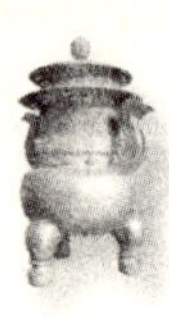

汉代铜镜

唐代铜镜

为在不同时期，铜镜的铸造、纹饰和铭文都有不同的特点，这些特点应该说是跟当时的政治、经济、文化、社会生活和民俗习惯有很大的关系。现在我就按照不同时期来讲一讲五个阶段铜镜各自的特点，每个时期我都用四个字加以总结。

早期铜镜指的是从齐家文化到春秋初年的铜镜，我用的四个字是“古拙简朴”。外表朴素，花纹简单，纹饰一般以几何纹样为主，许多镜子是素面镜，没有任何纹饰。齐家文化铜镜现在报道的有三面，两面分别于1975年和1976年出土于甘肃广河和青海贵南。前者是素面镜，后者背面中间实际上原是有一个纽的，这个纽坏了以后不好系挂，所以又打了两个孔，孔不是原来铸造的。背面纹饰是由斜线和平行线组成七角星纹。另一面是一位老先生看了我写的一本书以后，知道有这么早的镜子，他就从甘肃到了北京，把这面镜子捐给了中国国家博物馆，当时只奖励他300元钱。这面镜子背面是由线条、圆圈组成的纹饰。圆圈纹和线条纹我们一般称为几何纹饰。记录铜镜最早的是宋代，《博古图录》上面就记载了铜镜，但是一直到清朝，包括著名的古文字学家罗振玉，都认为中国铜镜最早是汉代的，把铜镜一般分为汉、唐镜。1934年，梁思永先生在河南安阳殷墟发掘的时候，发现了一面铜圆板具纽器。他认为是铜镜，并在日记上写了一句“重要发现——铜镜”。有关这面镜子出现了很多争论，当时很多人还不把它看成铜镜，因为一般看来铜镜最早是汉代的。直到1976年，河南安阳发现了妇好墓，这是殷王武丁配偶的墓，里面出土了四面铜镜，这四面铜镜一出土，殷代有铜镜就不存在问题了。这四面铜镜的纹饰有叶脉纹，像叶子的茎脉，还有好多个圆圈和短斜线纹组成的多圈弦纹。西周时代的镜子，许多没有纹饰。有一面镜子，纽左右两边是两个虎，上面是一只鸟，下面是一只鹿，是春秋初年的，有人说是西周末年春秋初年，我们保守一点说是春秋初年。这是中国发现的最早的一面禽兽纹镜，有禽鸟和一些兽，对后来我们古代铜镜传统纹饰的影响非常大。早期铜镜的特点是：第一，纹饰为几何纹和素面纹。现在，收藏家们也给我看了一些早期有几何纹的铜镜，比原来知道的数量要多一些了。第二，镜身薄。第三，制

殷墟铜镜

妇好墓铜镜

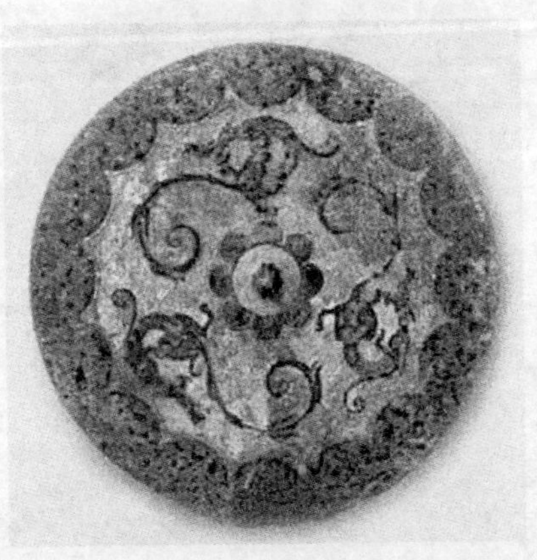

战国铜镜

战国三弦纽铜镜

战国早期纯羽状地纹镜

战国蟠螭纹镂空镜

作多较粗糙，合金成分不太稳定。

第二个阶段是春秋战国铜镜，我用了四个字“精灵轻巧”。有一面战国时期的镜子是圆形的，纽上面有三条线，我们一般把它叫做弦纹纽，有三道弦纹的，叫三弦纽，古董家们俗称为川字纽，在战国铜镜里面，三弦纽占了绝大多数。我们研究或收藏铜镜的时候，这是一个很重要的特征。战国铜镜的第二个特点是主纹和地纹相结合。什么叫地纹？地纹就是衬托主纹的纹饰。主纹即铜镜的主题或主要纹样，学者一般以主纹来给铜镜定名。第三个特点是战国铜镜的纹饰种类丰富，图案精美。战国铜镜的地纹有两种：第一种叫做羽状纹，有的学者把它叫羽翅纹，像鸟的翅膀一样；第二种地纹是云雷纹，云纹就是圆涡纹，圆形的，旋涡似的，呈三角形的叫雷纹，这是我们从事文物研究的人约定俗成的叫法。有的铜镜只有地纹没有主纹，我们称其为纯地纹镜。战国镜的主纹就比较多了，有一面镜子是匕面似的卷缘，这是战国铜镜边缘的特点。有一种比较特殊的纽，它是镂空的，连纽到纽座是一个条龙纹，镂空纽是比较少见的。蟠螭纹是战国铜镜里比较多的一种纹饰，蟠螭就是两条或两条以上的小龙纠结在一起，是很精美的，龙曲转以后身子又变成一个菱花形了。也就是说，这么薄的镜子上面有地纹，地纹上面又有主纹，这是两层的。还有三层的，地纹上面有主纹，主纹上面又有一个纹饰把主纹压住，收藏家们都知道，这叫做“三层花”。据说，日本有位研究合金加工技术的荒木宏先生，在20世纪30年代曾做过近百次的战国秦汉古镜的仿铸试验，终不能做出与战国秦汉镜同等的作品。这么薄，怎么铸制出来呢？这说明当时战国铜镜的工艺很先进。战国镜纹饰的表现手法有浅浮雕、高浮雕、透雕、金银错、嵌玉石和彩绘等。透雕镜，有的学者称为套镜，它的镜背和镜面是分开铸的，铸完以后合起来，这么一来，我们看到的纹饰实际上是透雕的，这种镜子的正背面当时是用漆粘在一起的。这是战国时期比较流行的一种特种工艺镜，我们把它叫做透雕，是因为镜背纹是镂空的。透雕镜有很多种纹饰，如凤纹、龙纹、四龙相背，非常复杂。有一种战国的镜子叫山字纹镜，一般来说，在战国有三山、四山、五山、六山镜。但到目前为止，我只看到几面三山镜照片，这几面镜都在国外和我国台湾地区。有的是三个山和三只兽组合在一起，现在作假的山字镜多是三山镜，经我鉴定的三山镜全是假的，为什么？因为三山镜在目前中国考古发掘品中还没有发现一面。四山镜最多，五山镜稍多一些，六山镜也比较少，广州西汉南越王墓中就出土了六山镜。就是说，四山镜最多，五山镜有一些，六山镜较少，三山镜最少。山字间除了配以兽纹外，还有的配以花叶纹。为什么用“山”字？有学者认为是表示一种吉祥，以山象征稳重，稳如泰山，有人认为山字就是当时战国文字的一种表现，有学者认为这就是寓意山形，以字代形，因为山间有兽和花枝枝

透雕镜

四山镜

叶。山字镜是战国时期最流行的镜类，当时的楚国地域出土最多，特别是湖南长沙等地。菱纹镜，又称方连纹镜，镜子的花纹呈菱形纹，非常漂亮，是战国时期比较流行的一种镜子，有折叠式菱纹、连贯式菱纹等。有的学者认为这是战国丝织品上的“杯文”图案，即汉代流行的耳杯形，因此应称杯文镜。现在我要给大家介绍一面重要的战国镜子——错金银镜。什么叫错金银？就是在铸造的时候，按纹饰的要求预留了一些浅细的空隙，铜镜铸好后再将金银丝填充到空隙中去组成花纹。有一面错金银镜子传为河南洛阳金村出土，已流失国外，用金银丝嵌出了斗兽纹，骑在马上的武士一手持剑、一手持盾与老虎搏斗。这是目前错金银镜中最好的一面镜子，整个画面生动，色彩艳丽，纹样复杂。战国特种工艺镜除了透雕镜和错金银镜以外，还有镶嵌玉石的镜子。最后概括小结一下战国铜镜，大概有这五六个特点：镜体轻薄精致，纽以弦纹纽最多，边缘是匕面卷缘，纹饰构成是主纹与地纹相结合，纹饰有蟠螭纹、花叶纹、山字纹、菱形纹和龙凤禽鸟纹等纹饰。

第三个阶段秦汉、魏晋南北朝铜镜。关于汉代铜镜，我用的四个字是“丰满奇异”，即非常丰富多彩、神秘，包含有很多的内容和故事。铜镜在汉代还是难得的生活用品，它可以使用好多年，所以，战国时候的铜镜可能到汉代还在使用，只不过形式上有所变化。从目前我们所发现的铜镜来看，最早的铭文镜是西汉初年的，科学发掘的墓葬里面出土的战国铜镜还没有一面有铭文的镜子，这个特点请大家注意。最近，洛阳有一位先生说，他那地方从墓葬里面出土了两面带有铭文“千金”的战国铜镜。但是，我们一看，那肯定还是汉代的镜子，因为那个墓葬被破坏了，就不好说一定是战国的墓葬。大家只要有这么一个概念，铭文镜最早的是西汉初年的，不会有多大的问题。铜镜中出现铭文并逐渐普遍采用，这应是汉代铜镜的一个重要特点和创新。附带说一下，同样是蟠螭纹的镜子，它的形状有所变化，战国的蟠螭纹线条是平雕的，到了汉代，在平雕的线条上面，有一条凹线，实际上就变成双线了，这是鉴定、收藏铜镜时要注意的一些特征。是战国的还是汉代的，我们需要从众多的镜子中总结出带有倾向性的特征来。汉代镜子的第二个特点就是许多铜镜有四个乳钉纹，以四个乳钉纹来进行纹饰划分的，我们把它称为纹饰布置的“四分法”，就是分成四组来安排纹样。西汉镜中不少纽外有连弧纹，连弧纹外有圆圈短线纹，都是战国镜没有的特点，汉前期的星云纹镜，由四个大乳钉和多个小乳钉组成，一般称小乳钉为星纹，连接星的弯曲线条被称为云纹，所以叫星云纹镜。星云纹镜从一星、二星，一直到多星，用乳钉和线条组成天文星象图案，有的复杂的被称为九曜七星纹。星云镜的边缘为一个一个的半圆弧形，我们叫做连弧纹边缘。连弧纹边缘在战国末期的有些镜子上面已经

战国错金银狩猎纹镜

西汉青铜星云纹镜

出现了，但是在汉代初年才普遍使用，这是汉代镜子的一个重要方面。汉代铜镜的另一个特点是地纹逐渐消失，只单独表现主纹。所以，我们在鉴定铜镜时，如果看到主纹与地纹相结合的镜子，最迟可以把它定到西汉初年，这样就不会错了，因为从汉武帝以后，西汉中期的镜子一般就没有地纹了。战国时期出现了彩绘镜，汉代的彩绘镜就更复杂了，出现了彩绘的人物，比战国时候的彩绘镜要复杂得多。西汉还有一类很重要的镜子，我们把它叫做草叶纹镜，草叶纹亦有称其为火焰纹、麦穗纹的。草叶镜图纹规整、对称，铸制精良，有的还增加了龙纹等十分丰富的图纹，是当时十分流行的镜类。刚才说了，战国镜子的纽主要是弦纹纽，到了汉武帝以后，镜纽多是半球形的圆形纽。从西汉武帝，也就是西汉中期以后，我们几乎再看不见弦纹纽了，这是我们判断铜镜时代的一个很重要的方面。一般来说在圆纽外面有纽座，有的是四叶形纽座，在战国时候这种纽座很少。除四叶形纽座外，汉代还有圆纽座、花瓣纹纽座，这是一个特点。汉代有一类铭文镜，我们把它叫做连弧纹铭文镜，圆纽外面有一道连弧纹，再外面有铭文。为什么叫连弧铭文镜呢？因为这类镜子是以铭文为主，这也是汉代镜子的一个特点。此镜由四个乳钉来划分纹饰，没有地纹。纽外有铭文“见日之光，天下大明”，学者一般以铭文的前两个字和抽出几个字来称呼这类铭文和这种镜。有一种镜子就叫做“日光镜”，边缘是一个非常平的宽缘，与战国时候镜子的边缘有很大差别。还有双圈铭文镜，两道铭文，里面一

西汉草叶纹铭文镜

八连弧纹铜镜

圈，外面一圈，圆形纽，纽的周围有柿蒂纹纽座，就是说纽座的变化已经很多了。汉代有些镜子，我们把它叫做多乳禽兽纹镜，现在我们看见的以四个乳钉的最多，还有五、六、七、八、九个的。以乳钉为基点来布置纹饰，有四个乳钉的就叫四乳禽兽纹，有七个乳钉的就叫七乳禽兽纹。南朝梁简文帝《望月》诗中咏道：“流辉入画堂，初照上梅梁，形同七子镜，影类九秋霜。”原来当时是将这种镜子称为“七子镜”的。乳钉之间有好多内容，其中有一组很重要的纹饰——四神纹，什么叫四神？就是现在大家说的青龙、白虎、朱雀、玄武。故宫就有玄武门，玄武就是龟蛇纠结在一起，这是表示方向的，大家都知道，左青龙、右白虎、南朱雀、北玄武，加上一个麒麟即五灵，在汉代铜镜里面，这是比较多见的一种纹饰。还有一种经常见到的羽人，就是长了翅膀的神人。西汉晚期，尤其是王莽及其以后特别流行一种镜子，叫博局纹镜，中外许多学者称其为规矩纹（用英文代号TLV纹）镜。圆纽，纽座外面有一个大方格，大方格向外伸出的T纹和近缘处向内伸出的LV纹，把铜镜分成了四方八区配置纹饰，其中许多是配置四神纹。像这类由大方格和TLV纹组成的图纹，为什么叫博局纹？这是因为在战国时期流行一种下棋的游戏叫六博，六博的棋盘叫博局。铜镜上既然有这种纹饰，还有的铜镜中出现了“博局”的铭文，所以有的学者认为应该称为博局纹。有很复杂的博局纹，出现了“中国大宁”四字铭文。当然，现在我们说的“中国”这个概念是指整

西汉四乳画纹禽兽镜

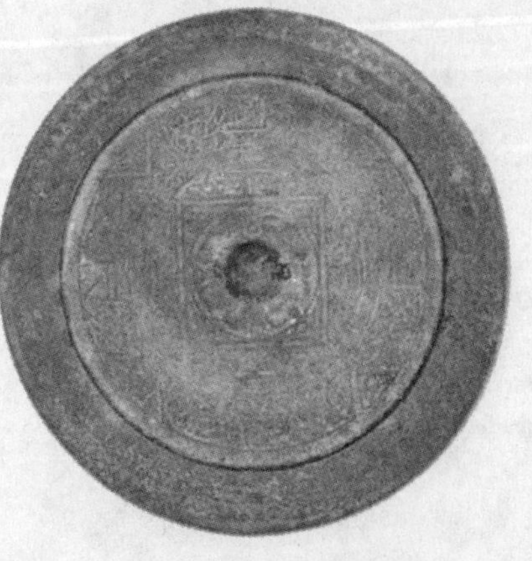

汉代“子孙富贵”铭四神博局纹镜

个中国，当时不同，就指中原一带。有一面博局纹镜，圆纽，四叶纹纽座。有一个大方格，大方格里面有十二个乳钉，十二个乳钉之间又有“子丑寅卯辰巳午未申酉戌亥”十二地支铭文。由TLV纹分成四方八区来布置纹饰。有青龙、白虎、羽人，外面有一道云气纹，周边还有铭文。这种镜如果上面有四神的，我们把它称为四神规矩纹镜或者四神博局纹镜；有的没有四神，只有禽兽，可以把它称为禽兽博局纹镜或者禽兽规矩纹镜；有的只有鸟，可称为八鸟规矩纹镜。从王莽时期到东汉前期，博局纹镜最为流行，这应是官府作坊铸造的。所以，过去的古董家就说，如果得到一面这样的规矩纹镜，可值千金，实际上，后来发现，汉代墓葬出现的精美规矩纹镜很多。必须指出的是，这种镜了国内外学者研究的特别多，而且学问也特别大。有的学者认为，这种规矩纹反映了中国人的宇宙模式，中间的方格表示大地，镜子外形是圆的表示天，即天圆地方。有的西方学者还认为在这个四方格的外面，实际上是海洋。当时中国人认为，中国的地方是方的，四周有柱子撑起来，天是拱形的盖子。子丑寅卯是表示方向的，青龙、白虎等四神也是表示方向的，中心的圆纽表示中国，就是我们中国在宇宙的中心与宇宙一起运行，周而复始，长生不死，繁衍子孙。镜子周围是云气纹，表示天上的云气。所以，很多学者认为，这种镜子的纹样是代表了天地的框架，象征宇宙的图案。东汉中期以后出现了一类镜子，我们把它叫做神兽镜，这是以浮雕式手法表现主题纹样神人、龙虎禽兽等。有重列阶段神兽镜，从上而下排列了五层神。日本学者考证说这些神里面有青、赤、黄、白、黑五帝，还有东王公、西王母，在纽左右的两位就是东王公与西王母。西王母就是西边昆仑山那个地方的一个神，她那里

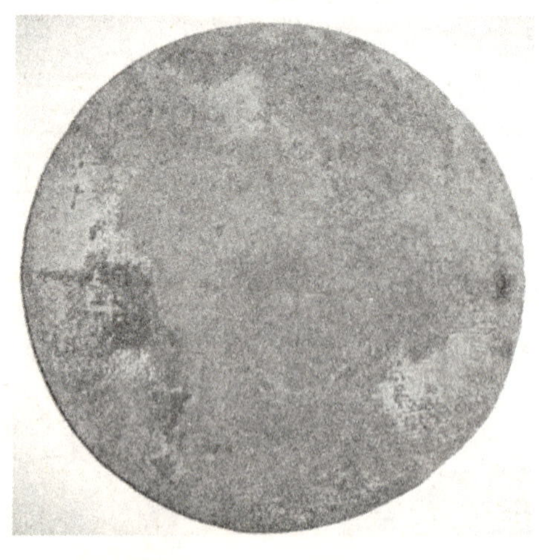

汉四神规矩镜

有长生不死的药。大家知道嫦娥奔月的故事，说嫦娥的丈夫从西王母那里得到可以长生不死的药，被嫦娥偷吃了，结果嫦娥就飞向月宫。我刚才说了，铜镜能够反映当时的政治、经济、思想和文化。西王母在汉代特别流行，就是因为第一人们认为她有长生不死的药，第二是认为她掌管灾疫，可以防止灾疫。汉代铭文反映的是什么内容呢？当时很多铭文的内容就是希求高官厚禄、长生不死、多子多孙，“八子九孙聚中央”。另外，还有羽化升仙，当时汉代人的思想意识里面都希望长生不死，成为神仙。要升仙怎么升呢？他必须身体较轻，而且要有羽毛。有的铭文出现“上有仙人不知老，渴饮玉泉饥食枣”，渴了以后喝山上的玉泉，饥了以后吃几个枣。还有什么“上大上，见神人，食玉英，饵黄金”等。可以说在汉代铜镜铭文中最直接地、典型地、集中地再现了封建地主阶级的世界观。还有一类镜子叫画像镜，为什么叫画像镜呢？因为铜镜上面的纹饰像汉代画像砖、画像石，所以把这类镜子叫画像镜。画像镜也是以浮雕式技法来表现纹饰的。纹饰内容非常丰富，有人物车骑、龙虎禽兽、传说故事等，边缘上有的还有九尾狐，有九个尾巴的狐狸出现表示吉祥，还有六龙拉车。画像镜多由四个乳钉来配置纹饰，车马画像镜中，除了东王公、西王母外，还有车马。有些研究汉代车制的人也从铜镜上面引用图像，因为从这上面可以看到汉代的车子是什么样的形状。画像镜中最著名的是吴王伍子胥画像镜，在四乳钉分成的四区内，分别描绘有坐在帐幔之中的吴王、持剑自杀的伍子胥和越王二女等，可知在汉代，吴越争战的故事已广为人知。在东汉时期，还有一种构图很特别的镜子，纽座外四片相连的或像蝙蝠、或像宝珠的叶瓣向外呈放射形，把镜背分成四区配置图纹。如四叶八凤镜，一个大圆纽，四个叶子，八个凤，形态秀丽且图案化的凤鸟，头饰高冠两两相

神人神兽画像镜

对，圆弧里还有很多禽兽，整个镜背纹饰用平剔法，图案如剪纸风格。又如四叶佛兽镜，佛教在东汉时期传到中国以后，在铜镜上面出现了佛像，佛或端坐或站立，饰有圆形的头光，这类镜子很重要，有的已经由中国国家博物馆收藏了。通过这些镜子，可以看到江南地区佛教发展的一些情况，说明当时佛教已经开始在南方流行了，所以才能在生活用品镜子上面反映出来。汉代的铜镜“丰满奇异”，它的纹饰和内容都很丰富，强烈地反映出当时的思想观念、审美情趣和价值取向。它的表现形式，如地纹逐渐消失，突出主纹，四分法的纹饰布局，只有铭文，没有图纹的镜子，以及那些高浮雕的神兽镜、画像镜，还有以四神为中心的灵异瑞兽，更为形象化、写实化。

唐代铜镜，我用了“富丽堂皇”四个字。唐初期的铜镜还保留了汉以来的一些特点，像现在我们看到的四神镜、瑞兽镜，有大方框、有分区的、有短斜线纹，这是隋和唐代初年铜镜的特点。到了盛唐以后就有变化了。我先简单介绍一下唐代的三种特种工艺镜。第一种叫金银平脱镜，第二种叫螺钿镜，第三种叫贴金银镜。中国唐以前的镜子一般都是圆形和方形的，到了唐代，镜子的形式发生了很大的变化，出现了花式镜。边缘呈圆弧形的，一般叫做葵花形镜。边缘圆弧顶呈尖角的，叫菱花形镜子。还有四方委角形、四方入角形，亦称为亚字形镜。在日本奈良正仓院珍藏一面金银平脱花鸟镜，非常漂亮。什么叫金银平脱？就是镜子铸造出来以后是一个光板，上面髹一层漆，然后把金片、银片剪成不同花纹，贴在上面，贴完了以后，上面再髹漆多层，盖住金银片以后，再慢慢地磨出来，一直磨到花纹跟漆平了，就好像花纹脱出来了似的，这种工艺手法就叫金银平脱，金色的叶子，银色的禽鸟，真是富丽堂皇。螺钿镜也非常精美，什么叫螺钿？就是在镜子上面涂了一层漆以后，用贝壳、螺片做成的各种花纹贴在上面，还有的是宝石，如红宝石，螺壳本身就有光泽，闪一层青光，另外，它本身可以刻出很细的花纹的。中国国家博物馆收藏的一面螺钿镜，纽上方有花瓣盛开的花树，树下蹲一只猫，树两侧各有一只鹦鹉。纽左端坐一人，手弹琵琶，纽右坐一人手持酒盅，背后立一侍女，侍女的衣服上面饰有几个小窠的花纹，唐代衣服的纹饰都刻得非常清楚，这就是螺钿的优点，中国国家博物馆也收藏有螺钿龙纹镜。贴金银镜，是把整个金箔或银箔压成图纹贴到铜镜背面，从已知道的这类镜子看，不少是贴银鎏金镜。其纹饰以禽鸟、瑞兽、缠枝花最为流行，蔓枝周转回旋，构成一个区间，其间穿插奇禽瑞兽，更显得生动活泼。唐代特种工艺镜现在伪作的很多，为什么呢？因为花纹不是铸造出来的，可以做一些纹饰贴到上面。但是我现在到潘家园去看，都是很差的贴金银镜，内容不顾时代特点，乱加发挥，没有什么艺术可言。唐代有一种很重要的镜子，叫做海兽葡萄镜，宋人称其为海马葡萄镜。有的日本学者把这种镜子叫做“多谜之镜”，即有很多谜没解开，为什么叫海兽、海马？兽与葡萄为什么组合在一起？日本学者还起了个非常好的名称，叫做“连接欧亚文明之镜”，因为它是把中国的传统图纹，即从汉代以来的吉祥瑞兽，与西方传进来的葡萄结合到一块，的确，唐代海兽葡萄镜的产生反映了中西文化交流的频繁。这种镜子圆形的多，方形的特别少，海兽葡萄镜的纹饰主要是瑞兽在

葵花形，圆纽唐代铜镜

唐代珍珠底金银平脱铜镜

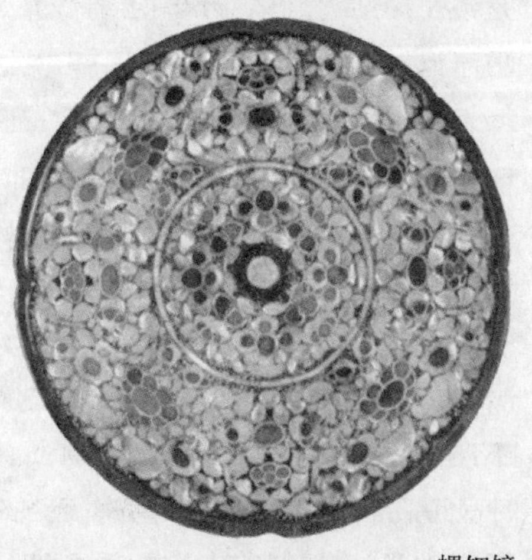

螺钿镜

曲卷盘旋的葡萄枝蔓叶实中奔走或攀援，你不管从哪个方向看，都是昂头扭身两只小眼睛对视着观察者，特别生动有趣。海兽葡萄镜银白色的多，这种镜子出现于唐初，武则天时期最为盛行，一直延续到唐玄宗开元天宝时期。神话故事、民间传说、历史典故和社会生活是唐代极其喜用的题材。唐代墓葬里出土了一面很漂亮的飞天镜，现在在中国国家博物馆收藏，两个仙女似的飞天，头戴宝冠，披帛下垂，天衣飘舞，各将一只手举于纽上，共持一物，纽上仙山重重，祥云缭绕，纽下仙山树林。唐代最流行的神仙镜是仙骑镜，有的为四神人骑兽跨鹤，腾空飞翔；有的是二仙骑兽，间以祥云仙山，所有的仙人飘带舒卷，神情怡然。唐代还有两种人物故事镜比较重要，是反映现实社会生活的。一种是打马球镜，四人骑在马上，有的高举鞠杖做抢球状；有的俯身向前，鞠杖向下，做击球状，骏马驰骋，四蹄腾空。唐代的皇帝，尤其是唐明皇，年轻时候，打马球是很在行的。还有一种狩猎纹镜。唐太宗说过，人生有三大事情：一个是国泰民安，一个是家庭幸福，还有一个就是狩猎。唐代把狩猎看得非常重要，因为狩猎实际上是一种军事行动。狩猎纹镜，表现的是猎手们在山中狩猎，这些猎人有的举着长矛，有的手持弓箭，有的绕绳套索，正在追逐野猪、鹿、兔等，场面十分生动。唐代“三乐镜”题材富于哲理，有的人不知道为什么叫“三乐镜”，这里有这样一个故事，镜上的铭文是孔子提问，荣启期回答，一边是孔子，拿着一根龙头杖，另一边是荣启期，手持长琴，身穿裘皮，手舞足蹈。孔子问荣启期你为什么这样快乐？荣则回答说他有三件快乐事：第一件，世界上唯人为贵，自己是人，所以快乐，现在还是提以人为本，这个很重要。第二件，有的人一生下来就死了，现在自己已活到90岁，所以快乐。第三件，人分男女，男尊女卑，我是男的，所以快乐。这面铜镜至少说明男尊女卑在唐代就已经比较流行了，所以在铜镜上面才出现了这样的内容。“三乐镜”取材于古书《列子·天瑞》。唐代还有一类当时人很喜欢的镜子——月宫镜，月宫中有振袖起舞的嫦娥，白兔筑杵捣药，蟾蜍跳跃，还有一株大桂树。这说明在我们中国广为流传、家喻户晓的嫦娥奔月故事在唐代已经流行了。唐代花鸟镜数量特别多，有的是两个鸾鸟衔着绶带，我们一般把它叫做长绶，与长寿谐音，是希望长寿的寓意。

唐代镜子的布局不像汉代镜子那样，很多是一圈一圈的，只是用一个完整的画面来表现图纹，这样就能够自由奔放地表现图纹。有的铜镜是两个喜鹊，喜鹊上面是月亮，月亮里面还有白兔捣药。唐代还有很多花卉镜，有宝相花、团花、花枝、花叶，有的富丽堂皇，有的雍容华贵，鲜花展瓣，蝴蝶飞舞，尽吐芬芳，一派生机。唐代还有一种很重要的镜子龙纹镜，龙的造型与后代的龙纹差不多了，唐代的龙与汉代的龙不一样，一条龙昂扬飞腾于云纹之中，气势雄伟，刻画精细。从发现的资料看，唐代双龙镜很少。

宋代及其以后的镜子，我就不详细介绍了。这些朝代的镜子与以前的镜子不一样了，宋代铜镜我用“秀色纤纤”四个字来形容，这个时候镜形多样化是最明显的特点。缠枝花草镜，弱枝细叶，柔美自然。素镜和商标铭文镜占了很大的比例，重实用而不重花纹。辽金铜镜“朴秀兼全”，辽镜创造了独特的四合纹样，方圆结合，曲直相形。金代双鱼镜和一些故事镜很有特点，中国国家博物馆收藏了直径44公分的金双鱼镜。人物故事镜，有人物，有仙鹤和鹿，实际上也是希望长寿的意思，现在看来，当时长寿的观念和现在差不多。其他如“许由巢父”、“柳毅传书”、“牛郎织女”故事镜更是中国人所熟悉的内容。“遗风余韵”是我对明清两代铜镜的形容，除龙纹镜、多宝镜外，有许多吉祥铭文镜和商标铭记镜。这些吉祥语，许多是由四个字组成，如“龙凤呈祥”、“状元及第”、“五子登科”等。明清时期，特别流行这些吉祥语，现在我们的老百姓也喜欢使用。

中国古代铜镜的发展就介绍到这里，下面我向大家简单介绍一下青铜镜的金属成分。我们以宋代为界，在宋以前，青铜镜是以铜、锡、铅为主要元素，铜有70%左右，锡20%以上，铅5%左右，锡比较多，所以这一时期出现的镜子，我们把它叫做高锡青铜镜。铸出来的镜子呈白亮色，高锡青铜的好处是坚硬耐磨，缺点是比较脆，很容易断裂，坏了以后，断面很整齐。到了宋代以后就不重视花纹了，重视实用，锡的比例下降，铅的比例上升，所以宋代以后的镜子比较软，不容易损坏，但是在墓里面埋了以后容易变形。汉唐的镜子不容易变形，但一压就破了。以宋为界，宋以前是高锡青铜，宋以后是低锡的，增加了铅和锌，这是

青铜镜金属元素上面的一种重要变化，也是我们鉴定宋前、宋后铜镜的一个重要标志。

最后，我讲一点有关铜镜收藏方面的问题。现在，铜镜是文物收藏的一个热点。为什么呢？现在拍卖的文物有瓷器、有书画、有玉器，但是青铜器不许拍卖，包括铜镜都不让拍卖，只有流失国外回来的青铜器可以拍卖。收藏铜镜的人比较多，一个原因是它的几何形状相对来说虽然比较简单，都是圆的、方的，或是花形的、平面形的，但它的纹饰、铭文比较丰富，很容易成为我们欣赏和研究的对象。第二个原因，我刚才介绍了五个阶段，不同时期的铜镜有不同特点，如果你家里收藏有四五十面铜镜，那么很快就能够成为一个早晚系列。第三个原因，铜镜的价位相对比较低。这样一来，就是走眼了，买了假的，也能承受得起。现在做假文物的特别多，我们祖先的很多精华都被现在的那些商人们利用来"创造财富"。作假已经远远超出了我的想象，技艺之高，有的伪镜连我都得费劲给它鉴定。过去做假文物，他就做一件，现在则不，一做就做一批，由不同的渠道售出，说修国道或挖水塘出来的，哪有那么多国道和水塘？前几年有一个星期，三位先生给我拿来同样的镜子，我想这么大的四山镜同时出了三面？后来，在这半年之内，我看了十多面，包括潘家园的玩古董的老板都买了。作假者就摸透了人们的心理，玩古董谁不想收一个高精尖的，那我就做一批，多渠道出来，你发现以后，晚了，我不做了，钱已经到手了，这是一种心理。目前作伪还是以高精尖为多，像三山镜、精美的海兽葡萄镜，现在还弄了一些特种工艺镜。另外，汉墓出的镜子比较多，唐代镜子比较少，市场上唐代的镜子相对来说价位比较高，唐代一些比较好的镜子价位更高，作假者就做这些镜子。而且，我还发现做伪镜也是有阶段性的，有一阵彩绘镜流行，其实彩绘镜非常简单，就是有纹饰的镜子，再做一些彩绘，有的人就弄这个来蒙人。又有一阵说方形海兽葡萄镜少，就净做方形海兽葡萄镜。过去说三山镜少，就做三山镜，这里面有一种潮流。近年来的潮流就是做唐代的特种工艺镜，那种贴金银的、金银平脱的，在潘家园很多。现在做的镜子真是很有意思，我刚才说了镜子是铜锡铅合金，现在就有锡铅合金的，没有铜。湖南醴陵是出瓷器的，现在竟然能够烧铜镜，瓷胎铜镜，瓷胎外面镀铜，然后用酒精泡漆皮涂上去变颜色，我们一敲还是青铜的声音。还有的镜子特别轻，是胶木压型出来的镜子。我写了好几本怎么鉴定铜镜的书，哪些是真的，哪些是假的，作假的就针对这些鉴定方法，你说这是假的，我就不做了。你不是说那个绿锈一抠就下来吗？现在我粘的胶你还抠得下来吗？他把坏的铜器上的锈贴在上面，让你根本抠不下来。现在做的有木胎的，有瓷胎的，有锡胎的，还有，天津南开大学一个教授告诉我，在天津发现了用金属粉压的镜子，就像现在用石粉压出来的东西一样了。过去我们专家说，翻模的镜子图像不清晰，纹饰板滞，现在流畅得很，为什么呢？压出来的，你想，纹饰能不清晰吗？所以，有时候我们总结出来一些鉴定的东西，在现在高科技手段之下不实用。还有一种黑漆古镜是现在大家比较注意的，这类镜子颜色正，品相好，具有欣赏价值。现在我们看到的镜子怎么这么多黑漆古镜？后来仔细了解一下，是用现代化学的漆喷上去的。有一面镜子是唐以后五代的，四方委角形，这面镜子让我鉴定的时候，镜面怎么看都是真的，但背面有很细的花鸟纹，这些花鸟纹越看越不对，后来我拿放大镜一看，上面还有手指甲纹，并且用针扎一下就可以插在这面镜子的花纹上。原来，这面镜子本身是一面真的五代宋素面无纹饰镜，现在背面的纹饰是用混合物翻塑而成后粘上去的，可能在粘贴的过程中，有些地方留下了指纹。我听说，前两年台湾来的人，还有我们的收藏家去买铜镜的时候，带一根针。我说，你怎么带针？他说我要杵一下，针要能杵上去，就是假的。现在看来觉得好笑，当时的确是这样的，认识事物有一个过程嘛。一面素面的镜子，卖的钱当然就少了，做了花纹以后，钱就多了。

由于时间的关系，今天就讲这么多，其实关于铜镜文化的内容十分丰富，还需要我们去学习。

孔祥星，1939年生。1957—1962年在北京大学历史系考古专业本科学习；1962—1965年在北京大学历史系考古专业研究生学习。1965—2000年在中国历史博物馆工作，1984—1988年任副馆长，1988—2000年任副馆长，主持工作；2000年8月至今在国家文物局中国

孔祥星

文物交流中心工作。

孔祥星先生的主要专业特长是文物博物馆学。主要研究成果有:《中国古代铜镜》(专著)在日本出版日文版,在台湾出版繁体字版、《中国铜镜图典》(专著)、《铜镜鉴赏与收藏》(普及本,合著)、《金银器鉴赏与收藏》(普及本,合著)、《古灯饰鉴赏与收藏》(普及本,合著)、《古镜》(专著,合著)。所发表论文分三部分:一、敦煌吐鲁番文书研究,发表多篇论文,在国内外有一定影响;二、博物馆陈列设计学研究,多次参与中国历史博物馆《中国通史陈列》隋唐五代内容设计工作,发表博物馆研究论文;三、中国古代铜镜及其他文物研究。

叶廷芳

对中国传统建筑文化的反思与展望

多年来我经常思考一个问题:我们中国人从天然资质讲,不亚于世界上的任何民族,因此我们曾经创造了世界先进的文明和灿烂的文化,成为世界四大文明古国之一。但是差不多从明代中期起的这五六百年来,我们却衰落了!而恰恰从这时期起,欧洲却从中世纪的衰败中重新崛起,走到我们前头去了!这是什么原因?我想这跟我们的文化传统有关,至少跟我们的文化心态有关。现仅以我们传统的建筑文化为例,讲点个人的看法,也算一种文化反思吧。

世界上的建筑,这里主要指大型的、属于艺术范畴的公共性建筑,从形式上划分,基本上有两类:一类主要用石头建筑的,叫"石构建筑";另一类主要是用木头建筑的,叫"木构建筑"。前者流行很广,主要包括欧洲、非洲、西亚、中亚和南亚以及南北美洲;后者主要流行在以中国为主的东亚地区,包括日本、朝鲜等国。为什么会有这种区别?一下子很难说清楚,因为西方世界并不缺少木头,东亚地区亦不缺少石头。两种形式的建筑各自都有深厚的文化渊源,各有不同的风格和艺术特色,而且彼此都把它的风格在艺术上推到了极致。就艺术而言,各有不同的价值观和审美取向,很难分出高低。从今天的人文科学看来,中国的木构建筑似乎更接近自然,更亲近人性。这一点显然也被英国科学家李约瑟看到了,他在所著的《中国建筑精神》一书中就指出了这一点,说:中国建筑贯穿着一个精神,即"人不能离开自然"。中国建筑的这一精神也符合"后现代"的观点和理论。"后现代"建筑观点

是，建筑在现代主义阶段，人性的东西，传统的东西，丢失得过多了，所以它大声疾呼建筑应当"以人为本"。这就是中国建筑的价值。但从彼此的文化精神来反观和对照，却可以看出东西方建筑之间不同的短长。这篇发言，就试图从反思的角度，着重谈谈我们的建筑文化中那些制约着我们发展的、值得我们认真思考和克服的负面现象。

一、纵向承袭的惯性思维

1.习惯于向前人看齐，而不习惯于超越前人

我们的木构建筑——这里指达到辉煌时期的木构建筑——已有2000多年的历史，那"覆压三百里"的阿房宫可以证明。在这漫长的过程中，从形式到风格都只是单一的发展，没有发生过质的变化，可谓"两千年一贯制"。而欧洲人的石构建筑，仅自古希腊罗马起，其风格上的更新换代在一打以上：古希腊风格、古罗马风格、拜占庭风格、文

鼓楼，侗族木构建筑

艺复兴风格、矫饰风格、巴洛克风格、罗珂珂风格、古典主义风格、浪漫主义风格、新古典主义风格、折衷主义风格、青年风格、现代主义风格、“后现代”风格，也许还可以加上俄罗斯风格……造成这种差别的原因之一，恐怕是：我们习惯于承袭思维，总爱向前人看齐；以前人的水平为坐标，一味以前人的成就为荣耀，为自满。鲁迅笔下的阿Q，是根据我国衰落时期国民文化心理的普遍特征而概括和塑造出来的生动而典型的形象。每当阿Q意识到别人瞧不起自己时，他就搬出这句口头禅：“我祖上比你阔多啦！”而欧洲人就不是这样，他们不管前人有多大成就，也不高山仰止，以此为满足，而敢于向前人挑战，设法超越他们，努力向前探索。正如鲁迅当年所概括的：我们中国人总习惯于“摸前有”，而西方人则善于“探未知”。两种不同的文化心态导致两种不同的结果：一个着重在前人基础上渐进发展，少有革新；一个则不断推陈出新，向前跨越。

纵向承袭思维近年来的一个突出的例子表现在到处热衷于搞仿古建筑，其中“重修圆明园”的呼声堪称其最高音响，说是为了“再现昔日造园艺术的辉煌”。殊不知，圆明园作为废墟如今是中华民族的国耻纪念地，是当年帝国主义侵略强盗的“作案现场”，它的历史见证价值已经远远超过它作为文化遗存的价值。其次，即使没有上述政治因素，而仅仅是一处文化遗存，则圆明园废墟也早已成了宝贵的文物，文物的价值就在于它的历史原初性，通过大兴土木“再现”出来的东西只不过是一件复制（且不说他有没有本事复制得出来）的假古董，却毁掉了文物本身。这种“再现”的努力，留下的不会是“辉煌”，而是罪过！第三，既然有那么多的钱花在复古上，何不把它用来“创今”呢？即把这些钱提供给现代建筑师，让他们根据现代建筑学的原理，利用今天拥有的更理想的建筑材料，按照现代人的审美要求，运用他们的智慧，建造一座标志20世纪或21世纪中国人建筑水平的新园林，留下一座时代的建筑纪念碑，不是要比“再现”有意义得多吗？

2.创造意识淡薄，鲜见图变革新

建筑作为一门艺术和审美的载体，它的生命在于不断创新，因为人的审美意识是不断变化的，而且这也是历史发展的客观要求。

圆明园四十景图

从19世纪下半叶起，从世界范围看，随着生产力的发展，新的建筑学理论和新的建筑材料的诞生，建筑开始了一场崭新的革命。中国的木构建筑作为农业时代的产物，也已走完了它的历史进程，面临着蜕变。然而，中国历史的发展，从整体来讲就慢了西方一大拍，即少了一个工业时代。西方思潮作为强势文化迅猛地涌入我国。这意味着，客观形势已不允许中国建筑从自己的娘胎里孕育出自己民族的建筑新胚胎，我们一边招架，一边接受，来不及细嚼，难免囫囵吞枣，就是说只是简单仿效。这在开始阶段是不可避免的，对于异域的人类文明成果，先要“拿来”，而后才能进行鉴别、挑选和借鉴。但如果一味“拿来”，或“拿”的时间过长，这就值得注意了。吸收别人的长处，毕竟不能代替自己的创造。学别人,如果只学其表面,即形式和风格,而不学其本质,即创造精神,那就舍本逐末了,是没有前途的。整个20世纪我们在总体上就未能跳出西方建筑的大窠臼,既没有创造出属于我们自己民族的建筑新胚胎,也没有在世界新思潮中取得令人瞩目的地位。结果,到世纪末一看,缺少自己的东西,没有进行必要的反思,马上又求助于老祖宗,把前人留下的那些遗产,即把“大屋顶”风格当做中华民族永恒不变的建筑美学法则和艺术模式,到处用钢筋水泥搞复古。应该说,作为民族遗产,适当地、扎扎实实地搞点是无可厚非的,我们像样的古建筑在历史上被毁掉的太多了!但铺天盖地地搞就有违历史的规律了。只有重视今天的创造才有利于推动历史的发展。在这种“一窝蜂”倾向中,首当其冲的是古都北京。在那位不法市长的指挥下,“夺回古都风貌”变成“大贴古建符号”。本来,“夺回古都风貌”这个口号本身是没有错的。关键的问题是如何去夺?在这个问题上,他没有给“古都风貌”这个概念以美学上的定位。尽人皆知,北京古都乃古代帝王之都。古代帝王为了突出自己作为最高统治者的无上至尊,竭力要求在建筑美学上加以表达,因而对全城做了非常讲究的规划和设计,整体性很强,艺术性很高,规模也很大。它的美学特点是:以规整、恢弘为基调,以南北中轴线上的皇家建筑为主体,以大片民居的低矮衬托它的高大,灰暗衬托它的辉煌。这是古都的基本风貌。要维护古都这一固有的风貌或美学特征,首先就要维护皇家建筑的主体地位,保证以它为标志的城市天际线和轮廓线不受干扰,这就必须要求其他新的建筑在体量、高度与色彩上一律采取“让”的姿态,在尺度上保持彼此之间的基本比例关系,以维护其轮廓的雕塑感,并尊重其色调上的反差性。然而,在那位挥舞“大手笔”的“市长”的指挥下,以钢筋水泥一律加“顶”的庞然大物四处与主体古建筑摆出“争”的架势:争高、争大、争辉,从而破坏了古都固有的天际线,涂改了原来的“底色”,填满了几乎所有的“虚空”,把古都的固有风貌搞得“一塌糊涂”(贝聿铭语),遂使世界上最宏伟、最美丽的古都之一的北京不能像罗马、开罗那样,以“人类遗产”的资格平起平坐地雄踞于亚、欧、非的大地上。

学别国学得有成绩的当推罗马人。罗马人把希腊人的立柱搬了

贝聿铭

意大利比萨斜塔

来，以更科学、更精确的几何原理和人体比例关系加以改造，使它变得更符合人的审美心理，从而使它更“秀气”、更漂亮。不仅如此，罗马人还在此基础上创造了拱券技术和艺术，使古代建筑获得划时代的发展。当今世界学别人学出成绩来的也是有例可鉴的。20世纪上半叶，拉丁美洲诸国开始学欧洲的现代主义文学和艺术，结果学出了个“魔幻现实主义”，成为20世纪下半叶世界文坛的一道奇观。像加西亚·马尔克斯、博尔赫斯等都是这一景观中的奇异风景线。那里的建筑也不例外。拉美建筑师在挖掘印第安文化的基础上，借鉴西方现代主义原理，又糅进已在南美扎根300余年的巴洛克风格，创造出形式多样、空间亮豁、色彩浓郁、讲究光影反差效果的独具一格的建筑艺术。巴西的奥斯卡·尼迈耶和勒尔加·科斯塔就是在这方面的努力中，成为享誉世界的建筑大师的。关键是，人家的学习或借鉴都着意在自己的创造，而且紧密结合本国、本民族的实际，把两种文化加以“嫁接”，从而产生出第三种形态的新品种。当然，我们不是没有人这样做过，南京中山陵的设计者吕彦直以及童寯、杨廷宝等大师都这样尝试过。他们把从西方（美国）学得的东西结合本民族建筑的特点进行探索，而且作出了一定的成绩。同样从美国学成回国的梁思成则想以本民族的建筑为本，糅进西方的建筑，只是由于种种客观因素的制约，尤其是那些众所周知的原因，他的努力未能如愿以偿，他为维护古都的宏愿更让国人扼腕。

3.理论总结和理论建设的滞后性

就像公元前4世纪希腊人亚里士多德在总结古希腊戏剧（悲剧和喜剧）的基础上成为雄踞欧洲2000年的理论泰斗一样，罗马人早在公元前1世纪就有了维特鲁威的《十建筑书》，它不仅在希腊、罗马丰富的建筑实践基础上，对当时的建筑技术和艺术作了详尽的记载，而且作了理论提升，成为世界上第一部较完备的建筑理论著作。它在建筑界的影响，一如亚里士多德的《诗学》之于文学艺术。之后文艺复兴时期欧洲人又有了帕拉提奥的《建筑四书》（1554）、阿尔伯蒂的《论建筑》（1485，又称《建筑十篇》）、维尼奥拉的《五种柱式规范》（1562）等。它们从不同方面、在不同程度上对欧洲建筑理论作了认真而详尽的梳理和阐发，对而后的欧美建筑起了不可低估的作用。现代和“后现代”时期欧美也有一系列理论著作在国际上引起广泛影响。属于前者的主要有密斯·凡·得罗（美）、科布西埃（法）、赖特（美）、格罗皮乌斯（德）等人的著作；属于后者的主要有斯特恩（英）、詹克斯（英）、文丘里（美）等人的著作。相比之下，作为木构建筑水平最高、经验最丰富的国家，我们在这方面的建树就要逊色得多。直到汉代我们才有了一部《考工记》。那是官方性质的。主要在技术方面作了一些规定，以利于工程考核和管理之用，属于政策、法规一类。之后过了上千年，到五代至北宋才有了一部《木经》，元代有过《经世大典》和《梓人遗制》，但都不完备，而且多半失传。比较完整的是宋代李诫写的《营造法式》和清代的《工部工程做法则例》，这是我国建筑遗产的精华，尤其是前者。但它们都着重在建筑材料、施工技术和管理方面的记述，理论升华和探索仍较缺乏。

欧洲现代主义兴起的时候，许多文学家、艺术家，甚至哲学家从中

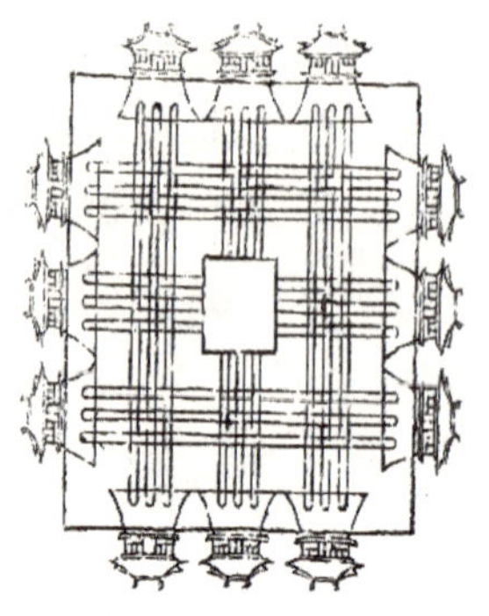

《考工记》插图

国的文学艺术和哲学中获得灵感，吸取智慧和养料，像文学和戏剧界的卡夫卡、布莱希特，美术界的马蒂斯、凡·高、高更等都是。建筑中实际上我们也遇到过同样的情形。西方建筑的美学观念一直以来都是建筑在造型和装饰基础上的。随着新的建筑材料如钢筋、水泥、玻璃等的诞生，人们抛弃了这一传统，转向对结构的重视。这时许多人发现了

南京中山陵

中国建筑的长处,因为中国建筑的艺术奥妙和美学特征主要就体现在结构上!因此,作为现代建筑扛鼎人物之一的美国建筑师赖特就曾对中国建筑大加赞赏。可惜我们自己很少有人发现这一契机。只有梁思成看到了中国传统建筑与西方现代建筑之间的这一机缘。可是由于上面提到的原因,他的宏图悲剧性地落了空。

二、技术传授方式的落后性

知识的更新与进步、技术的提高与发展都需要合适的环境,至少要有信息传递和交流的渠道。知识的传授与人才的培养尤其需要这样的条件。古罗马建筑的发达跟它在这方面的领先很有关系。早在公元3世纪古罗马就有了建筑工程技术学院,开始以集群和规模方式培养人才。然而我国历代的人才培养主要是通过师徒相授或家族传授的途径。这种方式的狭隘性与局限性是显而易见的:没有横向联系,缺乏信息交流;容易坐井观天,难有竞争雄心;看不到差距,少有抱负;即便是恩师,最后还要留一手"绝招",以防后生抢了自己的饭碗。在这种封闭条件下,很难出得了大人才。即使是天才,恐怕也难成气候。因为他视野狭小,心理封闭,很难获得奇想的灵感。即使获得这种灵感,他也很难拿出推陈出新的勇气,因为师傅一般不让他越雷池半步,更不愿看到他超越自己。为什么我国的建筑艺术和建筑风格始终不能更新换代,而只能在原来的基础上做渐进式的改进和提高?我想这与我们的人才培养方式有很大关系。

这种传授方式还决定着传授内容的片面性与局限性:师傅教给徒弟的除了直接与建筑有关的纯技术知识外,一般没有相关的科学常识和必要的基础理论知识。这样学出来的徒弟只能算是个懂技术的匠人,而不可能是个有文化的"知识分子"或建筑艺术家,事实上多半都是文盲!我国历史上的人才制度从根本上说是一种培养官僚的制度,即所谓"学而优则仕",只有走仕途,才能有出息、有前途。学技术到头来还是个体力劳动者,是匠人,是"工匠",而不是建筑工程师或建筑艺术家。无怪乎,我国的老百姓,哪怕是有大专文化水平的老百姓,恐

怕没有几个说得出两个以上的我国古代建筑师或工匠的名字。不难想象,这种教育制度决定了我国建筑学的命运。它使我国的建筑的形式和风格长期停留在单一的局面,形成所谓“两千年一贯制”的“超稳定结构”(建筑学家陈志华语)。所幸这种形式的木构建筑只存在于东亚少数几个国家，没有很多的横向比较和竞争，以至我们依然能保持“一枝独秀”。

三、忽视建筑的艺术属性

建筑自从摆脱了遮风避雨这一最基本的原始功能以后,它就与美学结下了不解之缘。在保证功能需要的前提下,如何把房屋盖得更好看,成为建筑师的主要追求。建筑美学的基本特征就表现在技术与艺术的结合。因此建筑的艺术属性在国际上早已形成公论。在欧洲，“艺术”或“美术”这一概念向来就包括绘画、雕塑、建筑这三大门类。

1.建筑具有诗意的美。它被誉为“石头的史诗”、“凝固的音乐”等。歌德对于斯特拉斯堡的吟叹,雨果对于巴黎圣母院的讴歌以及黑格尔、施莱格尔等美学大师都对建筑的诗意韵味赞美有加,而且都有专门的论述。现代建筑中依然保持着这种特性。如悉尼歌剧院,那种宛如群帆归步的韵致,堪称绝妙。无怪乎她不到“而立之年”就博得联合国教科文组织确认的“世界遗产”的地位了！中国建筑尤其是院落式建筑在这方面更为突出,它不像西方的单体建筑一览无余,而是从地面层层展开,在时间中呈现它的音韵和诗意,不然唐代诗人杜牧何以投入那么大的热情歌颂浩浩荡荡的阿房宫,另一位唐代诗人王勃也不会以那么多的篇幅来描绘美轮美奂的滕王阁了。

2.建筑具有雕塑的美。这在石构建筑中不仅表现在建筑物所附属的那丰富的浮雕和雕塑陈列品,就是建筑本身的轮廓和造型也具有这种雕塑的特性,尤其是某些较抽象的现代建筑。如分别坐落于纽约和西班牙毕鄂保尔的两座古根海姆博物馆（分别由赖特和F. 盖里设计)、巴塞罗那电视塔(N.福斯特设计)、法国里昂火车站(卡拉特拉瓦设计)等。与西方建筑的几何造型不同,中国建筑以曲线造型为特征,多姿多态:那反曲向上的坡屋顶,飞檐翘角的古亭、古塔"如鸟斯革,如翚斯飞",极富动感,也就是说,雕塑感极强。至于许多建筑物所附属的大量雕塑品,不少都有独立的审美价值。如梵蒂冈圣彼得大教堂中的米开朗琪罗的大理石雕塑《圣母哀圣子》和贝尔尼尼设计的华盖等都堪称雕塑中的极品。中国宫殿建筑中的石雕、铜雕、木雕、玉雕、漆器、陶瓷制品以及梁柱上的雕刻等都有许多上乘之作。

3.建筑具有结构的美。建筑的美不仅表现在外部造型,而且也表现在内部空间。在这里,力学与美学难解难分。中国的木构形式尤其突出。它与西方的石构建筑相反,墙不起承重作用,其全部承重功能由梁柱承担,力学原理和技术就体现于结构之中。而结构则全部裸露在外,因而功能与审美合二为一。西方的民居建筑也有许多是木构的,如被联合国列为"世界遗产"之一的德国西南地区的"桁架结构"就是相当美观的一种木构形式。西方石构建筑中,结构的美不太受重视,它往往被装饰所"掩盖"。上面说过,随着新的建筑材料的出现,现代建筑

巴黎圣母院

师们都在框架结构上做文章，呈现出百花争艳的景象。其中颇为耐人寻味的是，许多建筑物的结构都是裸露在外的，好像学了中国木建筑结构的特点。尤其是巴黎蓬皮杜艺术文化中心，它的极其复杂的悬索结构可以让你一览无余，使你在对人类智慧的惊叹中感受到美。慕尼黑奥运体育场的篷帐结构、悉尼歌剧院的壳体结构等都是具有特殊美感的现代建筑，而且是被划入了“后现代”的有代表性的一部分。

4.建筑具有装饰的美。一座房屋单把主体结构盖成，还只是完成了一半，即功能部分。另一半，即审美部分，还有赖于装修来完成。经过装修，如人穿上了服装，戴上了首饰，建筑才具有了全部的审美价值。很难想象，中国建筑如果没有雕梁画栋、壁挂地毯、石刻铜雕……会成为什么样子。同样，外国建筑如果去掉这类装饰内容也会成为毫无生气的空架子。欧洲建筑对于装饰的重视到了17世纪的巴洛克时代发展到极致，其丰富多彩的壁画、挂画、雕塑以及各式各样的艺术陈列品让人目不暇接，立即唤起人们的情绪飞动。但这种对于美的刻意追求的惯性继续向前滑动，结果走得过了头，导致一种人们不敢再恭维的“罗珂珂”风格，从而引起人们开始对于装饰的厌倦，到19世纪甚至被诅咒为“罪恶”。这段史实说明装饰必须以“适度”为宜。

悉尼歌剧院

问题不在于建筑中有没有包含上述审美要素，而在于对艺术的追求程度。我们中国建筑2000多年来只对一种形式和风格进行了追求，并使之达到极致，成为世界上无与伦比的建筑艺术。但我们在这方面所表现出的毅力和所投入的智慧总量是不如西方人的。这可以从以下几点来看：

A）从建筑物所投入的时间和力量来看，我们的大型建筑在古代一般只花几年、十几年，而西方一般需花几十年，甚至几百年！其中有名的如圣彼得大教堂前后花了121年；巴黎圣母院的建造经历了139年；科伦大教堂甚至断断续续搞了600余年！

B）从建筑师的地位与影响来看，我们的古代建筑师被载入史册的很少很少，能被老百姓叫出名字来的更少。而欧洲的老百姓，谁不知道米开朗琪罗、贝尔尼尼、辛克尔、赖特、格罗皮乌斯……这些如雷贯耳的名字？我国自己编写的《中国大百科全书》被单独列为词条的中国建筑师一共只有16名，其中古代的占8名。这8名中，只有1名有生卒年，2名只有生年，而不知他们的卒年。可这两人分别是我国重要建筑理论著作《营造法式》和《木经》的作者！更有甚者，另5名生卒年都不详！而这5人中多数都是明清时期的，而且都亲自主持建造了明陵和故宫等一系列宏伟建筑。这与同一部辞书收录的中国其他文艺门类的人物词条相比，悬殊真是天壤之别！例如中国古代文学家在这部辞书中被单独列为词条的约有1050余位；中国古代美术家被单独收入的也有300多位。俗话常说“行行出状元”，难道唯独建筑这一行的“状元”奇缺？而且这仅有的几位连生卒年都被人遗忘了？

C）从建筑理论的总结与影响来看，上面说过，西方的建筑理论书籍在诞生的时间上比我们早得多，内容上丰富得多，理论上完备得多，国际上的影响也大得多。我们的古代建筑理论书籍在国外被用于教科书的还没有听说过。

D）从统治者的意向来看，从来都是强调功能而忽视艺术。尤其在古代，有的帝王还提倡过“卑宫菲食”、“茅茨不剪”。统治者也愿意节俭，当然不是坏事，但这种重“善”轻“美”的倾向对于建筑的发展却不是好事。当时的思想家也不例外，例如墨子，他认为建筑只要做到挡

圣彼得大教堂

风避雨、隔离男女就行了。孔子呢？他教授的“六艺”中就不包括建筑。我国的帝王们为了权力和享受，需要宏大的宫殿或豪华的园林，但对建筑本身，几乎没有人表现出过特别的兴趣，不像外国的君主们常常以建筑为尚、为荣。3000年前古埃及拉伽什国王亲自顶砖参加奠基；看一下前23世纪古第亚国王的雕像，他的膝盖上放着一张建筑设计图，说明建筑在他的心目中有着何等的地位！古罗马皇帝奥古斯都曾自豪地说：“我得到的是砖头的罗马，我留下的是大理石的罗马。”至于法国凡尔赛宫的手建者路易十四对于艺术的爱好，特别是对建筑的追求更是殚精竭虑。大凡西方国家的帝王们，在他们当朝时期，往往要请他们认为当代最杰出的建筑师为他们留下一座甚至几座建筑纪念碑或艺术陈列馆。这个传统直到20世纪下半叶还被法国乃至巴西的某些总统沿袭着。相比之下，我们的古代帝王们在这方面就不可同日而语了。统治者的这种倾向势必要影响到他们的子民，无怪乎直到现在我们的建筑师队伍中还有人顽固地否认建筑的艺术属性。

E）从宗教建筑与世俗建筑的比较看，在西方，最辉煌、艺术成就最高的建筑是教堂和庙宇，而在中国，最辉煌的建筑却是皇宫和皇陵。若把我们的庙宇与之相比，简直是小巫见大巫；将一般的民间建筑与之相比，更是天壤之别。

四、皇家建筑的无上威严造成国民心理的压抑性与窒息性

自奴隶制时代起，中国统治者那种君临一切的自我意识就是非常强的。早在3000年前的《诗经》中，就有“溥天之下，莫非王土”的描述。封建统治者尤其如此。他们自称为“天子”。这种无上至尊的权威需要一种象征，这象征需要一种载体，最好的载体莫过于建筑了，包括他们的宫殿和寝陵。正如汉初奉命建筑未央宫时萧何所说：“天子以四海为家，非壮丽无以重威。”于是我们有了世界上最宏伟的宫殿、至为壮观的陵墓，而老百姓的房屋则是一片低矮和灰暗。这种巨大的反差，

法国巴黎凡尔赛宫内部

鲜明地衬托出伟大与渺小的对立；对立越强烈，反映出中国人民的奴隶命运越悲惨。（在西方，皇家建筑与民间建筑之间是无法找到这种对立程度的，至少在高度上）这种状况必然要在国民的心理上造成负面影响，即压抑感和窒息感。这种压抑感和窒息感越严重，则人民的积极性与创造性就越不能发挥，那么这个国家怎么能强盛呢？

五、“墙文化”的强大及其负面效应

中国的墙之多为世界之最，你看：国家有万里长城，城市有城墙，单位有围墙，家庭有四合院，现在甚至发展到几乎每家每户都有防盗门，首都的每辆出租汽车还有防盗栏。如此等，不能不说是一种奇观。与“墙”相联系的是“门”。我们的建筑物的门表面看起来固然不算少，但能让你走的门是极少的。原来兴师动众建筑起来的墙主要不是为了防外人，而是为了管自己！过去别的国家也有过城墙，但那是局部的，或个别的，绝没有试图把整个国家都围起来的万里长城、千里长城。更没有大部分门不让人走的现象。

欧洲许多国家都有过众多的城堡。但那是统治者的一个个防御工事或某些有势力的家族的权威的象征，还有就是骑士们习武的场所。在恐怖主义盛行以前，那里许多国家，不但一般的机关、学校见不到保安，甚至中央政府也见不到岗哨，至少他们的岗哨是隐蔽的。中国的这种强大的“墙文化”在历史上起过多少积极作用，需要研究——这不是本篇讲话的重点。但它的负面效应是明显的：

1.中国的“墙文化”反映了中国历代统治者“一劳永逸”的苟安思想。他们为了世世代代安安稳稳地“坐江山”，不惜一切代价，不顾劳动人民死活，动辄进行浩大工程，一味进行物质上的消极防御，而不是从精神上培养人民的反抗意识和斗争意志，随时进行积极自卫。

2.中国的“墙文化”造成国民心理的单纯防守性。以汉族为主体的中华民族历来就是世界上最大的民族群体之一。照理应是人数比我们少的异民族筑墙来防我们，怎么变成相反了呢？君不见我们几乎历朝历代都在筑墙，我们一直以来都在防，到头来却是防不胜防：想打进来的都打进来了！一种见凶就躲的国民，再坚固的防卫墙、防盗门、防盗栏，能解决根本问题吗？

3.中国的“墙文化”造成国民心理的自我封闭性。我们世世代代被无数的墙团团围住，眼界越来越狭小，以致坐井观天，夜郎自大，自以为处于世界的“中央”，盲目排外，与世界上其他优秀民族往来很少，连知识都得通过“私塾”或师徒形式来传授。难怪，到我们开始办大学时，人家的大学已经办了500年了！

4.中国的“墙文化”完全适应封建统治的需要。封建统治者历来主张“民可使由之，不可使知之”，实行愚民政策。封闭的环境不便横向联系，可使老百姓消息闭塞，安分守己，不易接受外来的“危险思想”，不去串联造反。封闭的环境可以造成封闭的心理，而封闭的心理有利于养成对统治者的顺服习惯，有利于适应封建主义的统治。

长城

5.中国的“墙文化”也有正面的见证作用，它证明中华民族是一个防守型的民族，而不是进攻型的民族。它一方面固然缺乏进取精神，不想“走出去”开发世界，以敛取外来财富。另一方面却也不想进攻或侵略别的国家，通过殖民征服掠夺财富。这从正面反映了中华民族是一个爱好和平的民族。史实也说明，中国版图的扩大，几乎都是在自卫战争中包容别

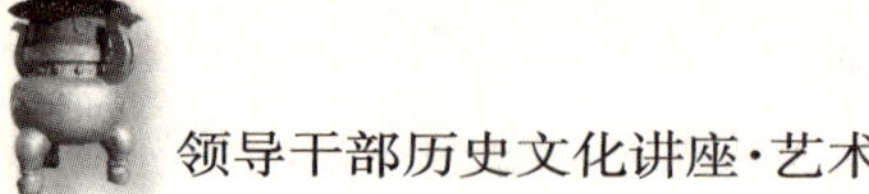

的民族的结果。

6.劳民伤财建造的墙与作为历史文物的墙。动用巨大的人力物力去建造规模宏大的国墙、城墙，尽管在军事上也许能起一时的作用，但对当时的生产发展无疑是一种阻碍或抑制。而从实践过程看，所有的墙最终都未能起到城防、国防的根本作用。因此其必要性是值得质疑的。但作为古代中国人的一种思维方式和行为过程，它却是一种极为重要的历史物证，它确凿地证明中国人在意志和力量上能够做到什么。因此我们的长城被联合国教科文组织确认为全人类的文化遗产之一；我们的许多城墙被国家列为全国历史文物保护单位。对于这些遗产，我们应该作为国宝予以充分的尊重和珍视。这是祖先们用无比巨大的血汗代价换来的啊。

六、“继承传统”的误区

由于“纵向承袭”的思维惯性，尽管在这大变革的年代，许多人仍然唯恐失去传统，也就是失去作为自己行动的指归。因此，“继承传统”或“弘扬传统”的口号在我们这里出现的频率特别高，而且几乎与当年西方人“反传统”的口号同样响亮。诚然，传统是必须继承的，怎么能割断历史的延续性呢？问题是，传统具有二重性，既有积极的、正面的部分，又有消极的、负面的部分。而有些人由于“过去”的情结过重，继承的背后往往掩盖着负面的东西。表现在建筑方面的主要是：

1.“继承”成为对前人的形式和风格的单纯模仿和重复。近20余年来，古建符号胡拼乱贴，大量仿古建筑的出现就是有力的说明。这种“西装加瓜皮帽”的变态“假古董”，使我们的许多城镇变得不伦不类，上面提及的北京的遭遇，尤其是其中突出的例子，使许多有识之士感到痛心：这么一个规划完整、艺术感很强的古城，如今变成一个充斥着“建筑垃圾”的大杂烩！

2.“继承”成为抵制革新的挡箭牌，尤其抗拒“反传统”的要求和努力。殊不知，推陈出新乃是艺术（包括建筑）的常规，否则艺术就不可能保持其生命活力，从而导致枯萎。在这方面，反传统是艺术革新的推进器。反传统的人并不是不要传统，他只是不想重复前人有过的东西而已。大家都知道，西班牙人毕加索、达利、米罗，特别是建筑大师高迪，都是具有深厚传统功底的艺术家，但他们又是反传统的猛士。须知，正是在反传统的努力中，他们成了划时代的伟大艺术革新家，从而大大丰富了西班牙艺术的传统。事实证明，把西班牙艺术（包括建筑）乃至欧洲艺术传统激活并使之大大丰富和发展的，绝不是那些“传统”的守护神，而恰恰是这些反传统的先行者们。这真可谓是辩证法的胜利。因此，反传统是一种积极的创造性思维。鲁迅就是一个既善于继承传统，又敢于反对传统的“大呼猛进”的伟大斗士！

3.继承传统的实质是学习前人的创造精神。凡是具有现代意识的艺术家都以重复为耻，即既不重复前人的，也不重复他人的，甚至也不重复自己的。因为重复是匠人的习性，而创造才是艺术家的本色。早在60年前，毛泽东在其《在延安文艺座谈会上的讲话》中曾讲过这么一句很有艺术见地的内行话：“模仿（重复——笔者）乃是最没有出息的文学教条主义和艺术教条主义。”艺术贵在原创，而原创都是一次性的。我们的祖先在当时物质条件很简单、相关的理论很缺乏的条件下，在艺术和建筑领域创造了辉煌的业绩，那是了不起的事情。但我们今天在更优越的条件下，还只知去重复它们，那确实是太“没有出息”了！然而先辈们的那种艺术创造精神却可以激发我们的智慧和想象，激励我们创造出更多更好的富有原创性的东西来。

总之，无论是继承传统，还是反传统，其结果都应该是发展并丰富传统，进而推进今天建筑事业的更好更快的发展。

七、突破重围，凤凰涅槃

1.突破封建意识的重围。中国传统的建筑文化是在几千年的农业时代形成的，它一方面是劳动人民创造性智慧的体现，另一方面又渗透着统治阶级主要是封建统治阶级政治哲学的影响。这种哲学的核心即所谓“天不变，道亦不变”，“以不变应万变”。这是长期扣在中国人民头上的紧箍咒！这也是导致中国建筑乃至整个中国社会发展迟缓的

根本原因。在改革开放的今天，我们必须在思想深处彻底粉碎这个紧箍咒，牢牢树立改革开放的观念，与时代的步伐保持一致。

2.走出工匠心态。我们常常感觉到，中国建筑文化中负面的东西，直到今天仍然在无形地影响着我们，使我们迈不开大步。这方面我感觉到的突出一点是，我们相当多的建筑师今天仍然未能摆脱“工匠心态”的束缚。上面说过，我国古代建筑师的地位是不高的，作为一个阶层，他们始终没有摆脱“匠人”的地位，没有作为工程师或艺术家而进行自由的艺术想象或创作，并受到社会和官方的尊重。匠人（或工匠）的职业习惯于重复自己已经掌握的技艺，匠人的身份习惯于被动接受任务，按照业主的要求干活，在那个尊卑有序的等级社会里，他没有资格让人按照他的设计接受工件，他也缺少作为“专家”的职业荣誉感为自己成功的设计而自豪，并随时为自己的创作进行辩护，甚至抗争。总之，在那种生存条件下，他无法养成作为一个“家”的独立人格尊严。唯命是从是他的基本心态，也就是我这里所说的“工匠心态”。

3.走进“现代思维”。从世界范围看，一个半世纪以来，建筑经历了两次美学革命。第一次叫“现代主义”，差不多持续了一个世纪；第二次叫“后现代主义”，已持续近半个世纪。经过这两次变革，人们获得一系列新的观念和共识。这些共识我称之为“现代思维”：

A）建筑是一门艺术，而艺术是需要想象的。有为的建筑师都应该把建筑设计视为艺术创作过程。那种否定建筑的艺术属性的建筑师，不过是建筑的工匠；

B）美是流动的，任何一种美的形态，其能量是随着时间而消耗的。因此在审美领域不存在永恒不变的美学法则和规范，那种把艺术风格和形式定于一尊的做法和想法，已经一去不复返了；

C）艺术的发展是无限的，艺术的方法也是无穷的，因此艺术创作（自然包括建筑设计）已经合乎逻辑地由一元走向了多元，并且形成互相并存的格局。这意味着艺术家（建筑师）已进入一个“各显神通”的时代，彼此尊重成为他们基本的处世哲学，那种互相诋毁、互相否定的态度已经不合时宜了；

D）美是不可重复的，凡是具有现代意识的艺术家都以重复为耻：

他既不重复前人的，也不重复他人的，甚至也不重复自己的——他追求独创，要求每一次创作都是一次新的“焰火”！

E）现代艺术家都把创新视为艺术的生命，并认为创新需要大量的实验和巨量的付出，换句话说，想要让一件成功作品诞生，就必须容忍上百件平庸作品的出现。那种对于别人的创新尝试格格不入的人，至少说明他尚未进入艺术的现代语境。想要对现代艺术（建筑）作品发表意见，必须掌握现代艺术语言和现代话语方式，否则等于“对牛弹琴”，浪费时间。

F）自从“后现代”兴起以来，人文追求成为建筑的新的价值衡量尺度。建筑设计和城市规划都主张以人为考虑的中心，也就是“以人为本”。

4.放眼世界高标。建筑，尤其是现代建筑像其他艺术一样是不分国界的。因此，各国建筑师跨疆越界，被请去他国设计一些重要的，甚至是国家级的标志性建筑，早已司空见惯，成了国际惯例。而且这种现象在那些建筑大师云集的国家尤其普遍。例如，美国建筑师的力量可以说是最雄厚的，但昔日世界最高的纽约世贸中心是日本人设计的；而现在拟建的世贸中心新楼也让德国人中了标；德国的建筑师阵容无疑也很强大，但它的国会大厦的改建和法兰克福金融大厦的设计却交给了英国建筑师诺曼·福斯特；法国也是一个建筑人才济济的国家，然而它以总统名义建造的蓬皮杜艺术文化中心设计的国际招标，在666个竞标图纸中，却选中了意大利人和英国人（合作）设计的；高迪的祖国西班牙也是一个建筑大国，但它在比尔鲍厄的那幢举世瞩目的古根海姆博物馆则是出自美国建筑师盖里之手；至于耸立在悉尼的那座石破天惊的歌剧院，大家知道，那是丹麦人的天才奉献……你看，这么多的建筑大师在各国间你来我往，互相客串，最终谁也没有输给谁，谁也没有赢了谁，相反，每个人都贡献了第一流的建筑智慧，在各国放射出光芒，推动了世界建筑的发展。由此看来，一个国家要想在建筑上为本国或本民族争光，不一定非要自己的建筑师出来一显身手，也不一定要以本民族的传统风格为基准。只要这座成功的建筑物耸立在你的土地上，就显示了你作为业主的慧眼和格调，你和你的祖国就获得了荣

誉。如果一味要求从民族传统出发,要求一看就像什么,有时反而会束缚住自己的手脚,从而在国际智慧共享中失去很多实惠和份额。近年来,我国在这方面也确实与世界接轨了,像已建的上海金茂大厦、北京国家大剧院以及奥运国家体育场这样一些标志性建筑都实行的是国际招标,并都让外国人中了标。不管成败如何,这个开头是值得肯定的。

5.接受对话时代。世界多极化、文化多元化标志着我们这个新世纪的“地球村”已进入“多声部”的时代。“多声部”可以是和谐的乐音,也可以是杂乱的噪声,关键是人们有个平和的心态,自觉而随时进行调控。经历了两次世界大战的人类,从20世纪后半叶开始,显然变得较为心平气和一些了。冷战局面的结束与冷战思维的淡化就是一个值得欣慰的征兆。在文化艺术领域,把人文关怀摆在突出位置的“后现代”就是以告别争吵的姿态出现的。你看“前”现代起来的时候,各流派都挥舞着自己的帅旗,大声标榜自己的主张,而且恨不得把别人都骂倒,以执文坛、建坛之牛耳。但二战后,当“后现代”各流派诸如法国荒诞派、新小说派,美国“黑色幽默”等出台的时候,人们只看见他们奇异的服装,却并不知道他们的名字。他们的名字是后来学者教授们给起的。这些时代的弄潮儿们,显然没有继承前人的霸气,而只关心阐述自己(理论上),表达自己(创作或设计上),并不想通过打倒别人来谋求自己的地位或影响。

在具体场合,这些时代的弄潮儿既尊重前人或别人的既定存在,

中国国家大剧院

却也绝不抹杀自己的个性和现代标记，迁就地以一座相似的建筑与你保持“协调”，而干脆以一个风格决然相反的反差造型进行不同时代的“祖孙对话”或同一时代的“圆桌对话”。例如柏林市中心那座哥特式的“纪念教堂”，二战中被炸得只剩下一身残躯。战后想把它修复，但建筑师却没有动它，而是以一座极不协调的几何造型的筒子式建筑与之相依而立，既让它成为永久性的文物，又有力地衬托了它的存在，获得一片叫好之声。德国科隆也有突出的例子。那里的科隆大教堂是欧洲三大哥特式教堂之一。战后人们在它旁边盖了一座艺术博物馆。然而事主却没有用一座高大建筑与之平起平坐，而宁可多用一些地皮，以一座二层的现代建筑“蹬”在这位前辈面前与之对话。在现在的欧洲，这样的对话形象随处可见。

上面说过，中国人的智慧不亚于世界上任何民族。建筑方面也不缺乏杰出的天才。只是由于上述负面文化心理的积淀，阻碍了创作思维的活跃。一旦走出这一文化氛围，就能成气候。贝聿铭就是一个很有说服力的例子。改革开放以来，我们在建筑领域的硬环境和软环境都有了明显的改善，一批三四十岁的后起之秀很快脱颖而出，这进一步说明了我们的建筑科学和建筑艺术是大有前途的。这里尤其值得一提的是，我国是个多民族国家，幅员又辽阔，各民族和各地域的建筑文化丰富多彩，建筑风格琳琅满目。在充分总结我国各民族各地域建筑遗产的基础上，尽量吸收世界各民族的建筑长处，增强创造意识，我们很有可能在21世纪创造出为数众多的、世界一流的建筑艺术品，使中华民族在建筑上也骄傲地跻身于世界民族之林。

叶廷芳，1936年生，浙江衢州人。1961年毕业于北京大学西方语言文学系德语专业并留任助教。1964年进中国（社会）科学院外国文学研究所，从事德语文学和文艺理论的研究，先后任该所文艺理论研究室副主任、中北欧文学研究室主任、该所学术委员、博士生导师。系中国作家协会、中国戏剧家协会会员，全国德语文学研究会会长，中国残联评委会副主任，中国肢残人协会副主席，全国政协委员（1998年起）。

叶廷芳

主要学术专著有:《现代艺术的探险者》、《卡夫卡——现代文学之父》、《现代审美意识的觉醒》。编著有《论卡夫卡》、《卡夫卡全集》、《卡夫卡选集》、《卡夫卡短篇小说选》、《卡夫卡散文选》、《卡夫卡随笔集》、《卡夫卡书信日记选》、《现代主义文学研究》(合编)、《20世纪艺术精神》(合编)、《德语国家散文选》、《外国名家随笔金库》、《德国书话》等十余部,以及译著:《迪伦马特喜剧选》、《溺殇》、《假尼禄》(合译)、《卡夫卡全集》一、七、九、十卷(合译)等多部。

王启泰

青花瓷

瓷器是我们祖先的伟大发明，到底产生于何时，学术界有争论。有人认为在商代就有。我所在的单位70年代就展出过一个樽，当时我还不太懂什么叫瓷器，有个专家说这就叫瓷器。我说这瓷器与现在的瓷器不一样，他说是不一样，那时候的很粗糙，就是表面上有一些玻璃质的东西，所以有的专家说这种瓷器应该叫原始瓷，但也有的专家认为这是陶器中偶尔出现的。至于到底是怎么出现的，这是专家的事，与我们无关。总之原始瓷是在两晋之前产生的，叫原始青瓷。到了两晋以后，开始出现了白釉、酱釉，以及唐代的秘色瓷和湖南长沙的釉下彩，还有宋代的五大名窑，都是人工将颜色做到瓷器上，是人可以控制的。这些在收藏界叫老窑瓷。到元代时就出现了青花、釉里红及红绿彩。今天我主要说青花瓷。有的专家认为青花瓷产生在唐代，也有人认为产生在宋代。到元代，青花瓷就已经成熟了。

咱们现代的收藏者大多数收的是元、明、清的瓷器。近百年的瓷器叫新瓷。从瓷器上来讲，有单色釉、彩绘釉。彩绘中青花瓷是数量最多的，从元代到清代直到现在近700年中，青花瓷是瓷器中的主流。

讲青花瓷必须先提青花料，青花料中蓝色的是氧化钴，属于釉下彩。什么是釉下彩？其制作工艺简单讲就是把坯拉出来后，等干了用氧化钴往上画，画完后罩上一层釉，再入窑，1260度一次烧成。在上一讲当中我提到过“九方五法”[①]，九个方面中，其中第四方面就是彩。已故的著名瓷器鉴定家孙瀛洲老先生，对元、明、清的瓷器鉴定有很深研究，他提出了很多行之有效的方法。其中孙老通过对青花的观察，把青花的颜色分出了二十几种。如果我们把青花的颜色弄清楚，对我们的

原始青瓷鸟纹瓶

青花瓷盘

鉴定及辨伪会有很大好处。青花为什么会有这么多种颜色呢?因为在数百年中,青花瓷生产是主流,所以在很长时间里,不同历史阶段的青料来源和质地不同，再加上生产技术等方面的原因，对于青花瓷的发色的质量、成色的色调都产生了不同的影响。正因这样,青花所呈现的质量、色调、风格必定有明显的差别，艺术效果也必然出现强烈的时代特征。这些特征差异为鉴定青花瓷的断代提供了重要依据，所以鉴定者对青料来源、品位、发色、成色的来龙去脉有所了解是鉴定青花的基础。当我们拿起一件青花瓷时，第一眼看到的是它的造型，接着见到的就是青花的艺术效果,这是直观感受。结果常用明丽、鲜艳、灰暗、晕散、清丽、规整、刻板、呆滞等词进行概括,这些概括的词语的形成,是青花的发色质量、成色色调与绘画艺术的综合体。什么是发色?什么是成色?这两种色是怎样的关系，受什么条件的制约?这是要向大家介绍的。发色是青料在焙烧过程的化学变化，成色是青料烧成后所呈现的直观感受。成色的色调有以下几个制约因素:第一是发色,第二是胎骨,第三是釉子。胎骨就是釉里面的胎子,胎子发黄,发白,松软与坚硬都对青花有一定影响。釉子质量的好坏、颜色和厚薄都对成色有影响。发色的制约因素:第一是青料,第二是施用技术,第三是焙烧温度。施用技术就是在画的时候,画功怎么样。如果蘸的颜料都一样,画线用力均匀,青花烧出来后就是一个颜色,否则青花就会出现深浅不一的颜色。再一个是焙烧温度,应该是1260度。同样的青料,如果温度过高,颜色发黑;温度过低,有点发绿。还有一点特殊的情况,就是单纯的青花瓷,它的发色、成色都一样时,如果经过二次焙烧,即再进一次炉后,颜色要比没进二次炉的深,像后来的青花红绿彩、豆彩等。再说青料,青料受三方面影响,第一是成分,第二是提纯,第三是配制。我主要说成分问题。成分主要是氧化钴,它发出的颜色是蓝色的,其中含有一定的氧化锰,还有一种三氧化二铁,简称氧化铁。钴的含量越高,蓝色就越正,含量少就发灰。锰含量高时,青花就蓝中泛紫或蓝中泛红。氧化铁含量高时青花的发色就发黑。孙老先生把青花的颜色分出二十多种,他有时一看颜色就知道大概是什么年代的。

在没有断代之前,你必须把明清时期的皇帝都记住。如果年代断到哪里你都不知道的话,那怎么行呢?明前期的皇帝,“洪建永洪宣”即洪武、建文、永乐、洪熙、宣德。建文与洪熙时没有瓷器。“三代正景天”即正统、景泰、天顺,这三朝有人叫“空白期”,又叫“黑暗期”,说这个时期没有瓷器。我不同意这两种叫法,我就叫“明三代”。因为这个时期确实有瓷器。“成弘正德续”是明中期,即成化、弘治、正德。成化瓷在明代是最突出的。“中晚嘉隆万”是嘉靖、隆庆、万历,我们称之为中晚期。“泰昌天启崇”,即泰昌、天启、崇祯,我们叫明后期,其中泰

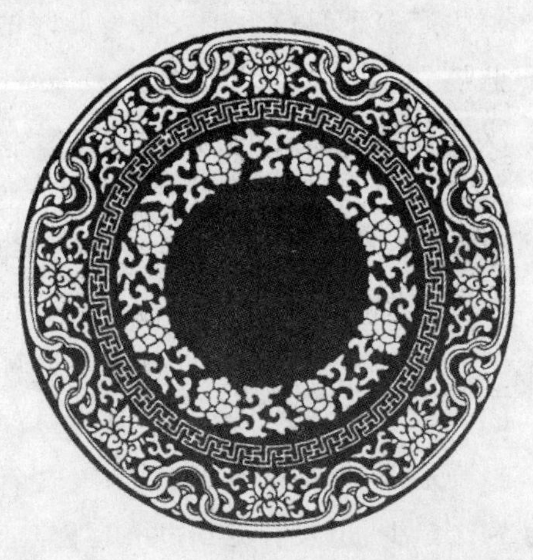

青花的艺术效果

苏泥勃青花瓶

昌时期没有瓷器，因为他一共当了29天皇帝。明朝是277年，也有人算的是276年，我编的顺口溜说是“270年”仅是个概数。清代有10位皇帝，即顺治、康熙、雍正、乾隆、嘉庆、道光、咸丰、同治、光绪、宣统。清朝是以清三代的瓷器为主。下面我就按时代的顺序给大家介绍一下具体情况。

因为明代开国的皇帝朱元璋定年号为洪武，所以洪武时的青花瓷叫洪武瓷。由于元末的战乱，明开国初在瓷器生产上没有太大成就。我收藏一件高足酒盅，它的发色较稳定，基本上没有晕散，成色是靛蓝色。我一开始就把它定到了洪武前期，后来请我师傅耿老看过后，他说这个花卉画法叫一笔点画，就是一笔画下，属于大写意。胎土是淡土黄色，质地较松软，造型很粗糙，所以可以看成是元末明初的瓷器。元末明初多事，开国之初，百废待兴，恐于瓷业无暇顾及，所以瓷器生产多于继承少于发展。此时的青料都是国产的，成色的基调是淡蓝色，但由于质量与提纯不是很好，所以淡蓝之中泛灰暗的色调。总之洪武前期青花瓷的质量不高，与元末瓷器很难区别，在学术界内认为这是一个过渡，所以在鉴定当中，就有了“元末明初”一说。这个酒盅口径是4.8厘米，高也是4.8厘米，属于民间的小器。我得来的时候碎成九块，还有短缺，后来经过修复。这件东西说实在的很不值钱，但是对于我来讲，我就这一件，基本上还算完整，重要的问题是它是元末明初的标本。在鉴定当中，我们就可以此为参考，上可推想到至正，下可联想到永乐、宣德，所以我认为我这个酒盅是精彩的东西。洪武时期青花瓷产量少，也没有见到过书写官窑款的官窑器。据说那时有官窑器，但是没见过有款字的，所以您要是见到了“大明洪武年制”款的瓷器，您就把它说成假的是没问题的。

我除了鉴定还搞修复，我把陶瓷修复分成六步，叫六步修复法[2]，其中第四步叫补配，就是把碎片黏结起来后再把它的短缺与裂缝补平。“六步法”主要用于修陶器。至于修瓷器，一般仅用到第四步，后面的仿色和做旧两步，因材料等原因，就不去做了。今天我带来的复原瓷片，就是这样做的。

洪武之后的永乐、宣德时期，青花器有了长足的发展，它们的主要特点是使用了苏泥勃青（或叫苏勃泥青、苏麻离青）。苏泥勃青是一种进口青料，含钴和铁的比例较高，而锰的含量较低。发色浓重，易晕散，但散得自然。成色的基调是青蓝色，浅处为天蓝色，深处是靛蓝色，浓重处出现铁钴斑。出现铁钴斑是苏泥勃青的特点。喜收藏的人将苏泥勃青简称为苏料。苏料有什么特点呢？一般来讲苏料要深入胎骨，是凹下去的。我们这样看的话是黑颜色的，但是你迎光侧视的时候就不是这个颜色了。侧着看，一是你可以看出它比较往下凹，二是它反的光不是黑光，而是锡光。如果不是苏料的话，你迎光侧视还是黑光。所以大家再见到这种情况的时候我希望你们侧着看。这个呈靛蓝色和出现铁钴斑的地方，一般咱们用手摸是凸凹不平的。它的凸凹不平没有规律，原因是什么呢？一是工料，二是修胎，没有规律。到了清末同治年间的时候，比较大的那种器型，你摸着它也不平。但是那个不平跟这个不平不一样，这个不平没有规律。同治年间的你摸起来不平是有规律的，就好像波浪似的，行话里面叫做波浪釉儿。那个是釉子的问题，这两个咱们要给分开了。平心而论呢，铁钴斑的出现应该属于原料和工艺上的问题，就是不足。然而这种不足，在鉴赏者的眼睛里既不认为是美中不足，也不认为它是瓷不掩瑕，而认定它是一种特殊的艺术效果，就像哥窑一样。大家都知道俗话说的绷瓷儿，就是上面开了好多片儿的烧坏了的瓷器。但是当时宋代的那位工匠很了不得，他就把这个缺点变成了优点，而且成为宋代五大名窑之一。所以，我们认为在鉴定是不是永宣瓷的时候，这个铁钴斑是鉴定时候的依据，而且是重要的依据之一。

这个碗叫做缠枝莲花蝴蝶碗，也是我修的。碗上的青花是青蓝色的，就是蓝中有点儿泛青灰。颜色有深有浅，浓重处有钴斑。碗的胎子

青花缠枝花菊瓣纹碗

薄，一会儿我还要说为什么薄的问题。胎子薄，修胎很规整，釉色是青白色的，而且很滋润。这个器足的外墙是外撇式的，向外撇。另外就是这个地方叫做内折角，在内折角这个地方有积釉，颜色是虾青色的。足内的这个底釉儿是镶白色的，两处的釉子不一样，它泛白而且薄。所以这个碗我们可以认为是永乐中晚期的瓷器。苏料易晕散，所以用它来画细线或者人物的眉毛眼睛这些细微的地方都不太适应。但用它来绘画大小的花朵或是枝叶呀，具有一定的特色。这一件叫做喜鹊登枝，它更能够体现苏料的特点。这个颜色显得更重一些，而且刚才我也说了它这上面的苏料的钴斑比那个明显。像这个画的喜鹊，很明显的就叫做晕散。它本来画得很清楚，但是因为这个料往旁边散，所以看起来有些模模糊糊。这就是苏料的特点。原来有人讲永宣不分，即永乐和宣德的瓷器不分。实际上能不能分呢？有些地方还是能够分的。就拿这两个碗比较，这两个碗个头儿差不多。我们在鉴定当中有一种方法叫做手头儿。什么叫做手头儿呢？就是把这两个碗拿起来用手一掂，这个碗比较重一点儿，这个碗的手头儿就显得比它轻。为什么它重它轻，这就是胎子的问题了。永乐时候的碗腹部比较薄，宣德时候的碗腹部比较厚。这个怎么去判断它呢？有时候咱们拿笔写不出来，用嘴说也说不清楚。你要这么摸，你这么一摸，就摸出这个厚，那个薄。所以说永宣这两个时期的瓷器还是能区分的。刚才我说的这个苏料，可能是郑和七下西洋给带回来的。到今天为止也找不到那个产地。后来因为郑和不下西洋了，这个苏料的来源就断了。在明前期的时候，具有这样特征的青花瓷也就逐渐地没了。

到了成化年间，又出现了一种新的青料，叫平等青。平等青出现以后，青花艺术就出现了另外一种崭新的面貌。咱们先对前面所讲的苏泥勃青料有一个小结。因为苏料它这个特殊的艺术效果，到了明正德的时候，就开始有人仿制。以后，明代的后期、清代、民国，一直到了今天，都有人仿制。所以，有些人说他买到了宣德的东西，咱们说它是假的，他上当了。那么，对于这个苏料到底怎么样来断定它，就三点。刚才实际上我讲过了，咱们再重复一遍。第一，就是看这个黑斑的斑痕是不是自然。这怎么讲呢？因为没有这个苏料了，那么钴斑就出不来，怎么办？就用笔往上面点，用一些黑颜色的料往上面点。点出来的话你看着就不自然。第二，就是这个黑斑是不是深入胎骨，也就是说这个黑斑是在它的表面呢，还是深入到了胎里面了。第三，就是我介绍的那个迎光侧视有没有锡一样的颜色。这三点请大家能注意。因为后来没有这个料，即使你再点染，说实在的你也达不到当初那个效果。在六七年前，有人请我去看东西，拿了这么大的一个碗。我就说你这个是假的，而且我说碗底下写了六个字——“大明宣德年制”。他说：“您怎么知道的？”我说：“你这个是宣德碗。”“是呀，我这个就是宣德碗。”我说：“但是你这个碗是假的。”而且我更清楚，这种碗是在80年代的时候景德镇复制的东西。结果传来传去，就传成了真的了，按真的去卖去了。据说他花了大概是5万块钱。

成化初年，据说这种苏料还有一点儿。但是这类的瓷器我还真没有见到过。成化时期的瓷器，大多数青花的艺术效果是淡雅柔和、缥缈脱俗的这么一种风格。这种淡雅沉静的风格是后人喜爱成化瓷的最主要的一个原因。这个时期所使用的青料的名称叫做平等青，也叫坡塘青。这种青料产于江西瑞州。产生这种平等青青花艺术效果的因素是多方面的：这种青料的含铁量少，而锰的含量相对来讲比较多；发色稳定，或者趋于稳定，没有飘浮感；成色是蓝泛青灰；这个时期瓷器的胎子是洁白的，釉儿是又肥又透，用平等青就可以画出比较细的纹饰来了。所以色泽显得淡雅、柔和，给人一种云遮雾障、若隐若现的缥缈的感觉，使人感到这个成化瓷有一种神秘感。这就是成化青花瓷的魅力所在。

这件东西我管它叫做全株花卉图文碗。有人说这个碗上画的叫做秋葵，因为我不懂植物，这个是不是秋葵我就不敢说了。我就把它叫做

成化瓷

花卉吧，全株花卉。它的花色基本上是稳定的。成色是蓝中泛点儿灰，蓝泛青灰，浓重处有黑蓝色。但是它决不往下凹，它是平的。釉质滋润，胎子是白的。你要是学鉴定的话，要先看瓷片儿，你从瓷片儿上一看就看清楚了。釉色是白的当中泛着青，白中泛青。用手摸它的表面，有的地方往上鼓，但是没有往下凹的感觉。这些都属于平等青的特色。在这里给大家介绍一下全株花卉。花卉应该是由哪些部分组成的呢？有根、杆、枝、叶、花，在其他任何的一个朝代之中，他们画的花卉都没有根，唯独成化的时候画的花卉有根。这是成化时期画花卉的特点。所以说有了这个特点，我们对于鉴定成化瓷又找到了一个证据。成化时期的瓷器还有一个特点，就是官窑器和民窑精品没有什么太大区别。根据这件标本的图样，还有釉色、釉质、青花等方面来看都是成化民窑器。说实在的，成化民窑器精品比官窑器还难得。当时我得到这个瓷片儿的时候，对这块瓷片怎样断代我是比较犹豫的。它是不是真的成化瓷？尤其是后面这个款子，写的是“大明成化年造”。它的字体比较潦草，也不规整。后来按照孙瀛洲老先生所讲的方法，用15倍的放大镜看它的款字这个地方。它的釉面儿里面气泡儿密集，像蒙蒙云雾。这种现象是成化瓷所特有的。出于慎重，我又请耿老过了目，耿老说这是成化瓷。所以这块儿残片咱们就把它定为成化民窑的精品。孙瀛洲先生对成化瓷有一个精辟的评价，他认为成化瓷器胎质细腻纯洁，白釉莹润如脂，色彩柔和，笔画流利，造型轻灵秀美，表里精致如一。

成化瓷在瓷器发展史上占据着一席之地，很重要。在瓷器鉴赏当中有一句话叫“明看成化，清看雍正”，也就是对于瓷器来说明朝最好的就是成化瓷，清朝最好的是雍正瓷，这就足以证明陶瓷界对成化瓷器的重视和珍爱。正是由于成化瓷器受到了后代人的青睐，所以从嘉靖的时候就有人仿制，以后历代均有仿制，一直到现在。其中以清雍正时仿得最精细，他们在葩、形、釉、彩、绘、款儿等各个方面都很注意，都追求成化的风格，效果相当不错，几乎可以乱真。

雍正时的瓷器有写“大明成化年制”款的，那是仿品不能叫赝品。因为它外边是粉彩，粉彩是康熙时才有的。它的款子写得相当漂亮，但是与真的成化瓷一比，它的破绽就出来了。到了晚清，很多瓷器上都写着“大明成化年制”或是“成化年制”。我在鉴定过程中，经常有人说他的瓷器是成化的，我说不是，因为它上面的字非常潦草，不能单纯看款子还要看其他方面。另外，成化年间的瓷器没有“成化年制”这样的四字款，倒有“大明年造”或“大明年制”。

在鉴定中还有一句话叫成弘不分，即成化、弘治这两个时期的瓷器不分，因为这两个时期的瓷器在质量上没什么太大的区别。为什么会出现这种现象呢？成化朝的皇帝叫朱见深，他在当太子时娶了一个妃子姓万，万妃比他大18岁。后来朱见深当了皇帝，没有把她立为皇后，但是万妃在后宫的势力大于皇后。万妃曾经生了一个儿子，但是3岁就死了，以后她再也没有生育。可能是处于一种嫉妒心理，后宫的妃子凡是怀了孕的她都要让人堕胎。后来朱见深在后宫的御书房见到了一个宫女，这个宫女是当初广东的一个小方国的公主，国被灭后就被弄到宫中当了宫女，结果这个宫女就怀孕了。万妃对一个宫女不是太注意，当显形以后万妃知道了，就命人用钩子把胎儿从母体中钩出来。钩出来以后就要弄死，当时被太监保护起来，宫女也被保护起来了。到这个孩子5岁的时候，朱见深就感叹自己无后，此时太监就借机告诉他说，你有儿子。这不是我杜撰的，我查过明史，明史后妃传中有一段记载，上面说弘治皇帝头顶上有一块地方没有头发，是被钩子钩的。朱见深的儿子叫朱祐樘。

为什么我要说这么一段历史呢？原因是：首先，万妃在后宫的势力很大，朱见深又很敬重万妃。万妃喜好小巧清秀的物件，其中就包括瓷器。明看成化，一看它的青花；二看它的斗彩，就是在胎的上面，比如想画一个鸟，可能只画腿和头，但身子不画，然后罩上一层釉去烧，烧完

后由其他的颜色把身子补齐了再烧。现在最有名的是斗鸡碗、斗鸡杯、斗鸡缸，像这样的东西在拍卖行大概一对就一百多万。所以说当时成化的瓷器恐怕与方妃有一定的关系。

第二，朱祐樘可以说是九死一生才当上皇上，他对民间的疾苦有所了解。他当了皇帝以后或多或少地减轻了一些民间的负担，对烧瓷也不再强令如何。这就形成了弘治时期所接受的东西大都是成化的，因为他自己没有什么创新，这就是成弘不分的一个原因。

（拿出一个碗片）这个是弘治时期的碗，我给它起的名叫“踏青舞蹈”，这也是民窑器。它的青花花色不太稳定，有晕散，尤其是口内的内沿更明显。成色是灰蓝色，色调比较浅淡，釉面白灰色中间闪着青，足内折角是虾青色。足的外墙有两道弦文，两道弦文之间有距离。上边一道弦文比较轻淡，下边一道弦文比较粗重。碗的画面可能是8个年轻的男子，在这个碗片上可以见到4个，因为这是半个碗，所以可能是8个。他们身上穿的都是长衫，翩翩起舞，舞姿舒展优美，动作协调一致。背景是一片比较平坦的土埠，还画着很多的柳枝，整个画面呈现出一片融融春日踏青的祥和气氛。这是一幅写实的民俗画，从整个画面看，文饰线条豪放秀逸，较之成化器显得深沉一些。画人物像从元代就有，那时大多数以画成人为主，到宣德时期也有画小孩的，但是不多。但到了成化年间画男孩和年轻男子的题材就多了。刚才我指的这两条线叫弦文。在明前期，主要是洪武、永乐年间没有双线，或者是一道，或者是画的花，双弦文是从宣德时开始有的。再有鉴定时要注意上限，就是什么时候这东西开始出现的，这很重要。在它出现之前的东西如果有了它还没出现时候的特征，那么肯定是假的。这个就是在宣德时期出现的双弦文。还有一个特点是这两条线一轻一重，上边的轻下边的重。这种特点从宣德就有，到了成化时很明显，而到了弘治时就不太明

朱祐樘

显了，再往后就没有这种特征了。所以我又编了一个顺口溜，叫："宣德时有双边线，成化规矩靠底边，上线轻细下浓重，直到弘治还可见"。"成弘不分"，确实很难分，但是有些细微的地方还是可以看出区别的。例如，成化时期的花色是"蓝泛青灰"，而弘治时期的花色相对成化来说就要浅淡一些；成化时期的色调是灰蓝色，而弘治时期的色调显得比较深沉，弘治时期出现的铁钴斑比成化要多。

刚才我们讲了明中期的平等青。下面我再说三点：第一，关于刚才讲的气泡问题。观察气泡，是起源于孙老先生，但是孙老所指的是成化时期的瓷器，其他时期的瓷器孙老没有讲，而且这件事我问过耿先生，耿先生说孙老没有讲过别的。我对气泡也仔细观察过，只有成化时期的瓷器特征特别明显，其他时期的瓷器上的气泡找不出规律。所以有人问我看气泡行不行，我只能说您自己总结，如果您总结出来，我想学！反正我没总结出来。第二，胎色。由于烧制的工艺不同，胎色也不同。一般讲，明代的胎色是肉红色，清代的是青白色。你对着阳光看，胎子厚的看不见，薄的完全可以看见。凡是明代的里边泛的都是肉红色，清代的是青白色，这就是明代瓷器和清代瓷器胎色的不同。如果有人拿来一件成化瓷，比较薄的，你实在看不出来就看里边，只要是青白色的就是假的。第三，关于内折角。内折角就是底面与足墙的夹角。这个夹角里边有积釉，就是上釉的时候积得比较多，多了以后就呈现出一种虾青色。这是明代中期以前经常出现的，现在的仿品也注意到了这个问题。但是仿品的积釉与真品的积釉有两点不同。第一，它不是虾青色而是淡绿色，即使能接近虾青色也是泛绿的。第二，明代虾青色的线有些窄，而后仿的比较宽。

皇帝都有"三宫六院七十二嫔妃"，只有弘治——朱祐樘只有一个皇后，而且他只有一个儿子叫朱厚照。这个孩子娇生惯养，弘治死了以后，他当了正德皇帝。17岁登基34岁就死了，一共当了16年皇帝。这个正德皇帝无所作为，主要是吃父辈的家底。所以他在瓷业上没有什么建树。但是正德一朝的瓷器生产还是继承了成化的遗风。从青花瓷来讲，正德前期的瓷器与弘治瓷器基本相似，只不过正德时期的黑斑显得更多一些，平等青也没有了。此时又出现了两种新的青料，一种叫

回青瓶

回青，另一种叫石子青。据说回青产于西域，具体是哪儿不知道。

正德时期也有一些新东西，出现了新造型，例如锦墩、笔架、佛前五供，都是从正德时开始有的。在款子方面，出现了藏文和回文，回文主要是阿拉伯文。此外，仿制前朝的东西从正德开始。在这里我想讲一下仿品与赝品的区别，仿品从学术界来讲叫“寄托”。正德皇帝要崇敬他的前辈，所以要仿宣德瓷器。现在的仿品与赝品的区别是价格，这个碗仿的是成化的，卖的是市价，那就是真的。如果你按成化价买下来，就冤了。这样区分是因为瓷器没有假的，只要价格合理就不叫赝品。这是我对赝品的看法，仅供大家参考。

明朝嘉靖、隆庆、万历三朝皇帝一共占了99年，将近一个世纪。在明瓷器史上又是一个突出阶段，出现了许多新的器形，文饰也增加了。民窑的精品和官窑器基本相似，最为突出的就是使用了回青。回青是正德时期出现的，据记载，回青是进口青料。回青中的氧化锰含量很高，而氧化铁的含量很低。回青的特点是“散而不收”，就是花色散，所以它必须与石子青配合使用。石子青的特点是花色“沉而不亮”，不散。把散与不散的混在一起使用，成色就有一点青中泛紫。但是据历史记载，配料比率是不同的，分为上青、中青、下青三个等级。上青主要用于混水，颜色清亮；中青用于设色，则笔路分明。这是一种新的瓷器绘画技法，叫“双沟填色”，是成化时期出现的。就是先画两条线，颜色较重，再在两条线间添上较浅的颜色。到了景德镇就叫“混水”。成化时期由于“双沟填色”的绘画技法刚出现，所以还不成熟，那时的双沟填色填得几乎与勾勒的颜色一致，有时分不清。到了隆庆时期，技法与配料都已经成熟，画得最好的是隆庆朝时期的。（指着瓷片）这块就是隆庆时期的，是真正的官窑。隆庆时的选料、精炼的技术都很纯熟了，所以青料的花色是纯正稳定，成色是蓝中泛紫，色调浓重鲜艳，达到了炉火纯青的境界。它就是用的双沟填色。它的线条非常流利自如，轮廓线与填色的色调非常协调，修胎也很规整。釉色是白泛微青，釉层微厚，釉面细润，光洁平整。器足内是六字双行的“大明隆庆年造”楷书款，中锋运笔，顿挫有力，结构庄重严谨。（又拿出一件瓷器）我再说一个问题，（指着瓷器）这个是永乐时期的，底足里边的釉子发白，质量远不如器身。到了明中期，它的底釉与器身的釉完全一样，到了中晚期它的底釉的光洁度和亮度都要比器物本身的好，不止官窑，民窑的精品也是这样。

我今天介绍的都是比较细微的地方，搞鉴定要从点到面进行突破，很小的地方就能反映出对与错。现在仿品仿得再好，在某些点上肯定与那时候的不一样。从底釉上来看，不管有字没字，与器身一样时，我决不会把它放到明中晚期。如果底釉比器身的釉还好，就不可能把它放到明中期去，只能考虑它是明中晚期的。到了万历时，回青虽然还在使用，色调与以前也差不多，但是在其他方面都不行了。所谓明代走下坡路就是从万历时开始的，整个社会衰落瓷器生产也跟着衰落，而且此时回青的来源也渐渐地没了。所以到了明万历中期，瓷器的质量越来越差，到了晚期，大多数瓷器已经平淡无奇了。

在明万历时期又出现了两种青料。一种叫珠明料，另一种叫浙料，这两种料都是国产的。珠明料产于云南，浙料产于浙江。珠明料在元代时已经出现了，直到现代珠明料还在使用。这两种料也分上、中、下三个等级，含钴、锰量较高，含铁量较低，发色

青花五彩云龙纹盖罐

光绪青花垂钓诗文大碗

都很稳定。浙料的成色是青中泛红，回青料是青中泛紫，这就是两种料的不同之处。在明天启时期用的主要是浙料和珠明料。此时把青花的料分出几个色阶，就是把青花料分出浓淡。在“双沟填色”刚出现的时候，只能分出浓淡两种颜色，到天启时就可以分五种颜色叫五彩青花。由于色阶多了，画面表现力也更丰富。（指着一个瓷片）这个叫“龙凤呈祥碗”。青花的成色是灰蓝，以黑蓝色为主，其中有的地方模糊不清。它的灰蓝色里泛着一点红，釉面呈青白色，外边画的是一条龙和一只凤，里边画的是一只羊，羊在商代时就是现在的“祥”，所以我把这碗叫“龙凤呈祥碗”。釉面泛青一直延续到康熙二十年，在这之前所有瓷器的白色地方都泛青。到康熙十年后，釉面都是白的。如果给你拿来一件明代的瓷器整个是白的，您就不要信。（又拿出一件瓷器）这是垂钓图文碗，它的画风非常好，它的青花就是五彩青花，画面把远近都表现出来了。而康熙之前的画面，基本都是平面没有深度。

现有一种化工产品叫“氧化钴”，它的钴含量很高，发色沉稳，不晕散，成色呆滞死板，画面显得生硬。所以用“氧化钴”仿制的明清作品，绝无味道，稍知青花原料的人，一看便知。

注释：

①“九方五法”是讲者总结出的瓷器鉴定方法。“九方”是指胎、型、釉、彩、绘、足、款、社会和神。“五法”是闻、问、望、切、听。

②“陶质文物修复六步法”是讲者所定，即清结、核拼、黏结、补配、仿色和做旧。

青花瓷

（录音整理：田迎冬）

王启泰

王启泰，1941年生于北京。幼读私塾，初学制冷，再习中文，半路出家，主攻陶瓷修复鉴定。著有《学习瓷器鉴定的途径》、《陶质文物修复的仿色》、《文物修复、复制和辨伪的关系》及《初识现代仿古工艺品》等专论。任中国文物学会文物修复委员会常务副会长、中国煤矿文联收藏家协会副主席、北京指墨艺术家协会副会长等职。

李　璠

七弦琴在中国历史文化中的位置

大家好！很高兴今天能有这样一个机会和大家相见。我来自中国科学院遗传研究所，主要研究遗传进化，也就是研究中国农业的起源和栽培植物的起源，古琴则是我的业余爱好。据我所知，在我之前，已经有几位专家在这里做过讲座，如陈长林、李祥霞和许健，后两位都是音乐学院的古琴教授。他们从开始就研究古琴，我和他们不一样，我是业余爱好，不是真正研究古琴的，但是我非常喜欢古琴，到了只要有一张古琴就满足了的程度。我有一个老朋友，他是英国剑桥大学很有名气的教授，现在已经90多岁了，我们是很要好的朋友，他到中国来之后就爱上了中国古琴。他来中国本来是搞中英文化交流的，但是他了解了中国传统文化之后，买了一张很好的古琴，回到英国之后，就专门研究中国唐代音乐。他来的时候才三十几岁，现在90多岁了，仍未结婚，就只爱一张琴。关于古琴，好多人都不认识它，有些电视和电影里把古琴放错位置，出了一些笑话。我今天介绍古琴，只能说是浅谈。古琴在中国传统文化中占有重要的位置，前面有好多专家学者都已经介绍过，我只能是谈一谈我对古琴的认识。

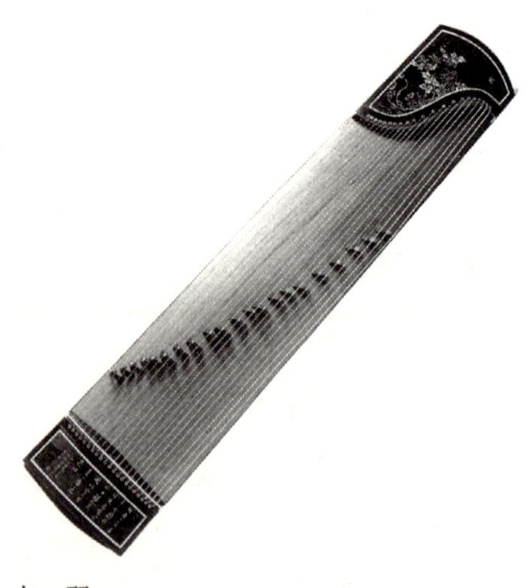
古　琴

先简单介绍一下古琴。现

在所说的古琴，就是有很古老历史的琴。它有七根弦，又叫七弦琴，琴身用的是梧桐木，弦是丝弦。关于丝弦，以前杭州有一个回回堂，从唐朝开始一直到“文化大革命”都在做七弦琴的琴弦，但它在“文化大革命”中被毁坏了，现在要想恢复丝弦很不容易。因为做古琴用的是丝弦和梧桐木，所以琴又叫丝桐。现在叫它古琴，是因为它历史很古。古琴的历史很悠久，中华民族的历史有多久，它的历史就有多久。相传在伏羲时就有了，后来神农、黄帝以至历代君王，他们没有一个不会弹琴的。我们想想神农、黄帝那个时代，除了种植五谷果蔬，同时他们也需要娱乐，他们就拿一个木头板子，绑上几条绳子，那时的绳子是什么样呢？大概就是皮筋吧。后来到了黄帝时期就有了丝，就用丝来做丝弦，丝弦一直用到今天。就是说很简单的一个板子，在上面绑上几条丝线来弹，这就是最早的琴了。开始究竟是几条弦呢？在尧舜的时候是五根弦，后来到了文王、武王的时候又加了两条弦，这就是七条弦，就叫做七弦琴。

朱漆“九霄环佩”七弦琴

据有关文献记载，从有文字的时候琴就出现了。就是说，在夏禹以前的石器时代，还是用石头做锄头时，就有了琴，同时也有了医，古书有记载。这两种东西：中国的医和中国的琴，它们的历史都是很悠久的。琴书上说：“琴之为器，创自伏羲，成于黄帝，法象乎乾坤，用宣乎妙道，古之明王君子皆精通焉。昔者师襄鼓琴，则有游鱼出听，六马仰沫，况于人乎。自古明王所以正心修身齐家治国平天下者，全赖琴之正音是资。则琴之为道岂小技哉！而以艺视琴道者则非矣。”历代有修养、有学问的人，无论干什么行业，特别是文人，像苏东坡、文天祥、柳子

伏 羲

厚，都会弹琴。

每个民族都有自己的音乐，琴是代表中华民族音乐的。中华民族有什么音乐呢？我们在电视上看的管弦乐队，那是外国来的；代表我们中国的音乐是什么呢？是胡琴吗？是琵琶吧？这都是少数民族创造出来的。《三字经》上写的清楚，“匏土革，木石金，丝与竹，乃八音。”匏是少数民族吹的笙，土就是埙，恐怕有人没有听到过，我带来给大家看一看，它也是一种音乐，是中国的八音之一。现在音乐学院有人会吹，各种调子都吹得出来，能和七弦琴配合。木是敲的木鱼，石是磬，现在考古出土的石磬是个新发现，它们大小不一，一排排和编钟差不多，可以打出各种音乐调子来。关于金的东西有很多，如编钟。再就是丝桐制的琴和竹子制的箫。八音是古代的八种音乐，在众多的音乐当中，最有代表性的是庙堂音乐。从前的庙堂里举行祭祀的时候，就有琴和瑟，小者为琴，大者为瑟。瑟是五十根弦，后来瑟太大了，不好带，就把它变小了，就是电视上见到的筝，筝是已经变小了的瑟。在众多的音乐当中，琴是最能代表中华民族音乐的。西洋音乐最有代表性的是小提琴、钢琴，咱们的就是这个琴，这是我的认识。

大家都知道，中国古代的经典著作六艺，包括《诗》、《书》、《礼》、《易》、《春秋》和《乐经》，其中最重要的一部《易》是中国的古典哲学，现在全世界都研究它，它是一部很伟大的著作。《易》里天文地理，无所不包。古琴就是音乐当中的一部《易》，就像哲学一样。怎么说呢？说“无极生太极，太极生一，万物起于一”。一是宇宙中最基本的构成单位。以前我听钱学森教授作报告时，他说，宇宙中最基本的单位是什么呢？是一点“·”，还是一道“—”？他说物理科学研究中最基本的单位不是一点，而是一道。我听了之后觉得很有意思，中国最早研究宇宙起源的东西是什么？就是这么一道“—”，万物起源于一道“—”，这就是八封中的第一卦，即乾卦。“无极生太极，太极生两仪”，一横弄断了就是两道了，就是坤卦“--”。外国人说中国没有科学，他贬低了中国古代的文化。这里面仔细研究还是大有文章的。有的人说要琴做什么呢？拿到博物馆去陈列吧，它算什么音乐呢？其实琴也是很有味道的、有道理的。中国要有一种音乐，一种代表中华民族的音乐，就是这么一道“—”。我今天就谈琴是怎么造的，很像“—”。有许多同志知道琴，但还有许多同志没有见过琴，有的人琴、筝和瑟都区分不开，其实琴就是一道，把它剖分成两下，就是上面一道，下面一道，上面是天，下面就是地了。上面是乾卦，下面是坤卦。我们的祖先研究音乐是大有文章的。中国音乐史书上历代都有记载：琴的形制，上面是天，下面是地，十三徽代表十二时辰……那就是说七弦琴本身就是《易》的具体形象化，细研究里面的文章多得很，现在这里不能展开来细说。

咱们祖先提出宇宙起源于一，万物起源于一，一生二，二生三，三生万物，万物负阴而抱阳，冲气以为和。从此往后，产生了好多东西，许多名堂都在这里头。因此，两仪、四象、八卦，排列之后万事万物都可以得到解释，由两仪、四象、八卦，到最后这七根弦，你想弹什么曲子就弹什么，变化大得很呢，这也是一部《易》。我喜欢它所以赞美它，它确实非常有意思，足以代表中华民族的音乐。古琴的内容非常丰富。古琴从这种意义上说是很有意义的音乐，它有气派，历史悠久，内涵非常丰富，代表中华民族泱泱大国之风。现在文化部也开始重视它了，联合国教科文组织将把它列为世界文化遗产。但是多少年来，它没有位置，只有一些文化人和像我们这样的业余爱好者喜欢它。现在连联合国也承

筝

认它了，它在中国音乐和世界音乐中都占有了一席之地。

下面我说一说琴的声音。对于我们喜欢琴的人来说，它美妙得很，在不喜欢的人来说，它就像弹棉花，没啥听头。我国从孔夫子时就倡导礼乐之教，一个国家无论在多么艰难的时候也得懂得礼，所谓非礼勿听，非礼勿视，非礼勿言，非礼勿动，克己复礼。光礼还不够，还要有乐，为什么要乐呢？要有修养就得有乐，孔夫子梦见周公，他做梦都想回到西周，那时家家都弹琴，唱歌，讲究乐，就像现在在外国家家都弹钢琴一样。

弹琴有什么好处？你只要一弹琴，心就安静下来了。现在人心浮躁，弹琴就让人不一样了。所以你看凡是弹琴的都比较平和，比较温和，因为这是礼乐之教，现在要好好宣传它了。我说的礼乐之教，礼是培养人的风格态度，风格要培养好要通过乐教，既然是乐教，如果只攀比好听，搞靡靡之音，那还谈什么乐教呢？一弹就想入非非，不行。中国古琴有一个特点是其他乐器没有的：古琴是弹给自己听的，弹琴先入静，不能有邪思妄念。什么人都可以学，八十岁的老头也可以学，修养嘛，养老嘛。几岁的孩子也可以学，不是少年宫的一个五岁的小朋友弹琴得了奖吗？它本来就是教育性质的，和我们上学校老师按风琴教我们唱歌一样是美育。美学教育就是培育人的素质教育，所以七弦琴是一种美育的具体措施。

在西周时候，家家都有琴，小孩子都弹琴；到了春秋战国以后，秦始皇焚书坑儒，一下子把文化都毁了，所以礼崩乐坏，也不讲礼了，乐也没人学了，所以现在六艺只剩五艺——《诗》、《书》、《礼》、《易》、《春秋》五种，没有《乐经》。《乐经》的乐理讲些什么，我们现在不知道，但是我们今天从各个方面还能了解一些，比如说《礼记》里有《乐记》；太史公也谈到一些关于琴的问题。《礼记·乐记》说：“故先王之制礼乐，人为之节，礼节民心，乐和民声，政以行之，刑以防之，礼乐刑政，四达而不悖，则王道备矣。所谓安上治民，莫善于礼，移风易俗，莫善于乐。”蔡邕在《琴操》中说：“琴所以御邪僻，防心淫，以修身理性，返其天真也”。现在社会很复杂，活到一百岁的人很少了，按照中国的古文化传统，人活到一百二十岁是正常寿命。现在看哪个活到一百二十岁？很少，没听到过。嵇康说人活到千百岁没有问题，我们今天在思想、身体上应该怎样安息，劳逸结合，怎样安排才能做到？晚上睡觉都不安心，难得安宁，那怎么长寿呢？自己把自己就整垮了。汉武帝时有个人叫窦公，在天台，一百八十岁，汉武帝知道了，想长生不老，就把他找来，问他有什么秘诀。他说他什么也不知道，就只知道弹琴，弹一辈子琴。他住在皇宫吃得好，喝得好，回去不久就死了。弹琴可以养生。小提琴虽好，声音大，贝多芬拉拉，把耳朵给拉聋了。中国的音乐不是不能做到大声音，咱们少数民族的胡琴、二胡不是响得很吗？琴的声音比较小，但韵味好。我带来两张琴，一张是古琴，是元朝的，一张是新琴。什么叫古琴，什么叫新琴，大家都认识一下。我们是初学，一两千块钱的琴就可以。你学会了，以后有缘分，自然有好琴。

琴里面文章可多了，天文、地理、宇宙、人生，都在里头，中国的琴就是一部哲学。也有人说应该叫做琴文化，叫做道，道德的道。琴道，有如喝茶有茶道。茶有茶文化，琴也有琴文化。琴，好多外国人都喜欢它，我刚才说的我那个好朋友，剑桥大学的，他连老婆都不娶，就是一张琴，爱成那个样子。所以中国琴有中国琴文化。

昆曲据说要办个昆曲学院，古琴将来也要办学院，我们现在的领导也认识到这点了。要把乐学好了，就能修身治国，即所谓修、齐、治、平。人民的修养好了，我们的国家就好起来了。《史记》太史公曰："上古明王举乐者，非以娱心自乐，快意恣欲，将欲为治也。正教者皆始于音，音正而行正。故音乐者所以动荡血脉，流通精神而和正心也。故宫动脾而和正信，商动肺而和正义，角动肝而和正仁，徵动心而和正礼，羽动肾而和正智。此谓五音之和入耳而感动于心肝脾肺肾，而得仁义礼智信之正也。得其正则疹疠之气不入而寿矣。是琴德具有寿者相也。荀子亦谓乐行而志请，礼修而行成，耳目聪明，血气和平，是皆养生之谓也"（《宋史·乐志》）。所以我就谈一谈琴在我们国家，在我们历史上的位置。

我们讲孔夫子，他的理想是希望这个国家的人民以礼乐来治国，和平外交。现在我们正是这样的了，礼乐治国。历史上写中国是礼乐之邦，乐最有代表意义，所以周总理说昆曲好得很呢，昆曲是戏曲当中的

兰花。我说琴也好得很，七弦琴是音乐当中的兰花。你只有学了之后，才能够理解，不会弹，你还不能一下子理解，它的声音讲究韵味，不追求好听。我弹一曲《平沙落雁》，我只追求自然界雁群在秋天飞翔的味道，我自己就好像……掺入它们当中，浑然一体了。我要弹出那种味道来，自己有那种意境，那样一种感觉，我就和这个琴合二为一，这就是天人合一，你想想那是个什么境界呢？还能胡思乱想吗？不可能。所以这就是修身养性，返其天真。把自己心里弄得非常的安详、安静，进入我说的“空无妙有”的状态，人就空了。但并不是消极，我这是有所不为而有所为，是空并不空。所谓空，就是把身外乱七八糟的东西都空了。琴里头修身养性就是这样的，你也能有这样的境界。我今天回到家里弹一弹琴，把自己空了，睡觉也不做梦了，做梦也做好梦，第二天上班精神很好，不是更好吗？做好本职工作，效果更好。弹琴如果有一点私心杂念，就弹不下去，至少弹琴的一点钟、两点钟你会空了。你每天这样空一下，就是养生之道，如果你能全部把自己空了，那就成“神仙”了。

琴的声音是清微淡远，声音很小，韵味很好，弹琴的时候是自己在享受，改造你的思想境界。空了之外，还汲取一些营养来养你的大脑。一个大脑白天得办公，好好地吸收些营养。除了物质世界之外，还要有精神生活呀。对于精神世界，这个琴就很好。我以前建议过，希望小学里开古琴课，代替音乐课，小学生学这个多好啊。在少年宫有几十个学生，都是小孩，从五岁到十岁，都在学琴。我们今天带来个小朋友，才十一岁，一会儿让她弹，看她弹得多好。会琴的人都很肃静、很安详。人首先要培养的，就是乐礼之教。中国的友人预言，中国的和平外交、中国的思想教育，是在马列主义指导之下的。马列主义是个大海，什么好东西它都要，儒家思想它也要，因为是中国的文化传统。现在都提中国文化，将来这种思想在世界上会起作用的，会起很好的作用的。现在我们正在提倡礼乐教育，以法治国，以德治国，我的理解就含有这种儒家思想的因素。继承传统，文化传统不能丢。马列主义是继承传统，所以现在我们在电视上看到，少数民族音乐都让它蓬勃发展……

现在我说琴本身，琴的制造、琴的作用。孔夫子是天天弹琴，把琴

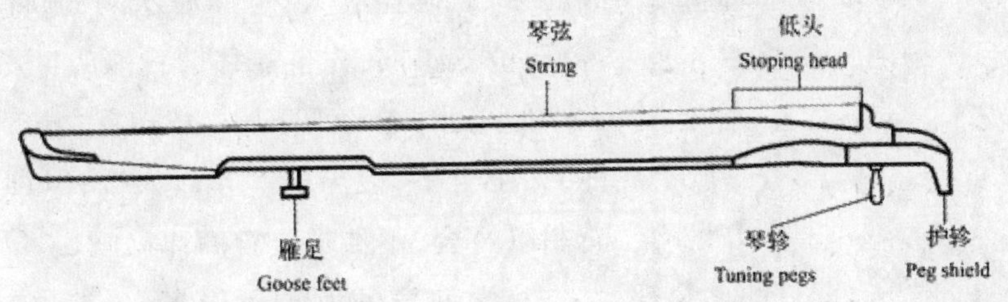

琴的构造

拿来当做做功课，就像天天读书一样，天天都整理自己的思想，朱熹继承孔夫子，半日读书，半日静坐。周公之后是孔子，到宋朝就是朱熹，这些人都讲究这种修养。弹琴是最好的气功，它能使人气血宣活，最后就达到一种境界。人和自然界浑然一体，高度协调，这就是天人合一，这种自然状态，有什么不好呢？别的音乐很紧张，一般的音乐有鼓动、有刺激的，琴恰恰相反，它要你安静下来，弹琴不为了追求好听，真正的琴，弹得自己进入入静状态，人就是天地的中心，你说宇宙的中心在哪里？

琴的构造，包含宇宙人生。一张合乎规格的七弦古琴，要具备九德：一奇，即泛音轻快，散音透彻，按音清脆，走音平滑；二古，恬淡中有金石韵，清浊适中；三透，清越响亮而不咽塞；四静，琴面弧度平正，任何一点上不起沙音和飘起的尖声；五润，发声不躁，韵长不绝，清远可爱；六圆，声韵浑然不破；七清，容易听清楚，少杂副音；八匀，散按、与十三徽按泛的音色统一而无差异；九芳，愈弹而声愈出，无弹久声乏之病。一张七弦古琴具备这九种条件即九德，从美学角度看，是美的。琴音色之美，嵇康在《琴赋》中描写得非常耐人寻味，他说："愔愔琴德，不可测兮；体情心远，邈难极兮；良质美手，遇今世兮；纷纶翕响，冠众艺兮；识音者希，谁能珍兮；能尽雅琴，唯至人兮。

古琴气韵是高雅的，在美学上是尽善尽美的，真可谓音乐中的兰花。

琴在美学上的意义，还可以通过成连如何引导伯牙到海上感悟而作《水仙》操的故事，说明琴之美在于移情。如不能移情，何美之有？大还阁伊桓序曰："昔伯牙受琴于成连，三年不成，乃与牙俱至海上，连托

一曰速

指法有重則有輕。如天地之有陰陽也。有遲則有速。如四時之有寒暑也。蓋遲爲速之綱。速爲遲之紀。嘗相間錯而不離。故句中有遲速之節。段中有遲速之分。則皆藉一速以接其遲之候也。然琴操之大體固貴乎遲。疎疎澹澹。其音得中正和平者是爲正音。陽春佩蘭之曲是也。忽

琴況 速一 大還閣

大还阁琴谱

故而去，牙延望无人，但闻海水洞涌，林岫杳冥，怆然感曰，先生能移情我情哉！援琴歌水仙之曲，遂为天下妙。乃知琴之道，通神明，协上下，以天授而非以人授；以神合而非以音合，不徒求之宫商律吕间也。”

美学教育的例子还很多。你琴弹得好，水里的鱼都跳出来听你弹琴，正在吃草的马听到你弹琴，就仰起头来听你弹琴。这都是美学的教育，形容它感动人，也感动动物。我的嗅觉不好，闻不到香味，我有时候在屋里弹琴面前摆一盆茉莉花，我这一弹，香味我能闻得到了。你说怪不怪呀，这是我的亲身体会。另外一个可能不确切。我弹琴，桌子上摆一盆文竹，一弹琴，文竹的叶子就一动一动的，是不是桌子在动就不敢说了。但那个香味是确实的，开始以为自己是唯心主义，我搞了几次，不弹琴我闻不到香味，一弹琴香味就出来了。它能够感动物质。有个医学家研究琴的声音，哪种声音能够感动人，哪种声音能够感动物。并不迷信，浑然一体嘛，植物、动物都一样，身体发出的东西都融合在一起了，是可能的，可以解释的。这是说明养生、美学各种东西到现在其实是发展了。我弹琴只能弹给自己听，琴能使我入静，心灵美，起到养生效果。

我今天带来两张琴介绍。这张琴是尼龙钢丝弦，另一张古琴是丝弦，让你们认识一下，有机会看一看。你们看钢丝弦弹得多响亮啊，演奏效果要好一些；丝桐就没有这么响了，但音色韵味好一些。我在前面说过，弹琴不是为了追求好听，追求的是修身养性，你们弹了就知道了。丝桐的丝开始弹不行，但是弹了多少个曲子、多少年以后，你就会理解了。

古琴发展到今天分成两个阶段。有人说丝桐就该拿到博物馆里去陈列了，早就该淘汰了，这是走极端。说钢丝弦不是七弦琴，是钢丝弦琴，也是走极端。只要对国家建设好，对大家素质修养教育好，就都提

倡吧。我是喜欢弹丝桐，从前就是弹丝桐。最早的时候，弹的是古琴，现在讲究唐朝的琴，唐琴、宋琴，我以前老师那里都是那种琴，那种琴弹起来，韵味真是妙不可言。总而言之，它是属于美学素质教育，是我们中国的文化传统，它跟旁的音乐不一样，你看它的历史记载那么丰富，我们不能把它丢了。我就谈到这儿吧，咱们来弹琴吧。

请小朋友王坤如来弹一曲《流水》。

（《流水》琴曲）

清朝张孔山是大琴家，给本曲加了七十二滚拂，把水声扩大了，在我们国内都是弹这个曲子，现在卫星转播的也是这个曲子，是老琴家管平湖弹的。这个曲子是比较高层次的曲子，一般琴弹得相当熟了之后，老师才让学这个曲子。我们这个小琴家，你们看她现在把《流水》弹得相当好。在琴曲里有高山流水，阳春白雪。学琴的人都喜欢这个曲子，对于懂琴的人这是美的享受，众位开始听，有点不习惯，慢慢地听就觉得有味道。

《流水》

刚才《流水》写的是长江万里图，杜甫的诗：“花近楼台伤客心，万方多难此登临。锦江春色来天地……”弹流水的上游到锦江，那七十二滚拂是经过三峡。关于三峡，李白写的一首诗和郦道元写的《水经注》，都写得很好。李白的诗大家都很熟悉：“朝辞白帝彩云间，千里江陵一日还。两岸猿声啼不住，轻舟已过万重山。”这是三峡。琴曲到后边，就出了三峡，江面开阔得很。李白到黄鹤楼送客：“故人西辞黄鹤楼，烟花三月下扬州。孤帆远影碧空尽，唯见长江天际流”。诗情画意都在里头。现在我弹《平沙》描写秋天，就是写雁群在万里长空飞行和起落情

况，是个中小曲子。《平沙》要扩而大之就是《秋鸿》，明朝大琴家朱权作的那个曲子，很长，像二万五千里长征，气势磅礴。中国琴的曲子非常丰富。《平沙》是学琴的人都要弹的，雅俗共赏。

（演讲时间：2001年10月21日）

李璠，男，1915年12月生，湖北大悟人。1941年毕业于四川大学农学院。曾任四川和东北农业大学副教授、中华教育文化基金会研究员、中科院遗传研究所植物遗传室主任、北京市委会小麦科技顾问。现任中国科学院遗传研究所研究员。

1985、1986、1987、1988年先后获得中科院先进集体奖、先进个人奖、中科院特等奖、一等奖、三等奖，山东科委二等奖，并获国家计委、经委、科委及财政部表彰。1995年获得老有所为中科院先进个人奖。1991年国务院颁发“在研究科学事业作出突出贡献证书和政府特殊津贴”。专著有《中国栽培植物发展史》（科学出版社，1984年）及有关著作论文多篇。在培养科技骨干和研究生方面作出一定贡献。

国家图书馆出版社简介

国家图书馆出版社，原名书目文献出版社，1979 年成立。1996 年更名为北京图书馆出版社，2008 年改为现名。

本社是文化部主管、国家图书馆主办的中央级出版社。2009 年 8 月新闻出版总署首次经营性图书出版单位等级评估定为一级出版社，并授予“全国百佳出版单位”称号。

建社三十年来，依托国家图书馆的丰富馆藏，并与各图书馆密切合作，形成了两大专业出版特色：一是编辑出版图书馆学和信息管理科学著译作，出版各种书目索引等中文工具书。二是整理影印中文古籍等各种稀见历史文献；此外还编辑出版各种文史著作和传统文化普及读物。

国家图书馆出版社设有社长总编办公室、财务部、营销策划部、古籍影印编辑室、图书馆学情报学编辑室、综合编辑室、文史编辑室、中华再造善本编辑室、发行部、储运部等部门。